Ein Leben in Manneszucht

Claus Kristen

Ein Leben in Manneszucht

Von Kolonien und Novemberrevolution. Der «Städtebezwinger» Georg Maercker

Schmetterling Verlag

Bibliografische Informationen *der Deutschen Nationalbibliothek*
Die Deutsche Nationalbibliothek verzeichnet diese Publikation in der Deutschen Nationalbibliografie; detaillierte bibliografische Daten sind im Internet über http://dnb.d-nb.de abrufbar.

Schmetterling Verlag GmbH
Lindenspürstr. 38b
70176 Stuttgart
www.schmetterling-verlag.de
Der Schmetterling Verlag ist Mitglied von aLiVe,

ISBN 3-89657-160-5
1. Auflage 2018

Titelbild: Gustav Noske (links), Georg Maercker (Mitte), unbekannte Soldaten. Aufnahme ca. 1919. Landesarchiv Berlin, Signatur F Rep 290 NrII11351

Printed in Poland

Satz und Reproduktionen: Schmetterling Verlag
Druck: Sowa, Warszawa

«Die Zerstörung der Vergangenheit, oder vielmehr die jenes sozialen Mechanismus, der die Gegenwartserfahrung mit derjenigen früherer Generationen verknüpft, ist eines der charakteristischsten und unheimlichsten Phänomene des späten 20. Jahrhunderts. Die meisten jungen Menschen am Ende dieses Jahrhunderts wachsen in einer Art permanenter Gegenwart auf, der jegliche organische Verbindung zur Vergangenheit ihrer eigenen Lebenszeit fehlt.»
(Eric Hobsbawm)

«Um eine neue, andere Alternative wieder denken zu können, muß zuerst die Geschichte rehabilitiert werden.»
(Robert Kurz)

«... noch niemals haben Menschen aus der Geschichte gelernt, und sie werden es auch in Zukunft nicht tun.»
(Kurt Tucholsky)

Inhalt

Vorwort:
Warum Maercker?

Die Albertstadt ist ein Stadtteil von Dresden, benannt nach König Albert von Sachsen. Sie wurde einst als riesiges Kasernengelände angelegt. Auch heute kann sie diesen ihr eigentümlichen Charakter nicht verbergen. Durch schmale, eingezäunte Gänge mit häufiger, aber eintöniger Beschilderung - «Militärisches Sperrgebiet! Betreten verboten! Vorsicht, Schusswaffengebrauch!» - gelange ich zum Militärhistorischen Museum der Bundeswehr.[1] Hinter dem Museum geht es vorbei an Kasernen und einer Offiziersschule. Doch plötzlich wandelt sich das Bild. Eine große Allee führt immer tiefer in einen dichten Wald. Ein sowjetischer Garnisonsfriedhof taucht auf. Aber der Weg führt weiter, und in dem Augenblick, in dem der Wanderer fast sicher ist, sich verlaufen zu haben, liegt er vor ihm - versteckt, einsam und idyllisch: der Dresdner Nordfriedhof.

Und dort findet sich endlich das Ziel meiner Reise, wenn auch nicht sofort. Auf dem großen Gelände finde ich keinen Wegweiser, kein Mensch ist zu sehen. Ich irre umher und entdecke schließlich den Friedhofswärter. Ob er wisse, wo sich das Grab des Generals Maercker befinde, frage ich ihn und bekomme sogleich die gewünschte Auskunft.

Am bezeichneten Ort erhebt sich ein martialisches Denkmal für gefallene deutsche Soldaten des Ersten Weltkriegs, auf dem es heißt: «Mag der Staub gefallner Helden modern die dem großen Tode sich geweiht - ihres Ruhmes Flammenzüge lodern in dem Tempel der Unsterblichkeit». Gleich daneben steht ein großer, imposanter Granitstein mit der Inschrift: «Hier ruht der kgl. preuss. Generalmajor Maercker - Ritter des pour le mérite mit Eichenlaub - *21.9.1865 +31.12.1924 - Er hat drei deutschen Kaisern in drei Erdteilen treu gedient», und darunter, etwas weniger wortgewaltig: «Luise Maercker - *21.2.1881 +18.12.1955».

Ich betrachte die Grabstelle und ihre nähere Umgebung, mache Fotos und sinniere vor mich hin. Bei der Rückkehr begegnet mir am

1 Mein Ausflug geschah während der Umbauphase des vormaligen «Armeemuseums der DDR», das 1990 vom Bundesverteidigungsministerium übernommen und 2011 erneut als «Militärhistorisches Museum» eröffnet wurde. Die architektonische Umgestaltung übernahm Daniel Liebeskind. Heute ist es eines der größten Militärmuseen Europas.

Ausgang erneut der Friedhofswärter. Er hat eine Frage an mich: «Der Maercker - war das eigentlich ein Guter oder ein Böser?» Wir geraten in ein Gespräch.

Woher nun mein Interesse an Georg Ludwig Rudolf Maercker? Zuerst fiel mir sein Name auf im Zusammenhang der militärischen Besetzung Braunschweigs. Diese fand im April 1919 statt. Es ging ihm und seinem Freikorpsverband darum, den Versuch einer Räteherrschaft zu beenden. Als Braunschweiger war damit mein lokalhistorisches Interesse geweckt. Aber nur nebulös tauchte für mich der Generalmajor selbst im Schrifttum auf. Im Kern reduzierten sich die Aussagen auf die Botschaft: «Die Maercker-Truppen besetzten Braunschweig.» Viel mehr, als dass sie einem revolutionären Prozess einen Schlusspunkt versetzten, war in der Lokalgeschichte über sie und ihren Führer kaum zu erfahren. Dieser musste größere Machtmittel besessen haben, denn es gelang ihm in kurzer Zeit, die Rätebewegung in der Stadt und ihrem Umfeld niederzuschlagen. Das geschah zwar im Auftrag des sozialdemokratischen Reichswehrministers Noske, doch Maercker war es, der diesen Befehl operativ-militärisch ausführte.

Woher kam die Wirkmächtigkeit dieses militärischen Verbandes namens «Freiwilliges Landesjägerkorps», der nicht nur in Braunschweig, sondern in ganz Mitteldeutschland - in etwa den heutigen Ländern Sachsen, Sachsen-Anhalt, Thüringen und angrenzenden Gebieten - «aufräumte»?

Maercker erlangte sogar den Ruf eines «Städtebezwingers». Seine äußere Erscheinung glich nicht gerade dem landläufigen Klischee vom Freikorps-Landsknecht. Eher klein und schmächtig, so zeigen ihn Fotografien, auf manchen wirkt er fast bubenhaft. Der mit ihm befreundete Potsdamer Hofprediger Keßler schrieb: «Er war klein von Gestalt, ähnlich wie meine Frau. Darum sagte er zu ihr: ‹Frau Hofprediger, wir müssen unsere Kleinheit durch Größe des Geistes ersetzen›.»[2] Auch vom Charakter her, wie sich noch herausstellen wird, repräsentierte er keinen marodierenden Söldner, sondern den militärisch «korrekten» Soldaten.

Das Schlüsselerlebnis für mich, welches die zunächst lokalhistorische in eine sozusagen weltweite Dimension überführte, war die Erkenntnis, dass Maercker bereits in Anatolien, China und Afrika seine Spuren hinterlassen hatte. Denn seit längerem beschäftigte ich mich

---

2 Keßler: Jugend, S. 338.

mit dem Thema «Deutsche Kolonialgeschichte». Unter anderem interessierte mich die Frage nach dem Zusammenhang von Kolonialkriegen und Freikorpsbewegung.

Maercker war nicht der einzige, der in deutschen Kolonien kämpfte und anschließend als Freikorpsführer im Deutschen Reich wieder auftauchte. Da gab es einige andere wie z. B. Paul von Lettow-Vorbeck, Franz Ritter von Epp und Hermann Ehrhardt. Doch es war gerade seine Person, die meine Aufmerksamkeit erlangt hatte. Vom Kolonialsoldaten, Befehlshaber auf einer Nordseeinsel, Brigadekommandeur im Ersten Weltkrieg, Freikorpsführer bis zum Gründer des «Kolonialkriegerbundes» und sächsischen Stahlhelmführer - eine biografische Ereignisgeschichte, die darüber hinaus vielleicht genügend Material für eine exemplarische Charakterstudie bot.[3] Es ging mir nun darum, seinen Lebensweg im Zusammenhang der politischen und gesellschaftlichen Verhältnisse zu erforschen.

Bei der Rekonstruktion der Herkunftsgeschichte Maerckers stieß ich auf einige Probleme. Sein familiäres Umfeld war in Westpreußen angesiedelt, sein Geburtsort das heute polnische Bialy Bór (damals Baldenburg, Kreis Schlochau). Zwar reagierten polnische Ämter auf Anfragen erfreulich kooperationsbereit, doch waren die entsprechenden Unterlagen in den kriegerischen Wirren des 20. Jahrhunderts verlustig gegangen. Die im Leipziger Staatsarchiv angesiedelte Deutsche Zentralstelle für Genealogie führte mich ebenso wenig weiter wie das Evangelische Zentralarchiv in Berlin, in dem sich mehrere tausend Kirchenbücher der ehemaligen deutschen Ostgebiete befinden. Genealogische Quellen im Internet oder das «World Biographical Information System WBIS», laut Eigenwerbung «die umfassendste biographische Datenbank», fielen eher dürftig aus. In Standardwerken wie «Neue deutsche Biographie» oder «Altpreußische Biographie» wurde ich etwas fündiger.

3 An thematisch vergleichbaren Biografien seien erwähnt Michels: «‹Der Held von Deutsch-Ostafrika›: Paul von Lettow-Vorbeck» sowie Schulte-Varendorff: «Kolonialheld für Kaiser und Führer - General Lettow-Vorbeck». Auch Sandra Maß widmet Lettow-Vorbecks Person und Bedeutung größere Aufmerksamkeit in Maß: «Weiße Helden, schwarze Krieger». Mit General Berthold Deimling beschäftigt sich Kirsten Zirkel in der Biografie «Vom Militaristen zum Pazifisten», wobei, wie der Titel bereits verrät, das Leben Deimlings eine überraschende Wendung nimmt. Erstaunlich ist, dass bislang keine Biografie über General Lothar von Trotha existiert. Von Trotha verfasste den «Vernichtungsbefehl» im südwestafrikanischen (namibischen) Herero-Nama-Krieg und war an führender Stelle am damaligen Völkermord beteiligt.

Schließlich entdeckte ich in der Berliner Staatsbibliothek die «Geschichte der Familie Plehn», die mit der Familie Maercker eng verwandt war. Vor allem aber fand ich in Magdeburg Christoph Maercker, der sich intensiv mit der Erforschung seiner Familiengeschichte beschäftigt und mir in reger Kommunikation wesentliche Informationen verschaffte.

Hoffnung hegte ich vor allem, soweit es den Nachlass des Georg Maercker betraf. In der «Zentralen Datenbank Nachlässe» des Bundesarchivs tauchten sogar zwei Sammlungen auf. Die Ernüchterung kam schnell: Der Hauptnachlass von immerhin «6 Kartons» wurde beim Brand des Heeresarchivs Potsdam 1945 vernichtet. Glücklicherweise existiert im Bundesarchiv/Militärarchiv Freiburg ein weiterer Teilnachlass. Dort enthalten sind vor allem Briefe Maerckers an seine Mutter Ida, geborene Rehbein, seinen Bruder Julius, persönliche Aufzeichnungen, einige Urkunden und ein recht umfangreiches Inventarverzeichnis des nicht mehr vorhandenen Potsdamer Bestandes.

In seinen Briefen an Mutter und Bruder äußerte sich Maercker häufig ausführlich und prägnant über seine Tätigkeiten und auch über sein persönliches Befinden. Die Korrespondenz ist nicht vollständig, ergibt aber eine gewisse Kontinuität bis nach dem Ende des Ersten Weltkrieges (sein Bruder Julius fiel bereits zu dessen Beginn). Der letzte der vorhandenen Briefe stammt aus dem Juni 1919. Bis dahin sind sie ein wesentliches Mittel meiner Darstellung neben weiteren literarischen Zeugnissen und Maerckers eigenen öffentlichen Publikationen. Seine Tätigkeit als Kommandant auf Borkum von 1913–1915 erhellte sich durch das Studium von Dokumenten des Heimatvereins Borkum.

Die Zeit nach dem Ersten Weltkrieg, beginnend mit der Bildung des «Freiwilligen Landesjägerkorps» im Dezember 1918, ist belegt durch zahlreiche Dokumente und Sekundärliteratur, nicht zuletzt, weil Maercker nun wesentlich mehr als bisher in den Fokus der Öffentlichkeit geriet. Zudem verfasste er selbst sein 1921 publiziertes Opus magnum «Vom Kaiserheer zur Reichswehr». Das Vorhaben, eine überarbeitete Auflage als «Geschichte des Landesjägerkorps» erscheinen zu lassen, konnte er nicht mehr verwirklichen.

Eine eher ausgedünnte Quellenlage fand ich zunächst für die vier letzten Lebensjahre Maerckers vor, von seiner Entlassung aus der Reichswehr nach dem Kapp-Lüttwitz-Putsch 1920 bis zu seinem Tod am 31.12.1924. Immerhin avancierte er in dieser Zeit zum Gründer des Deutschen Kolonialkrieger-Bundes und sächsischen Stahlhelm-Führer, doch die Suche nach Zeugnissen speziell zu seiner Person erwies sich als recht mühsam. Fündig wurde ich dann doch, vor allem im Bundesarchiv Berlin-Lichterfelde.

Weitere Stationen waren das Geheime Staatsarchiv Preußischer Kulturbesitz in Berlin, wo ich Informationen über das von Maercker besuchte Kadettenhaus Kulm, eine Maercker-Biografie des Majors von Priesdorff und den im Rahmen des Kapp-Lüttwitz-Putsches stattgefundenen Jagow-Prozess vorfand sowie die Deutsche Nationalbibliothek in Leipzig, die ansonsten nicht mehr auffindbare Publikationen Maerckers besitzt.

Erwähnen muss ich auch die Staatsbibliothek Hamburg, in der ich viel Zeit verbrachte. Besonders der Fundus an Kolonialliteratur ist erheblich. Kein Wunder, war doch schon damals die Stadt das «Tor zur Welt». Ähnliches gilt für die Bibliothek im Hamburger «Geomatikum». Schließlich spielten die Geografen in der Kolonialzeit eine kaum zu überschätzende Rolle.

Beschränkt habe ich mich auf die in Deutschland auffindbaren Quellen. Eine Reise nach Namibia in das dortige Nationalarchiv würde mit Sicherheit weiteren Aufschluss über die Tätigkeit Maerckers in Südwestafrika ergeben. Das mir zugängliche Material erscheint aber ausreichend, um einen strukturierten Überblick zu verschaffen.

Das Buch verfolgt keine akademischen Ambitionen. Das hatte mindestens zwei Vorteile. Ich wurde erstens nicht verleitet, eine der breiteren Öffentlichkeit möglichst unverständliche Sprache zu benutzen. Zweitens hatte ich keine Probleme mehr damit, auch teilweise deutlich subjektiv gehaltene, besonders gekennzeichnete Passagen einzubauen. Das ermöglicht den Leserinnen und Lesern, zumindest einen Teil der Entstehungsgeschichte der Biografie und die Position des Verfassers nachzuvollziehen. Es finden sich dort ebenso Exkursionen in die Gegenwart. Wer dagegen stringent die Maerckersche Biografie verfolgen möchte, kann diese Abschnitte auch überspringen.

Dass die scheinbar wissenschaftlich-»objektive» Geschichtsschreibung, etwa bei Auswahl und Bewertung der Quellenlage, vom politischen Standpunkt des Autors ausgeht, ist keine Neuigkeit. Geschichte wird schließlich von der Gegenwart her geschrieben. Anders ist es beispielsweise kaum zu verstehen, dass Preußen von den einen zum Hort des Militarismus, von den anderen zum zeitgenössischen Inbegriff der Modernität erklärt wird. Sicher spielen beide Aspekte - Militarismus und Modernität - eine Rolle. Die Frage ist nur, welche Schwerpunkte gesetzt und welche Zusammenhänge betont werden (Maercker selbst bietet ein gutes Beispiel dafür, wie «moderne» Erkenntnisse, die er durchaus zu schätzen wusste, unter den Scheffel des Militärischen gestellt wurden). Frank-Lothar Kroll etwa sieht den Schwerpunkt darin, dass das Deutsche Kaiserreich «durch Wandlungsprozesse und Reformbestrebungen bestimmt war, die das Reich auf vielen Gebieten als einen fortschrittlichen und leistungsstarken Nationalstaat auf der Höhe zeitgenössischer Modernität auswiesen».[4] Hingegen Hans-Ulrich Wehler: «Es handelte sich um einen autokratischen, halbabsolutistischen Scheinkonstitutionalismus, da die realen Machtverhältnisse nicht entscheidend verändert worden waren.»[5] Fast schon amüsant ist es, ihre – Krolls und Wehlers – unterschiedlichen Darstellungen der Parteien und politischen Strömungen zu lesen.[6] Zwischen diesen beiden Beschreibungen liegen allerdings vier Jahrzehnte (Wehler 1973, Kroll 2013). In der Zwischenzeit, im Jahr 2003, kommt Wehler im 4. Band seiner «Deutschen Gesellschaftsgeschichte» auf die Modernisierungsfrage im Kaiserreich zurück, schreibt von der «Bunkermentalität»[7] der «traditionellen Machteliten und neuen Funktionseliten», von deren «Lernfähigkeit … nichts zu spüren» gewesen sei, von einer «konsistente[n] Blockade tiefgreifender politischer Reformen», um gleichzeitig dem «deutsche[n] Obrigkeitsstaat» zuzugestehen: «Aber er bot auch ein hohes Maß an Rechtssicherheit, politische Teilhaberechte wie nur wenige westliche Staaten, sozialpolitische Leistungen wie sonst nur Österreich und die Schweiz, Freiräume für entschiedene Kritik, Erfolgserlebnisse für die Opposition, Meinungsfreiheit mit seltenen Zensureingriffen, Bildungschancen, Aufstiegsmobilität, Wohlstandsanstieg.»

Verwirrend wird es auch, wenn im Zuge bisweilen erfolgender Rehabilitationsversuche des Preußentums authentische Schilderungen relativiert werden, worum sich etwa die bekannten Historiker und Autoren Bernd Ulrich, Jakob Vogel und Benjamin Ziemann bemühen. In ihrer Quellensammlung «Untertan in Uniform – Militär und Militarismus im Kaiserreich 1871–1914» trachten sie im Vorwort danach, ausgerechnet denen, die Heinrich Manns «Untertan» und Carl Zuckmayers «Hauptmann von Köpenick» für besonders gelungene literarische Darstellungen des preußischen Militarismus halten,

4 Kroll: Geburt, S. 8.
5 Wehler: Kaiserreich, S. 63.
6 Vgl. Kroll: Geburt, S. 52–67, sowie Wehler: Kaiserreich, S. 80–90.
7 Zitate in Wehler: Gesellschaftsgeschichte, 4. Band, S. 199–205.

«Vereinnahmungsversuche»[8] vorzuwerfen. Allerdings erschienen mir die daraufhin von ihnen herangezogenen Quellen alles andere als eine inhaltliche Widerlegung der beiden berühmten Werke.

Die Deutung des politischen und gesellschaftlichen Zustandes des von Preußen dominierten Kaiserreichs erscheint also als ein umkämpftes Terrain. Bisweilen werden auch neue Erklärungsansätze unternommen, deren verklausulierte Sprache verrät, dass das Thema weiterhin Schwierigkeiten bereitet. Wie anders ist es zu verstehen, wenn Cornelius Torp und Oliver Müller in der Einleitung einer Aufsatzsammlung zum Thema «Deutsches Kaiserreich» schreiben: «Sie [die folgenden Beiträge, C.K.] schlagen auch ein alternatives, das Kaiserreich in ein ganz anderes Licht rückendes Verständnis von Modernität vor, das Modernisierung im Sinne der soziologischen Systemtheorie als zunehmende gesellschaftliche Ausdifferenzierung funktionaler Subsysteme mit entsprechend vervielfältigten Modi der Selbstbeobachtung begreift.»[9] Soll wahrscheinlich, soweit übersetzbar, heißen: Um die Modernität des Kaiserreichs proklamieren zu können, betrachten wir die kleineren gesellschaftlichen Bereiche. Die Methode als solche, eine Gesellschaft von ihren Fragmenten her dekonstruktivistisch zu betrachten, mag sogar gelegentlich Sinn machen, meine ist allerdings eine eher herkömmliche: von den übergeordneten Strukturen hin zu den konkreten Ereignissen. Der Schwerpunkt dabei liegt der Sache gemäß auf den militärischen und militaristischen Gegebenheiten, die in Preußen kein «funktionales Subsystem», sondern einen dominierenden Faktor bezeichnen.

Daher beginnt die Geschichte Maerckers mit einer Geschichte des preußischen Militärs. Für Historiker wird sie bekannt sein, von einigen anders gesehen werden, in jedem Falle ist ihre Darstellung notwendig, um Zusammenhänge zu erfassen. Die Schilderung der politischen und gesellschaftlichen Rahmenbedingungen nimmt auch im Weiteren einen entsprechenden Platz ein.

Um einem Einwand zuvorzukommen: Es handelt sich hier nicht um «komparative (vergleichende) Geschichtsschreibung». Auch andere Kolonialmächte und ihre ausgesandten Siedler haben ungeheure Massaker bis zu Völkermorden in den Kolonialgebieten begangen. Ebenso wenig ist «Militarismus» ein rein preußisch-deutsches Phänomen. Derartige Vergleiche sind natürlich sinnvoll und bei einer umfassenden Analyse von Themen wie «Militarismus» und «Kolonialismus»

8 Ulrich/Vogel/Ziemann (Hrsg.): Untertan, S. 10.
9 Müller/Torp: Bild, S. 22.

unerlässlich. Diese Art des Vorgehens hätte allerdings die Biografie Maerckers gesprengt. Zudem werden Tatbestände, die von Akteuren einer bestimmten Nation geschaffen werden, nicht dadurch besser oder schlechter, indem man sie mit anderen vergleicht.

Bedanken möchte ich mich bei meinen Korrektorinnen und Korrektoren, die stilistisch wie inhaltlich eingriffen. Mein Dank gilt ebenso der Rosa-Luxemburg-Stiftung Niedersachsen für ihre finanzielle Unterstützung.

Preußen und sein Militär

«Beim Exerzieren im Kasernenhof, beim Gliederbilden, Sichzerstreuen und Platzwechseln ward weiter nichts beabsichtigt, als die ‹Kerls› umherzuhetzen. Ja, Diederich fühlte wohl, daß alles hier, die Behandlung, die geläufigen Ausdrücke, die ganze militärische Tätigkeit vor allem darauf hinzielte, die persönliche Würde auf ein Mindestmaß herabzusetzen. Und das imponierte ihm; es gab ihm, so elend er sich befand, und gerade dann, eine tiefe Achtung ein und etwas wie selbstmörderische Begeisterung ... Jäh und unerbittlich sank man zur Laus herab, zum Bestandteil, zum Rohstoff, an dem ein unermeßlicher Wille knetete. Wahnsinn und Verderben wäre es gewesen, auch nur im geheimsten Herzen sich aufzulehnen.»[10]

In seinem Roman «Der Untertan» beschrieb Heinrich Mann am Beispiel des Diederich Heßling eine weitverbreitete Eigenart der wilhelminischen Epoche. «Wer treten wollte, mußte sich treten lassen, das war das eherne Gesetz der Macht»[11], so die felsenfeste Überzeugung, am besten beides mit Lustgewinn. Heßling war keine reine Fiktion, sondern stand exemplarisch für diese weit verbreitete Charakterstruktur: des nach oben buckelnden und nach unten tretenden Bürgers, verfangen in wahnhaften Allmachtsfantasien und hintergründiger angstvoller Unsicherheit - ein Zustand, mit dem sich das Deutsche Kaiserreich insgesamt charakterisieren lässt und ihm die Deutung als «nervöse Großmacht»[12] eingebracht hat.

Diederich Heßling verkörpert eine zentrale Gestalt preußischer Geschichte: der des Reserveoffiziers, einer gesellschaftlichen Position, in der sich der Bürger sozusagen «geadelt» fühlte. Der Reserveoffizier war das Bindeglied zwischen einer vom Adel beherrschten Offizierskaste und dem Bürgertum, besonders dem Bildungsbürgertum. Für ihn hatten im zivilen Leben die militärischen Umgangsformen Vorrang. «Ein Herrenvolk aus Untertanen», so bezeichnete Heinrich Mann die Gesellschaft des Kaiserreichs.

Auch Carl Zuckmayer stellte mit großem literarischen Erfolg den Untertanengeist und den blinden militärischen Gehorsam dieser Zeit dar. Sein «Hauptmann von Köpenick» indes war nicht nur eine Romanfigur, sondern bezog sich auf ein wirkliches Vorkommnis im Jahre

10 Mann: Untertan, S. 36.
11 Ebd., S. 306.
12 Vgl. Ullrich: Nervöse Grossmacht.

1906: Der Schuster Friedrich Wilhelm Voigt, der 15 Jahre im Zuchthaus saß, verkleidete sich nach seiner Entlassung mit der Uniform eines Hauptmanns, hielt einen Soldatentrupp an und befahl diesem, das Rathaus Köpenick zu besetzen. Dort «verhaftete» er den Bürgermeister sowie den Oberstadtsekretär und «beschlagnahmte» die Stadtkasse.

Nun waren (und sind) Machtfantasien, Untertanengeist und blinder Gehorsam auch andernorts als im wilhelminischen Deutschland anzutreffen. Allerdings nahmen solche «Haltungen» dort eine besonders außergewöhnliche Form an, die sie in die Reihe sonstiger sogenannter «preußischer Tugenden» wie Pflichtbewusstsein, Tapferkeit, Fleiß, Bescheidenheit oder Sparsamkeit einreihten. Eine hauptsächliche Ursache dieses Phänomens lag in der hochgradigen militaristischen Durchdringung des gesellschaftlichen Lebens, die wir nicht nur zur Zeit Kaiser Wilhelms II., sondern schon in der vorhergehenden Geschichte Preußens vorfinden, auch wenn der Höhepunkt dieses Zustandes im Kaiserreich anzutreffen ist.

«Nirgendwo sonst in einer westlichen Gesellschaft», so Hans-Ulrich Wehler, «ist im letzten Drittel des 19. Jahrhunderts der Militarismus in die Kollektivmentalität, in das Identitätsbewußtsein, in den Nationalismus so tief eingedrungen wie im kaiserlichen Deutschland.»[13] Sein Kollege Wolfram Wette formulierte: «Betrachtet man das Alltagsleben im kaiserlichen Deutschland, so wird man gewahr, dass tatsächlich in nahezu allen Lebensbereichen soldatische Umgangsformen gepflegt wurden.»[14] Wie kam es dazu?

Nach dem Dreißigjährigen Krieg, in der Mitte des 17. Jahrhunderts, war das brandenburg-preußische Territorium ein schwer verwüsteter geografischer Flickenteppich. Dem «Großen Kurfürsten» Friedrich Wilhelm gelang es jedoch, die Grundlage für einen bedeutenden absolutistischen Staat zu bilden. Dafür schuf er ein stehendes Heer, dessen Offiziersstellen der Adel erhielt, während die einfachen Soldaten aus der bäuerlichen Bevölkerung rekrutiert wurden. Es hieß sogar, der Staat Preußen habe nicht eine Armee, sondern die preußische Armee einen Staat. Das Bürgertum blieb politisch und sozial bedeutungslos, während von nun an der Adel seine Vorherrschaft mit Klauen und Zähnen verteidigte.

Friedrich II., auch «Friedrich der Große» oder «Alter Fritz» genannt, einer der Nachfolger des Großen Kurfürsten, wurde Generationen von

13 Wehler: Gesellschaftsgeschichte, 3. Band, S. 1286.

14 Wette: Militarismus in Deutschland, S. 64.

Schülern und Schulbuchautoren als aufgeklärter Absolutist präsentiert, dessen Hauptmotiv gewesen sei: «Ich bin der erste Diener meines Staates». Je nach politischer Couleur werten manche Historiker seine Toleranz, besonders in religiöser Hinsicht, als eines seiner wesentlichen Merkmale, während andere betonen, er habe einfach «Menschenmaterial» für seine Armee benötigt, daher sei ihm die Religion der nach Preußen immigrierten Bevölkerungsteile gleichgültig gewesen. Auf die Vorrangstellung des Adels legte er besonders großen Wert. Dem einfachen Volk ging es nicht besser als zuvor.

Die Soldaten empfanden mehr Angst vor den Knüppeln ihrer vorgesetzten Offiziere als vor ihren Feinden. Sie desertierten daher besonders häufig, so dass sie in der Regel nur tagsüber eingesetzt werden konnten. Noch heute wird an der Friedrich-Legende gestrickt, wie ein Werbeprospekt des im brandenburgischen Wustrau angesiedelten «Brandenburg-Preußen Museum» aus dem Jahre 2015 beweist: «Im Gegensatz zu allen Herrschern Europas war er im Krieg stets unter seinen Soldaten, er teilte alle Gefahren und Strapazen mit ihnen. Von seinen Bürgern, Beamten und Soldaten verlangte er nie mehr als von sich selbst.»[15] Anders sieht das z. B. der Militärhistoriker Walter Görlitz: «Das Ideal war die Zusammenschweißung der Söldner zu einer einheitlichen, gleichmäßig vorrückenden und feuernden Maschinerie. Von Friedrich dem Großen ist das Wort überliefert, der Soldat müsse den Korporalstock des Unteroffiziers mehr fürchten als die Kugel des Feindes. Selbst von seinen Offizieren pflegte der große Potsdamer Skeptiker zu sagen, wenn sie anfangen würden, zu denken, würde kein einziger bei der Fahne bleiben.»[16]

Gotthold Ephraim Lessing bezeichnete Preußen als das «sklavischste Land Europas» und Heinrich Heine erging sich in mancherlei Spottgedichten über die dortigen Zustände. Umstritten ist auch die Bezeichnung Friedrichs II. als eines bedeutenden Feldherrn, kam es doch zu einigen verheerenden Niederlagen und höchst verlustreichen Siegen. Immerhin hatte sich die Größe und Einwohnerzahl Preußens am Ende seiner Regierungszeit in etwa verdoppelt, unter anderem durch eine

15 Das Werbeblatt des Museums steht unter dem Motto: «Preußen-Deutschland: Rechtsstaat mit dem freiheitlichsten Wahlrecht in Europa».

16 Görlitz: Generalstab, S. 19. Görlitz weiterhin: «Tatsächlich ist die Geschichte Preußens im Grunde die Geschichte der preußischen Armee, deren geschichtsbildende und geschichtstragende Kraft bis in die Tage des Zusammenbruches von 1945 hinein fortgewirkt hat.» Ebd., S. 10.

die damaligen europäische Dynastien verblüffende Okkupation Schlesiens. Bis zu 90% der staatlichen preußischen Einnahmen kamen dem Militär zugute.

Nach der Niederlage gegen Napoleon in der Schlacht bei Jena und Auerstedt 1806 machten sich in Preußen reformerische Kräfte ans Werk, um Staat, Verwaltung, Bildungswesen und Militär zu erneuern. Im Bereich des Militärwesens sammelten sie sich um General Gerhard von Scharnhorst. Nun sollte auch die persönliche Leistung und nicht mehr nur die Herkunft mitentscheidend sein. Der Adel, der seine Vormachtstellung bedroht sah, brachte diese Bestrebungen durch erbitterten Widerstand zum Scheitern. Drei folgende siegreiche «Einigungskriege» Preußens - 1864 mit Österreich gegen Dänemark, 1866 gegen Österreich und 1870/71 gegen Frankreich - sorgten weiterhin für den glanzvollen Ruhm des Militärischen.

Im preußischen Ostelbien, der Heimat Georg Maerckers, war die Machtstellung des Adels besonders ausgeprägt. Hier herrschten noch quasi-feudalistische Zustände, so dass, wie es Heinrich August Winkler beschreibt, «der Gutsbezirk zu einem geschlossenen Herrschaftsgebiet und der Gutsherr zu einer Obrigkeit eigener Art wurde».[17] Auch die als «Bauernbefreiung» bezeichneten Vorgänge brachten für die einfache Landbevölkerung nicht nur Vorteile. Vielmehr verschlechterte sich ihre Lage häufig, mussten die Bauern doch Ablösesummen bezahlen, die bis zum 20fachen Betrag des Jahreswertes bisheriger feudaler Pflichten betrugen. Es entstand eine neue soziale Zusammensetzung auf dem Land. Einer kleineren Schicht «freigewordener» Bauern, die nun selbst über eigenen Besitz verfügte, stand ein neu entstandenes, immer größer werdendes Landproletariat gegenüber, das seinen Lebensunterhalt häufig in den Städten zu finden hoffte.[18]

War das Rittergut bisher eine privilegierte Bastion des Adels, so fanden sich mit der Zeit zunehmend bürgerlich geführte Domänen.[19] Das bedeutete keineswegs einen adligen Machtverlust, wurden die bürgerlichen Gutsherren doch durch geschickte Heiratspolitik und Nobilitierung in die herrschende Kaste aufgenommen. Nicht der ostelbische Adel passte sich bürgerlichen Maßstäben an, sondern die Bürger dem Adel.

---

17 Winkler: Lange Weg nach Westen, Bd. 1, S. 27.

18 Vgl. hierzu ebd, S. 56, Mottek: Wirtschaftsgeschichte, S. 18–42.

19 «1885 gehörten bereits 67% der preußischen Rittergüter bürgerlichen Besitzern.» Kocka: Muster, S. 47.

Dass Georg Maercker von mehreren Autoren ungerechtfertigt durch die Bezeichnung «von Maercker» in den Adelsstand erhoben wird, ist vielleicht kein Zufall.[20] Seine Herkunft aus dem spätfeudalen preußischen Ostelbien kombiniert mit seiner militärischen Karriere könnten darauf hindeuten. Tatsächlich stammt er aus dem Bürgertum. Diese Verwechslung legt nahe, dass die These der «Feudalisierung» zumindest von Teilen desselben doch nicht gänzlich von der Hand zu weisen ist.[21]

Die Situation entbehrte nicht einer großen Brisanz, denn seit der Mitte des 19. Jahrhunderts schien dem Bürgertum die Zukunft zu gehören. Besonders nach der Reichsgründung 1871 nahm die ökonomische und wissenschaftlich-technische Entwicklung eine rasante Fahrt auf. Deutsche Unternehmen begannen, den Weltmarkt zu erobern, etwa im Bereich der chemischen und Elektroindustrie, des Maschinenbaus oder der Kohle- und Stahlproduktion. Bevorzugte Organisationsform der Großbetriebe bildeten eng mit den Großbanken verflochtene Aktiengesellschaften.

Aber mit dieser Umwälzung bisheriger Produktionsformen ergab sich kein grundlegender Wandel der überkommenen gesellschaftlichen Machtpositionen. Das Bürgertum war schon in der 1848er-Revolution politisch gescheitert. Der preußische König und der Adel verteidigten weiterhin die Zentralen der politischen Macht.

Und dennoch hatte sich etwas verändert, wie der britischer Historiker Eric J. Hobsbawm feststellte: «Die Verteidiger der sozialen Ordnung mußten lernen, Politik mit Rücksicht auf das Volk zu machen. Das war die wichtigste Neuerung, die die Revolutionen von 1848 bewirkt hatten.»[22] Die «unteren Stände» begannen, als organisierte Arbeiterbewegung aufzutreten. Das Bürgertum indessen begab sich unter die

---

20 Etwa bei Schmokel: Traum, Jones: Birth, Maß: Weiße Helden.

21 Die auf Max Weber zurückgeführte «Feudalisierungsthese» einer generellen Anpassung des Bürgertums an den Wertekanon und Verhaltenskodex des Adels wird mittlerweile in Frage gestellt, sowohl inhaltlich wie auch bezüglich des «mißverständlichen Terminus der ‹Feudalisierung› des Bürgertums, der an die Rückkehr zu feudalen Eigentumsverhältnissen, Rechtsstrukturen, Wirtschaftsvorstellungen denken läßt, wo es vor allem um politische Machtverteilung zwischen Bürgertum und Aristokratie in einer eindeutig kapitalistischen Gesellschaft geht...» Kaelble: Unternehmer, S. 148. – Heiner Karuscheit dagegen sieht diese «eindeutig kapitalistische Gesellschaft» im speziellen Falle Ostelbiens nicht und kritisiert in diesem Punkt sowohl Max Weber wie Lenin: Karuscheit: Deutschland, S. 55–61.

22 Hobsbawm: Blütezeit, S. 40.

Fittiche der adligen Herrschaft. Es verzichtete auf die politische Macht, und dennoch gehörte ihm die Zukunft. Nochmals Hobsbawm: «Aber wenn die Bourgeoisie nicht herrschte, so war sie doch, um mit Antonio Gramsci zu sprechen, eine ‹hegemonische Klasse› und bestimmte damit auch zunehmend die Richtung der Politik. Es gab keine Alternative zum Kapitalismus, sobald es um ökonomischen Fortschritt ging ...»[23].

Nach einer von König Wilhelm I. erlassenen Verfassung existierte zwar ein Landtag. Doch als es 1862 zu einem Konflikt um die Bewilligung einer Heeresvorlage kam, löste ihn Wilhelm I. kurzerhand auf, um mit Hilfe des neuen Kanzlers Bismarck die Vorlage trotzdem durchzuführen. Bismarck agierte dabei besonders trickreich mit Hilfe der umstrittenen sogenannten «Lückentheorie»: Wenn die Verfassung nicht vorschreibe, was bei Uneinigkeit zwischen König und Parlament geschehen solle, habe der König das letzte Wort. In diesem Zusammenhang entstanden auch die berühmten Worte des «eisernen Kanzlers», die «großen Fragen der Zeit» würden durch «Eisen und Blut» entschieden. Das Vorgehen Bismarcks erhielt vier Jahre später seine offizielle Legitimation durch das «Indemnitätsgesetz», welches ihm nachträgliche Straflosigkeit zubilligte.

Nicht zufällig ging es in diesem Konflikt um das Militär, die große Bastion der Adelsherrschaft. Der Adel konnte zwar auf Dauer mit seiner von feudalen Relikten beherrschten überwiegend landwirtschaftlichen Produktionsweise nicht mit dem enormen Tempo des sich entwickelnden Industriekapitalismus konkurrieren, dafür entfaltete er eine erstaunliche Zähigkeit in der Verteidigung seiner gesellschaftlichen und politischen Positionen.

Verbunden mit seiner sich enorm entfaltenden modern-ökonomischen Potenz musste das Kaiserreich als ein sonderbares Amalgam aus Vergangenheit und Zukunft erscheinen. Der britische Historiker Nigel Jones bezeichnet die Ankunft des Deutschen Reichs im 20. Jahrhundert plastisch als Einfahrt eines schimmernden Daimler-Benz, der von einem mittelalterlichen Ritter gezogen wird.[24] Volker Ullrich formuliert es so: «Neben einer überaus dynamischen, innovativen Industriewirtschaft finden wir die monströse Spätblüte einer neoabsolutistischen Hofkultur; neben erstaunlichen Leistungen in Wissenschaft und

23 Ebd., S. 311.

24 «... it was as though Germany was riding into the twentieth century in a gleaming new Daimler-Benz car – towed by a medieval knight in shining armour.» Jones. Brief History, S. 2:

Technik eine weitverbreitete Uniformgläubigkeit, die Vergötzung alles Militärischen; neben Tendenzen zur Parlamentarisierung und Demokratisierung die latente Drohung mit dem Staatsstreich, das Liebäugeln mit der Militärdiktatur»[25], und neben dem von Heinrich Mann geschilderten Untertanen «den selbstbewußten großbürgerlichen Unternehmer und den klassenbewußten sozialdemokratischen Arbeiter»[26].

Die Position als führende militärische Kontinentalmacht bewirkte ein Übriges, um Misstrauen zu säen. Auch die Rhetorik wurde zunehmend aggressiv, besonders nach der Aufgabe der Bündnispolitik Bismarcks und der folgenden Einleitung der «Weltpolitik»: «Mit einem Worte: wir wollen niemand in den Schatten stellen, aber wir verlangen auch unseren Platz an der Sonne» - dieser Satz des späteren Reichskanzlers von Bülow in einer Reichstagsdebatte am 6. Dezember 1897 machte das deutsche Weltmachtstreben unüberhörbar.

Im 1871 aus immerhin 25 Bundesstaaten gebildeten Deutschen Kaiserreich spielte Preußen flächen- und bevölkerungsmäßig, aber vor allem politisch die eindeutig dominierende Rolle. Darüber, ob damit der Anfang vom Ende Preußens gekommen war, gehen die Meinungen stark auseinander. Christopher Clark etwa schreibt in der Einleitung seiner Preußen-Biografie: «Deutschland - hier nehme ich eine der zentralen Thesen dieses Buches vorweg - war nicht die Erfüllung Preußens, sondern sein Verderben.»[27] Ganz ähnlich der Journalist Sebastian Haffner: «Bismarcks Reichsgründung erschien den Zeitgenossen als der höchste Triumph Preußens; im Endergebnis erwies sie sich als der Anfang von Preußens Ende.»[28] Völlig anders sah es der heute fast vergessene linke Sozialdemokrat August Siemsen in seinem zuerst 1937 erschienenen Buch «Preußen - Die Gefahr Europas»: «Preußen ging nicht in Deutschland auf, eher verschlang Preußen Deutschland.»[29]

---

25 Ullrich: Nervöse Großmacht, S. 14.

26 Ebd.

27 Clark: Preußen, S. 13. Christopher Clark - bekannt geworden durch seine «Schlafwandler»-Theorie zur Entstehung des Ersten Weltkriegs - geht in seinem Buch detailliert auf die preußische Geschichte ein, wobei er allerdings den preußischen Militarismus mit Samthandschuhen anfasst. Aber auch er kommt nicht umhin, zumindest festzustellen: «Die Armee war nach 1871 eine der zentralen Institutionen des preußischen Lebens. Ihre Gegenwart im alltäglichen Leben war in einem Ausmaß zu spüren, das heutzutage unvorstellbar wäre.» Ebd., S. 684.

28 Haffner: Preußen, S. 349.

29 Siemsen: Preußen, S. 47.

Maerckers und Plehns

Es könnte sich um einen Racheakt gehandelt haben: Im Jahr 1731 wird Gottlieb Maercker in einem Vorort von Halle vom Holzförster erschossen.[30] Gottlieb taucht in der Ahnengeschichte der Maerckers einerseits als Mühlenknappe, andererseits als Amtsmüller auf (ein «Amtsmüller» beaufsichtigt Mühlen von Amts wegen). Jener Gottlieb lebte in Calbe an der Saale, seine Nachfahren brachten es vom Bäckermeister und Mehlhändler bis zum Geheimen Medizinalrat. Die Familie zog nach Marienwerder in Westpreußen.

Rudolph Maercker, ein Nachfahre Gottfrieds und Großonkel Georg Maerckers, erwarb 1828 ein Rittergut in dem im Regierungsbezirk Marienwerder gelegenen Rohlau. Seine an den Neuerungen der Zeit orientierte Geisteshaltung zeigte sich im Besuch der Londoner Weltausstellung und einer Reise nach Paris, denn: «Solche Unternehmungen waren damals bedeutsamere Ereignisse als heute; sie prägten sich dem Gedächtnis unauslöschlich ein und dienten geradezu zur Entwicklung der Geistesrichtung und des Charakters.»[31]

Seinem Sohn Hans Maercker, einem Onkel des späteren Generalmajors, gelang es sogar, in den erblichen Adelsstand aufgenommen zu werden: «Als aktiver Teilnehmer des gesellschaftlichen und politischen Lebens unterstützte er die Tätigkeit einer Kolonisierungskommission, die die Aktion anführte, Boden aus polnischen Händen zu kaufen, um dort reiche deutsche Bauern anzusiedeln.»[32] Das erweckte die Anerkennung des obersten Staatsherrn, denn solcherlei «... Verdienste bei der Stärkung des deutschen Besitzstandes wusste auch Kaiser Wilhelm II. zu schätzen, der ihn 1902 in den Adelsstand erhob.»[33] Hans Maercker übernahm die Bewirtschaftung des Rohlauer Rittergutes und betätigte sich nebenbei als Heimatgeschichtler für den Westpreußischen Geschichtsverein.

Sein Bruder Theodor Maercker, Georg Maerckers Vater, war Kreisrichter und Leutnant der Reserve in Baldenburg. Er starb 1872 im Alter

---

30 Die biografischen Angaben zu den Vorfahren und Verwandten Georg Maerckers stammen, soweit nicht speziell ausgewiesen, aus: Neue Deutsche Biographie Bd. 15 und Bd. 20, Altpreußische Biographie Bd. 1, Bd. 2 und Bd. 4, Acta Borussica Bd. 4/2, Plehn: Geschichte, sowie der Korrespondenz mit Herrn Christoph Maercker aus Magdeburg.

31 Plehn: Geschichte, S. 76.

32 Borawska: Maercker, S. 304.

33 Ebd.

von 37 Jahren. Sein Sohn war zu diesem Zeitpunkt erst 7 Jahre alt. Zu seiner Mutter Ida Maercker geb. Rehbein pflegte Georg, wie wir noch sehen werden, regen Kontakt.

Nicht gänzlich geklärt ist der familiäre Zusammenhang mit Karl Anton Maercker, der eine beachtliche juristische Laufbahn einschlug und 1848 sogar für drei Monate preußischer Justizminister im bürgerlich-liberalen Kabinett Auerwald/Hansemann wurde.[34] Das Kabinett scheiterte wie die 1848er-Revolution insgesamt. Von Karl Anton wird berichtet, er sei «populär»[35] und von der politischen Richtung eher rechts-liberal[36]. Der berühmte Maler Adolph von Menzel wohnte zeitweise in Berlin in direkter Nachbarschaft. Er war ein Freund der Familie und schuf von ihren Mitgliedern mehrere Porträts.[37]

Als Chemiker machte sich Max Maercker, Sohn des Justizministers, einen Namen in der Agrikulturchemie. Sein «Handbuch der Spiritusfabrikation» galt für Jahrzehnte als Standardwerk des Brauereigewerbes. Der Aufstieg der deutschen Kaliindustrie basierte auf seinen Feldforschungen und Erkenntnissen. In Halle, wo er eine Professur innehatte, errichtete man für ihn ein Denkmal, das später auf sowjetische Veranlassung in der irrigen Annahme geschleift wurde, es handele sich um eine Ehrung des Freikorpsführers Georg Maercker.[38]

In die maerckersche Gutsbesitzer-Linie eingeheiratet finden wir die Familie Plehn, wodurch Georg einige erwähnenswerte Cousins und Cousinen erhielt.

Albert Plehn gelangte als Schiffsarzt nach Sumatra und Java. Dort entdeckte er sein besonderes Interesse für die Bekämpfung der Malaria.

---

34 Nach der Neuen Deutschen Biographie ist Karl Anton Maercker 1803 als Sohn des Johann Simon Maerckers geboren und damit Bruder des ebenfalls 1803 (Zwillinge?) geborenen Rittergutsbesitzers Rudolph Maercker, des Großonkels Georg Maerckers. Dagegen wird Karl Anton in einer hektografierten Familiengeschichte (die allerdings einige Fehler enthält) nicht erwähnt, womit die genealogischen Zusammenhänge nicht völlig klar sind.

35 Valentin: Geschichte, S. 72.

36 Vgl. Botzenhart: Deutscher Parlamentarismus, S. 445–447.

37 Menzel bevorzugte dabei die Frau des Justizministers, von der er mehrere Porträts malte – teilweise in leicht lasziver Haltung («Bildnisstudie Frau Justizrat von [sic!] Maerker», «Frau Maerker am Klavier»). Dagegen zeichnet Menzel in dem düster gehaltenen Porträt «Wohnzimmer mit Justizminister von [sic!] Maercker» den Hausherrn in schattenhaft grüblerischer Pose, versunken im unteren Rand des Bildes. Nicht nur wird Karl Anton Maercker unberechtigterweise geadelt, auch die Schreibweise mit und ohne «c» (Maer[c]ker) fällt auf.

38 Nach Informationen Christoph Maerckers.

Während seiner neunjährigen Tätigkeit als Regierungsarzt in der deutschen Kolonie Kamerun erwarb er sich den Ruf eines führenden Tropenmediziners. Diesen teilte er sich mit seinem Bruder Friedrich Plehn, der ebenfalls im deutschen Kolonialdienst stand - in Kamerun und Ostafrika. Tropenärzte galten als praktische Wegbereiter der Kolonialpolitik in vorderster Linie. Friedrich Plehn soll es gewesen sein, der Georg Maercker anregte, 1888 für die deutsche Pflanzergesellschaft nach Ostafrika zu gehen.[39] Auch der dritte Bruder, Rudolf Plehn, war in den Kolonien tätig und fiel in Afrika.

Marianne Plehn, die Schwester der Afrikareisenden und Cousine Georg Maerckers, fällt durch eine besonders unkonventionelle Biografie auf. Da in Deutschland den Frauen der Zugang zur Universität verwehrt wurde, ging sie nach Zürich, um dort ein naturwissenschaftliches Lehramt zu studieren. Anschließend beteiligte sie sich an der Gründung eines Mädchengymnasiums in Bremen, das mangels Teilnehmerinnen scheiterte. Sie wurde schließlich eine herausragende Forscherin auf dem Gebiet der Fischpathologie und erste weibliche Professorin in Bayern. Eine enge Freundschaft aus Züricher Studienzeiten verband sie mit der Schriftstellerin Ricarda Huch.

In die Geschwisterreihe der Plehns gehört schließlich Rose Plehn, eine Malerin, der die Verwaltung des Familiengutes Lubochin in Westpreußen übertragen wurde, nach der Chronik der Familie persönlich «gekennzeichnet durch Pflege der Kunst und Abwehr des Alltäglichen», dessen Verrichtung verbunden sei «mit dem Bewußtsein, etwas tun zu müssen, was ‹nicht ganz menschenwürdig› war».[40]

---

39 Vgl. Altpreußische Biographie, Band 1, S. 415.
40 Plehn: Geschichte, S. 83.

Kindheit und Jugend

1. Von Baldenburg nach Lichterfelde

Das Städtchen Baldenburg mit seinen 2500 Einwohnern lag in einem nach Pommern hineinragenden Zipfel Westpreußens, dem ehemaligen Pommerellen. Abgeschnitten von größeren Verkehrswegen fielen ehemals blühende Gewerbe – Tuchmacherei und Schuhmacherei – der allgemeinen Industrialisierung zum Opfer, so dass die Bevölkerung sich auf die Landwirtschaft verlegte. In einer Chronik des Ortes heißt es: «... aber auch dieser Beruf nährt hier nur kümmerlich seinen Mann, denn der Boden um Baldenburg ist recht dürftig, und das rauhe Klima bringt weitere Nachteile. So bietet denn heute das Städtchen ein Bild äußerster Selbstgenügsamkeit ... Baldenburg ist ein Stiefkind der modernen Wirtschaft geblieben.»[41]

Dort wurde am 21. September 1865 Georg Ludwig Rudolf Maercker geboren. Er war Sohn von Theodor und Ida Maercker, geb. Rehbein, der Älteste von fünf Geschwistern.

Ein Jahr nach dem Tod des Vaters wurde der 7-jährige Georg 1873 auf das in Löbau, Regierungsbezirk Marienwerder, neu eröffnete Progymnasium (Gymnasium ohne Oberstufe) geschickt, in dessen Kreisgebiet gerade eine Choleraepidemie grassierte.[42] Eine Milieustudie finden wir in einer kleinen Episode, die den Besuch dreier Schulrevisoren schildert: «Als die Revisoren im Schulzimmer in Bischwalde anlangen, ergreift Angst und Schrecken die gesamte Schuljugend. Mit furchtbarem Geheule springen die Kinder über Bänke und Tische zur Thür hinaus; waren ja doch nach der Meinung der Schüler die drei fremden Herren niemand anders als die drei Könige aus Mohrenland, die gekommen seien, alle Kinder an eine schwarze Königin zu verkaufen.»[43]

Allzu lange sollte sich Georg nach dem Willen der Familie nicht auf dem Progymnasium aufhalten, denn seine Mutter stellte bereits im Dezember 1873 einen Antrag auf seine Aufnahme in die Kadettenanstalt Kulm. Der Anstoß und wahrscheinlich auch die finanzielle

41 Schmitz: Stadt Baldenburg, S. 103. Baldenburg / Bialy Bór gehört heute zur polnischen Woiwodschaft Westpommern.
42 Liek: Stadt Löbau, S. 206.
43 Ebd, S. 207.

Unterstützung zum Besuch der Kadettenanstalt kamen vom Onkel und Rittergutsbesitzer Hans Maercker.

Im Januar 1874 antwortete das «Commando des Cadetten-Corps» in einem Schreiben, gerichtet «An die verwitwete Frau Lieutnant und Kreisrichter Märcker geb. Rehbein Hochwohlgeboren zu Loebau». Georg Maercker wurde in die Bewerberliste übernommen.[44] Nach eineinhalb Jahren schließlich - am 2.5.1876 um 8.00 Uhr früh - sollte sich der neue Kadettenschüler im Kadettenhaus Kulm einfinden. Die Kosten, der sogenannte «Erziehungsbeitrag», beliefen sich halbjährlich auf 45 Mark.[45] Georg war zu diesem Zeitpunkt 10 Jahre alt.

Kulm - heute das polnische Chelmno - war im 13. Jahrhundert vom Deutschen Orden gegründet worden. Um die Mitte des 19. Jahrhunderts lebten in der Stadt knapp 10.000 Einwohner. Es ließen sich zahlreiche Klagen über ihren inneren Zustand vernehmen, selbst der Bürgermeister namens Halmhuber schrieb bezüglich der Kulmer Bevölkerung: «Ein großer Teil ist durch schlechte Wirtschaft und Hang zur Völlerei und Trunksucht, der kleinste Teil aber durch Unglück und Mangel an Erwerb heruntergekommen, so daß diese der Armenkasse zur Last fielen. Ich habe wohlhabende Familien an den Bettelstab geraten sehen, weil das Haupt derselben sich dem Trunke und der Liederlichkeit hingegeben hatte.»[46]

Indes könnte sich Bürgermeister Halmhuber in den Ursachen geirrt haben, denn die Armut des Ortes entstand in der Hauptsache durch den Zuzug arbeitslos gewordener polnischer Landbevölkerung, die allerdings auch im Kulmer Handel und Gewerbe keine Perspektive fand.[47]

Über die Kadettenvoranstalt Kulm, ursprünglich ein Kloster, heißt es: «... äußerlich glich sie einem Gefängnis»[48], und auch die hygienischen Verhältnisse dürften nicht die besten gewesen sein, «da wiederholt Epidemien ausbrachen»[49]. Dort verbrachte Maercker 3 Jahre, bevor er in die Hauptkadettenanstalt Lichterfelde wechselte.

Im Frankreich des 17. Jahrhunderts war ein «Cadet» ein jüngerer Sohn aus adliger Familie. Der älteste Sohn erbte in der Regel den

44 BA-MA N 786/1, Schreiben des «Commando des Cadetten-Corps» vom 31.1.1874.

45 Vgl. ebd., Schreiben des «Commando des Cadetten-Corps» vom 31.3.1876.

46 Zitiert nach Hartmann: Untersuchungen, S. 72.

47 Vgl. ebd., S. 75.

48 Brand/Eckert: Kadetten, S. 242.

49 Ebd.

Gutsbesitz, während auf den «Cadet» meistens eine militärische, seltener eine geistliche Laufbahn wartete.

In Brandenburg hatte Friedrich Wilhelm, der Große Kurfürst, ebenfalls im 17. Jahrhundert so genannte «Ritter-Akademien» für die Söhne höherer Stände gegründet. 1717 wurden mehrere Ritterakademien zur Hauptkadettenanstalt vereinigt. Diese Hauptanstalt war in Berlin angesiedelt, seit 1878 in Groß-Lichterfelde (damals eine eigenständige Gemeinde nahe Berlin, später zu Berlin gehörig).

Die Kadettenanstalten - Institutionen zur Züchtung des aus Adelsfamilien stammenden monarchistisch orientierten militärischen Nachwuchses - besaßen eine besondere Attraktion für weniger begüterte Offiziersfamilien, denn sie waren kostengünstiger als andere Schulen. Zudem galt die Übernahme der Zöglinge in den Offiziersstand als sicher.

Doch die Niederlage Preußens in den napoleonischen Kriegen bewirkte auch auf militärischem Gebiet einen Reformschub: «Scharnhorst, Gneisenau und auch Humboldt sahen in den Kadettenanstalten ... die Pflanzstätten des überlebten exklusiven Standesgeistes und wünschten daher ihre gänzliche Aufhebung.»[50] Besonders Scharnhorst betonte die Notwendigkeit wissenschaftlicher Allgemeinbildung. Das Hauptkriterium für Offizierskarrieren sollte nicht mehr die adlige Abstammung, sondern ein schulmäßiger Abschluss sein. Es kam tatsächlich zu einem zahlenmäßigen Anstieg bürgerlicher Offiziere.

Nach den sogenannten Befreiungskriegen gegen Napoleon schlugen die restaurativen Kräfte wieder zurück. König Friedrich Wilhelm III. erließ 1816 eine Kabinettsorder, die den ständisch-feudalen Inhalt des Kadettenkorps betonte, auch wenn nunmehr bürgerliche Nachkommen aufgenommen wurden:

«Bis zum Jahre 1815 waren (bis auf 4 Einzelfälle) die 940 ausgebildeten Zöglinge adeliger Herkunft. Erst ab 1816 wurden regelmäßig bürgerliche Kadetten aufgenommen. Dabei schwankte ihr Anteil bis 1831 zunächst zwischen 3 % und 17 %, um dann kontinuierlich bis etwa 30 % in den 40er Jahren anzuwachsen. Nach einem Rückgang in den folgenden zehn Jahren auf durchschnittlich 25 % stieg der Anteil des Bürgertums dann wieder regelmäßig an, um erst im Jahre 1907 einen Anteil von fast 70 % zu erreichen.»[51]

Zur Zeit der Ausbildung Georg Maerckers mussten zunächst 3 Jahre in einer Voranstalt absolviert werden und anschließend 4 Jahre in der

50 Demeter: Offizierkorps, S.11.
51 Zabel: Kadettenkorps, S. 153.

Hauptanstalt. Das Entlassungsalter lag in der Regel bei 18 Jahren. Bildung, sofern sie sich nicht auf den militärischen Bereich bezog, galt eher als vernachlässigenswert: «Gehorsam und Anpassungsfähigkeit, militärisches Auftreten und standesgemäßes Denken schienen höher bewertet als Kenntnisse und Bildung, die nur zu häufig als bürgerliche Werte abqualifiziert wurden, die den ‹Geist der Armee› verändern könnten.»[52] Der Unterricht war daher stark auf das Militärische ausgerichtet.

In Lichterfelde erhielt Maercker die Möglichkeit, an der Selecta teilzunehmen, einem zusätzlichen, rein militärisch ausgerichteten Ausbildungskurs für besonders begabte Schüler. Bei bestandener Abschlussprüfung trat der bisherige Kadett sogleich als Offizier in die Armee ein. Das Zeugnis der Reife vom 2.4.1885 besagte über ihn: «Im Ganzen gute Kenntnisse.»[53]

2. Schaffung einer sittlichen Macht

«Oberleutnant Kramer sagte: ‹Meine Herren!› Er machte eine Pause, ging das Glied entlang und sah jeden einzelnen der zehn-, elf-, zwölfjährigen Kadetten mit durchbohrenden Augen an. Er sagte: ‹Meine Herren! Sie haben den schönsten Beruf erwählt, den es auf dieser Erde gibt. Sie haben das höchste Ziel vor Augen, das es auf dieser Erde nur geben kann. Wir lehren Sie hier, dieses Ziel zu erfüllen. Sie sind hier, um das zu lernen, was Ihrem Leben erst die letzte Bedeutung verleiht. Sie sind hier, um sterben zu lernen.›»[54]

Die obligatorische Anrede mit «Sie» machte auch den zehnjährigen Anfängern deutlich, dass sie nun in eine neue Welt eintraten, in welcher der Begriff «Kindheit» nicht mehr existierte. In preußischen Adels- wie auch bürgerlichen Familien häufig schon mit militärischer Härte erzogen, bildete die Kadettenanstalt für die Zöglinge eine Einrichtung besonderer Art – eine «totale Institution».

Der Tagesablauf war in Unterricht und Freizeit, sofern sich diese Bereiche überhaupt trennen ließen, nach militärischem Drill organisiert. Die allgemeinen Bildungsanforderungen galten eher gering, der Bereich des Militärischen dominierte durchgehend. 4-5 Stunden täg-

52 Ebd., S. 186.

53 BA-MA N 786/1, Abschlusszeugnis Kadettenanstalt Lichterfelde, 2.4.1885.

54 Salomon: Kadetten, S. 28. Salomon beschreibt die Aufnahme in die Kadettenanstalt Karlsruhe, die sich von der in den anderen Anstalten nicht wesentlich unterschied.

lich dienten militärischen und Leibesübungen. Ebenfalls täglich musste eine Parade abgehalten werden. Auch der Kirchgang am Sonntag wurde parademäßig absolviert.[55] «Vom Wecken um 5.30 Uhr bis zum Lichtlöschen um 22.00 Uhr füllten die oftmals in Minuten unterteilten Handlungsabläufe den Tag.»[56]

Der Kadett war niemals allein. Stets konnte er gesehen werden, auch nachts. Alles war öffentlich, Rückzugsorte existierten nicht. Die Toiletten ließen den Blick auf Kopf und Füße des Zöglings frei. Die Schlafzimmer waren Gruppenräume, die Betten unbequem, Sprechen nicht erlaubt. Außerdem wurde der Schlafsaal von einem Offizier eingesehen und überwacht.[57]

Neben weiteren Maßnahmen wie Briefzensur oder Tragen spartanischer Uniformierung (Hosen ohne Taschen) zielten die rigiden Kontrollmechanismen auf die Vernichtung jedweder Individualität und die Schaffung eines stahlharten männlichen Körpers, dessen Ideal in absolutem und nicht hinterfragbarem Gehorsam, in Ehre und Pflichterfüllung bestehen sollte.[58] Ernst von Salomon beschrieb das Ergebnis als «eine stampfende Maschine aus uniformierten Körpern».[59] Über individuelle Regungen äußerte er: «Das feste Gefüge, in welchem ein jeder an seinem Platze stand, erlaubte keine privaten Gefühle ...»[60], um schließlich den Zustand pathetisch so zu formulieren: «... die Mauer dieser aus Zucht geborenen Körper, das ist die Front, das ist die Grenze, der Angriff ...»[61]. Damit brachte er die Zurichtung des (männlichen) Individuums in einen soldatischen Gesamtkörper, der nur noch unhinterfragbare Pflicht und Gehorsam kennt, auf den Punkt.

Nicht minder bemerkenswert erwies sich der Umgang der Zöglinge im täglichen Miteinander. Alle Neuankömmlinge wurden von den

55 Vgl. Zabel: Kadettenkorps, S. 186f.

56 Ebd., S. 200.

57 Wir finden hier geradezu ein Paradebeispiel für das von Michel Foucault geschilderte, von Jeremy Bentham entworfene «Panopticon»: «Jeder Käfig [in diesem Falle das Bett, C.K.] ist ein kleines Theater, in dem jeder Akteur allein ist, vollkommen individualisiert und ständig sichtbar. ... Er [der Eingesperrte, C.K.] wird gesehen, ohne selber zu sehen: er ist Objekt einer Information, niemals Subjekt in einer Kommunikation.» Foucault: Überwachen, S. 257.

58 Die Zurichtung zum männlichen soldatischen Körper beschreibt nach wie vor unübertroffen Klaus Theweleit in «Männerphantasien». Zum Thema «Kadettenanstalt» vgl. ebd, Band 2, S. 167–178.

59 Salomon: Kadetten, S. 28.

60 Ebd., S. 47.

61 Ebd., S. 87.

älteren Kadetten unterschiedslos als «Sack» oder «Schnappsack» tituliert, im nächsten Jahr «Brotsack», im dritten Jahr «alter Kadett», sodann «silberne Schnalle», «goldene Schnalle» und schließlich «bemoostes Haupt». Die Rangordnung war eindeutig verteilt.

Ältere Kadetten traktierten die Neuankömmlinge mit ausgesprochener Härte und physischer Grausamkeit. Dies geschah bei geringstem Missverhalten oder auch als eine Art Initiationsritus. Sehr beliebt war die «Rutsche» oder «glatte Lage», bei welcher der Körper des «Delinquenten» in höchstens fünf Minuten mit äußerster Gewalt bearbeitet wurde. Der ehemalige Kadettenschüler und spätere Soziologe Leopold von Wiese beschrieb diese Art Folter als «Überbleibsel der mittelalterlichen Tortur mit einer Abschattung ins Massenpathologische oder in die Lynchjustiz».[62] Er selbst zog sich dabei einen Leistenbruch zu. Weitere grobe Misshandlungen waren an der Tagesordnung.

Die Unausweichlichkeit der Lage ohne Fluchtmöglichkeit führte zu einer bestimmten psychischen Disposition, dem Umschlag von Schmerz in Lust. In seinem Buch «Männerphantasien» äußert Klaus Theweleit kurz und treffend: «Der Körper schluckt Angriff auf Angriff, bis er süchtig wird.»[63] Er beschreibt das Ergebnis der Prozedur so:

«Und nach und nach akzeptiert der Körper die Schmerzeingriffe an seiner Peripherie als Antwort auf sein Lustbegehren. Er nimmt sie als Befriedigungen. Er wird dem Lustprinzip abspenstig gemacht, umgedrillt, reorganisiert zu einem Leib, den das ‹Schmerzprinzip› beherrscht: schön ist, was weh tut ...»[64]

Leopold von Wiese stellt aus eigener Erfahrung diese zwanghafte Umformung des Charakters in den militärischen Zusammenhang: «Das von der Familie her und aus Erbanlagen mehr oder weniger bestehende, beseelte und instinktive Individualitätsgefühl wurde zerfetzt; es entstand in der Weißglut eines Schmiedeprozesses allmählich das neue militärische Selbstbewußtsein des künftigen Offiziers, das aus dem gesellschaftlichen Zusammenhang des Heeres, besonders aus der Beziehung von Vorgesetzten und Untergebenen seine Kräfte sog. Es war uniformiert und mechanisiert, durchdrang aber schließlich die ganze Natur, als ob es sich um eine sittliche Macht handele.»[65]

62 Wiese: Kadettenjahre, S. 40. Vgl. auch Salomon: Kadetten, S. 51.
63 Theweleit: Männerphantasien, Band 2, S. 171.
64 Ebd., S. 175.
65 Wiese: Kadettenjahre, S. 79.

3. *If...*

In dem 1968 gedrehten britischen Kinofilm «If...» werden die von Gewaltstrukturen geprägten Verhältnisse in einem englischen Internat gezeigt. Er endet mit einem Massaker, das malträtierte Schüler an ihren Peinigern und deren Verwandten begehen. Die Parallele zur Kadettenanstalt fiel mir sofort auf. Der körperlich wie psychisch extrem gewalttätige Umgang des Lehrpersonals mit den Schülern sowie der Schüler untereinander schien sich nicht verändert zu haben. Doch es gab einen entscheidenden Unterschied: der Film, der reale Verhältnisse der 1960er-Jahre beschreibt, endet mit Gegengewalt, während wir in den literarischen Zeugnissen über deutsche Kadettenanstalten eher auf gebrochene und angepasste Schicksale stoßen.

Wie es der Zufall will, befindet sich das Bundesarchiv Berlin-Lichterfelde, in dem ich recherchierte, auf dem Gelände der ehemaligen Hauptkadettenanstalt, die auch Georg Maercker besuchte. Die erhaltenen Gebäude vermittelten einen Eindruck vom Leben der Schüler, die dort mehrere Jahre verbringen mussten. Schon die Architektur wirkte gewalttätig. Ich assoziierte «Zuchthaus» und lag damit wohl nicht falsch, denn «Zucht» war an diesem Ort ein essentieller Begriff. Es verwundert nicht, dass hier seit 1933 die «Leibstandarte SS Adolf Hitler» beheimatet war und 1934 im Zuge des sogenannten «Röhm-Putsches» zahlreiche SA-Mitglieder unter Mithilfe des «Sicherheitsdienstes des Reichsführers-SS (SD)» und der Gestapo ermordet wurden. Nach 1945 diente das Gelände als «Andrew Barracks» der US-Armee, bevor es 1994 das Bundesarchiv übernahm. Leider konnte ich die Gebäude der ehemaligen Hauptkadettenanstalt nur von außen besichtigen, eine Begehung war wegen Bauarbeiten nicht erlaubt. Immerhin gestattete ein Blick durch die Tür in die schummrig-düstere Vorhalle eine Vision umhereilender Kadettenschüler, die anschließend auf dem offenen Exerzierplatz strammstehen mussten.

Die ausführlichste und durchweg realistisch klingende Schilderung des Kadettenlebens findet sich bei Ernst von Salomon, selbst Kadettenschüler, anschließend Mitglied im Freikorps des Georg Maercker.[66] *Die Lektüre seines Buches «Die Kadetten» verschafft eine – schauerlich wirkende – Ahnung der*

66 Das schillernde Leben des Ernst von Salomon führte ihn von der Kadettenschule über die Freikorpsbewegung und aktive Beteiligung an der Ermordung des Weimarer Außenministers Walther Rathenau bis zum Schriftsteller und Drehbuchautor in der BRD. Zunächst als ein Wegbereiter des Faschismus betrachtet, wird er später - auch in der DDR - als gewendeter Pazifist gehandelt.

(De-)Formation jugendlicher Charaktere zu bedingungslos bejahenden aktiven Trägern faschistischer Strukturen.

Leider konnte ich keine persönlichen Dokumente oder Äußerungen Maerckers über seine Kadettenzeit auffinden, abgesehen von einem Rudiment seines Zeugnisses. Aber kein Zweifel besteht daran, dass er hier mit großem «Erfolg» charakterlich geprägt und sozialisiert wurde. Auch als späterer Freikorpsführer nahm er gern Kadettenschüler in seine Truppe auf, da er sie als «besonders wertvolle Elemente» betrachtete.

Ostafrika, Anatolien, China, Berlin

1. Der Weg nach Ostafrika

Unmittelbar nach dem Abschluss der Kadettenanstalt im April 1885 trat Georg Maercker in das Infanterieregiment «von Borcke» (4. Pommersches) Nr. 21 ein. Der Name «von Borcke» galt einem pommerschen Adelsgeschlecht, das sich durch besonders viele Generäle auszeichnete. Das Regiment befand sich im westpreußischen Thorn, einer Stadt mit knapp 25.000 Einwohnern, bekannt als Geburtsort des Astronomen Nikolaus Kopernikus. Die Garnison umfasste rund 7000 Soldaten. Maercker begann hier seine militärische Laufbahn als Secondeleutnant, dem niedrigsten Offiziersdienstgrad.

Zwei Jahre später befand sich Maercker im 2. Unter-Elsässischen Infanterie-Regiment Nr. 137. Dessen Standort war der Kreis Hagenau im Elsass, welches das neu entstandene Deutsche Kaiserreich nach dem Deutsch-Französischen Krieg 1870/71 annektiert hatte. Die Aufstellung des Regiments geschah in Folge einer politischen Krise: Im Januar 1887 ließ die Regierung unter Otto von Bismarck den Reichstag auflösen, der sich wiederholt weigerte, einer Heeresvorlage zuzustimmen. Nach dieser sollte das Heer um ca. 10% aufgestockt werden. Bei den Neuwahlen im Februar erreichten die bismarcktreuen Parteien die absolute Mehrheit. Bereits im März schlug daraufhin die Geburtsstunde des neuen elsässischen Infanterie-Regiments, in welches Maercker versetzt wurde.

Der von täglich wiederkehrender Routine geprägte Dienst im Elsass füllte Maercker nicht aus. Wahrscheinlich waren es seine Cousins Albrecht und Friedrich Plehn, beide als Tropenärzte in den deutschen Kolonien tätig, die ihn auf ein neues Ziel orientierten. Sein Interesse für die Kolonien schien bereits geweckt worden sein, da er im Vorstand der Straßburger Abteilung der Kolonialgesellschaft tätig war.[67] Jedenfalls heißt es in der «Altpreußischen Biographie»: «Angeregt durch seinen Vetter Friedrich Plehn … ging er 1888 nach Ostafrika als Beamter der deutschen Pflanzergesellschaft im Witulande.»68 Dazu musste er

67 Vgl. Deutsche Kolonialzeitung, 25.9.1888.

68 Altpreußische Biographie, S. 415. – Das Wituland, an der Nordküste des heutigen Kenia gelegen, war von 1885–1890 deutsches «Schutzgebiet».

sich «á la suite» stellen lassen, d. h. es wurde ihm seitens der Armee ein einjähriger Urlaub ohne Gehalt mit der Garantie der Wiedereinstellung bewilligt.

Zu einer Zeit, als die koloniale Aufteilung der Welt sich ihrem Endstadium näherte, mehrten sich auch in Deutschland die Stimmen der Kolonialbefürworter. Allerdings schienen sie einen ernsthaften Gegner zu haben, nämlich den Reichskanzler Bismarck. Dieser sprach sich mehrfach gegen die Erwerbung von Kolonialbesitz aus, wie im Jahr 1881, als er meinte: «Solange ich Reichskanzler bin, treiben wir keine Kolonialpolitik.» Zudem sprach er von «kolonialem Schwindel». Bei näherer Betrachtung relativieren sich diese klaren Worte und lassen den Eindruck entstehen, dass Bismarck die Kolonialfrage eher taktisch behandelte.

Hanseatische Kaufleute hatten ein Netz von Handelsniederlassungen errichtet und stellten Gesuche an die Reichsregierung, ihre wirtschaftlichen Tätigkeiten durch Schutzherrschaft zu sichern. Als die Hamburger Handelsfirma Godeffroy ihre Besitzungen in der Südsee finanziell nicht mehr halten konnte, brachte Bismarck 1880 - ein Jahr vor seiner «eindeutigen» Äußerung gegen Kolonialpolitik - eine Gesetzesvorlage in den Reichstag ein, die als «Samoavorlage» bekannt wurde. Das Reich sollte eine finanzielle Garantie für das bankrotte Unternehmen übernehmen. Die Vorlage wurde zwar vom Reichstag abgelehnt, doch es handelte sich um ein Vorspiel der offiziellen Kolonialpolitik des Kanzlers.

Schon 1879 erschien eine Schrift in hoher Auflage und mit großer Massenwirksamkeit: «Bedarf Deutschland der Colonien?». Verfasser war Friedrich Fabri, leitender Inspektor der Rheinischen Mission. Kolonialbesitz sei die Lösung für Überproduktion und Überbevölkerung, zudem könne die «soziale Frage» durch die Deportation revolutionär gesinnter Proletarier gelöst werden.

Im Dezember 1882 gründeten Politiker, Großindustrielle und Bankenvertreter den «Deutschen Kolonialverein». Der «koloniale Gedanke» war nun auch institutionell verankert. Im März 1884 entstand zudem die «Gesellschaft für deutsche Kolonisation». Beide fusionierten im Dezember 1887 zur «Deutschen Kolonialgesellschaft».

War der Deutsche Kolonialverein eher propagandistisch angelegt, orientierte sich die Gesellschaft für deutsche Kolonisation von vornherein aktivistisch. Gegründet wurde sie von Carl Peters und dem preußischen Großgrundbesitzer Behr-Bandelin.

Carl Peters personifizierte die Figur eines historisch spät erscheinenden Konquistadoren. Sein Ziel war die Eroberung Ostafrikas, seine Motivation schilderte er folgendermaßen: «Wenn man ein egoistisches Moment in diesem Motiv für meine kolonialpolitische Tätigkeit suchen will, so mag man es darin finden, daß ich es satt hatte, unter die Parias gerechnet zu werden und daß ich einem Herrenvolk anzugehören wünschte.»[69] Erstrebenswert war für ihn «die rücksichtslose und entschlossene Bereicherung des eigenen Volkes auf anderer, schwächerer Völker Unkosten.»[70]. In Afrika erhielt er die Spitznamen «Hänge-Peters» und «Mann mit den blutigen Händen».

Peters machte sich für die Deutsch-Ostafrikanische Gesellschaft DOAG auf den Weg nach Ostafrika, wo er «Verträge» abschloss, die auf folgende Weise erfolgten:

«In Mbusine bei Mbuela knüpften wir sofort ein recht kordiales Verhältnis an, indem wir den Sultan zwischen uns auf ein Lager nahmen, von beiden Seiten unsere Arme um ihn schlagend. Wir taten dann einen Trunk guten Grogs und brachten Seine Hoheit von vornherein in die vergnüglichste Stimmung ... Alsdann begannen auch die diplomatischen Verhandlungen, und auf Grund derselben wurde der Kontrakt abgeschlossen.War dies geschehen, so wurden die Fahnen ... gehißt, der Vertrag im deutschen Text von Dr. Jühlke verlesen, ich hielt eine kurze Ansprache ... die mit einem Hoch auf Se. Majestät den Deutschen Kaiser endete, und drei Salven, von uns und den Dienern abgegeben, demonstrierten den Schwarzen ad oculos, was sie im Fall einer Kontraktbrüchigkeit zu erwarten hätten. Man wird sich leicht vorstellen können, welchen Eindruck der ganze Vorgang auf die Neger zu machen pflegte.»[71]

Bismarck, der Peters und seinen Tätigkeiten zunächst ablehnend gegenüberstand, erteilte ihm schließlich aus politischen Erwägungen einen kaiserlichen Schutzbrief. Peters erlangte den Posten des Reichskommissars für das Kilimandscharo-Gebiet. Als er aber seine Konkubine Jagodia und ihren afrikanischen Geliebten aufhängen ließ, wurde er unehrenhaft entlassen, später von Kaiser Wilhelm II. finanziell rehabilitiert und seine Entlassung durch Adolf Hitler postum aufgehoben.

Die DOAG indes entwickelte sich zu einer Gesellschaft für Landeinkauf in Afrika. Zunehmend wurde sie auch für finanzkräftige Kreise interessant. Größter Aktionär war Kaiser Wilhelm II.

69 Zitiert nach Baer/Schröter: Kopfjagd, S. 24.
70 Ebd, S. 24f.
71 Ebd, S. 27f.

Die bevorzugte wirtschaftliche Unternehmung der DOAG bildete die Gründung von Plantagengesellschaften. Ende des Jahres 1886 konstituierte sich die Deutsch-Ostafrikanische Plantagengesellschaft (Vorsitzender: Carl Peters), die sich vorwiegend auf den Anbau von Tabak, Kaffee und Baumwolle spezialisierte. Im Mai 1888 entstand ein weiteres Unternehmen, über welches die Deutsche Kolonialzeitung, das Organ der Deutschen Kolonialgesellschaft, berichtete: «Die Fortschritte, welche die Deutsch-Ostafrikanische Plantagengesellschaft gemacht hat, haben in kolonialen Kreisen den Gedanken angeregt, eine neue Gesellschaft zu bilden, um die Naturschätze Ostafrikas auszubeuten. Wie wir erfahren, hat sich eine zweite Plantagengesellschaft für Ostafrika unter dem Namen Deutsche Pflanzergesellschaft am 6. des Monats in Berlin gegründet.»[72]

Bald nach deren Gründung tauchte auch Maercker namentlich auf. In der Deutschen Kolonialzeitung hieß es im September 1888: «Eine Expedition der Deutschen Pflanzergesellschaft verläßt am 2. September Brindisi, um nach Ostafrika zu gehen und dort Pflanzungen für Kaffee, Tabak und Baumwolle anzulegen. Generalbevollmächtigter der Gesellschaft ist Wulf von Bülzingslöwen, Plantagenbesitzer auf Java, als Adjutant desselben geht Leutnant Maercker vom 137. Infanterieregiment mit. Leutnant Maercker war bisher ein sehr thätiges Mitglied des Vorstandes der Straßburger Abteilung der Kolonialgesellschaft.»[73]

Zu diesem Zeitpunkt herrschte bereits eine sehr angespannte Lage in den Küstenregionen Ostafrikas, die heute zu Kenia und Tansania gehören. Der kaiserliche Schutzbrief, den Bismarck der DOAG für ihre Erwerbungen gewährt hatte, stieß auf den Widerstand des Sultans von Sansibar, welcher sich als eigentlicher Souverän über ganz Ostafrika verstand. Sein Protest wurde durch Entsendung eines kaiserlichen Geschwaders von Kanonenbooten und die Drohung, den Palast zu beschießen, zum Schweigen gebracht.

Nun schienen sich für die DOAG ungeahnte Möglichkeiten zu eröffnen. Das Sultanat bot an, die Hoheitsrechte am Küstenstreifen den Deutschen zu übergeben, wenn es selbst an den dortigen Zolleinnahmen beteiligt würde. Der lukrative Weg vom Hinterland zu den bisher verschlossenen Küstenhäfen wäre damit frei gewesen. Doch ein ungeheuer dilettantisches Vorgehen der DOAG führte in kürzester Zeit zu katastrophalen Folgen.

---

72 Deutsche Kolonialzeitung, 12.5.1888.
73 Deutsche Kolonialzeitung, 25.9.1888.

Die Deutschen verhöhnten und fällten die Flaggen der Küstenbewohner, hissten ihre eigenen und nahmen damit die Bevölkerung gegen sich ein. Neben diesem psychologischen Effekt verlangten sie neue Abgaben wie Kopf- und Bestattungssteuern sowie Wegezoll. Eine Form von Landraub bildete die Konfiskation von ländlichem Grundbesitz, wenn keine schriftlichen Unterlagen existierten - in einer Gesellschaft, in der mündliche, aber nicht schriftliche Übereinkünfte die Regel waren.

Den unmittelbaren Anlass zum Aufstand gab der Offizier Emil von Zelewski Anfang September 1888, als er mit über 100 Marinesoldaten zwecks Verkündung von Steuererhebungen und Landbeschlagnahmungen in den Palast des Statthalters von Pagani sowie während eines Gottesdienstes in die dortige Moschee eindrang.

Der Aufstand begann gleich darauf. Die Deutschen wurden in kurzer Zeit vom Küstengebiet vertrieben, nur die Städte Bagamoyo und Daressalam hielten sich noch mit Hilfe der Marine. Eine zwischen deutscher und britischer Regierung vereinbarte Küstenblockade wurde im März 1889 wegen Erfolglosigkeit aufgehoben. Nun mussten Landtruppen intervenieren.

Im Januar hatte der Reichstag 2 Millionen Mark für militärische Aktionen bewilligt. Bismarck gelang es, die bisher kolonialkritischen Stimmen besonders des katholischen Zentrums für sich zu gewinnen. Er schob als Begründung den Kampf gegen die Sklaverei vor: «Kann man nicht schaurige Details über Menschenquälerei auftreiben?»[74] Der spätere deutsche Kommandeur in Daressalam, Rochus Schmidt, bemerkte hierzu: «Das Hineinbringen der Sklavereifrage seitens des Fürsten Bismarck erwies sich jedenfalls als eine außerordentlich praktische politische Maßnahme. Der Reichskanzler gewann dadurch die Unterstützung der stärksten Partei des Reichstags, nämlich des Centrums.»[75]

Tatsächlich herrschte in Ostafrika seit langer Zeit durch Araber betriebener Sklavenhandel. Die Auseinandersetzung bekam daher das Etikett «Araberaufstand». Doch diese Bezeichnung war keineswegs korrekt. Neben den an der Küste ansässigen Arabern kämpften große Teile der Stadtbevölkerung, Einwohner aus dem Hinterland, befreite Sklaven und übergelaufene Sultanssöldner gegen die Deutschen.[76]

---

74 Zitiert nach Baer/Schröter: Kopfjagd, S. 39.
75 Schmidt: Araberaufstand, S. 37.
76 Vgl. hierzu Bührer: Kaiserliche Schutztruppe, S. 44, Baer/Schröter: Kopfjagd, S. 38.

Georg Maerckers Reisetermin verschob sich von September auf Ende November 1888, vermutlich aufgrund der ausgebrochenen Kämpfe. Die Deutsche Kolonialzeitung betonte, dass der Deutschen Pflanzergesellschaft in den Usambara-Bergen, in denen Maercker ursprünglich Vermessungstätigkeiten für Plantagenbauten vornehmen sollte,[77] durch die Unruhen bislang kein Schaden entstanden sei. Dennoch werde die Expedition zunächst von acht auf vier Personen reduziert. Maercker gehörte zu den ausgewählten Reisenden, von denen berichtet wurde: «Soweit die Herren sich von Deutschland aus nach Sansibar begeben, werden dieselben am 26. November mit dem subventionierten Lloyddampfer Bayern von Genua abreisen.»[78] Zu der zurückgelassenen Hälfte hieß es: «Das aus Niederländisch-Indien kommende Personal ... soll ... erst später, nach Beilegung der Unruhen, in Ostafrika ankommen, wenn die Aufnahme eines Plantagenbaues in großem Stile möglich ist.»[79]

Die Vermessungstätigkeit sollte Maercker nicht lange in Anspruch nehmen. Der Aufstand hatte nämlich zu diesem Zeitpunkt bereits größere Ausmaße angenommen. Die Deutsche Kolonialzeitung notierte: «Wie aus Sansibar vom 1. November gemeldet wird, hat die deutsche Kreuzerkorvette ‹Sophie› das nördlich von Bagamoyo gelegene Dorf Whindi bombardiert, dessen Einwohner den Aufständischen in Bagamoyo Waffen, Munition und bewaffnete Sklaven geliefert hatten. Matrosen landeten und äscherten das Dorf ein.»[80] Diese Nachricht bestätigte nebenbei, dass es sich keineswegs nur um einen Aufruhr der um ihre Pfründe besorgten Araber handelte.

Vor der ostafrikanischen Küste lagen Kriegsschiffe der deutschen Marine, die aber nur in besonders bedrohlicher Lage eingriffen. Weder die Reichsregierung noch der Große Generalstab wollten in diesem Konflikt reguläre deutsche Heereseinheiten einsetzen. Ostafrika galt als weltpolitischer Nebenschauplatz. Die Pleite einer eventuellen Niederlage war nicht auszuschließen. Auch befürchtete man eine Verzettelung der militärischen Kräfte. Überdies zehrte das tropische Klima stark an der gesundheitlichen Konstitution der Deutschen, was ebenfalls gegen die Entsendung größerer Militäreinheiten sprach.

---

77 Das Nachlassverzeichnis Maerckers erwähnt einen «Briefwechsel über eine geplante Vermessung der Plantagenbetriebe Usambaras». Der Briefwechsel selbst ist allerdings vernichtet. BA-MA N786/12, Nachlassverzeichnis Maercker S. 8.

78 Deutsche Kolonialzeitung, 3.11.1888.

79 Ebd.

80 Deutsche Kolonialzeitung, 10.11.1888.

In dieser Lage, die dennoch zur Tat drängte, griff die Regierung auf den bekannten Afrikareisenden und Hauptmann Hermann Wissmann zurück, der zuvor im Auftrag des belgischen Königs Leopold II. im Kongo tätig war. Bismarck ernannte Wissmann zum Reichskommissar in Ostafrika. In höchsten militärischen Kreisen genoss er große Reputation, wie etwa bei Feldmarschall Moltke: «Sehen Sie, das freut mich; ich halte ihn auch für einen ausgezeichneten Kerl. Der Mann macht mir Freude. So einen habe ich gern. Der geht doch feste da unten vor und hängt die Schufte auf da, wo sie es verdienen.»[81]

Der neuernannte ostafrikanische Reichskommissar stellte eine Art afrikanische Söldnertruppe in staatlichem Auftrag zusammen, die als «Wissmann-Truppe» bekannt wurde. Er rekrutierte zunächst 850 Afrikaner vorwiegend aus dem Sudan und Mosambik. Anfangs kam noch eine aus 20 Personen bestehende türkische Polizeitruppe hinzu. Das europäische Personal bestand aus 88 Offizieren und Unteroffizieren.[82]

Wissmann erreichte Sansibar Ende März 1889. Anfang Mai war seine Truppe komplett versammelt, darunter auch Georg Maercker. Zunächst wurde Maercker der Verwaltung in Sansibar zugeteilt, um dann als Stationsoffizier in Daressalam unter dem Stationschef Rochus Schmidt eingesetzt zu werden. Für seine Übernahme in die Wissmann-Truppe sprachen unter anderem seine Suaheli-Kenntnisse - keineswegs eine Selbstverständlichkeit unter den beteiligten Deutschen. Da er die Sprache beherrschte, erhielt er auch den Auftrag, eine spezielle afrikanische Kompanie aus dem Hinterland von Daressalam zusammenzustellen.[83]

Sobald die Wissmann-Truppe sich versammelt hatte, begann sie den Kampf gegen die aufständische Bevölkerung. Diese stand unter der Führung des osmanisch-afrikanischen Plantagenbesitzers Abushiri, der von deutscher Seite häufig als ein maßgeblicher arabischer Sklavenhändler bezeichnet wurde, wofür sich allerdings keine Beweise finden ließen. Von Bagamoyo aus, der damaligen Hauptstadt der Kolonie, unternahm Wissmann konzentrierte militärische Aktionen.

In Daressalam dagegen war zunächst nur eine Abteilung der Marine stationiert, die durch einen kleinen Teil der Wissmann-Truppe abgelöst

81 Zitiert nach Schmidt: Mpapua-Expedition, S. 261.

82 Zahlen nach Nigmann: Geschichte der Kaiserlichen Schutztruppe, S. 4. Rochus Schmidt benennt nur 61 Europäer, vgl. Schmidt: Geschichte des Araberaufstandes, S. 44.

83 Vgl. Maercker: Aufstand in Deutsch-Ostafrika, S. 13.

wurde, zu der auch Maercker gehörte.[84] Die Marine hatte bereits ganze Arbeit geleistet, wie der Offizier Hugold von Behr berichtete: «Als ich Dar-es-Salaam am 1. Mai mit meiner Companie betrat, ... da war die Stadt ... ein Trümmerhaufen. Bis auf die Stationsgebäude ... hatten die Granaten der ‹Möwe› und ‹Carola› alles weggefegt, was irgendwie noch an eine menschliche Wohnung erinnerte.»[85]

Daressalam spielte zu diesem Zeitpunkt, im Mai 1889, nur eine geringe Rolle. Dort galt die Instruktion, sich auf Verteidigungsmaßnahmen zu beschränken und keine weiteren offensiven Aktionen vorzunehmen. Trotzdem beschloss Rochus Schmidt, der Befehlshaber in Daressalam, eine Aktion gegen den in der Nähe gelegenen Ort Magogoni. In der Nacht vom 12. auf den 13. Mai sollten sich zwei Einheiten in Richtung des Ortes begeben. Einer der beiden Truppenteile, aus 30 Mann bestehend, wurde von Leutnant Maercker kommandiert. Es kam zu bewaffneten Auseinandersetzungen mit 8 Toten auf Seiten der Einheimischen. Die Deutschen erbeuteten zudem Kleinvieh und Rinder.

In einer im Bundesarchiv Freiburg erhaltenen biografischen Skizze Maerckers wird eine «Teilnahme am Gefecht bei Daressalam» am 18. Mai hervorgehoben.[86] Dieses Gefecht fand bei Rochus Schmidt, immerhin dortiger Kommandeur, in dessen «Geschichte des Araberaufstandes in Ost-Afrika» seltsamerweise keinerlei Erwähnung. Vielmehr schien es, im Gegensatz zum Beginn des Aufstandes, keine größeren Kampfhandlungen mehr gegeben zu haben. Der Seeoffizier Gustav Wille schrieb über den Mai 1889: «Während dieser Zeit fanden 3 kleinere Gefechte in Dar-es-Salam, unserer 2. Station, statt.»[87]

Rochus Schmidt berichtete über eine weitere Aufgabe Maerckers: In dem Ort Pugu waren im Januar 1889 drei Missionare getötet worden. Nun sollten die Leichname gefunden und bestattet werden. Bei dieser Aktion betätigte sich Maercker als Fotograf.[88]

Von Schmidt stammt auch eine klare kriegstaktische Beschreibung der Wissmann-Truppe: «Die kleinen Unternehmungen ... gegen einzelne Rebellendörfer hatten genügt, den Bewohnern der Umgegend von Daressalam zu zeigen, daß es nunmehr ausschließlich i h r Besitz

84 Die Darstellung der Kampfhandlungen bei Daressalam bezieht sich auf Schmidt: Araberaufstand, S. 65ff.
85 Behr: Kriegsbilder, S. 119.
86 BA-MA N 786/12, Lebenslauf S. 2.
87 BArch R 1001/9544, Brief des Seeoffiziers Gustav Wille, S. 5.
88 Vgl. Schmidt: Araberaufstand, S. 69.

und Eigentum sei, die durch diese Unruhen gefährdet würden, denn wenn die Leute nicht standhielten, blieb nichts weiter übrig, als die unruhigen Massen an ihrem Eigentum durch Verbrennen und Ausplündern der Dörfer oder Konfiskation der Felder, so weit sie in unserem direkten Machtbezirk lagen, zu bestrafen.»[89]

Die Teilnahme Maerckers an den Kämpfen in Ostafrika war nach einjährigem Aufenthalt beendet. Das geschah nicht freiwillig, wie wir von ihm selbst erfahren, «... da ich leider der erste der Wissmann'schen Offiziere bin, der krankheitshalber hat nach Deutschland zurückkehren müssen.»[90] Er hatte sich eine Dysenterie (Ruhr) zugezogen - eine bakteriell bedingte Darmkrankheit, von der sich der Erkrankte in der Regel innerhalb von zwei Wochen erholt, die bei Maercker jedoch als chronisch diagnostiziert wurde.[91]

In diesem Zusammenhang erscheint das «Gefechte bei Daressalam» in einem neuen Licht. Ob es sich um ein kleineres oder größeres Gefecht handelte, ob es überhaupt zum angegebenen Zeitpunkt stattfand: Maercker, der offensichtlich penibel auf seine Versorgungsbezüge achtete, setzte über sein Infanterieregiment amtliche Hebel in Gang, um sich seine Teilnahme daran als ein offizielles Kriegsjahr anrechnen zu lassen. Als Begründung war sogar von «evtl. eintretender Pensionierung» die Rede.[92]

Um so erstaunlicher erscheint, dass sich Maercker bereits um die Jahreswende 1890/91 schon wieder auf dem Weg nach Afrika befand. Sein Ziel war «Deutsch-Südwestafrika» (das heutige Namibia), seit 1884 offiziell deutsche Kolonie. Dort existierte eine etwa 20-köpfige Schutztruppe, die Maercker auf 50 Personen aufstocken sollte. Seine Aufgabe bestand lediglich in der Überführung der zusätzlichen Kräfte. Die Deutsche Kolonialzeitung schrieb unter «Kleine Mitteilungen»: «Die Verstärkung der deutschen Schutztruppe unter Führung des Leutnant Märcker [sic!] ist, wie uns brieflich mitgeteilt wird, am 30. Dezember in Teneriffa angekommen und gedenkt, in den ersten Tagen der zweiten Hälfte des Januar in Sandwichhafen einzutreffen. Die Schutztruppe

89 Ebd., S. 67f.

90 Maercker: Aufstand, S. 10.

91 Vgl. BA-MA N 786/1, Schreiben des Stabsarztes Dr. Kohlstock an die Kolonialabteilung im Auswärtigen Amt vom 26. Januar 1892.

92 Vgl. hierzu BA-MA N 786/1, undatiertes Schreiben Freiherr von Bodenhausen (unter Bezug auf eine Anfrage des Infanterieregiments Nr. 137 vom 7.12.1891). Vgl. auch: BArch R 1001/9551, Anrechnung von Kriegsjahren für Personen der Wissmann-Truppe durch Wilhelm II., Erlass vom 24.10.1891.

hat unterwegs täglich Unterricht in der Hererosprache und im Holländischen erhalten.»[93] Und bald darauf: «Die Verstärkung der deutschen Schutztruppe ist am 25. Januar wohlbehalten in Sandwichhafen eingetroffen.»[94] Conrad Weidmann berichtete in seinem Buch «Deutsche Männer in Afrika»: Maercker «mußste [sic!], da zur Abnahme der Mannschaft Niemand da war, einige Zeit dort bleiben...»[95] Nachdem die Aufgabe schließlich doch erledigt war, reiste Maercker per Segelboot nach Kapstadt und von dort wieder zurück nach Deutschland.

Die Kämpfe im sogenannten «Araberaufstand» indes endeten mit einer Niederlage der Einheimischen. Im Januar 1891 – Maercker war inzwischen nach Deutschland zurückgekehrt – übernahm das Deutsche Reich auch formal die Hoheitsrechte über die Kolonie, im April wurde die Wissmann-Truppe offiziell zur «Kaiserlichen Schutztruppe» ernannt. Bereits im selben Jahr begann der Krieg gegen die Wahehe, der sich bis 1898 hinzog und zunächst zu einem der größten Debakel der Deutschen führte: Emil von Zelewski, der bereits beim Aufstand der Küstenbevölkerung eine unrühmliche Rolle gespielt hatte, inzwischen aber zum Kommandeur der Schutztruppe ernannt worden war, zog mit einem Kommando von 500 Personen durch das Land, verfolgte dabei eine Strategie der «verbrannten Erde» und wurde mit seinen Soldaten im August 1891 in einer Schlacht komplett aufgerieben. Das änderte nichts am schließlichen Sieg der Deutschen, erzwungen durch die Verwüstung von Ortschaften und Feldern, Gefangenenerschießungen und Geiselnahme von Frauen und Kindern. Gouverneur Eduard von Liebert schrieb hierzu: «Ich habe in Böhmen und Frankreich den Krieg praktisch kennengelernt ... aber was ich hier in Uhehe erlebt, stand außerhalb des Rahmens alles bisher Dagewesenen. Es war echt afrikanisch.»[96]

Auch nach dem von den Deutschen siegreich beendeten Feldzug gegen die Wahehe war den Kampfhandlungen keineswegs ein Ende gesetzt. Der von 1905 bis 1907 dauernde Maji-Maji-Krieg forderte zwischen 100.000 und 300.000 Todesopfer. Trotz seiner offensichtlichen Tendenz zum Völkermord wurde er bis heute in der deutschen Öffentlichkeit kaum wahrgenommen. Ein Grund mag sein, dass in diesem Krieg nur 15 Europäer starben. Der damals vor allem betroffene Süden

93 Deutsche Kolonialzeitung, 18.1.1890.
94 Deutsche Kolonialzeitung, 15.2.1890.
95 Weidmann: Deutsche Männer, S. 79.
96 Zitiert nach Baer/Schröter: Kopfjagd, S. 57f.

des jetzigen Staates Tansania ist bis in die Gegenwart durch die vor über 100 Jahren verübten Verheerungen ein sozialer Brennpunkt geblieben. Der dort befindliche größte Wildpark Afrikas namens «Selous Game Reserve» - als UNESCO-Weltnaturerbe anerkannt - beherbergt viele Tiere und wenig Menschen. Die «dünne Besiedlung» ist vor allem verursacht durch die Vernichtung eines Großteils der Bevölkerung in zwei Kriegsjahren, der Zerstörung der traditionellen Infrastruktur und Lebensgrundlagen sowie dem damit verbundenen Vordringen von Wildtieren und der Tse-Tse-Fliege, der Überträgerin der Schlafkrankheit.

2. Ein palmengeschmücktes Neu-Deutschland

Schon Mitte Dezember 1889, gerade aus Ostafrika zurückgekehrt, hielt Maercker in Karlsruhe einen Vortrag, der unter dem Titel «Der Aufstand in Deutsch-Ostafrika und die Wissmann'sche Schutztruppe» im folgenden Jahr auch publiziert wurde. Nur wenige Tage nach der Karlsruher Rede begab er sich wieder auf den Weg, um das erwähnte Truppenkontingent nach Südwestafrika zu überführen. Dieser aktivistische Tatendrang kontrastierte auffällig mit der ihm amtlich bescheinigten Krankheit, die angeblich zu Invalidität und vorzeitiger Pensionierung führen könne.

1893 veröffentlichte Georg Maercker seine ostafrikanischen Erfahrungen ausführlich unter dem Titel «Unsere Schutztruppe in Ostafrika». Das über 200-seitige Buch erschien im Berliner Verlag Karl Siegismund, der auch die in Militärkreisen sehr populäre Zeitschrift «Deutscher Soldatenhort» herausgab.

Einen weiteren auf diesem Buch basierenden Vortrag hielt Maercker im November 1893 vor der Militärischen Gesellschaft in Berlin, welchen das «Militär-Wochenblatt» unter dem Titel «Kriegführung in Ostafrika» in einem Beiheft ebenfalls publizierte.

Während sich literarische Zeugnisse von Mitgliedern der Schutztruppe meist auf den militärischen Verlauf der Kämpfe beschränken, finden wir in Maerckers Buch eine Art Kompendium für Leben und Tätigkeiten der deutschen Soldaten in Afrika. Kapitelüberschriften sind z. B.: «Schießausbildung. Wachtdienst. Strafen und Belohnungen», «Meßverhältnisse. Was ißt und trinkt man in Ostafrika?», «Bodengestaltung und Klima Ostafrika's», «Die Vegetationsformen Ostafrika's», «Münzen, Maße und Gewichte», «Die Krankenpflege in Ostafrika».

Die Titelillustration zeigt einen militärisch korrekt uniformierten, die schwarz-weiß-rote Reichsflagge schwingenden Schutztruppler, vor dem sich ein mit Schild und Speer bewaffnetes, lediglich mit einem knappen Lendenschurz bekleidetes schwarzes Wesen duckt - ein Afrikaner, der mehr einem bösartigen Tier ähnelt.

Im Vorwort betont Maercker die Absicht, den Lesern nahebringen zu wollen, «... wie sehr jeder einzelne Angehörige der Schutztruppe bemüht ist, deutsche Zucht und deutsche Ordnung in dem wilden Lande einzuführen und deutsche Soldatenehre auch dort unten hochzuhalten ...»[97]

Maercker beginnt seine Ausführungen mit einer Darstellung der Küstenbewohner, die sich bei ihm in «Neger», «Inder» und «Araber» aufteilen. Die «Negerbevölkerung» beschreibt er als «ein zusammengewürfeltes Mischvolk, das von seinen Vorfahren stets nur die schlechten Charaktereigenschaften geerbt zu haben scheint ... Die Haupt-Charaktereigenschaften des Küstennegers sind eine ausgesprochene Neigung zum Nichtsthun und zum Lügen. Sonst wird man ihn am besten mit einem 10jährigen Kinde vergleichen können: sorglos, stets zu Tänzen, Gelagen und Vergnügungen aufgelegt, vom Ernst des Lebens in keiner Weise berührt, halsstarrig, ungestüm, oft bis zum Lächerlichen ungeduldig, geschwätzig und nicht selten niederträchtig. Nach meiner Auffassung ist der verlotterte Küstenneger für Alles unfähig, was mit geistigem Fortschritt zusammenhängt, an ihm ist Hopfen und Malz verloren.»[98] Die angeblichen Eigenschaften der «Neger» beeindrucken ihn so, dass er später nochmals darauf zurückkommt: «Der Neger lügt vor Allem furchtbar - aus Passion und aus Gewohnheit. Dann sind aber auch seine Begriffe von Zeit, Raum und Zahl so mangelhaft, daß er kaum im Stande ist, wirklich genaue Angaben zu machen ...»[99]

Die in Ostafrika ansässigen handelstreibenden Inder gliedern sich laut Maercker in zwei Gruppen: die Buddhisten, welche «wohl das dem Europäer widerwärtigste Bevölkerungselement an der ostafrikanischen Küste»[100] seien, und die mohammedanischen Hindus, die ihm wenigstens äußerlich sympathischer erscheinen.

«Die Araber», als die eigentlichen Herrscher in Ostafrika, «haben sich nicht rein erhalten können. Die von Araberinnen geborenen Kinder

97 Maercker: Schutztruppe, Vorwort, o. S.
98 Ebd., S. 2ff.
99 Ebd., S. 192.
100 Ebd., S. 4.

sind schwächlich und sterben vielfach schon in frühester Jugend am Fieber, die Kinder von schwarzen Müttern tragen alle Untugenden derselben.»[101]

Die für die Schutztruppe geworbenen afrikanischen Söldner, Askaris genannt, müssen sich ebenso an Maerckers deutschem Idealbild messen lassen: Die «Sudanesen», welche die Eliteeinheit der Söldner bildeten, seien von der Erscheinung her ganz unten angesiedelt, da «der Sudanese ein abschreckend häßlicher Kerl ist»[102], eine Tatsache, die nur noch von den sudanesischen Frauen übertroffen werde. Dagegen könne der «Sulu» «sogar selbst nach unserem Geschmack als hübsch gelten».[103]

Auch eine angeblich spezifische Schmerzunfähigkeit glaubt Maercker entdeckt zu haben: Bei Vergehen afrikanischer Soldaten in der Schutztruppe waren 20–50 Schläge mit einem Stock oder Tauende üblich, bei größerer Anzahl an Schlägen wurden diese auf mehrere Tage verteilt. Am unkompliziertesten sei die Bestrafung der «Sudanesen», sie müssten nicht festgehalten werden und würden auch nicht schreien, denn: «Sie sind Prügel seit lange gewöhnt und sehen es als eine Schande an, beim Gehauenwerden zu schreien. Zu Hülfe kommt ihnen dabei allerdings ihr wenig entwickeltes Nervensystem, sodaß ihr Schmerzgefühl ein sehr geringes ist.»[104]

Neben einer Beschreibung der Askaris kommt Maercker auch auf die Europäer in der Schutztruppe zu sprechen, die für ihn das «Führermaterial» bilden. Illusionslos kritisiert er den überwiegenden Teil der Freiwilligen, die sich für den Dienst in Afrika melden: «Bei den Meisten ist Afrika gleichbedeutend mit: kein Rekrutenexerziren, aber desto mehr Löwen schießen, Elephanten jagen, beständig Apfelsinen, Datteln und andere köstliche tropische Früchte essen, viel Weiber und dabei doch viel Geld verdienen.»[105] Die Wirklichkeit sei völlig anders.

Auch dem «Thier im Dienste des Menschen» widmet er größere Aufmerksamkeit. Er analysiert die militärische Tauglichkeit von Eseln, Kamelen, Pferden, Katzen und Hunden. Letztere waren von Wissmann

101 Ebd., S. 5f.
102 Ebd., S. 40.
103 Ebd., S. 46.
104 Ebd. – Die Legende eines angeblich geringeren Schmerzempfindens bzw. einer «Lederhaut» der Afrikaner war allgemein verbreitet. So wurde z. B. die deutsche Kolonie Kamerun auch «Fünfundzwanzigerland» genannt, da man 25 Peitschenhiebe bei «Vergehen» für notwendig erachtete.
105 Ebd., S. 19f.

aus Deutschland mitgenommen worden, und zwar Teckel, Foxterrier und Doggen («Die Doggen, von denen 2 in Gefechten den Heldentod gestorben sind ...»[106]). Seine Schilderungen sind detailliert, manchmal penibel: «Am meisten wird in Ostafrika getrunken von Münchener Bieren Pschorr und Sedlmayr und von hellen Sorten Kieler Exportbier und Lindauer Inselbräu.»[107]

Natürlich beschäftigt er sich auch mit Ursachen der Unruhen. Er rechtfertigt das im Kaiserreich durchaus kritisch wahrgenommene Verhalten der Deutsch-Ostafrikanischen Gesellschaft und behauptet als Anlass der kriegerischen Vorkommnisse: «Der einzige wirkliche Grund hierzu war die Unterdrückung des Sklavenhandels, die eine natürliche Folge der deutschen Besitzergreifung war.»[108] Er vertrat damit die offizielle Propaganda, die selbst Reichskanzler Bismarck als Vorwand bezeichnet hatte.

Dabei seien Sklavenhandel und innerafrikanische Sklaverei, so Maercker, durchaus verschiedenartig zu behandeln. Der Sklavenhandel müsse gegebenenfalls mit brutaler Gewalt bekämpft, doch die Sklaverei selbst auf längere Zeit nicht angetastet werden, da ansonsten große gesellschaftliche Zerwürfnisse und weitere Konflikte drohten.

Aber auch aus menschlichem Mitgefühl sei es nicht nötig, die Sklaverei abzuschaffen: «Man macht sich in Europa vom Wesen der ostafrikanischen Sklaverei ganz verkehrte Vorstellungen. Man denkt immer an Sklavenpeitschen, an unbarmherzige Prügel u. dergl. mehr. Diese Grausamkeiten sind aber immer nur dort vorgekommen, wo die Europäer die Sklaverei ausübten, nämlich in Amerika. In Afrika ist von dieser Art Sklaverei nichts zu finden.»[109]

Nicht nur, dass Sklaven wieder Freie werden und selbst Sklaven halten könnten, auch ihre wirtschaftliche Produktivität sei im negativen Sinne bemerkenswert: «Die Arbeitsleistung der ostafrikanischen Sklaven ist eine lächerlich geringe ... Die Leute führten natürlich ein für einen Neger geradezu ideales Dasein. Den ganzen Tag lang lag die Bande auf den steinernen Bänken vor der Thür, schlief, rauchte, spielte Karten oder kaute Zuckerrohr. Nachts wurden im Innern des Hauses

---

106 Ebd., S. 141. In seinem Vortrag «Kriegführung in Ostafrika» erwähnte er zudem auf «Hottentotten» (Nama) dressierte Spürhunde in Südwestafrika: Maercker: Kriegführung in Ostafrika, S. 173.

107 Maercker: Schutztruppe, S. 95.

108 Ebd., S. 8.

109 Ebd., S. 11.

die wüstesten Orgien gefeiert ... Das Leben der ostafrikanischen Sklaven ist also durchaus nicht bedauernswerth.»[110]

Auf die Frage, wie der Krieg zu führen sei, gab Maercker eine eindeutige Antwort. Es war die von Rochus Schmidt, dem Kommandeur in Daressalam, schon geschilderte «Taktik der verbrannten Erde». Gegenüber dem Feind «bleibt nichts anderes übrig, als an seinem Eigenthum Repressalien auszuüben, indem man systematisch im Vorgehen die Dörfer niederbrennt und die Felder verwüstet, wobei man jedoch gut thun wird, etwas Getreide stehen zu lassen, um den Leuten einige Aussaat für das nächste Jahr zu lassen ... Eine derartige Kriegführung erscheint äußerst grausam ... Aber eine mildere Art des Vorgehens ist deshalb nicht anwendbar, weil sie der Gegner nicht verstehen und als Schwäche auslegen würde ... Auch für Afrika gilt der Satz, daß das rücksichtsloseste, schonungsloseste Vorgehen auch wieder das gelindeste, weil am schnellsten wirkende ist.»[111]

Zum Erlernen des Kriegshandwerks seien die Verhältnisse geradezu ideal, «da ich die afrikanischen Schutztruppen als eine ganz vorzügliche Schule für den Krieg betrachte ... Nirgendwo lernt man den sog. kleinen Krieg besser, als in Ostafrika. Und natürlich werden die hervorragendsten militärischen Tugenden nirgendwo mehr zur Entfaltung gebracht, als in Afrika. Kriegsfertigkeit, Muth, Tapferkeit, vor Allem aber ein unerschütterliches Selbstvertrauen eignet man sich an.»[112]

Die Kolonialpolitik diene zwar der wirtschaftlichen Macht Deutschlands, vor allem aber der Stärkung des deutschen Nationalbewusstseins.

---

110 Ebd., S. 11f. – Die Frage des innerafrikanischen Sklavenhandels ist umstritten. Während etwa Joseph Ki-Zerbo aus Burkina Faso diesen in «Die Geschichte Schwarz-Afrikas» als grundsätzlich unterschiedlich und tendenziell «humaner» gegenüber dem transatlantischen Sklavenhandel beschreibt, prangert der senegalesische Anthropologe Tidiane N'Diaye in «Der verschleierte Völkermord» besonders den «arabomuslimischen» Sklavenhandel scharf an. In dem von Helmut Bley u. a. herausgegebenen Buch «Sklaverei in Afrika» finden sich differenzierte Darstellungen der Thematik. So macht Wolfgang Kaese («Sklaverei in Afrika: Annäherung an eine Definition») auf ein Problem der Kolonialverwaltungen aufmerksam: Während von ihren Heimatländern der Ruf nach Abschaffung der Sklaverei lauter wurde, mussten die Beamten und Offiziere in den Kolonien häufig mit herrschenden einheimischen Eliten kooperieren, für welche die Sklavenhaltung eine gängige gesellschaftliche Institution bildete. Das führte, entgegen offiziellen Verlautbarungen, zur Ignoranz oder zum Herunterspielen des Problems – eventuell eine Erklärung für Maerckers erstaunlich anmutende Schilderung.

111 Maercker: Schutztruppe, S. 201f.

112 Ebd., S. 20f.

Die Reichsgründung 1871 sei hierfür entscheidend gewesen, denn nun sei «die Herrlichkeit des alten Reiches wiedererstand[en] ... Tief eingewurzelt in unseren Herzen ist der nationale Stolz ... Und als die Kunde zu uns drang, daß Deutschland seinen eisernen Fuß auf die afrikanische Küste gesetzt, dort seine Flagge entfaltet habe, da entflammte die Begeisterung, die Jung-Deutschland durchflammte, genau aus derselben Quelle, aus der Quelle des Nationalstolzes.»[113] – «Und plötzlich erklang an der Küste deutsches Kommandowort und deutsches Hurrah ...»[114] Der «Hohenzollernaar» strecke nun seine Schwingen aus «bis zu den immergrünen Gestaden unseres palmengeschmückten Neu-Deutschland», wo er «einen ebenso sicheren Ruheplatz finden [möchte], wie auf dem Ast der deutschen Eiche ...»[115]

Entsprechend versichert Maercker gegen Schluss seiner Ausführungen, «daß ein deutscher Soldat sich niemals dazu herablassen wird, den Negern als Ambos zu dienen, sondern daß er stets dafür eintreten wird, dem Europäer, als dem Vertreter einer höherstehenden Rasse, die Stellung als Hammer zu wahren.»[116]

Ein paar Jahre darauf – im Dezember 1899 – stellte der spätere Reichskanzler Bernhard von Bülow in einer berühmt gewordenen Reichstagsrede dann ebenfalls die Frage, ob Deutschland im 20. Jahrhundert «Hammer oder Amboss» sein werde.

3. Zurück im Kaiserreich

«Nicht Frieden und Menschenglück haben wir unseren Nachfahren mit auf den Weg gegeben, sondern den ewigen Kampf um die Erhaltung und Emporzüchtung unserer nationalen Art ... Nicht in erster Linie für die Art der volkswirtschaftlichen Organisation, die wir ihnen überliefern, werden unsere Nachfahren uns vor der Geschichte verantwortlich machen, sondern für das Maß des Ellenbogenraums, den wir ihnen in der Welt erringen und hinterlassen.»[117] – «Wir müssen begreifen, dass die Einigung Deutschlands ein Jugendstreich war, den die Nation auf ihre alten Tage beging und seiner Kostspieligkeit halber

113 Ebd., S. 216.
114 Ebd., S. 76.
115 Ebd., S. 216.
116 Ebd., S. 202.
117 Weber: Nationalstaat, S. 560.

besser unterlassen hätte, wenn sie der Abschluss und nicht der Ausgangspunkt einer deutschen Weltmachtpolitik sein sollte.»[118]

In seiner Freiburger Antrittsvorlesung im Mai 1895 stellte der Soziologe Max Weber die Ambitionen des Deutschen Kaiserreichs deutlich dar. Als «verspätete Nation» und in seiner ökonomischen Entwicklung wie ein Dampfkesssel unter Druck stehend entfaltete das Reich unter preußischer Führung seine Weltmachtambitionen, die jetzt lautstarken Ausdruck erhielten. Auch die das Land überziehenden Kriegervereine wandelten ihre Mentalität von einem «eher beschaulichen Gesinnungsmilitarismus»[119] in immer aggressivere Rhetorik.

Was als «Weltmachtpolitik» unter Wilhelm II., Bülow («Wir verlangen auch unseren Platz an der Sonne») und Tirpitz in die Geschichtsschreibung einging, war allerdings kein völlig unvorhersehbarer Politikwechsel, sondern hatte sein Vorspiel unter Kanzler Otto von Bismarck. Dessen Taktik, das Deutsche Kaiserreich gegenüber den anderen großen Mächten als «saturiert» erscheinen zu lassen, konnte auf Dauer keinen Bestand haben.

1890, als Maercker wieder in den deutschen Militärdienst zurückkehrte, um im Jahr darauf die Kriegsakademie zu betreten, wurde Kanzler Bismarck von Kaiser Wilhelm II. entlassen. Innenpolitisch hatte Bismarck eine eher fatale Rolle gespielt, wie Volker Ullrich bilanziert: «Die Ausgrenzung politisch Andersdenkender als *Reichsfeinde*, die Knebelung des Parlaments und der Parteien, die reaktionäre Formierung der Beamtenschaft - das waren Belastungen, die sich verhängnisvoll auf die deutsche Politik auswirken sollten.»[120] Doch seine außenpolitische Politik des Gleichgewichts passte nicht mehr in das deutsche Weltmachtstreben, das sich schon aus dessen drängender Rolle zur führenden Wirtschaftsmacht ergab. Es war zugleich der Höhepunkt des sogenannten «klassischen Imperialismus», in dem koloniale Gebiete nicht mehr hauptsächlich informell, sondern direkt beherrscht wurden. Hierbei hatte das Deutsche Kaiserreich großen Nachholbedarf zu einem Zeitpunkt, als die Welt bereits überwiegend «aufgeteilt» war.

Die neue Prioritätensetzung lässt sich gut am Beispiel des damaligen Chefs des Großen Generalstabs, Generalfeldmarschall Alfred von Waldersee, erkennen: «Am 15. April des Jahres 1889 vertraute er seinem Tagebuch an, man müsse Bismarcks Ansehen und Geschicklichkeit

118 Ebd, S. 571.
119 Wette: Militarismus in Deutschland, S. 73f.
120 Ullrich: Nervöse Großmacht, S. 121.

noch so lange ausnutzen, bis die Rüstungen abgeschlossen seien, dann müsse man den großen Entscheidungskampf gegen Frankreich und Rußland selbst herbeiführen.»[121]

Ein aggressiver Nationalismus griff um sich, in den Worten Eric Hobsbawms: «Nunmehr konkurrierten nicht mehr nur einzelne Firmen gegeneinander, sondern ganze Nationen.»[122] Auch das Militärische wurde noch mehr als bisher zum gesellschaftlichen Leitmotiv. Zudem endete eine seit 1873 bestehende Wirtschaftskrise – eine langandauernde Stagnationsphase, die sogenannte «Gründerkrise». Nun ging es wieder im wahrsten Sinne des Wortes mit Volldampf voraus. Die unheilvolle Mischung aus reaktionärem Militarismus einerseits, zukunftsweisender Ökonomie und Wissenschaft andererseits entfaltete noch stärkere Wirkung. Das Bewusstsein der «späten Nation» und die damit verbundene Notwendigkeit, innerhalb kürzester Zeit die Entwicklung anderer Nationen wie England oder Frankreich nachholen zu müssen, führte zu Großmachtfantasien auch auf dem Gebiet der Kolonialpolitik. Dort galt es, in einer so gut wie bereits verteilten Welt noch das optimal Mögliche herauszuholen.

Der am 1. Juli 1890 zwischen Deutschem Reich und Großbritannien abgeschlossene Helgoland-Sansibar-Vertrag erzürnte daher große Teile der Kolonialbewegung, denn im Tausch gegen die Insel Helgoland waren deutsche Ansprüche in Ostafrika aufgegeben worden. Unter anderem handelte es sich um das Wituland (im heutigen Kenia), das ursprüngliche Reiseziel Maerckers im Dienste der Deutschen Pflanzergesellschaft. Aus diesem Protest heraus gründete sich im folgenden Jahr der Alldeutsche Verband (zunächst «Allgemeiner Deutscher Verband») unter Federführung von Alfred Hugenberg und Carl Peters. Diese Vereinigung entwickelte sich zu einer präfaschistischen, antisemitischen und national-chauvinistischen Bewegung. Gefordert wurde ein unter deutscher Dominanz stehendes mitteleuropäisches Reich und möglichst großer Kolonialbesitz. Der Alldeutsche Verband bildete bis zum Beginn des Ersten Weltkriegs die Speerspitze für weitere militaristische Organisationen: Deutscher Flottenverein, Deutscher Ostmarkenverein, Verein für das Deutschtum im Ausland, Reichsverband gegen die Sozialdemokratie und Deutscher Wehrverein.

Die rasante Militarisierung der Gesellschaft hatte aber nicht nur außenpolitische Ursachen, sondern begründete sich auch innenpolitisch.

121 Görlitz: Generalstab, S. 155.
122 Hobsbawm: Zeitalter, S. 61.

In den Reichstagswahlen im Februar 1890 erwiesen sich die Sozialdemokraten mit 19,7% der Stimmen als stärkste Partei, was sich infolge der manipulativen Mandatsverteilung zwar nicht in der entsprechenden Zahl an Abgeordneten niederschlug, dennoch von den konservativen Kreisen als wachsende Gefahr durch das organisierte Proletariat wahrgenommen wurde.

Georg Maercker erhielt im August 1890 zunächst die erneute Einstellung im elsässischen Infanterie-Regiment 137. Es folgte die Versetzung in weitere Regimenter[123] und 1893 die Beförderung zum Premierleutnant. Außerdem besuchte er von 1891–1894 die Kriegsakademie.

Die Berliner Kriegsakademie war aus einer zunächst «Kriegsschule» genannten Institution für Offiziere entstanden, die Heeresreformer wie Gerhard von Scharnhorst im Sinne der Aufklärung zu betreiben gedachten. Stattdessen geriet sie bald in den ungünstigen Ruf, auf einem erstaunlich niedrigen Niveau zu stehen. Die Akzente änderten sich wieder ab 1859, als die «Kriegsschule» im Zuge einer Mobilmachung in «Kriegsakademie» umbenannt wurde. Die folgenden militärischen Erfolge in den Einigungskriegen trugen dazu bei, den militärischen Aspekt zu Lasten der Allgemeinwissenschaften immer weiter in den Vordergrund zu stellen. Das wiederum förderte den Charakter des «militarisierten Militärs», welches ausschließlich in den Kategorien des Krieges, kulminierend in dem Ideal einer entscheidenden «Vernichtungsschlacht», dachte, doch kaum an die politischen und gesellschaftlichen Begleitumstände und Folgen von Kriegen.[124]

Die Aufnahme an der Kriegsakademie erfolgte zu der Zeit, als Maercker sie besuchte, nach Leistung und nicht mehr vorwiegend nach Standeszugehörigkeit. Die Bewerbungstests hatten nun einen hohen Standard, und auch bei der Abschlussprüfung fand unter den etwa 400 Absolventen eine starke Selektion statt. Die erfolgreiche Teilnahme galt als Bedingung, um in den Großen Generalstab der Armee zu gelangen.

Die inzwischen nicht mehr ganz jungen, in die Mittzwanziger geratenen ambitionierten Militärschüler schienen ihre in der Kadettenzeit gepflegten Umgangsformen noch nicht gänzlich abgelegt zu haben.

---

123 Ober-Elsässisches Feld-Artillerie-Regiment Nr. 15 sowie Infanterie-Regiment von Winterfeld (2. Oberschlesisches) Nr. 23, vgl. BA-MA N786/12, Lebenslauf S. 2.

124 Vgl. hierzu Hillard: Herren, S. 197f., Michels: Paul von Lettow-Vorbeck, S. 52ff., Messerschmidt: Preußische Armee, S. 111ff.

Gustav Hillard (alias Gustav Steinbömer), später Major im Generalstab und Schriftsteller, berichtete aus eigener Erfahrung: «Da gab es Papierkugeln und Erbsen als Wurfgeschosse für die Köpfe und Niespulver für die Nasen der Vorderleute, winzige Apparate mit Uhrwerk, welche in den Taschen der Nachbarn lärmten, kleine Feuer, welche unter dem Stuhl von Eingeschlummerten entzündet wurden.»[125]

Georg Maerckers reale Kriegserfahrungen hoben ihn aus der Masse seiner Kriegsakademie-Kameraden, für die der Krieg noch bloße Theorie war, hervor. Im Abgangszeugnis vom Oktober 1894 erhielt Maercker allerdings im fremdsprachlichen Unterricht (russisch, polnisch, französisch) die Note «mittelmäßig bis ungenügend». Das erstaunt, denn bekanntlich beherrschte er als einer der wenigen deutschen Offiziere in Ostafrika Suaheli und hatte sogar das Manuskript einer Suaheli-Grammatik verfasst. In den Fächern Geografie und Kriegsgeschichte dagegen erlangte er «gut - sehr gut».[126]

Seine Fähigkeiten als Geograf und speziell Topograf sollten ihm schon bald eine weitere Aufgabe in einem fernen Land verschaffen. Noch vor Beendigung der Kriegsakademie erreichte ihn durch die Königlich-Preußische Akademie der Wissenschaften der Auftrag einer dreimonatigen Studienreise nach Anatolien. Dort betrieb er topografische Studien für eine Trasse der Anatolischen Eisenbahn.

4. In Anatolien

Das Osmanische Reich, einst eine Großmacht mit erheblicher Ausdehnung, sank im 19. Jahrhundert in einen von Großbritannien und Frankreich dominierten halbkolonialen Zustand. Aus einem Imperium wurde der sprichwörtliche «kranke Mann am Bosporus».

Das Deutsche Reich, im Konzert der Kolonialmächte spät erschienen, musste mit dem vorliebnehmen, was noch zur Kolonisation vorhanden war. Der erhoffte wirtschaftliche Gewinn in den kolonisierten Ländern blieb aus, abgesehen natürlich vom Profit einzelner Handelsunternehmen. Nun bot sich das allmählich zusammenbrechende Osmanische Reich als Objekt an. Da dieses Gebiet aber zum großen Teil unter britischer und französischer Vormundschaft stand, war außenpolitische und diplomatische Vorsicht geboten.

125 Hillard: Herren, S. 200.
126 BA-MA N 786/1, Abgangszeugnis Kriegsakademie.

Als 1888 ein deutsches Konsortium, angeführt von der Deutschen Bank, eine Konzession für den Bau der «Anatolischen Eisenbahn» erhielt, reagierte Kanzler Bismarck nach außen eher defensiv. Zu prekär war die machtpolitische Konstellation, um einen kämpferischen Imperialismus voranzutragen. Vorteilhafter schien die Methode der «indirekten Herrschaft» und «friedlichen Durchdringung».[127] Diese Linie behielten auch Bismarcks Nachfolger bei.

Selbst der Vorstandsvorsitzende der Deutschen Bank, Georg von Siemens, zeigte sich zunächst reserviert gegenüber dem überaus ambitionierten Projekt der Anatolischen Eisenbahn, die später in der Bagdadbahn aufging. Neben einem wirtschaftlichen Misserfolg befürchtete auch er Verwicklungen mit anderen Großmächten (England, Frankreich, Russland). So entstand der Versuch, ausländisches, vor allem britisches Kapital an dem Vorhaben zu beteiligen. Dieses Bemühen allerdings misslang, so dass - nachdem die türkische Regierung finanzielle Ausgleichszahlungen in Aussicht stellte - doch ausschließlich deutsche Unternehmen teilnahmen. Die Großaufträge gingen an Firmen wie Philipp Holzmann, Krupp und Borsig.

Die alldeutsche Presse benahm sich weniger zurückhaltend, wie exemplarisch folgende Zeilen aus der «Welt am Montag» beweisen: «Der ‹kranke Mann› wird gesund gemacht, so gründlich kuriert, daß er, wenn er aus dem Genesungsschlaf erwacht, nicht mehr zum Wiedererkennen ist. Man möchte meinen, er sehe ordentlich blond, blauäugig germanisch aus. Durch unsere liebende Umarmung haben wir ihm so viel deutsche Säfte einfiltriert, daß er kaum noch von einem Deutschen zu unterscheiden ist. So können und wollen wir die Erben der Türkei werden.»[128]

Im militärischen Bereich kam es schon früh zu einer intensiven Zusammenarbeit. Den Höhepunkt einer kontinuierlichen Entwicklung sollte die Entsendung einer Militärmission unter General Liman von Sanders im Jahre 1913 bilden, die während des Ersten Weltkriegs zur Besetzung der wichtigsten Posten in der osmanischen Armee durch deutsche Offiziere führte. Die Osmanen wurden nach preußischem Drill ausgebildet. Mehmet Yilmazata schildert die Situation im Buch «Die Bagdadbahn - Schienen zur Weltmacht»: «So war das Deutsche Reich seit den 1880er Jahren in großem Stil an der Reorganisation der türkischen Streitkräfte beteiligt und übertraf auch bald andere europä-

127 Vgl Wehler: Gesellschaftsgeschichte, 3. Band, S. 1143f.

128 «Welt am Montag» vom 21. November 1898, zitiert nach Rathmann: Legende, S. 252.

ische Staaten bei Waffenverkäufen sowie technischer Unterstützung der Armee ... Jahrgangsbeste Absolventen der osmanischen Kriegsschulen wurden zur weiteren Generalstabsausbildung nach Deutschland geschickt, wo sie in deutschen Regimentern ihren Dienst versahen.»[129]

Nach einem scheinbar spontanen, in Wahrheit sorgfältig inszenierten Besuch Kaiser Wilhelms II. 1889 in Konstantinopel konnte die Weltöffentlichkeit die Ambitionen der Deutschen im Nahen Osten nicht mehr übersehen. Eine zentrale Rolle zur Kolonisierung des Landes sollte bald darauf der Eisenbahnbau spielen. Der Autor Jürgen Gottschlich bemerkt hierzu: «Tatsächlich war der Bau von Eisenbahnen nur zum geringsten Teil ein Verkehrsprojekt», denn tatsächlich «war die Bagdadbahn der deutsche Versuch, sich den Orient ökonomisch und militärisch zu erschließen.»[130]

Im Juli 1893 wurde Georg Maercker für mehrere Monate in das osmanische Reich geschickt, um eine Trasse der Anatolischen Eisenbahn, der Vorläuferin der Bagdadbahn, topo- und kartografisch zu sondieren. Den offiziellen Auftrag erteilte in einer Art zivil-militärischer Zusammenarbeit die Königlich-Preußische Akademie der Wissenschaften. Die Unternehmung nannte sich «Halys-Expedition». Halys war der antike Name des Kizilirmak, des längsten ausschließlich innerhalb der Türkei fließenden Stromes, der im ostanatolischen Hochland entspringt und ins Schwarze Meer führt.

Neben der geografischen Erkundung spielte die Frage einer künftigen Besiedlung des Gebietes durch deutsche Landwirte eine Rolle. Maercker führte auf seiner Expedition das von Karl Kaerger 1892 verfasste Buch «Kleinasien. Ein deutsches Kolonisationsfeld» mit sich und berichtete darüber in der Deutschen Kolonialzeitung[131]. Er «stimme [...] mit den daraus gefolgerten Ansichten über Kolonisation fast ausnahmslos überein.» Nur von einer Besiedlung des anatolischen Tieflandes riet Maercker ab, wogegen das Hochland wesentlich besser geeignet sei. Dort seien nicht nur die Anbaumöglichkeiten und klimatischen Bedingungen besser geeignet, auch für die persönliche Sicherheit gebe es gute Voraussetzungen: «Ich bin drei Monate lang durchs Land gezogen, nur von einem armenischen Diener begleitet und ohne andere Waffe als eine Hundepeitsche.» Er habe allerdings von einer deutschen Kultur nichts verspürt. Sein bitteres Fazit lautete daher, die Deutschen

129 Yilmazata: Bagdadbahn, S. 23.
130 Gottschlich: Beihilfe zum Völkermord, S. 56.
131 Deutsche Kolonialzeitung, 4.5.1895.

würden nur den Engländern, Franzosen und Italienern Vorteile verschaffen: «Wir lassen die Position, die wir uns durch die Erbauung der Bahn geschaffen haben, völlig unbenutzt. Wie so oft arbeiten wir lediglich für fremde Taschen - sind doch seit einem Jahrzehnt fast alljährlich deutsche Offiziere in Kleinasien topographisch tätig.»

Die direkte deutsche Kolonisation, für die Maercker Partei ergriff, war umstritten. Die rechtsstehenden Alldeutschen und Kolonialgruppen befürworteten sie, während die sogenannten «liberalen Imperialisten» - an der Spitze Paul Rohrbach und Friedrich Naumann - das Osmanische Reich vorwiegend ökonomisch und damit indirekt beherrschen wollten.

Die Kolonisationsträume erfüllten sich zwar nicht, doch ging die Anatolische Eisenbahn 1903 in der Bagdadbahn auf. Für deren Bau erhielt ein Konsortium, wiederum unter Führung der Deutschen Bank, eine 99 Jahre währende Konzession. Für die im Ersten Weltkrieg verbündeten Deutschen und Osmanen erhöhte sich ihre militärische Bedeutung, da die Seewege unsicher wurden. Während des Völkermords an den Armeniern diente die Bagdadbahn als Deportationsmittel.[132]

5. «Die große Bude»: Der Große Generalstab

Wieder im Deutschen Reich, wurde Maercker im Juli 1894 zum Husaren-Regiment Nr. 6, im Oktober 1894 zur Luftschiffer-Abteilung[133] und im März 1895 zur Dienstleistung im Großen Generalstab kommandiert.

Dieser war einstmals eine dem Kriegsministerium untergeordnete, eher kleine Planungsgruppe von Offizieren. Doch als Maercker dorthin versetzt wurde, unterstand der «Chef des Generalstabs», zu diesem Zeitpunkt General von Schlieffen, nur noch dem Kaiser. Der Adel, der sich vom aufstrebenden Bürgertum gesellschaftlich und zahlenmäßig mehr und mehr in die Defensive gedrängt fühlte, betrachtete den Generalstab und das Militär insgesamt als sein großes Bollwerk.

Die zwingende Notwendigkeit, Bürgerliche auch in höhere Militärämter zu integrieren, brachte Kaiser Wilhelm II. schließlich dazu, den

132 Zur deutschen Rolle im Völkermord an den Armeniern vgl. Gottschlich: Beihilfe zum Völkermord.

133 Die Luftschifferabteilung war 1887 aus dem «Ballondétachement» der preußischen Armee entstanden.

Adelsbegriff neu zu definieren und den «Adel der Gesinnung» zu proklamieren: «Nicht der Adel der Geburt allein kann heutzutage wie vordem das Vorrecht für sich in Anspruch nehmen, der Armee ihre Offiziere zu stellen. Aber der Adel der Gesinnung, der das Offizierkorps zu allen Zeiten beseelt hat, soll und muß demselben unverändert erhalten bleiben ... Neben den Sprossen der adligen Geschlechter des Landes ... erblicke Ich die Träger der Zukunft Meiner Armee auch in den Söhnen solcher ehrenwerter bürgerlicher Häuser, in denen die Liebe zu König und Vaterland, ein warmes Herz für den Soldatenstand und christliche Gesittung gepflanzt und anerzogen werden.»[134] Dieses Angebot, von bürgerlicher Seite gern angenommen, führte auch Georg Maercker bis in den Großen Generalstab – trafen doch die von Wilhelm II. geschilderten Eigenschaften in vollem Ausmaß auf ihn zu. Auch seine übergeordneten Dienststellen betrachteten ihn als fähigen Aspiranten: «Bewußt wurde die Möglichkeit freiwilliger Meldung für den Generalstab vermieden. Ausschlaggebend war allein das Urteil der Vorgesetzten.»[135]

Die zunehmende Bedeutung des höchsten militärischen Gremiums zeigte sich auch in seiner personellen Entwicklung: «1875 hatte Moltke [Generalstabschef, C. K.] 64 Generalstabsoffiziere vorgefunden, 1871 betrug die Kopfstärke 135 Offiziere, bei Moltkes Abgang im Jahre 1888 hatte sich diese Zahl auf 239 Offiziere erhöht.»[136]

Im Großen Generalstab herrschte eine extreme militärisch orientierte Weltsicht. Die Überlegungen etwa eines Clausewitz über den Zusammenhang von Politik und Militär ignorierte man schlichtweg. Ohne Zweifel trugen dazu drei in kurzer Zeit gewonnene Kriege gegen Dänemark, Frankreich und Österreich bei, ebenso wie die militarisierte preußische Gesellschaftsstruktur. Diplomatische und politische Erwägungen spielten keine Rolle mehr gegenüber aggressiv-offensiven kriegerischen Planungen.[137] Die von den politischen Institutionen weitestgehend autonome Position des Großen Generalstabs – seit Hindenburg und Ludendorff «Oberste Heeresleitung» – führte im Ersten Weltkrieg zu Formen einer Militärdiktatur.

Die Abkommandierung in dieses Führungsgremium war bei den Offizieren beliebt. Sie bot eine Möglichkeit, sich auch in Friedenszeiten

134 Ordre vom 29. März 1890, zitiert nach Demeter: Offizierkorps, S. 22.
135 Görlitz: Generalstab, S. 124.
136 Ebd, S. 123.
137 Vgl. Messerschmidt: Politische Geschichte, S. 318f.

auszuzeichnen. Die praktische Tätigkeit selbst dagegen bestand in eher stupider, bürokratischer Arbeit und langer Arbeitszeit von bis zu 14 Stunden täglich. Auch das Generalstabsgebäude selbst, in Berlin-Tiergarten gelegen, verfügte über alles andere als Komfort. Der Generalstabsmajor Hillard beschrieb die «große Bude» als so asketisch, dass sie den englischen Kriegsminister Haldane während deutsch-englischer Verhandlungen «völlig außer Fassung brachte»[138]. Die Probezeit der Kommandierten betrug drei Jahre. Jedes Jahr hatten sie eine spezielle Prüfungsaufgabe zu bestehen (eine militärische Operationsplanung). Am Schluss der Probezeit wurde etwa ein Drittel übernommen.

In seiner Generalstabszeit widmete sich Maercker weiterhin der Topografie. 1897 erschien sein Beitrag «Landesaufnahme von Deutsch-Ostafrika» im «Kolonialen Jahrbuch». Die Landesvermessung sei, so Maercker einleitend, die vorrangige Aufgabe für die Entwicklung der ostafrikanischen Plantagengebiete, daneben auch für Wege- und Eisenbahnbauten sowie die Besteuerung der einheimischen Bevölkerung. Es handele sich dabei um eine Angelegenheit staatlicher Organe und weniger der an Ostafrika interessierten Gesellschaften, denn nur der Staat könne die für die Vermessung notwendige Triangulation - das Verfahren für die kartografische Aufnahme größerer Gebiete - einheitlich durchführen. Die Überlegung, hierfür Beamte ausländischer Staaten zu engagieren, da sie bereits größere Erfahrungen hätten, sei berechtigt, aber dennoch falsch: «Vor allem müssen wir für unsere Kolonien ein nationales System der wissenschaftlichen Erschliessung schaffen ...»[139]

Seine weiteren Ausführungen erwiesen Maercker erneut als qualifizierten Fachmann der Landesvermessung. Er wägte die verschiedenen Methoden der trigonometrischen Vorarbeiten, der topografischen Aufnahme sowie der Katasterarbeiten ab und machte Vorschläge zur tropentauglichen optimalen Nutzung verschiedener Instrumente. In einem Vergleich werden die von Ostafrika durchaus unterschiedlichen Bedingungen in Südwestafrika geschildert. Unter der Überschrift «Organisation» verdeutlichte er, wer mit den vorher benannten «staatlichen Organen», welche die Federführung innehaben sollten, gemeint sei: «Im Interesse der Landesaufnahme der Kolonien würde es liegen, wenn der preußische Generalstab allein die Sache in die Hand bekäme.»[140]

138 Hillard: Herren, S. 202.
139 Maercker: Landesaufnahme, S. 43.
140 Ebd., S. 52.

Maercker betonte die Rolle der Geografen - in seinem Fall der Topografen - für den Kolonisationsprozess. Die noch fremden und unwegsamen Gebiete müssten kartiert, zerlegt und verteilt werden, um sie für die Kolonisatoren verwendbar zu machen. Er benannte Geologen, Botaniker, Ethnologen und Meteorologen als «wissenschaftliche» Profiteure, welche die topografischen Aufnahmen als Grundlage ihrer Arbeit verwenden und den Plantagengesellschaften den Weg bereiten würden.[141]

Die «wissenschaftliche» Bearbeitung der Kolonien erwies sich als ein wesentlicher Teil der gewaltsamen Inbesitznahme. Das Unverständnis der einheimischen Bevölkerung, die ganz andere gesellschaftlich-kulturelle Anschauungen und Denkweisen verfolgte und für die «Zeit», «Raum» und «Besitz» eine eigene Bedeutung besaßen, bezeichnete Maercker als «Böswilligkeit und Unverstand»[142]. Eine eventuelle Mitarbeit Einheimischer auf niederer Beamtenebene schloss er aus, «[d]a die Bevölkerung unserer Kolonie ihrer geistigen Begabung nach hierzu ungeeignet ist ...»[143].

6. China

Im April 1898 waren Maerckers topografische Fähigkeiten auch wieder praktisch gefragt. Er reiste nach Kiautschou, der deutschen Kolonie in China.

Es war die Zeit, in der die «Weltpolitik» praktisch eingeleitet wurde. Bernhard von Bülow, Staatssekretär im Auswärtigen Amt und späterer Reichskanzler, formulierte im Reichstag am 6. Dezember 1897 den schon zitierten Satz: «Mit einem Worte: wir wollen niemand in den Schatten stellen, aber wir verlangen auch unseren Platz an der Sonne.» Gemeint war der Besitz von Kolonien, bei dem sich Deutschland bisher als zu kurz gekommen empfand.[144]

Kein halbes Jahr später verabschiedete der Reichstag die Flottenvorlage des Staatssekretärs im Reichsmarineamt, Alfred Tirpitz. Der geplante Bau von Großkampfschiffen setzte Deutschland zwangsläufig in konfliktträchtige Konkurrenz zu England. Das Wettrüsten kam nun

141 Vgl. ebd., S. 41f.
142 Ebd., S. 44.
143 Ebd., S.54.
144 Diese Worte Bülows fielen im Zusammenhang mit der Erwerbung der chinesischen Kiautschou-Bucht.

in vollen Gang. Auch Kaiser Wilhelm II. war ein enthusiastischer Anhänger und Förderer der Flottenpolitik, als nationale Parole gab er aus: «Deutschlands Zukunft liegt auf dem Meer.» Vertreter von Banken, Werften und der Schwerindustrie gründeten im April 1898 unter der Patronage von Wilhelm II. und Tirpitz den Deutschen Flottenverein, der im Laufe der Zeit von 78.000 Mitgliedern (1898) auf 1,1 Millionen (1914) anschwoll und in großen Teilen der Bevölkerung eine wahre Flottenmanie bewirkte. Der Matrosenanzug für Kinder avancierte zu einem der beliebtesten Kleidungsstücke, auf Kinderspielplätzen waren hölzerne Schiffsnachbauten zu bewundern.

Für Weltmacht- und Flottenpolitik ergab sich sogleich ein praktisches Betätigungsfeld. Es ging um die Aufteilung des «Reiches der Mitte» - China. Dort schien es in einer fast komplett verteilten Welt noch ein lukratives koloniales Ziel zu geben.

Seit Mitte des 17. Jahrhunderts regierten Herrscher aus der Mandschurei in China, welche die lokalen Sitten und Traditionen weitgehend respektierten und auch Formen von Selbstverwaltung akzeptierten. Ihnen folgte eine lang andauernde Friedensperiode in einem gewaltigen Territorium und eine ökonomische, wissenschaftliche und künstlerische Blütezeit, die China in Europa einigen Respekt verschuf.

Im 19. Jahrhundert wendete sich das Blatt. Mehrere Krisen erschütterten das chinesische Reich. Durch Bodenerosion und Zerstörung der natürlichen sensiblen Wasserkreisläufe ergab sich eine ökologische Krise gigantischen Ausmaßes, die - verbunden mit einer Finanzkrise - zur Verarmung großer Teile der Bevölkerung und zu mehreren Rebellionen führte.

Gleichzeitig begann die imperialistische Einflussnahme im Land. Die Engländer als Vorreiter führten zwei Kriege, da die chinesische Regierung sich der Einfuhr von Opium durch die Briten verweigerte - die berühmten «Opiumkriege». Sie verursachten die «ungleichen Verträge», an denen auch Russen, Franzosen und Amerikaner beteiligt waren: Öffnung von Häfen und Binnengewässern für Ausländer, Kriegsentschädigung, Freizügigkeit für westliche Händler und Missionare, Legalisierung des Opiumhandels, Brechung des chinesischen Handelsmonopols und Abtretung Hongkongs an England. Auch Japan führte Ende des Jahrhunderts einen Krieg gegen China, der u. a. mit der Unabhängigkeit Koreas und der Abtretung Taiwans endete. Es kam zu einem Wettlauf um Einflussgebiete, an dem sich schließlich auch das Deutsche Reich aktiv beteiligte.

Die preußische Regierung hatte bereits 1863 erwogen, Kanonenboote nach Ostasien zu schicken.[145] Tatsächlich wurden zunächst nur vereinzelt Kriegsschiffe entsandt. Das Interesse an China trat durch die Kriege gegen Dänemark, Österreich und Frankreich in den Hintergrund. Aber vor allem die Reisen und Publikationen des Ferdinand Freiherr von Richthofen weckten neue Begehrlichkeiten. Richthofen bewegte sich in China ausdrücklich mit dem Gedanken, ausländisches - vor allem deutsches - Kapital einzubringen. Mit dem Schienenfabrikanten Krupp projektierte er gar den Bau einer transkontinentalen Eisenbahn. Gewaltmaßnahmen gegen die chinesische Bevölkerung betrachtete er dabei als notwendig. Auch Bismarck stand dem Erwerb einer Marinestation positiv gegenüber, um so mehr die ihm nachfolgenden Weltmachtpolitiker.

Es erschien wie ein Geschenk des Himmels, als am 1. November 1897 zwei deutsche Missionare von Mitgliedern einer chinesischen Sekte ermordet wurden. Kaiser Wilhelm II. befahl sogleich eine Demonstration der Flotte an der chinesischen Ostküste bei Kiautschou und ließ die dortige Bucht besetzen. In einem erzwungenen Vertrag mit der chinesischen Regierung wurde das Gebiet für 99 Jahre von den Deutschen gepachtet inklusive des Zugeständnisses, zwei Eisenbahnlinien bauen zu dürfen und Bergwerke zu errichten. Damit wähnte sich die Reichsregierung im Besitz eines «deutschen Hongkong», eines Handels- und Flottenstützpunktes im Fernen Osten mit Zugang zu den reichen Kohlevorkommen im Umland, was besonders wichtig war, da die Schifffahrt zu dieser Zeit mit Kohle betrieben wurde.

Im Gegensatz zu den bisher erworbenen Kolonien, die unter der Leitung der Kolonialabteilung des Auswärtigen Amtes standen, erhielt das Reichsmarineamt die Verwaltung Kiautschous. Dazu trug der offensichtliche Erfolg der «Kanonenbootpolitik» bei. Zudem sollte durch rein militärische Aufsicht eine «deutsche Musterkolonie» geschaffen werden. Die bisherigen Kolonien hatten sich unter ziviler Kontrolle mehr oder weniger als Zuschussgeschäft erwiesen.

Doch zunächst musste das Land vermessen werden, vor allem für den geplanten Eisenbahnbau und den Aufbau der Stadt Tsingtau als deutschem Stützpunkt. Dafür drängte sich eine Fachkraft wie Georg Maercker geradezu auf. Am 5. März 1898 schrieb er in einem Brief an seine Mutter: «Soeben ist mir dienstlich mitgeteilt, daß ich vom 15.

145 Zur Chinapolitik Preußens vor 1871 vgl. Stoecker: Chinapolitik.

ab auf ein Jahr zum Reichs-Marineamt kommandiert werde und am 23. mit dem Reichspostdampfer von Bremerhaven nach Kiautschou abreisen soll, das ich zu vermessen habe... Die Reise geht über Antwerpen, Lissabon, Genua, Port Said, Suez, Aden, Colombo, Singapore, Hongkong, Shanghai (Ankunft 9. Mai) nach Kiautschou.»[146] Seine Frau Elsbeth, die er 3 Jahre zuvor geheiratet hatte, solle ihm ein halbes Jahr später folgen, da die Unterkünfte bisher noch zu schlecht seien.

Das vom Korvettenkapitän Deimling[147] geführte Unternehmen unter der Bezeichnung «Vermessungs-Detachement» machte sich unverzüglich an die Arbeit. Maercker betätigte sich als einer von zwei Trigonometern (mit geodätischer Triangulation beschäftigte Vermesser).

Der Aufenthalt in China erfüllte Maercker so, dass er sich eine Verlängerung wünschte: «Wann ich nach Deutschland zurückgehe, ist noch nicht abzusehen ... Ich möchte natürlich gern länger bleiben ...»[148] Dem allerdings stehe der Generalstab im Wege: «... habe ich dem Generalstabe unterbreitet, noch 1 Jahr hierzubleiben, um die Aufnahme zu Ende zu führen ... Ich fürchte aber fast, es wird sich nicht ermöglichen lassen ...»[149]

Der Generalstab gewährte ihm den gewünschten Aufenthalt, so dass Maercker erst im Februar 1900 zurückkehren musste. Die Reise führte den inzwischen zum Hauptmann ernannten Militärtopografen über Nordamerika wieder ins Deutsche Reich. Sein Interesse an China blieb aber erhalten: «Ich habe jetzt im Generalstab wenig zu thun und mich deshalb aufs Schriftstellern verlegt. Augenblicklich bin ich mit einer größeren Arbeit über die Entwicklung des Kiautschougebietes für die Kolonialzeitung beschäftigt. Es soll eine Art Werbeschrift, zugleich ein Programm für die Zukunft werden.»[150]

In der Deutschen Kolonialzeitung erschien vom November 1901 bis Dezember 1902 eine mehrteilige Abhandlung Maerckers unter dem Titel «Die Entwicklung des Kiautschougebietes», die anschließend auch als eigenständige Publikation der Deutschen Kolonialgesellschaft veröffentlicht wurde.[151]

---

146 BA-MA N 786/6, Brief an Mutter vom 5.3.1898.

147 Es handelt sich um den Kapitänleutnant Moritz Deimling und nicht um den später in Südwestafrika auftauchenden General Berthold Deimling.

148 BA-MA N 786/6, Brief an Mutter vom 24.10.1898.

149 Ebd., Brief an Mutter vom 16.11.1898.

150 BA-MA N 786/7, Brief an Mutter vom 1.12.1901.

151 Vgl. Maercker: Entwicklung.

Einleitend betonte er, dass Kiautschou sich als Stützpunkt für Militär und Handel sehr anbiete.[152] Dabei bewertete er das in der Provinz Schantung gelegene Pachtgebiet keineswegs durchgehend positiv. Klima und Bodenfruchtbarkeit seien ungünstig und eine deutsche Auswanderung nicht möglich: «Es giebt kein Land auf der Welt, welches sich als Auswanderungsziel weniger eignet als Schantung.»[153] Die eigentliche Bedeutung Kiautschous liege in ihrem Wert als Flottenstützpunkt, der wiederum die Basis für die Erschließung der an Bodenschätzen reichen Provinz Schantung sei: «Diese Provinz ist chinesisches Gebiet; aber durch eine Reihe von Abkommen steht sie in ihrer ganzen Ausdehnung für deutsche Unternehmungen frei.»[154] Es sei durchaus nicht angebracht, in China große Gebiete zu besitzen, vielmehr gehe es um Handelsfreiheit und -stützpunkte: «Daß sich in China Großes erreichen läßt ohne großen Landbesitz, das beweißt uns Hongkong, das uns in mehr als einer Beziehung wird als Muster dienen müssen.»[155] Realistisch plädierte er für eine informelle Durchdringung eines schon von der Ausdehnung her kaum von außen her zu regierenden Landes, verbunden mit einer kolonialen Stützpunktpolitik.

Unter der Überschrift «Tsingtau als Eingangspforte von Schantung»[156] berichtete Maercker, dass er, dem Vermessungskommando angehörend, bereits am Tage seiner Ankunft Ende Mai 1898 vom Gouverneur den Befehl erhalten habe, sofort und beschleunigt die Arbeit zu beginnen. Hauptgrund sei der zukünftige Landverkauf, der geregelt vor sich gehen solle. Auch sei einer eventuellen immensen Landspekulation vorzubeugen, welche die Entwicklung der Kolonie auf Jahre hinaus beschädigen würde.

Maercker hatte die vom Kaiserlichen Kommissar Wilhelm Schramaier angeregten Ideen zur Bodenreform zur Kenntnis genommen. Schramaier beabsichtigte, durch eine Regelung der Bodensteuer die Entwicklung Tsingtaus planmäßig voranzutreiben und nicht durch wilde Immobilienspekulation außer Kontrolle geraten zu lassen. Dazu Maercker: «Es ist bekannt, daß in unsern westafrikanischen Kolonien Gebiete, die Süddeutschland an Größe gleichkommen, an einzelne Gesellschaften überlassen wurden, ohne daß die Regierung von diesen

152 Deutsche Kolonialzeitung, 21.11.1901.
153 Ebd.
154 Ebd.
155 Ebd.
156 Deutsche Kolonialzeitung, 28.11.1901.

entsprechende Gegenleistungen verlangte, sodaß also Teile der aus staatlichen Mitteln erworbenen und verwalteten Kolonien dem Nutzungsbereich der Allgemeinheit entzogen und einer Anzahl von Kapitalisten zur Ausbeutung überlassen wurden, die noch nicht einmal sämtlich deutscher Nationalität sind. Dies Vorgehen ist bekanntlich von vielen wahren Freunden einer nationalen Kolonialpolitik lebhaft bedauert und oft, auch im Reichstage, scharf verurteilt worden.»[157] Damit beschrieb er den mittlerweile vollzogenen Kurswechsel einer «indirekten» Kolonialpolitik, in der private Gesellschaften - für die er selbst anfangs in Ostafrika gearbeitet hatte - eine Hauptrolle spielen sollten, zu einer direkten regierungsamtlichen Herrschaft.

Maercker erwähnte detailliert die topografischen Arbeiten. Bereits im Sommer 1898 sei das Stadtgebiet von Tsingtau, des deutschen Stützpunktes, komplett kartiert gewesen. Die so entstandenen Karten seien in der Darstellung von Kolonialgebieten einzigartig.

Die Entwicklung Tsingtaus als «deutsche Musterstadt» in Fernost benötige allerdings weitergehende Maßnahmen: «Vor allem aber sollte Tsingtau dadurch zu einem für Europäer besonders angenehmen Wohnsitz werden, daß eine ganz scharfe Trennung der Europäerstadt von der Chinesenstadt durchgeführt wurde ... Das ist bisher noch nirgendwo im Osten der Fall ... Abgesehen davon, daß die Chinesen den meisten Europäern mehr oder minder widerwärtig sind, hat dies Zusammenwohnen auch seine sehr bedenkliche Seite in sanitärer Beziehung ... Es wurde also beschlossen, die Chinesen mit ihrem unvermeidlichen Schmutz und Geruch in ein besonderes Viertel zu verweisen.»[158] Es bestehe die Notwendigkeit einer Kanalisation, dringend für das Wohngebiet der Europäer, weniger dringend für das der Chinesen. Die auch architektonisch vorangetriebene Teilung Tsingtaus, eine frühe Form der Apartheid, führte tatsächlich dazu, dass die von den Deutschen erbaute Stadt in vielerlei Hinsicht als vorbildlich, als gesündeste und sauberste Stadt Ostasiens galt - soweit es das europäische Viertel betraf.

Gewohnt ausführlich beschäftigte sich Maercker mit der Trinkwasserfrage, der Aufforstung, dem Eisenbahn- und Hafenbau, aber auch mit Themen wie Meteorologie, zoologischer Forschung oder einheimischen Heilkräutern.

Seitens der Reichsregierung forderte er zusätzliche militärische Aufrüstung personeller wie finanzieller Art. Es sei bereits zu Unru-

157 Deutsche Kolonialzeitung, 16.1.1902.
158 Deutsche Kolonialzeitung, 9.1.1902.

hen gekommen und weitere ständen bevor: «Wir müssen durchaus gewappnet sein, unsere Kolonie mit den großen dort niedergelegten Werten vor einem neuen Ausbruch des Volkshasses gegen die Fremden, der ja von vielen einsichtigen Kennern Chinas vorausgesetzt wird, schützen zu können.»[159]

Maercker spielte damit auf den «Boxerkrieg» an, der seinen Ausgang 1899 in der Provinz Schantung nahm. Diese Bewegung richtete sich gegen die «ungleichen Verträge», die christliche Missionierung des Landes und gegen den Bau der Schantungeisenbahn, der für viele Chinesen einen religiösen Frevel bedeutete. Schließlich ging es überhaupt um eine Befreiung Chinas von ausländischem Einfluss.[160]

Nach einer mehrmonatigen Schriftpause setzte Maercker von November 1902 bis Juni 1903 seine Abhandlungen in der Deutschen Kolonialzeitung fort. Nun beschäftigte er sich mit Post, Telegrafie, Telefon, Seekabel, Postdampfer, Währungs- und Zollfragen, Ausfuhr- und Einfuhrmöglichkeiten, Opiumhandel, Dschunken, Ratschlägen für deutsche Kaufleute im Umgang mit Chinesen.

Die Kolonie Kiautschou erwies sich schließlich weit weniger lukrativ als zunächst erwartet.[161] Sie entwickelte sich sogar zur teuersten Kolonialunternehmung des Reiches. Die Bergwerksgesellschaften waren

---

159 Deutsche Kolonialzeitung, 13.2.1902.

160 Der «Boxerkrieg» erreichte seinen Höhepunkt im Jahre 1900, nach der Abreise Maerckers, mit der Belagerung des Pekinger Gesandtschaftsviertels und der Ermordung des deutschen Gesandten von Ketteler. Die Kolonialmächte stellten eine erste «internationale Eingreiftruppe» auf, bestehend aus Militärverbänden von acht Staaten, darunter dem Deutschen Reich unter Führung des Generalfeldmarschalls Alfred Graf von Waldersee. In diesem Zusammenhang - während der Verabschiedung des deutschen Expeditionskorps am 27. Juli 1900 in Bremerhaven - hielt Wilhelm II. die berühmt-berüchtigte «Hunnenrede» mit der zentralen Parole: «Pardon wird nicht gegeben! Gefangene werden nicht gemacht!» Das Auftreten der Interventionstruppen beschreibt Susanne Kuß: «Der Einzug der alliierten Truppen in Peking endete in einer apokalyptischen Orgie: Plünderungen und Vergewaltigungen bestimmten das Vorgehen», Kuß: Deutsches Militär, S. 58. Die Bewegungsfreiheit der Chinesen wurde stark eingeschränkt: Mehr als drei Personen gemeinsam durften sich nicht öffentlich bewegen, nach 20.00 Uhr mussten sie eine Laterne tragen, Verstöße wurden gelegentlich mit dem Tod bestraft. Schon vorher hatten die Deutschen in Tsingtau eine «Chinesenordnung» beschlossen, nach der sich die Einheimischen zwischen 21.00 Uhr und Sonnenaufgang nur mit einer Laterne frei bewegen durften - vgl. Kuß: Deutsches Militär, S. 63. Speziell die deutschen Soldaten standen im Ruf besonderer Härte gegenüber der Bevölkerung.

161 Zur Gestaltung Tsingtaus als «deutsche Musterkolonie» und den damit verbundenen Projektionen vgl. Lü: Tsingtau.

nicht sehr erfolgreich, und auch der Eisenbahnbau zog sich länger als vorausgesehen hin, wobei es zu schweren Auseinandersetzungen mit der einheimischen Bevölkerung kam.[162]

7. Zurück im Generalstab

Als Maercker im Februar 1900 in das Kaiserreich zurückkehrte, musste zunächst seine Kommandierung zum Reichsmarineamt wieder aufgehoben werden. Diese war notwendig gewesen, um in Kiautschou tätig werden zu können. Er beantragte die Rückkehr in den Generalstab: «... ich habe bereits Schritte gethan, um wieder in den Generalstab zurückzukommen, für den ich auch jetzt privatim an der mich sehr interessierenden Arbeit über die chinesische Armee weiter arbeite ...»[163] Der Generalstab gab seinem Gesuch statt.

Maercker zog nun mit seiner Frau Elsbeth nach Berlin-Charlottenburg. Das Leben dort schien für das Ehepaar vor allem ein Problem der Freizeitgestaltung zu sein, denn als «Generalstabsetablierter» konnte er sich nicht mehr, wie früher, über lange Arbeitszeiten beklagen: «Ich habe momentan absolut nichts zu thun, muß nur täglich von 11–2 Uhr im Generalstabe anwesend sein. Wir führen infolgedessen ein recht vergnügtes Leben. Morgens von 8–11 wird geritten ... Um 3 ½ essen wir Mittag, wozu wir oft und Sonntags regelmäßig Gäste haben. Abends sind wir sehr oft im Zoologischen Garten.»[164]

Dann bekam er doch etwas zu tun, wie er im Oktober 1900 berichtete.[165] Nach Tätigkeit in der «sehr unangenehmen Eisenbahn-Abteilung» geriet er in die «recht bequeme I. Abteilung (Rußld. u. Ostasien)». Dort hatte er zwei Aufgaben. Zunächst sollte er für den Kronprinzen[166] eine Chronologie der chinesischen Ereignisse zusammenstellen, sodann eine Arbeit über die chinesische Armee verfassen. Unterbrochen wurde dies durch eine Kommandierung zum Admiralstab der Marine, wo Maercker Telegramme zu dechiffrieren hatte. Die Arbeitszeit betrug 12 Stunden, die sich 3 Personen teilten, so dass jeder lediglich 4 Stunden anwesend sein musste und bisweilen «2 Tage lang fast nichts zu thun hat».

162 Vgl. hierzu Yang: Ereignisse von Gaomi.
163 BA-MA N 786/6, Brief an Mutter vom 17.6.1900.
164 Ebd., Brief an Mutter vom 26.9.1900.
165 Vgl. ebd., Brief an Mutter vom 21.10.1900.
166 Wilhelm von Preußen, Sohn Kaiser Wilhelms II.

Im Februar 1901 erklärte Maercker seinen Unmut über seine Arbeitsverhältnisse: «Ich hatte gebeten, zur Front zu kommen u. hatte mich mit allem darauf eingerichtet. Jetzt ist es wieder nichts und mir ist der Frontdienst doch so nötig wie das liebe Brot. Ferner bin ich Berlin und des Bureausitzens reichlich überdrüssig.»[167] Vermutlich hatte er einen Antrag auf erneuten Einsatz in den Kolonialgebieten gestellt, der abgelehnt wurde. Stattdessen musste er in die «russische Abteilung» des Generalstabs. Dort zeigte sich, dass er auch vor einem Dissens mit dem Kaiser nicht zurückschreckte: «... der Kaiser behauptet, Rußland habe augenblicklich kein Geld für Kriegführung - wir behaupten das Gegenteil u. mußten nun den Beweis führen. Du kannst dir denken, daß es viel Arbeit macht, dem Kaiser gegenüber so etwas zu beweisen ...»[168]

1902 wurde Maercker nach Tilsit und 1904 in den Generalstab der 2. Division nach Insterburg versetzt. Er begriff dies als eine Art Racheakt: «Das ist die Rache für Südwestafrika, denn nach Insterburg wollte ich ja gerade nicht. Meine Stimmung ist daher keine sehr freudige ... Aber man muß ja als Soldat Manches annehmen, was einem nicht sehr passt.»[169] Wahrscheinlich wollte Maercker in die deutsche Kolonie Südwestafrika versetzt werden, ein Gesuch, dem seine Vorgesetzten zunächst offenbar nicht wohlwollend gegenüberstanden. Doch sieben Monate später schrieb er eine Feldpostkarte an seine Frau mit dem Absendeort «Swakopmund, Südwestafrika».[170] Er befand sich nun wieder in einer afrikanischen Kolonie.

167 BA-MA N 786/7, Brief an Mutter vom 12.2.1901.
168 Ebd.
169 BA-MA N 786/7, Brief an Mutter vom 18.5.1904.
170 BA-MA N 786/7, Brief an Elsbeth Maercker vom 20.12.1904.

Südwestafrika

1. *Der Philosophenturm*

Der 52 Meter hohe Philosophenturm auf dem Campus der Universität Hamburg ist nicht gerade ein Markenzeichen ästhetischer Schönheit. Eher symbolisiert er einen kühlen Wissenschaftsbetrieb, der sich schon architektonisch von der schnöden Außenwelt zu distanzieren versucht. Auch der Gang des 9. Stocks könnte zu der Sichtweise verleiten, man halte sich hier in einer kasernen- oder gefängnisartigen Umgebung auf. Und doch habe ich an diesem Ort viel Zeit verbracht.

Zum einen befindet sich hier das Historische Seminar der Universität Hamburg mit einer bemerkenswerten Bibliothek, in der ich eine Menge an Material zum Thema «Kolonialgeschichte» gefunden habe. Zum anderen kann man mit etwas Fantasie in diesem 9. Stock den Atem der Geschichte und ihrer Schreiber verspüren. Hier nämlich bemühten sich Wand an Wand die Historiker Fritz Fischer und Egmont Zechlin, ihre konträren Positionen in der sogenannten «Fischer-Kontroverse» zu untermauern. Dabei handelte es sich um den ersten großen «Historikerstreit» in der BRD, der tiefe Spuren aus der reinen Geschichtswissenschaft hinaus in breite gesellschaftliche Sphären zog. Fischer hatte in seinem zuerst 1961 erschienenen dokumentengeschwängerten Buch «Griff nach der Weltmacht» den Mythos zertrümmert, das Deutsche Reich sei in den Ersten Weltkrieg «hineingeschlittert» – ein Mythos, der in den letzten Jahren wieder erneuert wurde.[171]

Eine zentrale Erkenntnis Fischers lautete, dass «die deutsche Reichsführung den entscheidenden Teil der historischen Verantwortung für den Ausbruch des allgemeinen Krieges [trägt]».[172] *Ausdrücklich betonte er: «Es kann nicht die Aufgabe des vorliegenden Buches sein, in die ausgebreitete Diskussion um die Kriegsschuldfrage einzutreten.»*[173] *Dies hinderte viele seiner Gegner nicht, zu behaupten, Fischer habe die These der «Alleinschuld» Deutschlands aufgestellt. Auch heute noch taucht diese wahrheitswidrige Behauptung auf, die lediglich den Zweck verfolgt, eine bestimmte politische bzw. historische Position zu diffamieren.*

---

171 Besonders durch Christopher Clark: Die Schlafwandler, München 2013 (The Sleepwalkers, London 2012) und Herfried Münkler: Der Große Krieg, Berlin 2013.

172 Fischer: Griff nach der Weltmacht, S. 82.

173 Ebd.

Die Bedeutung des Philosophenturms als Ort historischer Kontroverse ist damit keineswegs erschöpft. 50 Jahre nach Beginn der «Fischer-Kontroverse» finden wir dort Jürgen Zimmerer als Professor für Geschichte Afrikas, der für einen weiteren «Historikerstreit» sorgte. Diese Auseinandersetzung fand nicht die enorme öffentliche Resonanz wie die Thesen Fritz Fischers oder die von Ernst Nolte verursachte Kontroverse in den 1980er-Jahren, in der es um die Frage der Singularität des Holocaust ging. Der Streit fand diesmal in einem zunächst kleinen, aber wachsenden Zirkel kolonialhistorisch interessierter Personen statt. Durch von namibischen Herero und Nama erhobene Reparationsforderungen gegenüber Deutschland erreicht er inzwischen auch ein größeres Publikum.

Zimmerer stellt in seinem 2001 erschienenen Buch «Deutsche Herrschaft über Afrikaner» und daran anschließende Publikationen eine Verbindungslinie vom Völkermord an den Herero und Nama im damaligen Südwestafrika und der nationalsozialistischen Herrschaft zur Diskussion.[174] *Es habe sich um einen staatlich-administrativ geplanten und ausgeführten Genozid gehandelt, der mentalitätsbildend tief in die deutsche Gesellschaft eingedrungen sei. «Rasse und Raum» bildeten zentrale Kriterien sowohl in Südwestafrika wie in den vom nationalsozialistischen Deutschland besetzten Ostgebieten. In den für Herero und Nama errichteten Konzentrationslagern sei es zu einer «bewussten Ermordung durch Vernachlässigung»*[175] *gekommen. Weiterhin regt Zimmerer an, die nationalsozialistische Besatzungspolitik in Polen und der Sowjetunion in einen kolonialhistorischen Zusammenhang zu stellen und von einer eurozentristischen zu einer globalgeschichtlichen Perspektive überzugehen, auch hinsichtlich des Zweiten Weltkrieges.*

Erstaunlicherweise kam massiver Widerspruch nicht aus dem «anderen» Lager, wie bei Fritz Fischer, sondern aus dem eher als kolonialkritisch bekannten Personenkreis.[176]

---

174 Das Thema war keineswegs neu. Hannah Ahrendt hatte 1951 in «The Origins of Totalitarism» (deutsch: «Elemente und Ursprünge totaler Herrschaft») einen Zusammenhang von Kolonialismus und Faschismus beschrieben, und vor ihr schon andere wie etwa Aime Cesaire. – Für den konkreten Fall des Herero-Nama-Krieges und seine historische Einordnung bezüglich des NS-Regimes empfiehlt sich der kurze, aber inhaltsreiche Aufsatz von Karl Heinz Roth: «Zwangsarbeit und Kolonialismus - Das Beispiel Deutschland». 1990 erschienen, liest sich dieser Beitrag wie eine vorwegnehmende pointierte Stellungnahme zu einer über ein Jahrzehnt später aktuell werdenden Diskussion.

175 Zimmerer: Krieg, KZ und Völkermord, S. 58.

176 Zum Beispiel Kundrus: Kontinuitäten, Parallelen, Rezeptionen, in: Werkstattgeschichte 43, Essen 2006, S. 45–62; Gerwarth, Robert / Malinowski, Stephan: Der Holocaust als «Kolonialer Genozid»?, in: Geschichte und Gesellschaft 33,

Bemerkenswert war in dieser Diskussion, mit welcher Vehemenz Zimmerers Beiträge zurückgewiesen wurden. Statt sie als produktive Anregungen zu betrachten, entstand der Eindruck, Zimmerer habe monokausale Zusammenhänge behauptet und einen direkten Weg vom Völkermord an den Herero und Nama nach Auschwitz konstruiert. Das erinnert in der Tat an die verfälschende Darstellung, Fritz Fischer habe von der «Alleinschuld» Deutschlands am Ersten Weltkrieg gesprochen. Der Ansatz Zimmerers, von seinen Kontrahenten beflissentlich überlesen, ist ein anderer: «Es gab keine Einbahnstraße von Südwest in die besetzten Ostgebiete, von Windhuk aus betrachtet, war das Dritte Reich keineswegs die notwendige Folge, aber um im Bild zu bleiben, von den zahlreichen Zubringerstraßen, aus denen die verbrecherische Poitik des Nationalsozialismus gespeist wurde, begann eine in den Kolonien, und das war nicht die unwichtigste.»[177]

Der Weg vom Philosophenturm zurück in die frühere Kolonie Deutsch-Südwestafrika wird uns auf eine dieser Zubringerstraßen führen.

2. «Vom Niemandsland zum Ordnungsstaat»

Am 9. April 1883 ging ein Schiff mit einer Abordnung des Bremer Kaufmanns Adolf Lüderitz an der Küste Südwestafrikas vor Anker. Gleich hinter dem Meer erstreckte sich eine öde Wüste, hinter dieser ein karges Gebirgsplateau, und dahinter eine weitere endlose Wüste. Die Abordnung ritt unverzüglich ins Landesinnere und traf nach 5 Tagen auf einen Namakapitän[178] namens Joseph Fredericks. Mit diesem schloss sie einen Vertrag, durch den die Deutschen Land erwarben.

Göttingen 2007, S. 439–466; Kuß, Susanne: Deutsches Militär auf kolonialen Kriegsschauplätzen, Berlin 2010.

177 Zimmerer: Von Windhuk nach Warschau, S. 252. Dagegen eines von vielen Beispielen seltsamen Missverstehens: Birthe Kundrus schreibt, quasi als Seitenhieb, von «der wilhelminischen Gesellschaft, einer Gesellschaft, die politisch, sozial, kulturell, ideell und habituell vielgestaltiger war, als ein noch weit verbreitetes Geschichtsbild vom dumpfen Untertanenstaat einreden will und als so manche vorschnelle These von den ungebrochenen Kontinuitäten vom Kaiser- zum ‹Dritten Reich› suggeriert.» Kundrus: Reichskolonialamt, S. 15. Lässt sich über den Zustand der wilhelminischen Gesellschaft durchaus diskutieren, so erscheint die Behauptung einer «vorschnelle[n] These von den ungebrochenen Kontinuitäten» rein polemischer Natur.

178 Die Bevölkerungsgruppe der Nama wurde auch abwertend «Hottentotten» genannt. Der auch von den Nama akzeptierte «Kapitän» ersetzt hier den zweifelhaften Begriff «Häuptling».

Ihre Gegenleistung bestand in 500 englischen Pfund, 60 Gewehren und einer roten Husarenuniform. Geschickt hatte die deutsche Abordnung den Begriff der «englischen Meile» in den Vertrag eingefügt, während die Nama nur die «geographische Meile» kannten. Die «englische Meile» allerdings war etwa 5x größer als die «geographische». Während die geprellten Nama der Meinung waren, ein kleines, wertloses Sandgebiet verkauft zu haben, hoffte der Bremer Kaufmann auf Kupfer, Gold und Diamanten. Weitere Landkäufe schlossen sich an, und nach einem Jahr erklärte das Deutsche Reich die «Schutzherrschaft» über diese Gebiete.

Insgesamt hatte Südwestafrika - das heutige Namibia - zwar die Ausdehnung des heutigen Deutschlands und Frankreichs, aber eine Einwohnerzahl von weniger als 250.000 Menschen.

Die größten Bevölkerungsgruppen waren Ovambo im Norden, Herero in der Mitte und Nama im Süden des Landes. Während die Nama zu Beginn des 19. Jahrhunderts aus der Kapkolonie einwanderten, um den Buren zu entgehen, waren die Herero von den Portugiesen aus Angola gedrängt worden. So erwies sich die Situation in Südwestafrika bereits vor dem Eintreffen der Lüderitz'schen Abordnung und der «Schutzherrschaft» des Deutschen Reichs als Produkt des Kolonialismus. Auch handelte es sich keineswegs um ein «unentdecktes Land», sondern es waren bereits Missionare und Händler tätig, es existierte auch schon eine Schifffahrtsverbindung nach Kapstadt.[179]

Lüderitz tätigte weitere Landkäufe, doch seine hochgesteckten Erwartungen erfüllten sich nicht. Die Expeditionen zwecks Entdeckungen wertvoller Rohstoffe blieben erfolglos, so dass er seinen «Besitz» an die eben gegründete «Deutsche Kolonialgesellschaft für Südwestafrika» verkaufte, in der große deutsche Banken vertreten waren. Bald darauf reiste er selbst noch einmal nach Südwest. Es war seine letzte Fahrt. Ob er mit dem Boot kenterte oder von Einwohnern getötet wurde, ist bis heute ein Geheimnis.

Inzwischen hatte das Deutsche Reich Südwestafrika zum «Schutzgebiet» erklärt - ein anderer Name für koloniale Inbesitznahme. Zunächst wurden Reichskommissare entsandt, erst Gustav Nachtigal, dann Heinrich Göring, der Vater des späteren Reichsmarschalls Hermann Göring. Sie sollten «Schutzverträge» abschließen, mit denen sie zwischen den sich bekriegenden Herero und Nama zu taktieren gedachten. In der Tat

---

179 Vgl. Krüger: Kriegsbewältigung, S. 30.

bestand die deutsche Herrschaft zu dieser Zeit aus nicht viel mehr als einer deutschen Fahne im Wüstensand, zudem sich Göring ausgesprochen ungeschickt verhielt und sogar fliehen musste. Zwar existierte bereits eine Truppe, eine Privatarmee der Deutschen Kolonialgesellschaft. Diese bestand aber lediglich aus 7 Deutschen und 20 Afrikanern.[180] Das Jahr 1888 bildete den Tiefpunkt der deutschen kolonialen Herrschaft in Südwestafrika.

Das Deutsche Reich entsandte daraufhin im Juni 1889 den Hauptmann Curt von Francois mit einer Truppe von 21 Soldaten. Pikanterweise tarnte sich das Kommando als «wissenschaftliches Forschungsunternehmen», da man beim Transport auf englische Schiffe angewiesen war, aber mit England in südwestafrikanischen Angelegenheiten im Zwist lag.[181]

Bereits nach 6 Wochen forderte von Francois, der sich sofort mit den Herero anlegte, eine Verstärkung seiner Truppe auf 50 Soldaten an. Die Überführung aus Deutschland geschah durch Georg Maercker, viele Jahre vor seinem eigentlichen Einsatz in der südwestafrikanischen Kolonie.

1891 wurde seitens höchster deutscher Regierungskreise sogar erwogen, Südwestafrika zugunsten einer Konzentration auf Ostafrika aufzugeben, was dann doch nicht geschah. Ein Jahr später schlossen die bislang verfeindeten Herero und Nama Frieden. Das betrachteten die misstrauischen Deutschen als Bedrohung. Von Francois ließ daraufhin, nach einer weiteren Truppenverstärkung, den Nama-Stützpunkt Hornkranz niederbrennen. Als er den nun entstandenen kriegerischen Konflikt nicht lösen konnte, wurde er durch Major Theodor Leutwein ersetzt.

Dessen Regiment wurde als «System Leutwein» bekannt. Er setzte nicht einseitig auf brachiale Gewalt wie sein Vorgänger, sondern auf das Prinzip «teile und herrsche». Über den Zweck seiner Tätigkeit äußerte er klare Worte: «Das Endziel jeder Kolonisation ist, von allem idealen und humanen Beiwerk entkleidet, schließlich doch nur ein Geschäft. Die kolonisierende Rasse will der Urbevölkerung des zu kolonisierenden Landes nicht das von dieser vielleicht erwartete Glück

180 Dazu Wilhelm Külz: «Dass diese Truppe nicht nur sehr kostspielig war, sondern dass man auch nur wenig von ihr erwarten durfte, lag auf der Hand. Sie war viel zu schwach, um den Eingeborenen gegenüber mit Erfolg auftreten zu können.» Külz: Deutsch-Südafrika, S. 125.

181 Vgl. ebd., S. 126.

bringen, sie sucht vielmehr in erster Linie ihren eigenen Vorteil. Ein solches Streben entspricht nur dem menschlichen Egoismus und ist daher naturgemäß.»[182]

Der im Deutschen Reich häufig als zu konziliant eingeschätzte Leutwein äußerte sich im Januar 1896 in einer Versammlung mit Herero-Führern, in der es um Grenzstreitigkeiten im Süden des Landes ging: «Und einen Krieg mit uns sollten die Hereros sich anders als einen Hottentottenkrieg vorstellen. Ein solcher könnte nur mit der Vernichtung der einen Partei endigen, und diese Partei könnten nur die Hereros sein. Noch heute ist mir erinnerlich, wie nach diesen Worten bei den Hereros diejenige nachdenkliche Stille eintrat, von der man sagt, man ‹könne eine Stecknadel fallen hören›.»[183] Hier tauchte bereits der Begriff der «Vernichtung» auf, welcher einige Jahre später noch eine fatale Rolle spielen sollte.

Leutwein bemühte sich vor allem, in Südwestafrika eine Form der «Staatlichkeit» herzustellen.[184] Doch wie sollte das geschehen in einem Land, in dem eine «staatliche Ordnung» weder existierte noch bekannt war? Das dem deutschen Reichstag 1895 vorgelegte amtliche «Weißbuch» war sich dieser Problematik durchaus bewusst:

«Ein Umstand, der Hottentotten [Nama, C.K.] und Herero so hinderlich ist, sich europäischer Kultur einzuordnen, ist ihre ‹Staatsverfassung›. ... nicht allein die Männer, sondern häufig genug auch die Weiber, selbst die Diener geben ihren Rath mit ab. So fühlt sich eigentlich keiner so recht als Untertan, keiner hat so recht gelernt, sich zu fügen.»[185]

Bezüglich der Nama heißt es dort: «... so lange einer noch etwas hat, teilt er es redlich mit jedem des Weges Kommenden ... und betrachtet das als etwas ganz Selbstverständliches ... Diese Eigenschaft ist aber einer wirtschaftlichen Entwicklung des Volkes sehr hinderlich, denn sie führt zum ausgesprochenen Kommunismus und großer Leichtlebigkeit.»[186]

Über die Herero erfahren wir: «Der Herero ist nur Viehzüchter, alle andere Arbeit dünkt ihm des freien Kaffern unwürdig; nur was sich

182 Leutwein: Elf Jahre Gouverneur, S. 541.

183 Ebd., S. 94.

184 Eine ausführliche Schilderung des «Systems Leutwein» und des Versuchs, Formen der «Staatlichkeit» zu schaffen, findet sich in Helmut Bleys Buch «Kolonialherrschaft und Sozialstruktur in Deutsch-Südwestafrika 1894–1914».

185 Weißbuch (1895), S. 175.

186 Ebd., S. 170f.

auf die Großviehzucht bezieht, dünkt ihm der Beachtung wert. Für die Rinder aber stellt er sich stundenlang hin, um Wasser zu schöpfen in glühender Sonne ...»[187]

Hieraus eine Form von «Staatlichkeit» zu schaffen, möglichst noch in preußisch-deutscher Form, musste bereits zu dieser Zeit bei nüchterner Betrachtung kaum möglich erscheinen. Ebenso die Umwandlung der einheimischen Bevölkerung in eine irgendwie beschaffene «Arbeiterklasse», wie es später, nach dem Herero-Nama-Krieg, versucht wurde. Am Beispiel der deutschen Kolonie Togo schildert Rebecca Habermas die auch auf alle anderen Kolonien zutreffende Problemlage der Kolonialbeamten: «Sie sollten Formen von moderner Staatlichkeit und rationaler Verwaltung aufbauen und gleichzeitig Zwangsarbeit organisieren und Räume des Rechtspluralismus sichern; sie sollten eine Bevölkerung kontrollieren, auf die sie angewiesen und von der sie in vielem abhängig waren und die sie schon sprachlich kaum verstanden. All das forcierte ein gewalthaftes Agieren, um so zumindest symbolisch Herrschaft auszuüben.»[188]

Im Jahr 1930, lange nach dem Verlust des deutschen Kolonialbesitzes, erschien eine Denkschrift des «Verbandes der Polizeibeamten für die deutschen Kolonien e.V.» unter dem bezeichnenden Titel «Vom Niemandsland zum Ordnungsstaat». Schon im Titel verbargen sich zwei grundlegende Irrtümer. Zum einen handelte es sich bei keiner Kolonie um «Niemandsland», zum anderen erwies sich die Schaffung eines durchstrukturierten «Ordnungsstaates» als Illusion. Die Vorstellung, auf einer scheinbaren Tabula rasa reißbrettartig einen erwünschten Staat zu schaffen, musste scheitern.

Leutwein gelang es immerhin, den bei den Herero keineswegs unumstrittenen Führer Samuel Maherero als Bündnispartner zu gewinnen. Auch konnte er den Namaführer Hendrik Witbooi, den schon von Francois auszuschalten versuchte, militärisch besiegen und zur künftigen Zusammenarbeit mit den Deutschen verpflichten. Doch war das Land nur oberflächlich befriedet. So musste Leutwein einen Aufstand der im Osten des Landes lebenden Herero niederschlagen.

Das Jahr 1897 bildete die entscheidende Zäsur für die Herero. Eine Rinderpest vernichtete fast ihren kompletten Viehbestand und entzog ihnen damit die bisherige Existenzgrundlage. Es folgten eine Malariaepidemie, ein Heuschreckeneinfall und eine Dürreperiode. Ein

187 Ebd., S. 173.
188 Habermas: Skandal, S. 256.

Großteil musste sich nun als Lohnarbeiter bei den Europäern verdingen. Landenteignung, Reservatsplanung, rigide Schuldeneintreibung, rassistisches Herrenmenschentum der weißen Siedler und Vergewaltigungen von Hererofrauen führten zu einem explosiven Gemisch.[189]

Im Januar 1904 begann der für die weißen Siedler vielleicht voraussehbare, aber dennoch zu diesem Zeitpunkt überraschende Aufstand der Herero, der sich zu einem von den Deutschen begangenen Völkermord entwickelte.

3. Vom Waterberg ins Sandfeld

Ausgerechnet Samuel Maharero - bisher ein Bündnispartner der Deutschen - stand an der Spitze des Aufstandes. Leutwein war mit seiner fast kompletten Truppe in den Süden des Landes unterwegs, um Unruhen unter den Bondelzwarts zu beenden. So hatten die Herero wenig Gegenwehr, als sie am 12. Januar 1904 die in ihrem Gebiet noch anwesenden Deutschen überfielen und 123 von ihnen töteten. Dabei verschonten sie - mit wenigen Ausnahmen - Frauen, Kinder und Missionare.

Die Reaktion der Deutschen war eindeutig, wie ein Missionar berichtete: «Die Deutschen sind erfüllt von einem furchtbaren Haß und schrecklichem Rachedurst, ja, ich möchte sagen Blutdurst gegen die Hereros. Man hört in dieser Beziehung nichts als: ‹aufräumen, aufhängen, niederknallen bis auf den letzten Mann, kein Pardon› etc. Mir graut, wenn ich an die nächsten Monate denke. Die Deutschen werden

189 Horst Drechsler beschreibt die Landenteignung als Form gewaltsamer Expropriation (Drechsler: Südwestafrika, S. 105, 120f., 122, 131f.). Gesine Krüger macht zudem bildhaft deutlich, wie sich der Begriff des «Landbesitzes» bei Deutschen und Herero unterschied (Krüger: Kriegsbewältigung, S. 43f.). Helmut Bley hingegen bezeichnet die Landfrage als «wesentlich weniger akut» (Bley: Kolonialherrschaft, S. 173). Jan-Bart Gewald geht davon aus, dass die Herero ihr Land selbst forciert verkauften. Für ihn war der Krieg eine Folge von «misunderstandings» und «self-fulling prophecy»: «The war was not the result of a premeditated insurrection against German colonial governance. Instead the war resulted from a series of misunderstandings, in which war became the inevitable result of panic, on the part of a German colonial official, and the self-fulfilling prophecy of Herero war that existed within the mind of settler paranoia.» (Gewald: Herero Heroes, S. 141) Personalisierend betrachtet er die ebenfalls ans Paranoide grenzenden Wahrnehmungen und Handlungen des deutschen Leutnants Zürn als kriegsauslösend.

ohne Frage schreckliche Rache nehmen.»[190] In den «Alldeutschen Blättern» schrieb ein Farmer: «Für solch teuflisches Treiben … kann es nur eine Strafe geben: den Tod … Von den überlebenden Mördern, die wir ja kennen, müssen an derselben Stelle, wo sie gemeuchelt, für jeden erschlagenen Weißen mindestens fünf Stück aufgehängt werden … Für den Rest, die Überlebenden: Frohndienst, bis diese Nobili sich bewußt geworden sind: der Weiße, und ganz speziell der Deutsche ist Herr und nicht gesonnen, seine Herrschaft abzutreten.»[191]

Die erste Phase des Krieges von Januar bis Juni 1904 bestand in häufigen Kämpfen, die aber keine kriegsentscheidende Bedeutung hatten. Dann wurde Leutwein auf Anweisung der Berliner Regierung als Oberbefehlshaber der Schutztruppe durch General Lothar von Trotha ersetzt.

Von Trotha hatte bereits in China und Ostafrika Erfahrungen in der Niederschlagung von Aufständen gemacht. Gegenüber Leutwein äußerte er: «Ich kenne genug Stämme in Afrika. Sie gleichen sich alle in dem Gedankengang, daß sie nur der Gewalt weichen. Diese Gewalt mit krassem Terrorismus und selbst mit Grausamkeit auszuüben, war und ist meine Politik. Ich vernichte die aufständischen Stämme mit Strömen von Blut und Strömen von Geld. Nur auf dieser Aussaat kann etwas Neues entstehen, was Bestand hat.»[192]

Die Herero - 50.000 bis 60.000 Männer, Frauen und Kinder - hatten sich inzwischen am Waterberg versammelt, einem nördlich von Windhuk gelegenen Tafelberg. Dort plante von Trotha, sie einzukreisen und anzugreifen. Tatsächlich geschah dies am 11. August 1904, doch gelang es einem Großteil der Herero, in die südöstlich gelegene Wüste Omaheke zu fliehen.[193]

Von Trotha ließ die Grenze zur Omaheke absperren, die Wasserstellen besetzen und verhinderte die Rückkehr der Geflohenen. Die Herero waren nun dem Tod durch Verhungern und Verdursten ausgeliefert.

---

190 Zitiert nach Helbig: Mythos, S. 149.

191 Zitiert nach ebd.

192 Zitiert nach Drechsler: Südwestafrika, S. 156.

193 Ob das Konzept von Trothas damit gescheitert war, ist umstritten. Horst Drechsler etwa schreibt von einer vorher bereits geplanten Abdrängung der Herero in die Wüste, vgl. Drechsler: Südwestafrika, S. 157. Der Militär- und Kolonialhistoriker Walter Nuhn ist der Meinung, der Durchbruch sei für unwahrscheinlich gehalten worden, aber für von Trotha nicht ungelegen gekommen: «Sein Kriegsziel konnte er dann eben durch eine physische statt militärische Vernichtung des Gegners erreichen», vgl. Nuhn: Sturm, S. 229.

Am 2. Oktober 1904 erließ von Trotha seinen berüchtigten Vernichtungsbefehl, in dem es heißt: «Innerhalb der deutschen Grenze wird jeder Herero, mit oder ohne Gewehr, mit oder ohne Vieh erschossen. Ich nehme keine Weiber und keine Kinder mehr auf, treibe sie zu ihrem Volke zurück oder lasse auf sie schießen.»[194] Er fügte hinzu, die Schüsse auf Frauen und Kinder sollten über deren Köpfe hinweg geschehen, um sie in die Wüste zurückzutreiben, also in den sicheren Tod.

Folgende Beschreibung einzelner aus der Wüste zurückkehrender Herero dürfte der Realität nahegekommen sein: «Ihre Beine und Arme gleichen dünnen Stöcken, der Bauch ist ein Loch, zwischen den Rippen liegen fingertiefe Rinnen. Sie sind schwankende, mit Haut überzogene, mit Fetzen bekleidete Skelettgespenster, die dem Sande entsteigen. Frauen, die zu schwach sind, sich aufrecht zu halten, bewegen sich wie halblebendige rechte Winkel den deutschen Linien zu. Ihre Unterarme zeigen Narben von Schnittwunden, aus denen das Blut sickerte, mit dem sie ihre Kinder tränkten.»[195]

Der Vernichtungsbefehl wurde von der Reichsregierung am 8. Dezember 1904 aufgehoben. Gründe waren die schlechte internationale Reputation des Kaiserreichs und ökonomische Konsequenzen – bedurfte man in Südwestafrika doch weiterhin einer arbeitsfähigen Bevölkerung. Auch moralische Bedenken wurden geäußert. Entscheidend allerdings zeigte sich, dass diese Rücknahme erst geschah, als der Völkermord bereits ausgeführt war. Bis dahin hatte von Trotha im Auftrag und mit Zustimmung der deutschen Regierung gehandelt. Den Oberbefehl über die Kriegshandlungen führte Alfred Graf von Schlieffen, Chef des Großen Generalstabes in Berlin. Über die Methoden von Trothas äußerte sich Schlieffen in einem Brief an den Reichskanzler im November 1904 grundsätzlich zustimmend: «Daß er die ganze Nation vernichten oder aus dem Land treiben will, darin kann man ihm beistimmen … Der entbrannte Rassenkampf ist nur durch Vernichtung oder vollständige Knechtung der einen Partei abzuschließen … Die Absicht des Generals v. Trotha kann daher gebilligt werden. Er hat nur nicht die Macht, sie durchzuführen.»[196] Es waren rein taktische Überlegungen, die Schlieffen zu einem Überdenken des Vernichtungsbefehls bewogen.

Dass von Trotha von der obersten militärischen Leitung nicht nur gedeckt wurde, sondern in voller Übereinstimmung mit dieser handel-

194 Zitiert nach Drechsler: Südwestafrika, S. 159.
195 Scheer: Schwarz und Weiß, S. 85.
196 Zitiert nach Drechsler: Südwestafrika, S. 166.

te, wird im damaligen Generalstabsbericht keineswegs verschwiegen, sondern pathetisch hervorgehoben: «Diese kühne Unternehmung [die Verfolgung der Herero in die Wüste, C.K.] zeigt die rücksichtslose Energie der deutschen Führung bei der Verfolgung des geschlagenen Feindes in glänzendem Lichte. Keine Mühen, keine Entbehrungen wurden gescheut, um dem Feinde den letzten Rest seiner Widerstandskraft zu rauben; wie ein halb zu Tode gehetztes Wild war er von Wasserstelle zu Wasserstelle gescheucht, bis er schließlich, willenlos, ein Opfer der Natur seines eigenen Landes wurde. Die wasserlose Omaheke sollte vollenden, was die deutschen Waffen begonnen hatten: die Vernichtung des Hererovolkes.»[197]

4. Namakrieg

Im Süden des Landes ergab sich inzwischen ein neuer Kriegsschauplatz. Die Nama unter ihrem legendären Führer Hendrik Witbooi waren zunächst mit den Deutschen verbündet und hatten sogar ein Kontingent im Kampf gegen die Herero zur Verfügung gestellt. Nun allerdings - angesichts des Vernichtungsfeldzuges der Deutschen - änderte sich ihre Haltung grundlegend. Sie befürchteten, in naher Zukunft das Schicksal der Herero teilen zu müssen. Im Oktober 1904 begannen sie den Kampf.

Ihre Kampfweise war von ganz anderer Art als die der Herero. Die Herero nahmen Gefechte im offenen Gelände an und führten dabei gewaltige Rinderherden mit sich. Die Nama dagegen erwiesen sich als Meister des Guerillakrieges. Sie agierten aus dem Hinterhalt und sicherer Deckung, zudem besaßen sie wesentlich mehr Schusswaffen als die Herero. Die Deutschen hingegen kannten das Namaland kaum und mussten ihren Nachschub auf extrem mühsame Weise mit Hilfe von Ochsentrecks organisieren. Im Generalstabsbericht hieß es zum «Hottentottenkrieg»: «Jeder Patrouillenritt war hier, noch mehr als im Hererolande, gewissermaßen ein Todesritt ...»[198]

Gegen Ende des Krieges standen etwa 14 000 deutsche Soldaten wenigen hundert Nama-Kriegern gegenüber - eine gewaltige Schlappe für das deutsche Kaiserreich, welches den Krieg offiziell am 31. März 1907 für beendet erklärte. Einzelne Kampfhandlungen erfolgten noch ein Jahr später.

197 Die Kämpfe... (1906), S. 207.
198 Die Kämpfe... (1907), S. 23.

Schon vor dem eigentlichen Aufstand musste sich die Schutztruppe mit Jakob Morenga auseinandersetzen, der mit 11 Mann im Juli 1904 Kampfhandlungen eröffnet hatte und regen Zulauf erhielt. Morenga war Sohn eines Herero und einer Nama, seine Gefolgsleute ebenfalls Herero und Nama. Zeitweilig griffen auch die im Norden des «Schutzgebietes» lebenden Ovambo in das Kampfgeschehen ein. Es gab also Ansätze, tribalistisches Denken zu überwinden. Leutwein war dies bewusst, er vertrat daher eine klare Meinung: «Es muß ... versucht werden, einen Stamm gegen den anderen auszuspielen ...»[199]

Die Aufmerksamkeit verschob sich im Oktober von Morenga zu Hendrik Witbooi, der den bisherigen Pakt mit den Deutschen aufkündigte und ihnen den Krieg erklärte. 40 deutsche Siedler wurden getötet, Frauen und Kinder - wie im Falle der Herero - verschont.

Der Generalstabsbericht schildert die qualvolle Situation, die sich auch für die deutschen Truppe ergab, mit bekanntem Pathos: «Allein hieß es nicht Übermenschliches zu verlangen, war es nicht ein wahnwitziges Unternehmen, mit dieser bis zur Willenlosigkeit erschöpften Truppe, die in einem mehr als fünfzigstündigen Kampfe unsagbare Leiden hatte ausstehen müssen und die so schwere Verluste erlitten hatte, die feindliche Stellung, die von einem überlegenen, völlig unerschütterten, entschlossenen Gegner verteidigt wurde, mit stürmender Hand nehmen zu wollen?! Es war der feste Wille einer Schar von Helden, lieber einen schnellen, ehrenvollen Soldatentod zu erleiden, als mit den Todesqualen des Verdurstens langsam und ruhmlos hinzusterben.»[200]

Und noch drastischer: «Mehrere Leute [der Schutztruppe, C.K.] hatten bereits angefangen, das aufgefangene Blut getöteter Pferde zu trinken. Eine Anzahl Hitzschläge war eingetreten, einzelne Leute wurden vor Durst wahnsinnig: hier und dort stürzten sie, delirierend und Gebete ausstoßend, vor, um die Wasserstelle allein zu stürmen.»[201]

In der Regel waren es aber nicht die Deutschen, sondern die Nama, denen der Zugang zum Wasser verwehrt wurde. Der angeblich «völlig unerschütterte Gegner» wurde dabei mit ähnlichen Methoden bekämpft wie vorher die Herero. Die von deutschen Soldaten besetzten Wasserstellen sollten den verdurstenden Feind aus der Kalahari heraustreiben. Die Methode hatte tatsächlich einigen «Erfolg», nachdem

199 Zitiert nach Drechsler: Südwestafrika, S. 174.
200 Die Kämpfe... (1907), S. 56.
201 Ebd., S. 52.

die Nama die einzige ihnen verbliebene Wasserquelle fast abgeerntet hatten: die Tschamaspflanze, eine Art wasserhaltiger Melone.

Am 22. April 1905 erließ General von Trotha eine erneute Proklamation, diesmal an die Nama, in der es hieß, «daß es den wenigen, welche sich nicht unterwerfen, ebenso ergehen wird, wie es dem Volk der Hereros ergangen ist, das in seiner Verblendung auch geglaubt hat, es könne mit dem mächtigen deutschen Kaiser und dem großen deutschen Volk erfolgreich Krieg haben. Ich frage euch, wo ist heute das Volk der Hereros, wo sind heute seine Häuptlinge? … Nicht anders wird es dem Volk der Hottentotten ergehen, wenn es sich nicht freiwillig stellt und seine Waffen abgibt. Ihr sollt kommen mit einem weißen Tuch an einem Stock mit Eueren ganzen Werften [Wohnsiedlungen und deren Bewohner, C. K.], und es soll euch nichts geschehen ... Wer hiernach glaubt, daß auf ihn die Gnade keine Anwendung findet, der soll auswandern, denn wo er sich auf deutschem Gebiet blicken läßt, da wird auf ihn geschossen werden, bis alle vernichtet sind ...»[202] Abermals, wie bei der Vernichtungsproklamation an die Herero, setzte er ein Kopfgeld auf die gegnerischen Führer aus.

Von Trotha hatte offensichtlich aus der Resonanz auf seine Herero-Proklamation gelernt und seine Wortwahl etwas «moderater» gehalten. Doch auch hier war wieder von «Vernichtung» die Rede. Wurden die Begriffe «Vernichtung» und «Vernichtungsschlacht» bei den Militärs häufig als Sieg über den Feind benutzt, erhielten sie bei von Trotha zweifellos den Sinn der «Ausrottung». Erneut erfolgte bei den Gegnern des Krieges in Deutschland und im Ausland eine derart negative Reaktion, dass auch diese Proklamation durch Reichskanzler von Bülow widerrufen werden musste.

5. Maercker betritt den Schauplatz

Georg Maercker, in Deutschland zum Generalstab der 2. Division versetzt, fand kein Vergnügen am bürokratischen Schreibtischdienst des Militärs. Sein Wunsch blieb, an die Front zu kommen. Das war nur außerhalb des deutschen Reiches möglich. Praktische Erfahrungen in anderen Ländern besaß er bereits durch seine Tätigkeiten in der Türkei, China und Ostafrika. In Deutsch-Ostafrika hatte er zudem seine militärische Feuertaufe erhalten.

---

202 Zitiert nach ebd., S. 186.

Auch Deutsch-Südwestafrika, wohin er jetzt gelangte, war Maercker nicht mehr unbekannt. Dorthin wurden von ihm, wie schon erwähnt, im Januar 1890 deutsche Soldaten verbracht, welche die damalige Schutztruppe auf 50 Personen aufstocken sollten. War diese Angelegenheit nur ein Zwischenspiel, so gelangte er nun an eine Kriegsfront in Afrika, die das Kaiserreich aufwühlte.[203]

Im November 1904 erhielt Maercker eine Anstellung im Generalstab des Etappenkommandos der Schutztruppe. Dazu musste er zunächst erneut aus dem Heer ausscheiden, wiederum mit der Garantie einer Wiedereinstellung. Die kolonialen Schutztruppen waren sozusagen der «dritte Arm» des Militärs neben Heer und Marine, offiziell mochte man sich nicht zu ihnen als integralem Bestandteil bekennen. Die Bewerbung war freiwillig und bot durchaus Vorteile, wie wir schon im Falle Ostafrikas gesehen haben. Eine Beteiligung an Gefechten - die das Kaiserreich zu dieser Zeit im europäischen Rahmen nicht bieten konnte - wurde bei der Wiedereinstellung karrierefördernd angerechnet, und unter gewissen Umständen erhöhte sich der Pensionsanspruch. Nicht zu vernachlässigen war, dass der Schutztruppendienst eine Basis für eigenverantwortliche und abwechslungsreiche Tätigkeit inklusive Kampferfahrungen bot.

Die Schutztruppe unterstand dem Reichskanzler und als oberstem Kriegsherrn dem Kaiser. Als Verwaltungsbehörde existierte das «Kommando der Schutztruppen» in Berlin, ab 1907 dem Reichskolonialamt angegliedert. Tatsächlich besaß dieses «Kommando» nur wenig administrative Gewalt, die in der Realität bei den Gouverneuren der jeweiligen Kolonie lag.

Als Maercker Afrika erreichte, war die Schlacht am Waterberg geschlagen und die Herero in der Sandwüste abgeriegelt. Er kam allerdings zur rechten Zeit, um in seiner Eigenschaft als Etappenkommandeur zurückkehrende Überlebende in Gefangenenlager zu internieren: «Ich ließ dabei die Familien und Sippen zusammen, würfelte aber die Stämme möglichst durcheinander, um auch für die Zukunft einen Wiederzusammenschluß der alten Stammesorganisationen unmöglich zu machen.»[204]

---

203 Sogar der Reichstag wurde von Kanzler Bernhard von Bülow auf Weisung Wilhelms II. aufgelöst, nachdem er sich mehrheitlich weigerte, einem Nachtragshaushalt für den Krieg in Südwestafrika zuzustimmen. Im Januar 1907 fand daraufhin die sogenannte «Hottentottenwahl» statt. Bei dieser Wahl siegten die Kolonialbefürworter, nicht zuletzt durch Wahlkreismanipulation zuungunsten der Sozialdemokraten.

204 Maercker: Kriegsführung in Deutsch-Südwestafrika, S. 48.

Die Missionare der Rheinischen Mission hatten eine Proklamation erlassen, nach der sich freiwillig stellende Herero Leben, Bekleidung und Verpflegung zugesichert bekamen. Es fanden sich etwa 20.000 Personen ein, deren Zustand Maercker beschrieb: «Abgemagert bis auf die Knochen, wandelnden Skeletten ähnlich, mit Typhus, Ruhr und Skorbut behaftet, so daß sie trotz bester Verpflegung durch die Missionare doch in Massen wegstarben.»[205] Er betonte die Notwendigkeit, die überlebende Hereros als Zwangsarbeiter auf Farmen und im Aufbau militärischer Infrastruktur einzusetzen. Dem stand ihre Behandlung in den Lagern entgegen, wo sie häufig vom Wachpersonal so schwer misshandelt wurden, dass sich das Etappenkommando zum Eingreifen veranlasst sah. In einer Verfügung hieß es, Maercker «hat Veranlassung genommen, nochmals das Schlagen in den Kraalen streng zu verbieten, besonders durch das farbige Aufsichtspersonal. Weder Soldaten, noch farbige Wächter dürfen fortan Schambocks [Nilpferdpeitschen, C.K.] tragen. Vergehen der Gefangenen werden vom Etappenkommando bestraft.»[206] Die Durchsetzung dieser Verfügung stieß allerdings auf erheblichen Widerstand und blieb zu einem großen Teil wirkungslos.

Der offene Krieg gegen die Herero hatte zwar seinen Höhepunkt überschritten, doch musste sich Maercker - inzwischen zum Major ernannt - zunächst mit einem Hererofführer namens Andreas auseinandersetzen. Andreas nannte sich selbst «König der Hereros». Schon im März und April 1905 hatten die Deutschen erfolglose Angriffe gegen ihn unternommen. Ende Mai versuchte Maercker mit drei größeren Kolonnen, ihn zu stellen. Andreas konnte fliehen und schloss sich daraufhin mit einem Teil seiner Mitkämpfer den aufständischen Nama an.[207]

Herero und Nama kämpften im Krieg nacheinander und teilweise sogar gegeneinander. Zu unterschiedlichen Zeiten erfolgten Apelle ihrer Führer Samuel Maharero und Hendrik Witbooi, sich gegen die Deutschen zusammenzuschließen. Diese blieben jeweils erfolglos. Das besonders von Gouverneur Leutwein verfolgte Konzept «teile und herrsche» setzte sich durch. Hätten sich beide Gruppen zum gemeinsamen

205 Ebd.

206 Zitiert nach Kreienbaum: ‹Ein trauriges Fiasko›, S. 260. Kreienbaum bezieht sich auf ein Dokument des namibischen evangelisch-lutherischen Kirchenarchivs vom 4.3.1906.

207 Vgl. Bayer: Hauptquartier, S. 239f. Maximilian Bayer war im Generalstab der Schutztruppe tätig und späterer Mitgründer der deutschen Pfadfinderbewegung.

Vorgehen verständigt, wäre der Krieg mit großer Wahrscheinlichkeit anders verlaufen. Dass es wenigstens punktuell zu einer Überwindung tribalistischen Denkens kam, zeigt der Fall des Andreas und seiner Gefolgsleute sowie des Jakob Morenga, auf dessen Kopf sogar Kaiser Wilhelm II. persönlich eine Belohnung aussetzte.

Morenga[208], der Sohn eines Herero und einer Nama, galt als hochgebildet und sprach fließend mehrere Sprachen, unter anderem auch deutsch. Er hatte den Ruf eines «schwarzen Napoleons» und Meisters des Guerillakrieges.

In der zweiten Jahreshälfte 1905 waren Morenga und Hendrik Witbooi die Hauptgegner der Deutschen. Während General von Trotha Scheinverhandlungen mit Morenga führte, beschloss er, mit mehreren Abteilungen zunächst gegen Witbooi vorzugehen, darunter der Abteilung Maercker. Hendrik Witbooi selbst hatte sich räumlich abgesetzt, dafür schien der Namakapitän Elias mit seinen Kriegern für die deutschen Truppen in erreichbarer Nähe.

Maercker sperrte die Zugänge zu den Naukluftbergen, die als Zufluchtsort der «Witboois» galten. Diese zogen stattdessen zu den Achab-Bergen, welche den Deutschen bislang unbekannt waren. Dort befand sich inzwischen auch der Herero Andreas mit ca. 80 Kämpfern, die moderne Gewehre besaßen. Maercker persönlich erkundete mit einer Patrouille mehrere Hereropostierungen. Das Gelände bestand aus einer Grassteppe, schroffen Gebirgszügen und Schluchten. Das größte Problem bildete die Wasserversorgung. Für die Erforschung dieses Gebietes wurde Maercker im Generalstabsbericht besonders lobend erwähnt: «Die Unbekanntheit der ganzen Gegend und das Versagen der eingeborenen Führer zwangen zu umfangreichen und zeitraubenden Erkundungen, deren sachgemäße und gründliche Ausführung in erster Linie dem Major Maercker, einem in Europa und Asien als Topograph vielfach bewährten Offizier, zu danken war. Die für die Unternehmung getroffenen Anordnungen fußten sämtlich auf seinen sorgsamen und richtigen Erkundungen.»[209]

Am 10. September marschierte die Abteilung Maercker in eine Gebirgsschlucht ein, fand aber nur ein schon verlassenes Lager vor. Schließlich wurden einige Nama entdeckt, denen Maercker mit 45 Freiwilligen folgte, während der Großteil seiner Truppe entkräftet pausierte. Auch diese Verfolgung blieb ergebnislos. Auf dem Rückmarsch

208 Bisweilen taucht als Name auch «Marengo» auf.
209 Die Kämpfe... (1907), S. 168.

wurde die komplette Abteilung in ein Gefecht mit angreifenden Nama verwickelt.

Zurück im Lager, erhielten die Deutschen Kunde vom tatsächlichen Standort des Gegners. Der Angriff wurde nun auf den 13. September festgelegt. Zwei Abteilungen - unter Uthmann und Maercker - sollten dabei getrennt vorgehen. Zunächst pirschte sich Maercker mit seinen Soldaten im frühen Morgengrauen in die Nähe der völlig ahnungslosen Nama und wartete auf die Ankunft der Abteilung Uthmann, um den Angriff zu beginnen. Doch plötzlich schlug eine Granate mitten in das Namalager ein. Nach allgemeiner Verwirrung stellte sich heraus, dass ein Oberleutnant der Abteilung Uthmann verdächtige Bewegungen am Platz der Nama erkannt haben wollte. Es entspann sich ein Feuergefecht, zu dessen Beginn Maercker durch einen Schuss an der Schulter verwundet wurde.

Der Generalstabsbericht vermerkt: «Nach verzweifelter Gegenwehr wurden die Hottentotten sämtlich niedergemacht.»[210] In Wirklichkeit gelang dem Namakapitän Elias mit einigen seiner Kriegern die Flucht - ebenso wie Andreas, der mit seinen Hereroverbänden ebenfalls in das Gefecht verwickelt wurde. Bei Kurd Schwabe, selbst Schutztruppenoffizier, heißt es: «Nach sechsstündigem Aufstieg in den Schroffen des Gebirges wurde der Angriff begonnen, der nach fünfstündigem Gefecht, wobei es zum Kampfe Mann gegen Mann kam, mit der völligen Zersprengung des Feindes endete. Von den 300 Hottentotten und Herero unter Andreas, die hier den deutschen Truppen gegenüberstanden, fielen 80, daruter [sic!] 20 Herero.»[211] Auf deutscher Seite gab es 2 Tote und 12 Verwundete, unter letzteren Georg Maercker.

In einem erhaltenen Tagebuchfragment äußerte sich Maercker selbst über das Geschehen: «Der Gegner hatte in mir jedenfalls den Führer erkannt. Es pfiff mir beständig um die Ohren. Dann ging ein Schuß in den Hut, riß die Kokarde ab und streifte das Schweißleder, ohne mich selbst im geringsten zu berühren ... Im gleichen Augenblick, als ich ‹Feuer!› kommandierte und meine Pistole abfeuerte, bekam ich einen furchtbaren Schlag auf die linke Schulter, und zwar, wie mir schien, von hinten. Ich ... sah etwa zehn Schritt <u>hinter</u> der Schützenlinie einen Mann knien, den ich nun anbrüllte: ‹Was machst du Kerl da hinten? Du hast mich ja angeschossen!› Schreckensbleich antwortete der Mann: ‹Nein, Herr Major, ich habe überhaupt nicht geschossen.› Im gleichen Augenblick

210 Ebd., S. 174.
211 Schwabe: Krieg, S. 376.

war Unteroffizier Nicolaus von der Ersatzkompagnie 1 a links neben mir und sagte: ‹Nein, Herr Major, das war ein angefeilter von vorn. Der Ausschuß ist hinten.› … Die Hottentotten hatten mich wohl daran erkannt, daß ich keinen Patronengurt trug ... Inzwischen war der erste Schmerz vorüber, ich sah, daß das Gelenk kaum gefaßt sein konnte, und hatte tatsächlich kein anderes Gefühl, als das der Genugtuung über die Verwundung ... Um 8,30 Uhr stand ich wieder auf, ging in die Schützenlinie zurück und übernahm wieder das Kommando.»[212] [213]

Am 4. November 1905 schilderte Maercker die Lage in einem Brief an seinen Bruder Julius.[214] Er erwähnte ein tags vorher angekommenes Telegramm, welches General von Trotha des Amtes als Kommandeur der Schutztruppe enthob. Mit der «Wahrnehmung der Geschäfte» sollte zunächst Oberst Dame beauftragt werden. Von Trotha hatte Maercker als Führer der «Nordetappe» empfohlen, doch dieser lehnte ab: «Da ich dann 5 Stabsoffiziere unter mir habe, die älter sind als ich und ich keine Lust habe, die persönlichen Reibungen vom Februar - März durchzumachen, … so haben wir Trotha sofort um eine andere Regelung gebeten.» Zudem kritisierte Maercker die Strategie Trothas, durch «konzentrische Operationen» den Gegner einzukesseln und eine Entscheidungsschlacht herbeiführen zu wollen: «Ich behaupte vielmehr, daß wir rascher vorwärts kämen, wenn wir nicht mit so großen Truppenmengen den Bewegungskrieg führten». Diese Kritik an der Trotha'schen Kriegsführung vertrat - auch innerhalb der Schutztruppe - nicht nur Maercker, denn in dem seitens der Nama praktizierten Guerillakrieg konnte nur eine flexible Strategie erfolgreich sein.

Maercker tadelte gegenüber seinem Bruder vehement den allgemeinen Zustand der Truppe: »Ein alter Schutztruppler ist mir mehr wert als 10 neue deutsche Soldaten. Wie furchtbar sieht es mit dem Schießen unserer Leute aus!! Und von Selbständigkeit keine Rede.»

---

212 Veröffentlicht in Dincklage-Campe: Deutsche Reiter, S. 123f. Dort schildert Maercker auch, dass er ursprünglich den Gegner zur bedingungslosen Kapitulation auffordern wollte, was durch den unvorhergesehenen Einschlag der Granate aus der Abteilung Uthmann vereitelt wurde.

213 Einen ähnlichen Fall von «Heroismus» berichtet Eckard Michels über Paul von Lettow-Vorbeck, ebenfalls geschehen im Krieg gegen die Nama: «Schon zu Beginn des Gefechts wurde Lettow-Vorbeck ... schwer am linken Auge verwundet, das erblindete ... Trotzdem leitete er das Gefecht weiter...» Michels: Paul von Lettow-Vorbeck, S. 98.

214 BA-MA N 786/8, Brief an Julius Maercker vom 4.11.1905.

Er äußerte sich auch über den als Hauptgegner der Deutschen betrachteten Namaführer Hendrik Witbooi: «Die Bedeutung von Hendrik W. liegt gegenwärtig nur noch in seinem Namen. Und wenn wir ihn trotz aller Schwierigkeiten immer weiter hetzen, so geschieht es vielmehr der öffentl. Meinung in Deutschld. wegen, als weil wir ihn als bes. gefährlichen Gegner ansehen.» Andere seien weitaus gefährlicher. Was Maercker zu diesem Zeitpunkt noch nicht wusste: Hendrik Witbooi war Ende Oktober gefallen. Diese Nachricht erhielten Maercker und auch von Trotha allerdings erst zwei Wochen später.[215]

Kurz darauf beschwerte sich Maercker in einem weiteren Brief[216] über seine inzwischen hauptsächlich bürokratische Tätigkeit in der Funktion des Etappen- und Bezirkskommandeurs: «So habe ich wirklich den ganzen Tag nichts anderes zu tun als meinen Namen zu schreiben. Es ist furchtbar.» Als ihn besonders berührendes Ereignis erwähnte er «die Abberufung von Exzellenz [General von Trotha]. Er tut uns allen furchtbar leid. Was hat er hier für ein Leben geführt und nun der Dank?»[217] Immerhin sei von Trotha mit dem hohen Orden «pour le mèrite» ausgezeichnet worden: «... da waren wir glücklich. Das war doch ein Lohn!» Aber die Freude sei getrübt, denn kurz darauf wären auch Hauptmann Franke und Major Meister mit dem Orden bedacht worden. Franke habe ihn schon früher verdient, doch Meister habe sich während der Kämpfe «unter dem Ochsenwagen» befunden und auch ansonsten ziemlich alles falsch gemacht: «Der Kaiser hat entschieden Pech mit dieser Ordensverleihung.»

Kritik äußerte Maercker weiterhin an der Tatsache, dass nach der Abberufung von Trothas ein Zivilist - Friedrich von Lindequist - als Gouverneur der Kolonie eingesetzt werde. Dass die oberste Befehlsgewalt dadurch vom Militär auf einen zivilen Gouverneur übergehe, habe bereits Konsequenzen: «Das Einzige, was wir wissen, hat Exz. [von Trotha, C. K.] in einem Brief vom Kaiser erfahren, daß nämlich

215 Drechsler: Südwestafrika, S. 187: «Trotha erfuhr von dem Tode Hendrik Witboois erst nach mehr als zwei Wochen», also Mitte November 1905. Nuhn schreibt mit Berufung auf Akten des Reichskolonialamtes, Trotha habe bereits am 23. September des Jahres um seine Entbindung als Kommandeur der Schutztruppe nachgesucht (Nuhn: Feind, S. 175). Stimmen diese Angaben, so kann der Abgang Trothas nicht, wie häufig behauptet (u. a. bei Drechsler: Südwestafrika, S. 187), ursächlich mit dem Tod Witboois zusammenhängen.

216 BA-MA N 786/8, Brief an Julius Maercker vom 16.11.1905.

217 Es stellt sich die Frage, ob Maercker wusste, dass Trotha auf eigenen Wunsch abberufen wurde.

Lindequist darüber zu entscheiden hat ob die Truppe verringert wird oder nicht. Die Wormannlinie[218] hat ferner vom Auswt. Amt Mitteilung erhalten, sie möchte sich auf größere Truppenheimtransporte für die nächsten Monate gefaßt machen. Wir erfahren aber nichts davon. Sehr nett, nicht wahr?» – Die neue Aufgabenteilung und entstehende Konkurrenz zwischen Zivilverwaltung und Militär begann damit eine wichtige Rolle zu spielen.

Ein knappes halbes Jahr später – im April 1906 – stellte Maercker fest: «... unter den Eingeborenen Südafrikas glimmt es an allen Ecken und Enden.»[219]

Ende Mai wurde bekannt, dass der kommissarische Nachfolger von Trothas, Oberst Dame, von Berthold Deimling als Kommandeur der südwestafrikanischen Schutztruppe abgelöst werden solle. Bereits unter Dame hatten sich Divergenzen zwischen zivilem Gouverneur und Militär bemerkbar gemacht, wie wir von Maercker erfahren:[220] «Mir persönlich tut Dame sehr leid, der sich auf den Posten gesteift hatte. Daß er es nicht wurde, hat er seinem Stabe zu verdanken, der ihn zu sehr gegen den Gouv. gehetzt hat.» Daher hielt Maercker ihn auch nicht unbedingt für den geeigneten Kommandeur: «Er ist ein willenloses Werkzeug in der Hand seines Stabes», aber wohl «ein uranständiger Mann!»

Auch den Nachfolger Dames, Berthold Deimling, begrüßte er mit einiger Skepsis. Die Nachricht, unter Deimling dienen zu sollen, gefalle nicht nur ihm nicht: «Sie wurde mit recht gemischten Gefühlen aufgenommen, denn es giebt hier sehr viele Leute, die von D. [Deimling, C.K.] nicht allzuviel halten ... Ich persönlich sehe Deimlings Ernennung nicht gerne, weil ich voraussehe, daß er sofort mit dem Gouverneur aneinandergeraten wird.»[221] Man habe spekuliert, Deimling sei zum Kommandeur der Schutztruppe ernannt worden, weil er mit dem Reichstag auf gutem Fuße stände. Doch nun sei bekannt geworden, er habe dort eine Rede gehalten, die auf allgemeine Empörung gestoßen sei.

In der Tat hatte Berthold Deimling kurz zuvor, am 26.5.1906, den Berliner Reichstag brüskiert, indem er in einer Haushaltsdebatte als «kolonialer Fachmann» der Regierung den Parlamentariern, die

218 Woermann-Linie: Hamburger Reederei, die den Passagier- und Frachtdienst sowie den Soldatentransport in die afrikanischen Kolonien betrieb.

219 BA-MA N 786/8, Brief an Julius Maercker vom 7.4.1906.

220 BA-MA N 786/8, Brief an Julius Maercker vom 30.5.1906.

221 Ebd.

teilweise eine Aufgabe des südlichen Teils der Kolonie erwogen, entgegenschleuderte: «Solange ich die Ehre habe, das Kommando draußen zu führen, wird der Süden nicht aufgegeben [...] es sei denn, daß Seine Majestät der Kaiser es befiehlt, der allein darüber zu bestimmen hat und sonst niemand.»[222] Die zu verhandelnde Regierungsvorlage, vor allem das Geld für den Bau einer von den Militärs als kriegswichtig betrachteten Eisenbahnlinie im Süden Südwestafrikas, wurde daraufhin von Sozialdemokratie und Zentrum abgelehnt. Als der Reichstag wenig später auch einem entsprechenden Nachtragshaushalt die Zustimmung verweigerte, löste ihn der Kanzler auf Weisung des Kaisers auf und beraumte Neuwahlen an - die sogenannten «Hottentottenwahlen» im Januar 1907.

Deimling verfügte bereits über Erfahrung in der Kolonie. In der Schlacht am Waterberg gegen die Herero hatte er als Führer einer der Schutztruppenabteilungen durch eigenmächtiges Verhalten wesentlich dafür gesorgt, dass die ursprüngliche Strategie Trothas scheiterte. Im Krieg gegen die Nama beging er eine offensichtliche Befehlsverweigerung, indem er - erfolglos - Morenga statt Hendrik Witbooi angriff. Erstaunlicherweise hatte sein Vorgehen keinerlei disziplinarische Konsequenzen. Schon 1905 trat er wieder die Heimreise nach Deutschland an, angeblich infolge einer Verletzung.[223] Er stand unter besonderer Patronage Wilhelms II. Zunächst wurde er in den erblichen Adelsstand erhoben und sodann, nach seiner umstrittenen Reichstagsrede, als Kommandeur der Schutztruppe erneut nach Südwestafrika geschickt. Sein Auftrag war, den zunehmend unpopulären Konflikt baldigst zu lösen.

Unter den sogenannten «Alten Afrikanern» - Schutztruppenoffiziere, die sich schon länger in der Kolonie aufhielten - genoss Deimling kein sonderliches Ansehen, wie schon Maercker äußerte. Hauptmann Franke urteilte sogar: «Dieser Oberst Deimling ist ein Schauspieler und Schaumschläger schlimmster Sorte.»[224] Er galt als «harter Hund» gegenüber Feind wie Freund und war berüchtigt wegen seiner eigenmächtigen Handlungsweise.

Deimling hingegen schien vom Etappenführer Maercker sehr angetan, wie letzterer nicht ohne Stolz berichtete: «Die Etappe hat Deimling

---

222 Zitiert nach Zirkel: Vom Militaristen zum Pazifisten, S. 61.

223 Diese Verletzung, die Deimling beim Spielen mit seinem Hund erlitt, hatte er sich schon vier Monate vorher zugezogen - vgl. Zirkel: Vom Militaristen zum Pazifisten, S. 59, Anm. 60.

224 Zitiert nach ebd., S. 64.

sehr gefallen; er hat mich kolossal belobt und will dem Kaiser berichten, wie vorzüglich die großen Schwierigkeiten hier überwunden sind.»[225]

Die Lage gestaltete sich für die Deutschen weiterhin beunruhigend. Maercker schrieb Ende September an seinen Bruder Julius: «Hier in Gibeon liegen gegenwärtig 2 auf dem Marsche nach dem Norden befindliche Kompagnien. Nach den Eröffnungen der Offiziere sieht es im Süden sehr böse aus. Hottentotten überall - z. T. halb verhungert ... - infolgedessen aber um so gefährlicher ...»[226]

Er schilderte, von Deimling nunmehr zum Kommandanten der Schutztruppe im Süden des Landes ernannt, das Geschehen ausführlich[227]: «Ich hatte bisher darauf gerechnet, Weihnachten in Deutschland, oder doch wenigstens in Europa zu sein, und nun ist alles so ganz anders gekommen. Was mir das Schicksal nun hier bescheren wird, wer weiß es? Bleibt mir das Glück weiter treu, dann habe ich mit dem Kommando ein gutes Los gezogen - aber man kann hier auch, ohne allzuviel eigene Schuld, Ehre und Reputation verlieren. Die Hottentotten machen jede Kriegskunst zu Schanden ... Deimling geht (u. das wirkt wahrhaft erfrischend) mit geradezu brutaler Energie vor. Die lange Kriegsdauer macht eben alles sorglos u. nachlässig, deshalb ist solch neuer Geist gar nicht zu bezahlen. Nun hat er mich für den Süden bestimmt, weil er von mir gleich schroffes Auftreten erwartet u. es wird mir oft sehr schwer werden, seinen Absichten zu entsprechen - denn unsere Leute können vielfach nicht mehr Ewig [sic!] reiten, ewig klettern, nie ruhig schlafen, dabei doch nur notdürftig mit ¾ Portionen verpflegt, das halten auch junge Naturen nicht 2 Jahre lang aus. Am 1. Januar ist die Truppe von 15000 auf 8000 Mann verringert, aber von diesen 8000 Mann ist die Hälfte nicht mehr völlig felddienstfähig und bedarf einer Erholung in der Heimat. Und dann kommen als Ersatz wieder Leute, die das Land nicht kennen, die nichts sehen, die nicht schießen können, die keine Spuren lesen können, die nicht reiten, nicht klettern, nicht dursten können und die Gegnern gegenüber gestellt werden müssen, die in allen diesen Sachen unerreichte Meister sind.»

Verantwortlich für den schlechten Zustand der Schutztruppe sei das Deutsche Reich und speziell der Reichstag, der den Bau der südlichen Eisenbahn und somit einen geregelten Truppen- und Munitionstransport verhindere: «Man kann, ... wenn man hier draußen die Urteile

---

225 BA-MA N 786/8, Brief an Julius Maercker vom 30.7.1906.
226 BA-MA N 786/8, Brief an Julius Maercker vom 29.9.1906.
227 BA-MA N 786/8, Brief an Mutter, undatiert (wahrscheinlich Ende 1906).

hört, die im Reichstag über das Land gefällt werden, wirklich tief traurig werden.» Zugleich fand er einen lokalen Sündenbock. Es war der frühere Gouverneur Leutwein: «Alle Offiziere haben den Aufstand der Hottentotten vorher gesagt [sic!] - Leutwein aber wollte nichts davon wissen, weil er in Berlin lieb Kind bleiben wollte u. man in Berlin eine Verstärkung der Schutztruppe nicht haben wollte.»

Bald schon wurde auch Maercker von den Querelen in der Kolonialtruppe eingeholt. Kurz vor Weihnachten 1906 schrieb er: «Meine Angelegenheiten haben sich jetzt geklärt. Ich bleibe nicht der Kommandeur der Südtruppen hier, sondern gehe nach Hause, wenn ein Ersatz für mich eingetroffen ist und sich eingearbeitet hat. Die betr. Unterredung mit Deimling verlief merkwürdig ruhig. Er bat mich, ihn jetzt nicht im Stich zu lassen, was mir natürlich auch nie eingefallen ist.»[228]

Der Hintergrund der neuen Situation war folgender: Während - erstaunlich genug - der zivile Gouverneur Lindequist auf eine Lösung des Krieges durch militärische Gewalt setzte, erwies sich der bislang säbelrasselnd daherkommende Schutztruppenkommandeur Deimling als Befürworter von Verhandlungen. Er hatte darin das Einverständnis der Spitzen des Deutschen Reiches, insbesondere des Kaisers. Dieser für das Reich höchst peinliche Krieg sollte unbedingt und möglichst schnell beendet werden. Ohne Kenntnis des Gouverneurs setzte Deimling einen Prozess in Gang, der mit dem 23. Dezember 1906 seinen Abschluss fand, als der Bondelzwarts-Kapitän Johannes Christian einen Friedensvertrag unterzeichnete, in dem sich die Bondelzwarts den Deutschen unterwarfen, aber im Gegenzug ihre weitere Existenz als Bevölkerungsgruppe und der Besitz von Vieh zugesichert wurde. Der Vertrag war die wichtigste Vereinbarung zur Beendigung der Kriegshandlungen, die sich in kleinerem Maßstabe noch Jahre hinzogen.[229]

Maercker war mit dieser Entwicklung keineswegs einverstanden. Vielmehr entpuppte er sich als Vertreter einer harten Linie. Damit befand er sich zwar im Einvernehmen mit Gouverneur Lindequist, konnte sich aber gegenüber Deimling nicht durchsetzen und entschloss sich sogar, nach Deutschland zurückzukehren. Diesen Wunsch hatte er

228 BA-MA N 786/8, Brief an Julius Maercker vom 19.12.1906.

229 Horst Drechsler wurde für sein Wort von der «Ruhe des Friedhofs» für die Jahre 1907–1915 kritisiert, z. B. bei Zimmerer: Deutsche Herrschaft, S. 5. Tatsächlich schildert Drechsler für den benannten Zeitraum eine Vielzahl von Widerstandsaktionen und die Überzeugung der weißen Siedler, ständig auf einem Vulkan zu sitzen, so dass die «Ruhe des Friedhofs» als ein missverständlicher Begriff erscheint. Vgl. Drechsler: Südwestafrika, S. 221–236.

schon Mitte des Jahres geäußert. In einem Brief an seine Familie schrieb er Weihnachten 1906, unmittelbar nach Abschluss des Friedensvertrages mit den Bondelzwarts: «Nun muß ich Euch noch erzählen, warum ich nach Hause komme. Als ich von Lbucht [Lüderitzbucht, C.K.] zurückkam, sagte mir Deimling, der Bondelskapitän Joh. Christian sei zur katol. Mission nach Heirachabis gekommen, um Frieden zu machen. D. nannte mir die Bedingungen, die Joh. Chr. stellte. Ich sagte, ein solcher Friede sei schwächlich, und würde nicht die Genehmigung des Gouverneurs finden und verbürge nicht dauernde Ruhe. D. wurde heftig u. erklärte, das dt. Volk wolle um jeden Preis Frieden haben. Da er mehr Gehalt bekommt wie ich, so wurde ich still, setzte zu Hause aber sofort ein Memorandum über die Behandlg. kriegsgefangener Hottentotten auf und legte es meinem Vorgesetzten, dem Generalstabschef, mit der Meldung vor, daß ich es an Estorff[230] dienstlich in dem Augenblick einreichen würde, in dem ich unter seinen Befehl treten würde.»[231]

In diesem intrigant anmutenden Verhalten Maerckers wurden die schweren Zerwürfnisse innerhalb des Schutztruppenkommandos sowie zwischen diesem und dem Zivilgouverneur deutlich. Das Verhältnis Maerckers zu Deimling war endgültig zerstört. Maercker sah die Lage völlig anders als Deimling, er behauptete sogar, «daß die Sachlage für die Hottentotten immer günstiger wurde. Ich meldete dem Chef, daß ich nicht die Absicht hätte, unter solchen Bedingungen länger im Lande zu bleiben und ging gleich ins Lazarett, um mich auf Kriegsendungsbedürftigkeit untersuchen zu lassen. (Eine solche ist nötig, da man während der Kriegsdauer den Dienst als gesunder Mensch nicht verlassen kann.) … Wir flehten um Frieden und die Bondels waren die Herren der Situation … Am 24. Mittags proklamierte Deimling beim Mittagessen den Frieden mit den Bondels – ich stimmte in das Hurrah auf den Kaiser (den 3. Hurrahruf vergaß Deimling – aber für solchen Frieden langt auch ein 2maliger Ruf) mit gemischten Gefühlen ein.»[232]

Deimling wollte Maercker aber nicht sofort gehen lassen. Man kam überein, bis zur bevorstehenden Ernennung von Deimlings Nachfolger, Ludwig von Estorff, zu warten. Bis dahin sollte Maercker sich um den

230 Ludwig von Estorff wurde am 1. April 1907 Nachfolger Deimlings als Kommandeur der Schutztruppen. Im März 1920 zählte er zu den Unterstützern des Kapp-Lüttwitz-Putsches.

231 BA-MA N 786/8, Brief an Mutter und Geschwister vom 26.12.1906.

232 Ebd.

Prinzen Joachim, Mitglied der preußischen Königsfamilie, und dessen Fortbildung in kolonialen Angelegenheiten kümmern sowie mit ihm in Südwestafrika herumreisen. Maerckers Freude an dieser Aufgabe war begrenzt, wie er mitteilte: «Meine Hoffnung, um die Vorträge beim Prinzen Joachim herumzukommen, hat sich nicht verwirklicht. Täglich von 11–12 hatte ich das Vergnügen, ihn über Land und Leute zu unterrichten. Die Aufgabe war leicht, denn der Prinz ist in kolonialen Sachen gänzlich ahnungslos.»[233]

Im März 1907 reiste Maercker zurück ins Deutsche Reich, um im April in das Schutztruppenkommando der Kolonialabteilung des Auswärtigen Amtes (ab Mai «Reichskolonialamt») versetzt zu werden.

6. Deportationen, Konzentrationslager und die Haifischinsel

Im Krieg gegen die Herero kämpfte ein Teil der Witbooi-Nama aufseiten der Schutztruppe. Als nunmehr auch die Nama den Aufstand begannen, befanden sich die Deutschen in einer Zwickmühle. Wie sollten sie mit ihren bisherigen Verbündeten umgehen? General von Trotha fand eine Antwort, wie der Generalstabsbericht erläuterte: «Der naheliegenden Gefahr, daß die Aufständischen durch ihre auf deutscher Seite im Felde stehenden Stammesgenossen verstärkt würden, beugte er dadurch vor, daß er die noch 80 Mann starke Witboi-Abteilung in Otjosondu entwaffnen und über Swakopmund nach Togo schaffen ließ.»[234]

Daraufhin, im November 1904, wurden 119 Personen nach Togo verbracht. Es handelte sich um das 80 Personen zählende erwähnte Witbooi-Kontingent sowie weitere 39 Witboois, über deren Herkunft nichts bekannt ist. Auch Togo war eine deutsche Kolonie in Afrika. Dort forderten die ungewohnten klimatischen Bedingungen und die Strapazen der Gefangenschaft innerhalb eines halben Jahres bereits 54 Todesopfer unter den Deportierten, worauf die Berliner Kolonialabteilung die Rückführung der Überlebenden nach Südwestafrika befürwortete. Das allerdings stieß auf den entschiedenen Widerstand von Trothas. Schließlich landeten die Gefangenen in Kamerun, einer

233 BA-MA N 786/8, «Sammelbrief» an die Familie, mit «6.1.06» falsch datiert, wahrscheinlich vom 6.1.1907.

234 Die Kämpfe ... (1907), S. 18.

weiteren deutschen Kolonie. Hier sollten sie als Zwangsarbeiter in einer Gärtnerei eingesetzt werden, erfüllten aber die in sie gesetzten Erwartungen nicht, wie der zuständige Gärtner berichtete: «Die Leute sind sämtlich schwer und dauernd malariakrank. Während der Arbeit bekommen sie tollen Schüttelfrost und sind derartig schwach, daß sie sich kaum auf den Beinen halten können. Im Anfang habe ich an Verstellung gedacht und sie gut beobachtet, aber die Leute sind wirklich krank - sehr krank.»[235]

Nun forderte auch der Gouverneur von Kamerun die Rückführung der Deportierten nach Südwestafrika, die im Juni 1906 schließlich erfolgte. Nach einem anderthalbjährigen Leidensweg kehrten von ursprünglich 119 Witbooi-Nama 42 Personen zurück. Knapp zwei Drittel waren in dieser Zeit verstorben.

Schon unmittelbar darauf, im Juli 1906, ergaben sich neue Deportationspläne. Gouverneur Lindequist telegrafierte an das Auswärtige Amt in Berlin: «v. Deimling hat angeregt, dass die von mir nach beendigtem Krieg in Aussicht genommene Deportation von Hottentotten schon jetzt stattfindet. Da ich um desto weniger grundsätzliche Bedenken habe, als neuerdings gefangene Witboois entflohen sind, schlage ich vor, gesamten Stamm der Witboois nach Samoa, Anhang des Cornelius von Bethanien und gefangene Simon Kopper-Leute nach Adamaua [Region in Kamerun, C.K.] zu deportieren.»[236] Die Bremer Reederei Norddeutscher Lloyd verhandelte sogar mit dem Gouverneur von «Deutsch-Neuguinea» über die Kosten einer Schiffsüberführung der Gefangenen auf zwei Marianeninseln in der Südsee.[237]

Initiatoren dieser neuen Deportationspläne waren Deimling und Maercker, wie Maercker seinem Bruder Julius offenbarte: «In den nächsten Tagen steht mir eine interessante, wenn auch etwas peinliche Aktion bevor. Deimling u. ich haben den Gouverneur mit einiger Mühe dahin gebracht, zuzustimmen, daß das ganze Volk der Hottentotten, soweit es am Kriege teilgenommen hat, deportirt [sic!] wird. Ob sie nach Adamaua oder nach Samoa kommen, darüber schweben noch

235 Zitiert nach Drechsler: Südwestafrika, S. 307 (Anmerkung 192 zum III. Kapitel). Drechsler bezieht sich auf einen Bericht des Gärtners Deistel vom 6.10.1905.

236 BArch R 1001/2090, Bl. 62. In einer handschriftlich dem Telegramm zugefügten Randbemerkung eines namentlich nicht benannten Mitarbeiters der Kolonialabteilung heißt es: «Es muß doch möglich sein, die Leute im Schutzgebiet ausreichend zu bewachen. Geht das nicht, dann sollte man die Leute lieber nach Deutschland bringen und hier arbeiten lassen.»

237 Vgl. BArch R 1001/2090, Bl. 89f.

Verhandlungen. Die Sache ist mir peinlich, weil ich die ganze Aktion, bei der wir natürlich kolossal auf der Hut sein müssen (die Leute werden womöglich rabiat u. revoltiren) leiten muß, ich aber seit Längerem hier der Vertrauensmann der Hottentotten bin. Sie werden also eine Art Düpirung oder Vertrauensbruch darin sehen, wenn ich sie eines Tages aus ihrem Kraal heraushole und zwischen Bajonetten zur Bahn nach S'mund [Swakopmund, C.K.] und aufs Schiff bringe. Aber die Sache ist sehr wichtig u. vor allem wird sie auch auf die Hereros einen recht wohltätigen Einfluß ausüben. Diese Gesellschaft wird jetzt wieder frech, sodaß ich mich genötigt gesehen habe, erneut kriegerisch im Hereroland vorzugehen, damit die Farmer die jetzt schon wieder ängstlich sind, ruhig werden.»[238]

Die Kolonialabteilung in Berlin äußerte Bedenken. Ihr schienen die Transportkosten für die Verschiffung der Gefangenen zu hoch, doch genehmigte sie die Deportation eines Teils der Gefangenen nach Kamerun, worauf das Kameruner Gouvernement aufgrund der politischen Lage Bedenken erhob. Erneut kam eine Südseeinsel ins Gespräch, was wiederum an der Kostenfrage scheiterte.[239] Nun wurde nach einer neuen Lösung gesucht. Man fand sie auf der Haifischinsel vor Lüderitzbucht.

Maercker hatte bereits als Etappenkommandeur kriegsgefangene Herero in Lager überführt, die als «Konzentrationslager» bezeichnet wurden.[240] Dort vegetierten die Gefangenen in doppelten Drahtumzäunungen streng bewacht in mit Säcken abgedeckten Bretterbuden. Bis zu 50 Personen ohne Unterschied von Geschlecht, Alter und Gesundheitszustand teilten sich einen Raum. Als Bekleidung der meisten Gefangenen diente ein mit Löchern für Kopf und Arme versehener Mehlsack.[241] Die Sterblichkeitsrate war enorm. Halbwegs einsatzfähige Gefangene mussten Zwangsarbeit verrichten. Betriebe wie die Reederei Woermann verfügten über eigene Arbeitslager, sogar Zivilisten konnten Zwangsarbeiter anfordern.

---

238 BA-MA N 786/8, Brief an Julius Maercker vom 30.7.1906.

239 Die Gemengelage schildert Drechsler: Südwestafrika, S. 210f.

240 Reichskanzler Bülow benutzte den Begriff «Konzentrationslager» in Hinsicht auf die südwestafrikanischen Gefangenenlager zuerst im Dezember 1904. Eingeführt war er bereits von den Spaniern im kubanischen Unabhängigkeitskampf (1868–1898) und vom britischen General Horatio Kitchener während des Burenkrieges in Südafrika (1899–1902).

241 Siehe Nuhn: Sturm, S. 307f. Nuhn beschreibt diese Zustände anhand einer Chronik der Rheinischen Mission.

Auch die besiegten Gruppen der Nama – Witboois und Bethanier – wurden unter Bruch ihnen gegebener Zusicherungen in Konzentrationslager überführt und mussten Zwangsarbeit leisten. Häufige Fluchtversuche und eine notwendige hohe Zahl an Wachpersonal führten zu den erwähnten Deportationsplänen. Man befürchtete ansonsten erneute kriegerische Konflikte.

Es war der neu eingetroffene Schutztruppen-Kommandeur Deimling, welcher für die Lösung des Problems sorgte. Er ordnete, unter erneutem Bruch von Friedensabkommen, die Überführung der gefangenen Nama auf die Haifischinsel vor Lüderitzbucht an. Die Insel, etwa 1700 Meter lang und bis zu 330 Meter breit, bot einen geradezu «idealen» Internierungsort, für den nur wenig Wachpersonal nötig war.

Die Verhältnisse gestalteten sich für die ca. 1700 überführten Nama und mehrere hundert dort bereits befindliche Herero noch schlimmer als zuvor. Die Sterblichkeitsrate schnellte erneut in die Höhe, die Überlebenden wurden auch hier als Zwangsarbeiter eingesetzt. Der Missionar Laaf schrieb in einem an die Kolonialabteilung in Berlin geleiteten Bericht: «Wenn es so weiter geht, wird es nicht lange dauern, bis das Volk vollständig ausgestorben ist.»[242]

Jürgen Zimmerer zieht angesichts der Zustände in den Gefangenenlagern den Schluss: «Die Behandlung der Herero und Nama in den Lagern bildete so trotz der Aufhebung der Proklamation von Trothas eine Fortsetzung seiner Vernichtungspolitik.»[243] Dabei habe es durchaus einen Dissens innerhalb des Offizierkorps gegeben, bei dem es um die Verwendung der Gefangenen als Arbeitskräfte oder ihre Dezimierung durch mangelhafte Versorgung gegangen sei. Jonas Kreienbaum hingegen behauptet in seinem Buch «‹Ein trauriges Fiasko›»: «Es gab keinen Vernichtungsplan.»[244] Seiner Ansicht nach war die Unterversorgung «Resultat von logistischen Problemen, Ressourcenmangel, (rassistischer) Gleichgültigkeit und anderer Prioritätensetzung, nicht aber Ausdruck eines Vernichtungswillens».[245] Dabei bringt Kreienbaum selbst mehrere Beispiele zur Sprache, anhand derer durchaus ein «Vernichtungswille» angenommen werden kann. So z. B. schreibt er über die Versorgung mit Nahrungsmitteln: «Doch selbst wenn entsprechende Produkte vorhanden waren oder hätten bezogen werden können,

242 BArch R 1001/2140, Bl. 18.
243 Zimmerer: Deutsche Herrschaft, S. 47.
244 Kreienbaum: «Ein trauriges Fiasko», S. 272.
245 Ebd., S. 295.

namentlich an der Küste, verwehrte das Etappenkommando sie den Herero und Nama»[246], den Missionar Vedder zitiert er mit den Worten: «‹Kranke findet man wenige, weil alles was sich noch bewegen kann zur Arbeit getrieben wird und in der Nacht stirbt.›»[247]

Susanne Kuß äußert sich folgendermaßen: «... anders als im Nationalsozialismus wurde in keinem kolonialen Konzentrationslager des Kaiserreichs ‹Vernichtung durch Arbeit› systematisch geplant - allerdings wurde sie durchaus billigend in Kauf genommen.»[248] Demgegenüber ergibt sich die Frage, ob nicht doch eine gewisse administrative Planung der Zustände in den südwestafrikanischen Konzentrationslagern notwendig war, selbstverständlich nicht in den Ausmaßen eines nationalsozialistischen Konzentrationslagers. Allerdings lässt sich «billigend in Kauf nehmen» als ein erster Schritt zu systematischem Handeln interpretieren.[249]

Helmut Bley konstatiert unter Bezug auf den Publizisten Paul Rohrbach die Haltung von Gouvernement und Siedlern: «Das Massensterben auf der Haifischinsel vor Lüderitzbucht wurde in SWA mit ‹gewisser Befriedigung› (Rohrbach) öffentlich registriert.»[250] Nicht nur bei einem Teil des Militärs und der Verwaltung, sondern auch in den Reihen der deutschen Siedler schien der Gedanke ethnischer Säuberung und genozidaler Vernichtung Sympathie zu finden.[251]

---

246 Ebd., S. 244.

247 Ebd., S. 248.

248 Kuß: Deutsches Militär, S. 97.

249 Natürlich kann es keine Gleichsetzung von «Windhuk» und «Auschwitz» geben. Schon die historische Verfassung des Staates, der Bürokratie und der organisierten Vernichtung sind selbstverständlich nicht identisch. Das vehemente Bestreiten möglicher Entwicklungslinien ausgerechnet durch Historiker erstaunt allerdings doch.

250 Bley: Kolonialherrschaft, S. 236.

251 Literarisch beschreibt der US-amerikanische Autor Thomas Pynchon die präfaschistische Siedlermentalität in einem Kapitel seines 1963 erschienenen Romans «V.» (Kapitel 9: «Kurt Mondaugen aus Leipzig erlebt in Foppls Landhaus einen Aufstand der Eingeborenen»). Pynchon schildert in der 1922 angelegten Episode mit Rückblicken auf den Herero-Nama-Krieg die Auswirkungen des «Herrenmenschentums» und spannt einen Bogen von General von Trotha zum gerade aufstrebenden Adolf Hitler und dessen nationalsozialistischer Bewegung. Pynchon: V., S. 159–297. — Im deutschsprachigen Bereich sensibilisierte Uwe Timm durch seinen 1978 publizierten, dokumentarisch aufbereiteten und vielfach neu aufgelegten Roman «Morenga» ein größeres Lesepublikum für den Kolonialkrieg in Südwestafrika, der bis dahin zumindest in der BRD so gut wie keine Aufmerksamkeit erhalten hatte.

Den Gefangenentransport auf die Haifischinsel organisierte Major Maercker. Am 6. September 1906 telegrafierte er an das Gouvernement in Windhuk: «Alle Hottentotten ohne Zwischenfall an Bord»[252], und am 8. September: «Sämtliche Hottentotten und Hereros ... ohne Zwischenfall auf Haifisch Insel»[253].

Im Inventarverzeichnis seines Potsdamer Hauptnachlasses, das sich im Freiburger Militärarchiv befindet, werden handschriftliche Berichte Maerckers über den Transport der Gefangenen, einen Besuch auf der Insel und Korrespondenzen zwischen ihm und Deimling sowie dessen Nachfolger Estorff aufgelistet, doch diese Dokumente sind vernichtet.[254]

Unter den mit dem Nama-Krieg beschäftigten Historikern herrscht Uneinigkeit. Kirsten Zirkel behauptet in einer Deimling-Biografie, der zivile Gouverneur Lindequist und Major Maercker hätten die Überführung auf die auch als «Todesinsel» bezeichnete Haifischinsel veranlasst.[255] Dabei beruft sie sich allerdings auf das zitierte Telegramm Maerckers, welches diesen als Organisator der Überführung, aber nicht zwangsläufig als Urheber ausweist - er bestätigt darin lediglich die Ankunft der Gefangenen. Jürgen Zimmerer hingegen beschreibt den Schutztruppenkommandeur Deimling als treibende Kraft, der auf die Anregung, die Nama wieder von der Insel zurückzuführen, geantwortet habe, «daß, solange er (Deimling) zu sagen hätte, kein Hottentott die Haifischinsel lebend verlassen dürfe».[256] Auch für Horst Drechsler[257] und Walter Nuhn[258] ist Deimling der Initiator. In einem Gespräch mit einem Missionar im Dezember 1906 wiederum macht Deimling nebulöse Andeutungen über eine mögliche Rückführung der Herero sowie der Nama-Frauen und -Kinder aus dem Konzentrationslager.[259]

Zu Beginn des Jahres 1907 eskalierte der Konflikt zwischen Lindequist und Deimling. Gouverneur Lindequist, dem in der Literatur eher eine besonders harte Haltung attestiert wird[260], erklärte Deimling zum

252 BArch R 151-F/82105, Bl. 145.
253 BArch R 151-F/82105, Bl. 146.
254 BA-MA N 786/12, Inventarverzeichnis S. 13f.
255 Zirkel: Vom Militaristen zum Pazifisten, S. 70.
256 Zimmerer: Deutsche Herrschaft, S. 47. Zimmerer bezieht sich auf eine Chronik der Gemeinde Lüderitzbucht.
257 Siehe Drechsler: Südwestafrika, S. 211.
258 Siehe Nuhn: Feind überall, S. 236.
259 BArch R 1001/2140, Bl. 18/19.
260 So von Helmut Bley: Kolonialherrschaft, S. 236. Ähnliches zur Person Linde-

Verantwortlichen für Deportationspläne und Verbringung auf die Haifischinsel: «Trotzdem die Witbois und Bethanier im Norden und zwar in Windhuk in Gefangenen-Lagern stark militärisch bewacht wurden, drang Oberst v. Deimling auf deren Deportation oder Verbringung nach der Haifischinsel ...»[261] Als Ludwig von Estorff, der Nachfolger Deimlings, die Überführung der Nama von der Haifischinsel auf das Festlandlager Burenkamp befahl - «Für solche Henkerdienste, mit welchen ich auch meine Offiziere nicht beauftragen kann, übernehme ich keine Verantwortung ...»[262] - sträubte sich wiederum das Gouvernement. Estorff telegrafierte nach Berlin: «Absicht Kommandos, Weiber Kinder nach gesundem Norden zu bringen, widersetzte sich Gouvernement und bat, sie wieder nach Insel zurück zu bringen unter Hinweis, dass England in Südafrika 10.000 Weiber Kinder in Lagern sterben liess.»[263]

Auf die Beschwerden Estorffs bereitete schließlich Bernhard Dernburg, der Staatssekretär im Berliner Reichskolonialamt, den Zuständen im April 1907 auch ein amtliches Ende: «Unter geschilderten Umständen mit Verbringung und Bewachung Eingeborener Burenkamp einverstanden. Meldet seit wann übergroße Sterblichkeit Haifisch=Insel aufgetreten. Weshalb hat Kommando darüber nicht früher gemeldet. War Guvernement laufend orientiert?»[264]

Das Unverständnis Dernburgs darüber, wer wen informiert bzw. nicht informiert hatte, beruhte auf dem Machtkampf zwischen zivilem Gouvernement und militärischer Kommandantur. Die Haltung Maerckers schwankte einerseits zwischen Sympathie für die harte Linie des Gouverneurs Lindequist und gleichzeitiger Abneigung, sich ziviler Gewalt zu beugen. Andererseits stimmte er der anfänglich rigorosen Ausrichtung des Kommandeurs Deimling zu, lehnte aber dessen am Ende verfolgte Strategie von Friedensverhandlungen ab.[265]

---

quists schreibt Walter Nuhn: Feind überall, S. 265–273. Konträr hierzu schildert Nuhn den Gouverneur als den geschlagenen Herero zugeneigt, Nuhn: Sturm, S. 309ff. Sollte diese Einschätzung zutreffend sein, könnte es sich um die Ansicht handeln, die Herero seien als potentielle Arbeitskräfte «produktiv», während die Nama als «faul» und «unproduktiv» galten.

261 BArch R 1001/2155, Bl. 138.

262 BArch R 1001/2140, Bl. 88/89.

263 BArch R 1001/2140, Bl. 94.

264 BArch R 1001/2140, Bl. 89.

265 Nach seinem Afrika-Aufenthalt spielte Berthold Deimling 1913 eine unrühmliche Rolle als Kommandierender General in Straßburg während der «Zabern-Affäre». Im Ersten Weltkrieg erwarb er sich den Ruf des «Schlächters von

Die Animositäten zwischen sowie innerhalb der zivilen und militärischen Verwaltung in der Kolonie nahmen eine ausgeprägte Gestalt an. Dabei spielte die Lage der Gefangenen auf der Haifischinsel eine besondere Rolle, denn die Verantwortlichkeiten wurden hin- und hergeschoben und taktisch ausgenutzt. Alle wesentlichen Entscheidungsträger in Südwestafrika waren sich über die Verhältnisse bewusst. Bis zur Auflösung des Konzentrationslagers Haifischbucht durch Estorff geschah dort eine weitere Etappe, geplant oder ungeplant, in der Vernichtung der Herero und Nama.

Die afrikanischen Gesellschaftsstrukturen in der Kolonie waren durch den Krieg grundlegend zerschlagen worden. Im August 1907 traten drei «Eingeborenenverordnungen» in Kraft: die Kontrollverordnung, die Passverordnung und die Gesindeverordnung. Das Ziel war die lückenlose Überwachung und Kontrolle der Einwohner durch die Enteignung ihres Landes und Großviehs, das Verbot, an einem Ort mit mehr als 10 Familien zusammenzuwohnen, die Eintragung in ein «Eingeborenenregister», das Tragen einer sichtbaren Passmarke und nicht zuletzt das Mischehenverbot. Aus den Afrikanern sollte ein für die weißen Siedler und in der Kolonie tätige Firmen willfähriges Proletariat geschaffen werden. Aus mehreren Gründen scheiterte dieses Konzept: an der Widersetzlichkeit der Einheimischen, der Größe und damit Unkontrollierbarkeit des Landes sowie den divergierenden Interessen von Siedlerschaft und Bürokratie. Horst Drechsler weist zudem darauf hin, dass auf Grund der extremen Gewalttätigkeit der Ereignisse ein «freier Lohnarbeiter» Fiktion bleiben musste[266], zumal - laut Helmut Bley - der Versuch, eine der europäischen ähnliche Unterschicht zu schaffen, daran scheiterte, dass der afrikanische Arbeiter «‹Eingeborener› bleiben sollte».[267]

Zudem erwies sich der Völkermord als kontraproduktiv für die Schaffung einer «Arbeiterklasse». Die Dezimierung der Bevölkerung führte zu einem erheblichen Mangel an Arbeitskräften, so dass Wan-

---

Ypern». Nach dem Ersten Weltkrieg erfolgte seine pazifistische Wendung zum Vorstandsmitglied der Deutschen Friedensgesellschaft, Angehörigen der Deutschen Demokratischen Partei (DDP) und Mitbegründer des sozialdemokratisch dominierten «Reichsbanners Schwarz-Rot-Gold». Dieser schillernde Lebenslauf ist dargestellt in Zirkel: Vom Militaristen zum Pazifisten. Darin beschreibt Zirkel auch die sich zur Feindschaft auswachsende Beziehung zwischen Deimling und Maercker, die sich bis weit in die Zeit der Weimarer Republik hineinzog.

266 Drechsler: Südwestafrika, S. 221f.

267 Bley: Kolonialherrschaft, S. 191.

derarbeiter aus anderen Gebieten - aus dem Ovamboland im Norden Südwestafrikas und aus Südafrika - angeworben werden mussten, besonders nachdem 1908 Diamantenfunde Furore machten.

Die weiße Siedlerschaft war durch den gewonnenen Krieg keineswegs beruhigt: «Das menschliche Verhältnis in SWA [Südwestafrika, C.K.] war nicht nur durch anonyme Distanz und berechnende Gleichgültigkeit bestimmt, sondern durch tiefe Unsicherheit im Lebensgefühl, schließlich durch Haß und Angst.»[268] Prügelexzesse mit in Lederpeitschen eingeflochtenen Eisenteilen wurden Normalität. Die übersteigerte Furcht vor einem neuen Aufstand radikalisierte die Siedler enorm. Dabei war der Krieg, bis auf isolierte Unruheherde, entschieden.

Zu den immer noch Aufständischen zählte Morenga, auf dessen Kopf der Kaiser persönlich einen Preis von 20.000 Mark ausgesetzt hatte. Innerhalb des Reichskolonialamtes wurde diskutiert, ob eine Verhandlungslösung mit ihm und seinen Anhängern möglich wäre.

Georg Maercker, im März 1907 in das Deutsche Reich zurückgekehrt und in der «Abteilung M» (M = Militärverwaltung) des Berliner Reichskolonialamtes tätig, zeigte sich jeder Verhandlung abhold und sah sich damit im Einklang mit Wilhelm II. In einer Stellungnahme vom August 1907 verkündete er: «Der Befehl Seiner Majestät lautet nicht dahin, Morenga unschädlich zu machen, sondern seine Bande ohne Pardon auszurotten ... Es bleibt also nur das kriegerische Vorgehen übrig, das ich allein mit unserer soldatischen Ehre, und mit den Interessen des Schutzgebietes vereinbar erachte. Verhandlungen mit Morenga, die nicht auf der Grundlage unbedingter Unterwerfung beruhen, müssen notgedrungen auf die nicht völlig unterworfenen und durchaus unsicheren Bondelzwarts den Eindruck der Schwäche machen ... Ich bin deshalb nicht in der Lage, den Entwurf des Schreibens an den Herrn Reichskanzler mitzuzeichnen.»[269] Im Monat darauf wurde Morenga von englischen Kap-Polizisten, die mit den Deutschen zusammenarbeiteten, auf südafrikanischem Gebiet erschossen.

Insgesamt überlebten den Herero-Nama-Krieg ca. 15.000 von ursprünglich ca. 80.000 Herero und ca. 10.000 von ursprünglich ca. 20.000 Nama. Ein Drittel der Bergdamara, die am Konflikt ihrerseits gar nicht beteiligt waren, starben ebenfalls, da sie seitens der Deutschen nicht von den Herero unterschieden werden konnten.[270]

268 Ebd., S. 190.

269 Zitiert nach Drechsler: Südwestafrika, S. 200f.

270 Zahlen nach Drechsler: Südwestafrika, S. 213f. Drechsler beruft sich auf eine

7. Nochmals Südwestafrika

Schon bald - im Januar 1908 - erfolgte Maerckers erneute Versetzung nach Südwestafrika.[271] Nun wurde er Kommandeur des Nordbezirks (Hereroland). Diesmal nahm er seine Frau Elli und für eine Weile auch seine Mutter mit. Offensichtlich sah er die Lage als weniger bedrohlich als zuvor. Doch immer noch musste die Schutztruppe Kämpfe gegen kleinere aufständische Namagruppen führen, vor allem gegen den Namakapitän Simon Kooper. Mitte März kam es zum entscheidenden Gefecht in der Kalahari, in dem die Deutschen siegten. Kooper entkam und fand Asyl im britischen Protektorat Betschuanaland gegen die Zusicherung, den Kampf gegen die Deutschen aufzugeben.[272]

Zu diesem Zeitpunkt - Ende März 1908 - machte sich Maercker bereits wieder Gedanken über eine Rückkehr in das Deutsche Reich, obwohl er an höchster Stelle der kolonialen militärischen Truppenhierarchie gehandelt wurde. Der Kommandeur der Schutztruppe, Ludwig von Estorff, erwog einen Urlaub, während dessen Maercker als seine Vertretung im Gespräch war. In einem Brief an seine Familie[273] schrieb Maercker, er selbst könne «dann im November oder Dezember nach Hause zurückkommen». Sollte er Estorff allerdings auch weiterhin vertreten müssen oder sogar zum offiziellen Kommandeur der Schutztruppe ernannt werden, «... würde ich wahrscheinlich ‹Nein› sagen, sondern bitten, mich sofort nach Hause zu schicken. Auf keinen Fall schließlich nehme ich den Posten als Kommandeur an, falls Estorff zurücktritt. Dazu sind die Verhältnisse zu ungemütlich hier. So liegt die Sache heute.»

Die «ungemütlichen Verhältnisse» erläuterte er später in einem Brief an seinen Bruder Julius.[274] Es sei ein großer Irrtum, ihm zu unterstellen, er wolle Kommandeur werden. Er lege keinerlei Wert darauf, und zwar

---

Volkszählung im Jahr 1911.

271 Ob es sich hier um einen Wunsch Maerckers oder eine Kommandierung ohne eigenen Einfluss handelte, konnte ich nach den mir vorliegenden Unterlagen nicht ersehen.

272 Hauptmann Friedrich von Erckert führte diesen Feldzug, für den er ca. 700 aus dem Sudan erstandene Kamele benutzte. Erckert selbst fiel in dem Gefecht. Der «Feldzug des Hauptmann von Erckert» wurde von Hans Grimm in seinem 1926 erschienenen Roman «Volk ohne Raum» verarbeitet, dessen Titel sich zu einem Schlüsselbegriff des Nationalsozialismus entwickelte.

273 BA-MA N 786/8, «Sammelbrief» an Familie vom 24.3.1908.

274 BA-MA N 786/8, Brief an Julius Maercker vom 26.9.1908.

aus folgendem Grund: «In erster Linie bin ich doch zu sehr Soldat, als daß es mir gleichgültig wäre, ob ich meine Befehle von einem Soldaten oder von einem Zivilisten bekomme, obgleich ich der Wahrheit gemäß sagen muß, daß unser Gouverneur, der selbst nie Soldat war, … ganz außerordentlich truppenfreundlich ist u. daß ich mich ganz famos mit ihm stehe.»

Zivilgouverneur war inzwischen Bruno von Schuckmann. Trotz persönlicher Sympathie verbot es Maercker die «soldatische Ehre», von einem Zivilisten Weisungen entgegenzunehmen. Auch von der Tätigkeit her wollte Maercker nicht oberster Kommandeur der Schutztruppe werden. Seine jetzige Aktivität als Kommandeur des Nordbezirks der Kolonie bestehe darin, «die Truppen nach den Erfordernissen der Kriegführung» auszubilden: «Das macht mir unendlich Freude und ich gehe darin fast ganz auf. Es macht mir immensen Spaß, mir die Truppen so ganz nach meinem Ermessen in die Hand zu spielen.» Der Hauptkommandeur der Schutztruppe dagegen «... hat also nichts anderes zu tun, als jährlich 1 oder 2mal die Truppen zu besichtigen. Im Übrigen sitzt er im Büro in Whuk [Windhuk, C.K.] u. regiert und das ist keine Freude.» Der Kommandeursposten blieb Maercker schließlich erspart, denn Oberst Ludwig von Estorff behielt diesen bis zum März 1911.

Maercker, der nun doch in der Kolonie blieb, unternahm zwei Reisen zum Naukluft-Gebirge, in dem er vier Jahre zuvor im Gefecht gegen Elias und Andreas verwundet worden war. Die Fahrten dienten vor allem kartographischen Zwecken. Bei der zweiten Reise begleitete ihn seine Frau. Daraus lässt sich schließen, dass die dortige Lage als befriedet galt; tatsächlich war die Gegend inzwischen so gut wie unbewohnt.

Das Deutsche Kolonialblatt veröffentlichte 1910 einen Beitrag Maerckers mit dem Titel «Am Naukluft-Gebirge». Es handelte sich um einen Expeditionsbericht über die Beschaffenheit des Landes, der gute Kenntnisse des Verfassers in geologischer und geografischer Hinsicht verriet. Zweck der Reise war: «Ich beabsichtige, den Lauf des Tsondab [eines für Südwestafrika typischen Trockenflusses, C.K.] unterhalb Awabes durch Routenaufnahmen festzulegen, den Charakter der Dünenregion zu erkunden, die sich zwischen Awabes und dem Meer erstreckt, und endlich die auf der Kriegskarte verzeichneten ‹Wasserstellen, von Nama bewohnt›, aufzusuchen.»[275] Er schildert auch seinen ganz persönlichen Eindruck, den er von der Wüste gewann: «Ich kann nicht

275 Maercker: Am Naukluft-Gebirge, S. 657.

umhin, hier den außerordentlichen Eindruck hervorzuheben, den diese großartige Natur mit ihrem Schweigen und ihrer Einsamkeit, mit der ewigen Gleichmäßigkeit ihrer unabsehbar langen, parallel laufenden Riesendünen, mit der starken Wucht ihrer schneidenden Sandstürme gemacht hat. Mir fiel die Strophe aus Freiligraths Gedicht ‹Die Wüste› ein: ‹Wer sie durchritten hat, den graust!›»[276]

Von einem Polizeisergeanten auf eine Höhle mit zwei «Buschmannsskeletten»[277] hingewiesen, entschloss sich Maercker, die Gebeine der Nachwelt zur Schau zu stellen: «Die beiden Buschmannsskelette habe ich geborgen und eines dem Museum für Völkerkunde in Berlin, das andere dem Landesmuseum in Windhuk überwiesen.»[278]

Im Juni 1910 schied Maercker aus der Schutztruppe für Südwestafrika aus und kehrte in die Armee des Deutschen Reiches zurück.

8. «Unsere Kriegsführung in Deutsch-Südwestafrika»

Am 21. November 1907 – also zwischen seinen beiden Aufenthalten in Südwestafrika – hielt Maercker einen ausführlichen Vortrag vor der Abteilung Berlin-Charlottenburg der Deutschen Kolonialgesellschaft. Dieser erschien im Folgejahr auch als eigene Publikation. Der Titel lautete: «Unsere Kriegsführung in Deutsch-Südwestafrika». Er begann mit einer Frage: «In Frenssens schönem Buch: ‹Peter Moors Fahrt nach Südwest›, das mit unnachahmlicher Treue die Kämpfe des Seebataillons und der Schutztruppe gegen die Hereros schildert,[279] wird von einem jungen Seesoldaten die Frage aufgeworfen, warum diese Kämpfe so wenig Interesse in der Heimat erweckt haben ...»[280] Angesichts dreier siegreicher Kriege gegen Nachbarländer (Dänemark, Österreich, Frankreich) habe sich zudem die Öffentlichkeit gewundert, warum ein zah-

276 Ebd., S. 660.

277 «Buschmann» ist eine diskriminierende Bezeichnung für die Bevölkerungsgruppe der San.

278 Maercker: Am Naukluft-Gebirge, S. 661.

279 Gustav Frenssen (1863–1945) war ein völkisch-nationaler antisemitischer Schriftsteller und überzeugter Nationalsozialist. Sein Roman «Peter Moors Fahrt nach Südwest» über den Hererokrieg hatte durchschlagenden propagandistischen Erfolg, erzielte höchste Auflagen und war im Deutschen Reich, den USA und Schweden Schullektüre. Als typischer Duktus sei angeführt: «... daß wir nach Südwest gingen, um an einem wilden Heidenvolk vergossenes deutsches Blut zu rächen» – Frenssen: Peter Moors Fahrt, S. 6. Auch in der BRD wurde das Buch noch publiziert.

280 Maercker: Kriegsführung in Deutsch-Südwestafrika, S. 3.

lenmäßig zehn- bis zwanzigfach größeres Heer mit «ein paar hundert Viehräuber[n] und Pferdediebe[n]»[281] scheinbar nicht fertig wurde.

Maercker begründete die lange Kriegsdauer mit Größe und Beschaffenheit des Landes sowie mit kriegerischer Überlegenheit des Gegners. Die körperlichen Anstrengungen der deutschen Soldaten angesichts ungewohnter klimatischer Bedingungen hätten zu einem hohen Krankenstand geführt. Die extreme Trockenzeit und Wasserarmut sei dabei von Bedeutung, habe aber auch eine positive Seite: «Andererseits war uns die Wasserarmut des Landes auch eine kräftige Stütze im Kampfe gegen die Eingeborenen. Hunderte von Hereros sind dem Tode durch Verdursten im Sandfelde erlegen. Auch gegen die Hottentotten half uns die Wasserarmut.»[282]

In einer längeren Passage erläuterte Maercker die marode Situation des Hafens in Swakopmund, über den Kriegsmaterial eingeführt wurde. Für das Löschen der Ladung beschaffte die Reederei Woermann liberianische Arbeiter, wobei es sich offenbar um Zwangsarbeit handelte: «Da kein Personal vorhanden war, das mit dieser schweren und gefährlichen Arbeit vertraut war, so war die Wörmann-Linie, die das Löschgeschäft besorgte, gezwungen, von der Liberiaküste her Krujungen zu besorgen, was, da diese Leute das naßkalte Wetter Swakopmunds sehr fürchteten, mit großen Schwierigkeiten verbunden war.»[283] Erst der Bau einer Landungsbrücke durch eine Kompanie der Schutztruppe, mit der Maercker anschließend als Befehlshaber in den Kampf gezogen sei, habe den Zustand verbessert. Er vergaß dabei auch nicht, spezielle Probleme zu erörtern, wie etwa die Gefahr durch Versandung oder den Bohrwurm.

Günstiger lägen die natürlichen Verhältnisse im Hafen von Lüderitzbucht. Lüderitzbucht vorgelagert war das Konzentrationslager Haifischinsel, in dem die noch lebenden, vor sich hinsiechenden Gefangenen ebenfalls zur Zwangsarbeit rekrutiert wurden. Ein Beispiel hierfür schilderte Maercker anhand eines der Hafenprojekte: «Das eine will das Ostufer der Haifischinsel zu einer Kaianlage verwenden. Die ersten vorbereitenden Arbeiten hierzu sind von den kriegsgefangenen Witbois und Bethanierhottentotten ausgeführt, die im September 1906 aus Sicherheitsgründen auf der Haifischinsel interniert wurden.»[284]

281 Ebd., S. 4.
282 Ebd., S. 9.
283 Ebd., S. 14f.
284 Ebd., S. 25.

Besonderen Nachdruck legte Maercker auf die für ihn kriegsentscheidende Frage des Eisenbahnbaus. Dieser sei vor allem im Süden nicht weiter vorangekommen. Hier räche sich falsche Sparsamkeit, denn bei vorausschauender Planung wäre der Krieg ein Jahr früher beendet gewesen. Auch für die Zukunft seien neue Eisenbahnstrecken im Süden Südwestafrikas unbedingt notwendig, da bei einer nicht vollständig befriedeten Bevölkerung weiterhin die Gefahr von Unruhen bestünde.

Dann kam er auf die Einwohner des Landes und die Ursache des Hererokrieges zu sprechen. «Ein freiheitsliebendes Volk, das nicht gewillt war, sich dauernd die Fremdherrschaft gefallen zu lassen, und das sich, sobald sich ihm eine Aussicht auf Erfolg bot, einmütig erhob, um diese Herrschaft abzuschütteln ... Das Volk schien begriffen zu haben, daß es jetzt vor dem Entscheidungskampfe stehe, daß es entweder die Deutschen aus dem Lande herauswerfen oder endgültig auf den Besitz der Heimat verzichten müsse.»[285] Durchaus anerkennend äußerte er sich über kämpferischen Mut und Geschicklichkeit des Gegners: «Mit anerkennenswerter Tapferkeit, ja Todesverachtung gingen die Massen vor, andauernd schießend und mit lautem Geschrei, während die Weiber hinter den Linien mit schrillen Zurufen die Kämpfer anfeuerten. Es bedarf großer Ruhe und starker Nerven, um solchem Ansturm im dichten Busch mit ruhigem Feuer zu begegnen.»[286]

Ausdrücklich begrüßte er die repressiven Eingeborenenverordnungen, die die Zerschlagung des gesellschaftlichen Zusammenhangs der Einheimischen zum Ziel hatten, um sie zur Arbeitskraft für die Deutschen zu machen: «Vor dem Kriege waren wir lediglich die Geduldeten im Lande. Mit unsäglichem Hochmut und starkem Dünkel sahen die Eingeborenen auf uns herab. Dem mußte ein Ende gemacht werden, denn das vertrug sich weder mit unserer nationalen Würde, noch mit unseren wirtschaftlichen Interessen.»[287]

Ganz anders als die Herero erschienen Maercker die Nama. Während er der Physiognomie der Herero eher positive Eigenschaften zuschrieb, empfand er die Nama körperlich und charakterlich abstoßend: «Es ist ein ebenso merkwürdiges als unsympathisches Volk ... Ein merkwürdig häßliches Volk, an dem nur die kleinen, zierlichen Hände und Füße schön sind ... So wenig sympathisch ihr Äußeres, so wenig

285 Ebd., S. 45.
286 Ebd., S. 46.
287 Ebd., S. 49.

angenehm ihr Charakter. Hochmut, Wankelmut, Treulosigkeit, vor allem Großmannssucht, das sind die hervorstechendsten Eigenschaften dieses Volks. Dazu macht sich besonders bemerkbar ein lebhafter Hang zur Unzucht und zum Schnaps.»[288] Dennoch attestierte er ihnen einige positive Eigenschaften: Gastfreundschaft, geistig hohe Reife, Menschenkenntnis und gelegentliche hervorragende Rhetorik.

Sowohl der Kampfplatz als auch die Kampfesweise hätten sich im Krieg gegen die Nama gänzlich anders dargestellt als gegen die Herero. Die Deutschen mussten im Falle der Nama einen für sie ungewohnten Guerillakrieg in einem fast vegetationslosen Land mit subtropischem Klima führen, in dem sich die Gegner bestens, die Deutschen so gut wie gar nicht auskannten. Während die Herero den Massenkampf bevorzugten, legten die Nama Hinterhalte.

Die Probleme der Schutztruppe beschönigte Maercker keineswegs. Besonders Versorgungsengpässe für Mensch und Tier hätten den Soldaten zu schaffen gemacht und zu Unterernährung und Krankheiten geführt. Seine Folgerung: die Soldaten müssten sich die Fähigkeiten der Einheimischen aneignen, und dies könne nur mit einer künftigen längerdienenden Kolonialtruppe geschehen. Einheimische Soldaten im deutschen Dienst lehnte er ab, denn deren Hilfe «ist nicht allein beschämend für uns, sondern auch gefährlich, denn in jedem eingeborenen Soldaten bilden wir uns einen zukünftigen Feind aus».[289]

Es seien, neben technischer Überlegenheit speziell in der Nachrichtenübermittlung, deutsche Tugenden gewesen, die schließlich zum Sieg geführt hätten: «Die deutsche Zähigkeit, der entschiedene Wille, die Sache zum Ende zu bringen, hat schließlich den Feind überwunden.»[290]

In seinen Schlussfolgerungen kritisierte Maercker die Auffassung, die Afrikaner seien durch eigenes Interesse an wirtschaftlicher Entwicklung von Aufständen abzuhalten, was er als «Wahnvorstellungen»[291] bezeichnete. Die Geschichte zeige «nicht einen Fall, daß es gelungen ist, einen afrikanischen Stamm auf friedlichem Wege zu gewinnen. Auch in Afrika keimt nur aus dem Kampf der Friede.»[292] Auf diese Kämpfe, die seiner Meinung nach demnächst in Kamerun und Ostafrika auszubrechen drohten, müsse man sich vorbereiten. Im Zuge solcher

288 Ebd., S. 52f.
289 Ebd., S. 64.
290 Ebd., S. 70.
291 Ebd., S. 71.
292 Ebd.

Vorbereitungen sei es falsch, Verwaltungsbeamte zu bevorzugen, vielmehr müssten Soldaten und Techniker zunächst das Land befrieden, um Voraussetzungen für die Zivilgewalt zu schaffen. Im Falle Südwestafrikas schlug er eine zunehmende Besiedelung durch Deutsche vor sowie die Entsendung von Frauen, um den enormen Männerüberschuss auszugleichen und deutsche Familien zu gründen.

Maercker vergaß auch nicht, die Gegner der Kolonialpolitik zu kritisieren. 37 Jahre Friede habe einen besonders schlechten Einfluss im deutschen Volk gezeitigt: «Genußsucht und Bequemlichkeit greifen Platz, die alte, deutsche Einfachheit ist vielen Kreisen fremd geworden. Dazu kommt das Vordringen einer, nach meiner Überzeugung verderblichen materialistischen Anschauungsweise, die nichts mehr von Idealen wissen will, in neuester Zeit eine Agitation, die uns Deutschen die Freude am Waffenhandwerk, das doch von Urväterzeit her hoch bei uns in Gunst stand, verderben will.»[293] Der Krieg in Südwestafrika habe aber bewiesen, dass zumindest dort vom Verlust der Ideale nicht die Rede sein könne. Die Kolonialpolitik verfolge keineswegs nur wirtschaftliche Interessen: «Gewiß, in erster Linie erstreben wir wirtschaftliche Erfolge, aber sie sollen doch nur dazu dienen, dem Deutschtum als solchem Macht, Ehre und Gewinn zu verschaffen, sie sollen letzten Endes ideellen Zwecken dienen.»[294]

293 Ebd., S. 72.
294 Ebd., S. 73f.

Zwischenspiel an der Nordsee

1. *(K)ein Zufall*

Es war nur ein halber Zufall, dass meine Freundin und ich auf der ostfriesischen Nordseeinsel Borkum weilten, als im Gemeindehaus Arche, gleich neben dem touristisch gut frequentierten Neuen Leuchtturm, eine Ausstellungseröffnung zum Thema «Antisemitismus» stattfand. Denn nicht gerade zufällig beschäftigt dieses Thema die Insel bis heute. Schon 1897 betonte ein Inselführer den «Vorzug» Borkums, «judenrein» zu sein – was nach dem Ersten Weltkrieg noch aggressivere Züge annahm. Als besonders glühender Antisemit erwies sich der evangelische Pastor Ludwig Münchmeyer, dessen Motiv: «Borkum, der Nordsee schönste Zier, bleib du von Juden rein» ihn bis zum «Reichsredner» der NSDAP beförderte. Die Kurkapelle spielte täglich das «Borkum-Lied»: «An Borkums Strand nur Deutschtum gilt, nur deutsch ist das Panier. Wir halten rein den Ehrenschild Germania für und für! Doch wer dir naht mit platten Füßen, mit Nasen krumm und Haaren kraus, der soll nicht deinen Strand genießen, der muß hinaus, der muß hinaus!» Für die Eintrittskarte galt: «Juden und Hunde dürfen hier nicht herein!»

Eine ausführliche Schilderung des «Bäder-Antisemitismus» verdanken wir Frank Bajohr. Die antijüdische Speerspitze unter den Nordseeinseln bildete Borkum, das in Konkurrenz zum als «judenfreundlich» geltenden Norderney stand. Zur Ehrenrettung der Borkumer schreibt Bajohr: «Der Antisemitismus auf Borkum war keine endogene Erscheinung, sondern ein Importphänomen, das in erster Linie von antisemitischen Gästen ausging.»[295]

Immerhin gibt es neuerdings eine Gedenktafel gegen das damalige antisemitische Treiben. Auch in unserer Unterkunft hatte die Zimmerwirtin eine Art Fotoausstellung installiert, in der die unglückselige Vergangenheit der Insel kritisch betrachtet wurde. Es existiert heute durchaus ein Problembewusstsein gegenüber der eigenen Geschichte.

Im Heimatmuseum «Dykhus» (Deichhaus) am Alten Leuchtturm verbrachte ich mit dem «Heimatverein der Insel Borkum» einige kooperative und entspannte Stunden zur Sichtung dort vorhandenen Archivmaterials. Denn der Besuch gerade auf Borkum war natürlich kein Zufall, sondern führte weiter auf die Spuren Georg Maerckers.

---

295 Bajohr: «Unser Hotel ist judenfrei», S. 15.

2. Von Afrika nach Borkum

Kaum zurück im Deutschen Reich wurde Maercker im Juli 1910 als Bataillonskommandeur in das niederschlesische Infanterie-Regiment 47 berufen. 1912 zum Oberstleutnant ernannt, fand er sich schließlich im Elsass wieder, wo er schon zu Beginn seiner militärischen Karriere stationiert war. Diesmal handelte es sich um das in Neubreisach angesiedelte Infanterie-Regiment 172, in dessen Stab Maercker versetzt wurde. Seine Gemütslage erschließt sich durch ein im Nachlass erhaltenes undatiertes Gedicht, welches aber mit großer Wahrscheinlichkeit in dieser Zeit entstand.[296] Dessen erste und letzte Strophe lauten:

> «Wenn ich im Speisewagen komm von Straßburg her
> Und steig in Colmar in das Zügle ein
> Da wird im Kastenwald mir schon das Herz so schwer,
> In einen Maulwurfshaufen fahr ich rein.
> An einem Bretterhaus
> Da steig betrübt ich aus
> Es winket mir
> Kein Auto hier
> Und traurig geh ich auf den stumpfen Kirchturm zu
> Und möcht schier weinen wie ein kleiner Bu.
> …
> Und voll Verzweiflung leg ich mich ins Bett hinein
> Um zu vergessen – doch s' wird nichts draus.
> Es heult der Sturm und schlägt die Fensterscheiben ein
> Die Läden klappen um das ganze Haus.
> Und schaurig tönt dabei
> Auch noch der Eule Schrei
> Die ganze Nacht
> Hab ich gewacht
> Und denk in diesem Nest bleibst noch 12 Jahre Du
> Da möcht mr weine wie n' kleiner Bu.»

Er musste keine zwölf Jahre mehr an diesem für ihn ungastlichen Ort ausharren, denn im Juni 1913 ernannte ihn Kaiser Wilhelm II. zum Kommandanten auf der Nordseeinsel Borkum.

296 BA-MA N 786/2, undatiertes Gedicht betitelt «Ein Regentag in Neubreisach».

Die politische Situation in Europa hatte sich in den letzten Jahren dramatisch zugespitzt. Im Sommer 1911 drohte durch das provokante Verhalten der Reichsregierung während der «Zweiten Marokkokrise» bereits ein Krieg. Auf dem Balkan lag ein Flächenbrand in der Luft. Im Frühjahr 1912 erschien das populäre Buch «Deutschland und der nächste Krieg» des preußischen Generals Friedrich von Bernhardi, der verlangte, einen Waffengang nicht zu vermeiden, sondern herbeizuführen. Im Dezember 1912 fand eine unter dem Namen «Kriegsrat» in die Geschichte eingegangene Versammlung von Wilhelm II. und seinen engsten Militärberatern statt, auf der diskutiert wurde, wann der günstigste Augenblick zum Losschlagen sei. Am Ende des folgenden Jahres wurde der nächste Sprengsatz gelegt, indem eine in die Türkei entsandte deutsche Militärmission Russland provozierte.

Zunehmend forderte die deutsche Militärführung den Präventivkrieg. Als entscheidender Unsicherheitsfaktor galt England. Die Frage, wie es sich in einem deutschen Krieg gegen Frankreich und Russland verhalten würde, konnte allerdings jeder halbwegs vorausschauende Betrachter beantworten: Die aggressive deutsche Flottenpolitik war eine direkte Herausforderung des Britischen Empire, der nach dem Schlieffenplan vorgesehene Einmarsch in Belgien nicht minder.

Auch innenpolitisch hatten sich Veränderungen ergeben. Im Januar 1912 gewann die Sozialdemokratie die Wahlen mit 34,8 Prozent und zog als stärkste Partei in den Reichstag ein. Erbitterte Arbeitskämpfe führten zu wachsender Repression. Im März wurden sogar tausende Soldaten eingesetzt, um einen Bergarbeiterstreik im Ruhrgebiet niederzuschlagen. Die sozialen Auseinandersetzungen verschärften sich erheblich - ein weiterer Grund für die führenden Kreise in Politik, Militär und Industrie, einen großen «Befreiungsschlag» vorzunehmen.

An Prägnanz kaum zu übertreffen beschrieb das «Militär-Wochenblatt» in seiner Neujahrsausgabe 1914 die Stimmung des vergangenen Jahres: «‹Eine Welt in Waffen!› Kürzer und treffender läßt sich die Lage am Schlusse des, abgesehen von den Balkankriegen, an kriegerischen Ereignissen nur armen, an vorbereitender Arbeit für den Krieg um so reicheren Jahres 1913 wohl kaum bezeichnen.»[297]

Die zur Seefestung erklärte Insel Borkum bildete den nordwestlichen Außenposten des Deutschen Reichs. Hier erwartete man im Falle eines Krieges mit England die ersten Auseinandersetzungen der

297 «Militärpolitischer Rückblick auf das Jahr 1913», in: Militär-Wochenblatt vom 1. Januar 1914, S. 6.

Seestreitkräfte. Borkum sollte den Flottenstützpunkt Emden decken und Flankenschutz geben.[298] Es hatte also eine militärstrategisch hohe Bedeutung.

Maercker wusste die Berufung als Kommandeur auf diesem Vorposten zu würdigen und hoffte auf baldige Aktivitäten: «Schließlich aber ist die Stellung so wundervoll verantwortungsvoll. In allen Denkschriften u.s.w. heißt es ‹Borkum ist der gefährdetste Posten des Reiches› und die Engländer erklären offen, daß im Falle eines Krieges ihr erstes Angriffsziel Borkum ist, das sie überrumpeln wollen ... Aber was nützt mir das alles, wenn wir Frieden behalten u. die Engländer nicht kommen?»[299]

Zunächst bescherte er der Borkumer Bevölkerung Außergewöhnliches, denn aus den afrikanischen Kolonien «brachte er einen schwarzen Diener mit Namen Momadi mit, der der erste Schwarze auf Borkum war. Außerdem hatte er eine große Raubkatze mitgebracht, die unter der Außentreppe eingesperrt war.»[300]

Nach einem halben Jahr erwies sich der Dienst auf der Insel als hauptsächlich ereignislose Routine. Maercker lamentierte über immer gleich vergehende Tage, so dass er gar nicht mehr wisse, was für ein Wochentag gerade sei. Aber er setzte sich auch Ziele: «Borkum ist ja heute schon ... die stärkste aller Küstenfestungen ... Ich will es so stark machen, daß die Engländer gar nicht wagen sollen, es anzugreifen.»[301] Forciert fanden militärische Übungen statt.

Gegen Ende Juli 1914 machte sich unter den Kurgästen durch Presseberichte über einen bevorstehenden Kriegsbeginn eine gewisse Panik bemerkbar. Die Badeverwaltung versuchte dem entgegenzuwirken, doch am 31. Juli forderte Kommandant Maercker die Badegäste zum sofortigen Verlassen der Insel auf, da der Krieg jederzeit beginnen könne. Am 2. August - einen Tag nach der Kriegserklärung an Russland - ließ er auf Plakaten erklären, dass er nunmehr Kriegskommandant sei und die vollziehende Gewalt auf ihn übergehe. Sämtliche Ausländer hätten die Insel innerhalb von 24 Stunden zu verlassen. Für Publikationen jeder Art sowie Briefe und Telegramme gelte die Zensur. Öffentliche Versammlungen von mehr als 10 Personen seien verboten.

---

298 Die Situation auf Borkum vor und während des Ersten Weltkriegs schildert Apfeld: Borkum, S. 7–34.

299 BA-MA N 786/9, Brief an Mutter, undatiert.

300 Apfeld: Borkum, S. 10.

301 BA-MA N 786/9, Brief an Mutter vom 15.2.1914.

Auch die Benutzung von Ferngläsern dürfe nur noch mit Zustimmung der Kommandantur erfolgen. Fotoapparate seien bei der Polizei abzugeben. Zusammenfassend hieß es: «Die Verwendung der bewaffneten Macht zur Unterdrückung etwa vorkommender Aufruhrversuche erfolgt nach meinem Befehl.» Am selben Tage erfolgten Sprengungen, um das Schussfeld für die Artillerie freizulegen. Dünen wurden mit Draht überzogen, an den Baken Sprengladungen angebracht. Für den Fall der Beschießung grub sich die Bevölkerung in den Dünen Erdhöhlen, die meist mit beschlagnahmten Badekarren ausgestattet waren. Die Leitung eines neu eingerichteten Festungslazaretts im «Adolfinenheim» übernahm Elsbeth Maercker, die Frau des Kommandeurs.[302]

Der Kriegsbeginn schien für Maercker eine geradezu erlösende Wirkung zu haben. Denn nun steigerten sich seine Aktivitäten enorm. Es ging ihm nicht nur um die Gefechtsbereitschaft der Insel, sondern ebenso um Zucht und Ordnung im gesellschaftlichen Leben. Dabei enthüllte er auch sein Verhältnis zur Borkumer Bevölkerung: «Um die halbwüchsige Jugend zu beschäftigen, habe ich eine Fortbildungsschule für alle Personen bis zum 17. Lebensjahr errichtet ... Besonders energisch führe ich den Kampf gegen den Alkohol ... Wer angetrunken ist, fliegt ins Loch ... Man sollte nun glauben, daß die Borkumer (denen ich ihr Liebstes - die Faulheit u. den Schnaps - nehme) mich hassen würden. Aber gerade das Gegenteil ist der Fall. Alles grüßt mich, Frauen u. Kinder winken mir zu u. es gibt keinen Mann, der nicht vor mir den Hut zieht. (Was ich ihm auch nicht raten wollte!)».[303] Bald darauf sah das Verhältnis allerdings so aus: «... die Bürgerschaft ist, wie du dir denken kannst, sonst nicht bes. gut auf mich zu sprechen. Es ist im Großen und Ganzen aber auch eine jammervolle Gesellschaft - diese Inselfriesen.»[304]

Am 4. August erging an die Borkumer die Aufforderung, einer Versammlung beizuwohnen: «Alle Bürger Borkums werden ersucht, heute abend 8 Uhr zu einer Bürgerversammlung im ‹Seestern› zu erscheinen. Auch Frauen können daran teilnehmen.»[305] Am 5. August wurde die gesamte nichtdienende männliche Bevölkerung vom 16. bis 59. Lebens-

302 Zu den Geschehnissen Juli/August 1914 auf Borkum siehe Apfeld: Borkum, S. 11ff.

303 BA-MA N 786/9, Brief an Mutter vom 9.8.1914.

304 BA-MA N 786/9, Brief an Mutter vom 25.9.1914.

305 Badeverwaltung des Nordseebades Borkum. Akten betr. Bekanntmachungen. Kommandanturbefehle 1914–1915, Befehl vom 4.8.1914.

jahr, soweit sie nicht für die Versorgung der Insel unabkömmlich war, für den folgenden Tag auf den Exerzierplatz der Kaserne befohlen bei Bestrafung des Nichtteilnahme.[306] Der Kommandanturbefehl vom 20. August bewies, dass Maercker auch bei sittlichen Verfehlungen hart durchgriff: «An den letzten Abenden sind mehrfach Soldaten durch halbwüchsige Mädchen, die sich noch bei dunkelheit [sic!] auf den Strassen herumtreiben, zu Pflichtverletzungen verleitet worden. Sie mussten bestraft werden. Sollten sich solche Fälle wiederholen, so würde ich mich genötigt sehen, der Bürgerschaft das Verlassen der Häuser nach 9 Uhr abends zu verbieten und die Mädchen von der Insel zu verweisen.»[307]

Am 28. August 1914 fand bei Helgoland ein Seegefecht zwischen Deutschen und Briten statt. Es endete mit einer schweren Niederlage der deutschen Marine. Maercker daraufhin: «Ich verlasse mich hier auf unsere Schiffe überhaupt nicht mehr. Kommen die beefs, dann werden die Borkumer die Sache schon allein machen.»[308]

Kurze Zeit später galt sein Lob der Marine, die durch Stationierung von 46 Kriegsfahrzeugen und 3 Wasserflugzeugen endlich den Wert des Ortes erkannt habe, doch gebe es noch einen Wermutstropfen: «Nun fehlt bloß noch eins - der Feind! Möchte er doch kommen!»[309] In einem undatierten Brief hatte er bekannt, er möchte jetzt eigentlich nicht Kommandant von Borkum sein, sondern «ein freier Mann! Dann würde ich in Deutschland herumreisen und Tag für Tag Vorträge halten, um den Haß gegen England zu predigen. Immer wieder von neuem, damit er sich ordentlich einfräße in die Herzen der Bangen und Schwachen!»[310]

Die Hoffnung, dem Feind gegenübertreten zu können, erfüllte sich auf Borkum weiterhin nicht, während der Krieg an West- und Ostfront tobte. Mitten in Maerckers Lamentieren über seine erzwungene Untätigkeit, die er mit aktivistischen Vorbereitungen auf die nicht stattfindende Feindberührung füllte, kam die Nachricht vom Tod seines Bruders Julius, dem er sich stark verbunden fühlte. Julius war nach Galizien kommandiert worden und dort gefallen. In Briefen an seine Mutter schrieb Maercker: «Und doch, müssen wir andern alle nicht

306 Vgl. ebd., Befehl vom 5.8.1914.
307 Ebd., Befehl vom 20.8.1914.
308 BA-MA N 786/9, Brief an Mutter vom 13.9.1914.
309 BA-MA N 786/9, Brief an Mutter vom 25.9.1914.
310 BA-MA N 786/9, Brief an Mutter, undatiert.

doch dem lieben Gott danken, daß er unserm lieben Julemann diesen Tod beschert hat - als Soldat an der Spitze seines Regiments?»[311] Und kurz darauf: «Ich traure tief um Julius. Aber ich bin auch sehr stolz auf ihn und ich danke dem lieben Gott von Herzen, daß er ihm einen so wundervollen Soldatentod beschert hat.»[312]

Ende Dezember erschienen die Engländer tatsächlich, doch zur Enttäuschung Maerckers nur mit Erkundungsabteilungen. Er musste sich weiterhin mit vorbereitenden Maßnahmen begnügen, die er bis ins Detail anordnete. Er erließ «Bekanntmachungen»[313], die in der Borkumer Zeitung veröffentlicht und auf Plakaten ausgehängt wurden. Unter anderem ging es um die Verteilung der Lebensmittel, die Organisation der Eisenbahnzüge, das Hissen von Flaggen, das Verlassen und Betreten der Insel und die Verdunkelung der Fenster. Ausländern wurde das Betreten Borkums gänzlich untersagt. Er verbot Entbindungen - schwangere Frauen hätten zwei Wochen vor dem erwarteten Geburtstermin Borkum zu verlassen. Da «illegale» Entbindungen geschehen seien, sehe er sich im Falle der Wiederholung gezwungen, sämtliche Frauen von der Insel zu verweisen. Immer wieder kam er auf das Thema «Alkohol» zu sprechen, waren doch die trinkfesten «Inselfriesen» durchaus erfindungsreich: «Ich verbiete die Einfuhr und ... den Verkauf des unter der Bezeichnung ‹Wermut› in letzter Zeit hier zum Ausschank gekommenen Getränks für die Dauer des Krieges nachdem eine Untersuchung ergeben hat, dass das Getränk wegen seines hohen Alkoholgehalts zu den für Borkum verbotenen Spirituosen zu rechnen ist.»[314]

Mitte des Jahres 1915 führte Maercker eine Verschärfung der Pressezensur ein. Ursache waren angeblich weit übertriebene Nachrichten über deutsche Kriegsverluste. Dies könne grundlose Unruhe in der Bevölkerung erzeugen. Verstöße würden mit Gefängnis geahndet. Ebenso mit einer Gefängnisstrafe bedrohte Maercker gewerbsmäßige Hersteller und Verkäufer von Schlagsahne, vermutlich, um den Milchvorrat zu schonen. Auch Strandburgen durften nicht mehr gebaut werden. Durchaus hatte Maercker in seinem rigiden Ordnungssystem einen Sinn für die «soziale Frage»: Er setzte Höchstpreise für Lebensmittel auf der Insel fest, schritt gegen gewerbsmäßigen Wucher ein und

311 BA-MA N 786/9, Brief an Mutter vom 3.12.1914.

312 BA-MA N 786/9, Brief an Mutter vom 13.12.1914.

313 Bekanntmachungen des Gemeindevorstandes und des Kommandeurs auf Borkum 1914/1915.

314 Ebd., Bekanntmachung vom 9.1.1915.

machte den Namen eines Vermieters öffentlich, der sechs armen Familien mit Kündigung drohte, deren Familienväter in die Armee eingezogen waren.

Im Juni wurde ein größerer englischer Luftangriff angekündigt. Maercker kommentierte lakonisch: «Wir sind empfangsbereit!»[315] Als auch dieser nicht stattfand, verlegte er sich auf ein neues Betätigungsfeld: «Neuerdings kämpfe ich gegen die Fremdwörter auf Borkum.»[316] Denn «die Ruhmestaten unseres Heeres und unserer Flotte und der daraus entsprungene völkische Stolz»[317] müssten nun auch die «Fremdtümelei» überwinden. Er hoffe, «bei dem patriotischen Sinn der Borkumer» sei es nicht notwendig, mit Befehlen vorzugehen. Er erklärte seine Bereitschaft, «durch Stellung von Arbeitern» fremdländische Begriffe einzudeutschen. Dabei konnte er sich auf einen Auswuchs des sogenannten «Augusterlebnisses» zu Kriegsbeginn berufen. Jugendliche aus der Mittelschicht vagabundierten im nationalen Rausch durch die Städte auf der Suche nach Fremdwörtern. Geschäftsinhaber, die in ihren Läden «undeutsche» Wörter benutzten, wurden verwarnt. Reagierten sie nicht, schlugen ihnen die Jugendlichen die Fenster ein. Auch Schulen, Staatsbeamte und die Polizei beteiligten sich an diesem Treiben, das schließlich selbst den vaterländischen Presse- und Staatsorganen suspekt wurde.[318]

Im April 1915 hielt Maercker einen ausführlichen Vortrag über «Die Kämpfe an den Dardanellen», der in mehreren Folgen in der «Kriegszeitung der Festung Borkum» publiziert wurde.[319] Ausgehend von seiner Kenntnis griechischer Mythologie und geografischer Besonderheiten entwarf er ein umfassendes Szenario der Kriegshandlungen und der daran beteiligten Staaten.

Die Inaktivität auf der Insel machte ihm erheblich zu schaffen: «Wir sehen einem Angriff mit Ruhe, mit Vertrauen, aber auch mit Sehnsucht entgegen. Denn dieses endlose Aufgaffen und Warten geht schließlich doch auf die Nerven. Sonst verlaufen unsere Tage in endloser Einförmigkeit. Ich habe noch nie eine so ruhige Zeit verlebt, wie diese 13 Kriegsmonate.»[320]

---

315 BA-MA N 786/9, Brief an Mutter vom 20.6.1915.

316 BA-MA N 786/9, Brief an Mutter vom 14.7.1915.

317 BA-MA N 786/2, undatierter Brief an unbekannten Empfänger.

318 Eine Schilderung dieses karnevalesken Geschehens findet sich in: Verhey: Geist, S. 151–155.

319 Kriegszeitung der Festung Borkum 1915.

320 BA-MA N 786/9, Brief an Mutter vom 5.9.1915.

Im Oktober 1915 wurde seinem Gesuch, Borkum verlassen und an die Front gelangen zu dürfen, schließlich stattgegeben. In der «Kriegszeitung der Festung Borkum» erschien zum Abschied eine Laudatio auf ihn, die mit einem Gedicht endete (Hervorhebung im Original):

«Die Besatzung Borkums dem Kommandanten,
Herrn Oberst Maercker, zum Abschied.
Leb' wohl, Herr Kommandant! – Ein Wunsch zur Reise!
Mög' hohes Kriegsglück leuchten Deinen Wegen;
Ein heller Stern strahl' Deinem Tag entgegen;
Gott schütze dich im neuen Wirkungskreise!
Wenn wir, Herr Oberst, Dir beim Scheiden danken,
Daß Deine Art streng und gerecht gewesen,
dann darfst du tief aus den Gefühlen lesen,
Wie um dein Bild sich Lieb' und Achtung ranken.
Wir müssen nach wie vor am Nordseestrande
Den Heimatschutz in scharfer Wacht verrichten,
In treuer Wartung der Soldatenpflichten.
Das deutsche Herz gehört dem Vaterlande!
Doch was uns Zeit und Zukunft auch beschieden,
Zum großen Ziel ist schon der Weg gefunden:
Am deutschen Wesen muß die Welt gesunden!
Das sei Parole uns zum Sieg und Frieden.»[321]

Etwas anders sah das der ansonsten sehr gemäßigte Borkumer Soldatenrat, der im Januar 1919 an den Reichswehrminister Noske telegrafierte: «Wir halten es für unsere Pflicht, die Reichsregierung dringend vor ... General Maercker, Kommandeur des Landesjägerkorps, zu warnen, der sich hier auf Borkum stets als Erzreaktionär schlimmster Sorte und als Herrenmensch erwiesen hat.»[322]

Natürlich beschäftigte sich Maercker auch während seiner Borkumer Zeit mit den deutschen Kolonien und seinen ehemaligen Kollegen aus der Schutztruppe. In einem undatierten Brieffragment, das er wahrscheinlich zu Beginn seiner Tätigkeit auf Borkum verfasste, berichtete er von seiner Teilnahme an einer Kolonialversammlung in Ber-

321 Kriegszeitung der Festung Borkum Nr. 11 vom 16. Oktober 1915.
322 Maercker zitiert dieses Telegramm selbst, siehe Maercker: Kaiserheer, S. 66. Der damalige Volksbeauftragte und spätere Reichswehrminister Gustav Noske ließ Maercker das Telegramm als Geschenk zukommen.

lin.[323] Besonders lobend erwähnte er einen Vortrag des Generals Eduard von Liebert über die «Undankbarkeit des Kolonialdienstes». Liebert war ehemaliger Gouverneur und zeitweise auch Kommandeur in Deutsch-Ostafrika, der sich durch eine extrem repressive Politik sogar den Unmut der Kolonialabteilung zugezogen hatte. Nach seiner Afrikazeit war er in den Vorständen der Deutschen Kolonialgesellschaft, des Alldeutschen Verbandes und des «Reichsverbands gegen die Sozialdemokratie» führend tätig. Er fiel besonders durch seine ausgesprochen rassistische Weltanschauung auf und trat später - 1929 - in die NSDAP ein.

Oberstleutnant Maercker und General Liebert dachten auch an einen gemeinsamen alten Freund: Carl Peters, Ostafrika-Pionier der ersten Stunde, der sich dort bekanntlich die Beinamen «Hänge-Peters» und «Mann mit den blutigen Händen» erworben hatte und als Vertreter des Herrenmenschentums par excellence galt. Maercker und Liebert erwirkten, dass der Vorsitzende der Deutschen Kolonialgesellschaft, Herzog Johann Albrecht zu Mecklenburg, einen persönlichen, von allen Anwesenden unterschriebenen Gruß an Carl Peters verfasste. Maercker ließ es sich nicht nehmen, selbst diesen Gruß dem zu dieser Zeit in Berlin lebenden schwer erkrankten Peters zu überbringen: «Ich ging Montag Mittag dorthin. Peters, mit dem ich lebhaft Erinnerungen an jene schöne Zeit austauschte, war so gerührt über den Gruß, daß ihm die Tränen in die Augen traten.»

Aus jenem Brieffragment geht auch hervor, dass Maercker in die engere Auswahl für den Posten des Kommandeurs des Berliner Schutztruppenkommandos geraten war, der zentralen militärischen Schutztruppen-Verwaltungsbehörde im Deutschen Reich: «Am Abend wurde wieder viel davon gesprochen, daß ich Nachfolger von Glasenapp [dem derzeitigen Kommandeur des Schutztruppenkommandos, C.K.] werden solle. Ich glaube es nicht.» Zum einen sei sein Verhältnis zur Zivilverwaltung zerrüttet - das Schutztruppenkommando war ein Teil des unter ziviler Leitung stehenden Reichskolonialamtes. Erneut wurde die Antipathie des Militärs gegen zivile Lenkung deutlich. Zum anderen sei es so, dass man ihn kaum aus seiner neu angetretenen Stellung auf Borkum entlassen würde.

323 BA-MA N 786/9, undatiertes Brieffragment, Empfänger unbekannt, laut Absenderangabe aus Borkum versandt. Es muss zwischen Juni 1913 (Ernennung Maerckers zum Kommandanten auf Borkum) und April 1914 (Ende der Dienstzeit des Kommandeurs im Kommando der Schutztruppen Franz Georg von Glasenapp) verfasst worden sein.

Es seien die Kolonialoffiziere, also die praktisch tätigen Militärs, die ihn gern im Kolonialamt hätten, «weil sie wissen, daß ich - im Gegensatz zu Glasenapp - ihre Interessen vertreten würde. Aber der Kommandeur der Schutztruppen muß nicht nur eine energische u. feste, sondern auch eine überlegen ruhige Persönlichkeit sein und das Letztere bin ich nicht mehr. Ich kann ¾ Stunden ruhig verhandeln u. dann brause ich doch auf und schade damit vielleicht noch mehr, als mit der Glasenappschen Nachgiebigkeit.»

Hinter dem Kokettieren mit persönlichen Charaktereigenschaften verbarg sich der Hauptgrund seiner ablehnenden Haltung: Als Kommandeur des Schutztruppenkommandos in Berlin hätte er aus der Armee austreten müssen, um einen zivilen Posten anzunehmen. Das widerstrebte Maercker zutiefst.

Erster Weltkrieg

1. *Imperial War Museum und Passendale*

Das Londoner «Imperial War Museum» ist eines der führenden Kriegsmuseen der Welt. Obwohl die in der Eingangshalle hängenden Bomber und andere Kriegsgeräte schon anfangs einen recht martialischen Eindruck machen, kann man es auch als Anti-Kriegs-Museum begreifen. Die Präsentationen zum Holocaust etwa lassen da keinen Zweifel aufkommen. Auch der Herero-Nama-Krieg ist ein Thema.

Als ich das Museum – vor einem großen Umbau 2012 – besuchte, geriet ich in das «Trench Experience» («Schützengraben-Erfahrung»), einen Ausstellungsraum, in dem die Frontsituation des Ersten Weltkriegs simuliert wurde. Die Darstellung erschien mir wie eine Art militärische Madame-Tussaud-Darbietung mit akustischer Untermalung in einer Softversion der tatsächlich geschehenen Ereignisse. Es war unter anderem eine Kopfverletzung zu sehen, aber nicht der wirkliche und tägliche Horror, den der französische Schriftsteller Henri Barbusse aus eigener Erfahrung beschrieb wie bei dem Versuch eines Soldaten, einem Gefallenen die Stiefel auszuziehen: «‹Als ich dann mit Gewalt zog, gingen der Leiche an den Knien die Beine aus dem Leim, seine Hosen zerrissen, und ich hielt die ganze Bescherung in der Hand! Auf einmal stand ich da, in jeder Flosse einen gefüllten Stiefel. Jetzt mussten die Beine und die Füße raus.›»[324] *Solche Schilderungen, ähnlich denen des deutschen Pendants zu Barbusse, Erich Maria Remarque mit «Im Westen nichts Neues», schienen mir da schon authentischer, wären aber wohl den mit jüngerer Nachkommenschaft versehenen Museumsbesuchern nicht zuzumuten gewesen.*

Dass Orte auch lange nach prägenden Ereignissen noch einen realen Horror bewirken können, bewies mir ein Freund aus England, der während eines Belgien-Aufenthalts in den Ort Passendale geriet und entsetzt aus diesem wieder herauskam. Passendale bot nach der «Dritten Flandernschlacht» im Jahr 1917 einen Anblick vollkommener Verwüstung. Heute zeugen davon Denkmäler und Soldatenfriedhöfe.

Die ereignisgeschichtliche, um die Einsatzorte Georg Maerckers zentrierte folgende Darstellung darf nicht dazu verleiten, den Ersten Weltkrieg als ein lediglich an der europäischen West- und Ostfront stattgefundenes Geschehen zu begreifen. Es handelte sich tatsächlich um einen Welt-Krieg. Nicht nur,

324 Barbusse: Das Feuer, S. 19.

dass amerikanische, asiatische, afrikanische, australische und ozeanische Soldaten an den Kampfhandlungen teilnahmen. Der Krieg fand auch in den Kolonien statt.[325] *Dabei kapitulierten die deutschen Besitzungen in der Südsee und China bald nach Kriegsbeginn, wie auch im afrikanischen Togo. Die Kämpfe in «Deutsch-Südwestafrka» endeten 1915, in Kamerun 1916.*

Legendär wurde Paul von Lettow-Vorbeck, der Kommandeur der «Schutztruppe» in Ostafrika. Er kapitulierte am 25. November 1918, also nach (!) dem Waffenstillstand in Europa.[326]

Hunderttausende Afrikaner wurden Opfer des Krieges. Auch in Europa kämpften und starben zahlreiche Kolonialsoldaten für Frankreich und Großbritannien. Im Osmanischen Reich verübte die von den «Jungtürken» gebildete Regierung unter (aktiver) Duldung des verbündeten Deutschen Reichs einen Völkermord an den Armeniern mit bis zu geschätzten 1,5 Millionen Todesopfern.

2. An der Front

2.1. *Kriegsjahr 1914*

Als Maerckers Zeit der «endlosen Einförmigkeit» auf Borkum endete, war der Krieg bereits seit über einem Jahr im Gange.

Am 28. Juni 1914 ermordete in Sarajewo ein bosnischer Serbe, Mitglied des serbischen Geheimbundes «Schwarze Hand», den österreichischen Thronfolger Franz Ferdinand und dessen Gemahlin. Ausgerüstet mit einem «Blankoscheck» der deutschen Regierung - der Versicherung unbedingter Bündnistreue - erklärte Österreich-Ungarn einen Monat später Serbien den Krieg und beschoss tags darauf Belgrad, um eine eventuell noch friedliche Lösung des zwischen den Staaten lange schwelenden Konflikts zu verhindern. Es erfolgte eine Kettenreaktion an Kriegserklärungen: am 1. August diejenige Deutschlands an Russland mit der Propagandalüge, Russland habe bereits Angriffe an der Grenze begonnen, am 3. August an Frankreich mit den erfundenen Behauptungen von Grenzverletzungen und eines Luftangriffs auf Nürnberg. Am 4. August marschierten deutsche Truppen völkerrechtswidrig in das neutrale Belgien ein, womit sie den Kriegseintritt

325 Siehe Graichen/Gründer: Deutsche Kolonien, S. 329–365.

326 Zu Lettow-Vorbeck und seinem afrikanischen Feldzug siehe Michels: Paul von Lettow-Vorbeck, Schulte-Varendorff: Kolonialheld, Maß: Weiße Helden.

Großbritanniens provozierten. Somit kämpften die Mittelmächte - Deutschland und Österreich-Ungarn, später auch die Türkei und Bulgarien - gegen die Entente, zunächst bestehend aus Großbritannien, Frankreich und Russland.

Das Attentat von Sarajewo bildete für das Deutsche Reich den willkommenen Anlass, um endlich - über einen bevorstehenden Krieg war seit langem spekuliert worden - seine Weltmachtambitionen entscheidend voranzutreiben. Das sogenannte «Septemberprogramm» des Reichskanzlers Bethmann Hollweg enthüllte die expansiven Ziele des Reichs: Frankreich müsse entscheidend geschwächt und die nordöstlichen Erzfördergebiete in Lothringen von Deutschland übernommen werden ebenso wie Luxemburg. Belgien war eine Rolle als «Vasallenstaat» zugedacht bei Abtretung eines Teiles des Landes an Preußen. Dänemark, die Niederlande, Schweden, Norwegen, Polen und Italien sollten wirtschaftspolitisch unter deutscher Führung stehen. Den Hintergrund bildete die «Mitteleuropaidee», ein vom Deutschen Reich dominierter, gegen Großbritannien gerichteter Wirtschaftsraum.[327] Weitere Ziele kamen auf dem Balkan, der Ukraine, dem vorderen Orient und in der Konzeption eines mittelafrikanischen Kolonialreichs hinzu. Das Deutsche Reich erstrebte die Vorherrschaft in Kontinentaleuropa, um sich sodann gegen England den «Platz an der Sonne» zu sichern.

Ein wesentlicher Grund für den Krieg, der sich in den «Kriegszielen» widerspiegelte, lag in der Rohstoffarmut des Deutschen Reichs. Die sich enorm entfaltende Industrie benötigte Rohstoffquellen und Absatzmärkte sowie Gebiete für Kapitalanlagen. Eine weitere Ursache war die infolge der Rüstungsausgaben gigantische Verschuldung des Reichs, die nach einem siegreichen Feldzug von den besiegten Gegnern bezahlt werden sollte.[328] Nicht zuletzt spielten innenpolitische Erwägungen eine Rolle. Die Widersprüche zwischen Junkertum und Bourgeoisie spitzten sich zu. Die erstarkende Sozialdemokratie galt als drohende politische und gesellschaftliche Gefahr. Dieser gordische Knoten, so die Spekulation, könne mit einem gewonnenen Krieg durchschlagen werden.

327 Die Darlegung des Septemberprogramms war ein zentraler Punkt in der sogenannten Fischer-Kontroverse. Zum Septemberprogramm Bethmann Hollwegs siehe Fischer: Griff nach der Weltmacht, S. 90ff.

328 Zur Verschuldung des Reichs als Kriegsgrund siehe Miller: Mit vollem Risiko, S. 65–76 sowie Röhr: Hundert Jahre, S. 143–145. Ansonsten findet dieser Aspekt in der von mir gesichteten Fachliteratur nur geringe Erwähnung.

Nach dem berühmten «Schlieffenplan» sollte in einem schnellen Durchmarsch deutscher Truppen im Westen Frankreich besiegt werden, um sich anschließend im Osten gegen Russland zu wenden. Aber schon der als Handstreich gedachte Einmarsch in Belgien geriet durch hartnäckigen Widerstand länger als erwartet, was die deutschen Truppen mit Massakern an der Zivilbevölkerung beantworteten.

Die belgische Bevölkerung wurde von den kriegführenden Deutschen als eine Art mindere Rasse betrachtet. In ihrem Buch «Deutsche Kriegsgreuel 1914» präsentieren die Autoren Horne und Kramer einen interessanten Fund aus dem Bundesarchiv. Sie zitieren Konstantin Baron von Gebsattel, General a.D. und Vorstandsmitglied des Alldeutschen Verbandes: «Laut Bericht eines beteiligten Militärarztes hat das belgische Volk gegen deutsche Soldaten, besonders gegen arme Verwundete, Scheusslichkeiten begangen, wie sie sonst nur bei Horden minderwertiger Rassen vorkommen und die dieses Volk für die Zukunft aus den Reihen der zivilisierten Nationen streichen ... Die Belgier stehen ja auf der Stufe der Herero's, tief unter den Hottentotten!»[329] Die Massaker begannen sofort: Bis zum 8. August hatten alle 13 Infanterieregimenter, die an dem ersten Angriff auf Lüttich beteiligt waren, schwere Gewaltverbrechen an der Zivilbevölkerung begangen.[330] So beschossen sich am 24. August 1914 in der Stadt Löwen wahrscheinlich deutsche Truppen in der Dunkelheit gegenseitig. Als «Vergeltung» legten die Deutschen große Teile der Stadt in Schutt und Asche, darunter die weltberühmte Universitätsbibliothek, und töteten 248 Einwohner. Bis Ende 1914 fielen ca. 6500 belgische Zivilisten den Invasoren zum Opfer.

Zwar stand das deutsche Heer Ende August kurz vor Paris, doch die Oberste Heeresleitung (OHL) hatte die Kontrolle über die einzelnen Armeen verloren. An der Marne gingen die Franzosen Anfang September zum Gegenangriff über und zwangen ihre Gegner zum Rückzug. Generalstabschef Helmuth von Moltke wurde durch Erich von Falkenhayn ersetzt. Bereits im November geriet der Krieg im Westen vom Bewegungs- in den Stellungskampf. Der deutsche Angriffsplan war damit gescheitert. Falkenhayn hatte die Einsicht, der Krieg sei militärisch nicht mehr zu gewinnen und schlug der Reichsregierung die Aufnahme von Verhandlungen vor, was diese ablehnte.

---

329 Horne/Kramer: Deutsche Kriegsgreuel, S. 235. Das Buch bietet einen ausgezeichneten Überblick über das Verhalten der deutschen Armee in Belgien und analysiert dessen Hintergründe.

330 Ebd, S. 34.

Auch im Osten war der deutsche Plan nicht aufgegangen. Die russische Armee rückte schneller vor als erwartet, so dass sogar erörtert wurde, Ostpreußen aufzugeben. Doch dann schlug die Stunde Paul von Hindenburgs und Erich Ludendorffs. Unter ihrem Oberbefehl siegte die deutsche Armee Ende August in der «Schlacht von Tannenberg»[331] und Anfang September in der «Schlacht an den Masurischen Seen». Die Verteidigung Ostpreußens war damit zwar gelungen, die russische Armee aber nicht entscheidend geschwächt. Zudem befand sich Österreich-Ungarn in einer derart desolaten Situation, dass die deutsche Armee zur Unterstützung ihres Verbündeten Truppen von der Westfront abziehen musste.

Im Kaiserreich selbst herrschte eine gemischte Stimmung. Die lange behauptete flächendeckende Kriegseuphorie, nach der die deutsche Bevölkerung einhellig den Kriegsbeginn bejubelt haben sollte – das sogenannte «Augusterlebnis» – entpuppte sich als Begeisterungssturm vorwiegend des Bürgertums und weniger der Arbeiterschaft oder der ländlichen Bevölkerung.[332] Die Sozialdemokratie hatte noch kurz vor Kriegsbeginn massenhafte Demonstrationen für den Frieden organisiert, schließlich aber den Kriegskrediten und damit dem Krieg selbst zugestimmt. Nicht unterschätzt werden sollte, dass ab dem 31. Juli der Belagerungszustand verhängt wurde. Die Militärbefehlshaber konnten nun auch in das Zivilleben eingreifen, Presse- und Versammlungsfreiheit beschränken, Stand- und Kriegsgerichte einrichten und die Lebensmittelverteilung beeinflussen.

Noch wanderte Georg Maercker über die Borkumer Dünen auf der Suche nach britischen Kriegsschiffen.

2.2 *Kriegsjahr 1915*

Zu Beginn des Jahres 1915 versuchte Österreich-Ungarn, das von den Russen eroberte Galizien zurückzugewinnen und erlitt eine katastrophale Niederlage. Die Donaumonarchie wurde immer mehr von der

331 Tatsächlich fand die Schlacht südlich von Allenstein (Olsztyn) statt und wurde zunächst in der deutschen Presse auch so benannt. Das eigentliche Zentrum war der Ort Hohenstein (Olsztynek). Hindenburg setzte propagandistisch geschickt die Bezeichnung «Schlacht bei Tannenberg» durch, denn so konnte der deutsche Erfolg als Rache für eine 1410 bei Tannenberg erlittene Niederlage des Deutschen Ordens gegen die Polnisch-Litauische Union verzeichnet werden.

332 Siehe hierzu Verhey: «Geist von 1914».

Unterstützung des Deutschen Reichs abhängig. Indessen konnten die Deutschen an der Ostfront Sieg auf Sieg verbuchen. Sie eroberten einen Teil des von Russland abhängigen Polens («Kongresspolen»), Kurland, Litauen und gelangten bis an die weissrussisch-ukrainischen Pripjet-Sümpfe. Anfang November war auch Serbien besetzt.

Im Westen herrschte weiterhin der Stellungskrieg. In Ypern im belgischen Flandern setzten die Deutschen erstmals Chlorgas ein. Das geschah unter dem Befehl des aus dem südwestafrikanischen Herero-Nama-Krieg bereits bekannten Berthold Deimling, der sich nun den Ruf als «Schlächter von Ypern» erwarb.[333] Auch die Briten benutzten anschließend Gas als Kampfmittel. Mehrere großangelegte britische und französische Angriffsversuche scheiterten. Italien trat auf der Seite der Entente in den Krieg ein, konnte aber seinen Hauptgegner Österreich-Ungarn nicht bezwingen.

Am Ende des Kriegsjahres 1915 befanden sich alle Beteiligten in einer Lage, die einen militärischen Sieg weder für die eine noch die andere Seite erkennen ließ.

Zu diesem Zeitpunkt wurde Maercker zum Kommandeur des Infanterieregiments 83, eines Teils der 22. Infanteriedivision, ernannt. Er geriet von der Nordseeküste, wo die erwartete Seeschlacht gegen die Briten nicht stattgefunden hatte, an die umkämpfte Ostfront. Seine bisherige Unzufriedenheit auf Borkum verklärte er, dabei seinem nationalen Impetus folgend, in das Gegenteil: «Damit ist nun in meinem vielbewegten Leben ein neuer Abschnitt eingeleitet. Der eben beendete war sehr schön ... Aber ich hätte mein ganzes Leben lang das Gefühl gehabt, eine Pflicht gegen das Vaterland versäumt zu haben, wenn ich mich nicht zum Feldheere gedrängt hätte.»[334]

Die Reise führte ihn über das besetzte Warschau zunächst ins weissrussische Brest-Litowsk. Diese Festung war im Juli von den Deutschen eingenommen worden. Am Fluss Styr im ukrainischen Wolhynien nahm Maercker an erbittert geführten Kämpfen gegen die russischen

333 Deimling ließ bereits am 4. November 1914 die mittelalterlichen Tuchhallen von Ypern zerstören. Dem lag keinerlei militärische Notwendigkeit zugrunde, außerdem handelte er gegen die Weisung seines Oberbefehlshabers. Mitte November 1914 schickte er 12.000 Soldaten unter den Klängen des Deutschlandliedes in eine verheerende Schlacht und trug damit zum «Mythos von Langemarck» bei, der diesen Opfergang der Soldaten zu einem Ausbruch patriotischer Gefühle verklärte. Hierzu Zirkel: Vom Militaristen zum Pazifisten, S. 94–105.

334 BA-MA N 786/9, Brief an Mutter vom 10.10.1915.

Armee teil. Die Russen wurden auf das Ostufer des Styr zurückgeworfen, doch hier wie an der gesamten Ostfront zeigte sich: die deutschen Siege hatten nicht zu einer endgültigen Entscheidung geführt. Der Krieg ging, wie im Westen, in den Stellungskrieg über, dessen Linie sich über 1200 Kilometer erstreckte.

Schon fünf Tage nach seinem Abschied aus Borkum war Maercker in die Kampfhandlungen verwickelt. Am 15. Oktober 1915 schrieb er, mit einem Seitenhieb auf die österreichischen Verbündeten: «Ich komme soeben von den Kompagnien zurück, die nördl. der Styr - als Rückhalt zwischen die unzuverlässigen Oesterreicher eingeschoben - sehr schwer kämpfen. Dort sind ... die Russen durchgebrochen u. haben von den Kronprinz Grenadieren 700 Mann, von meinem alten Rgt. 41 [Regiment 41, C.K.] ein Bataillon und dazu 6 schwere Geschütze gefangen genommen. Und seitdem wird dort abwechselnd mit Erbitterung und wechselndem Erfolg gekämpft. Auch meine Kompagnien haben schwere blutige Verluste. Aber was sind das alles für Helden!! Es ist herrlich, diese Leute im schweren Feuer zu sehen u. ihre Zuversicht u. ihr Selbstvertrauen kennen zu lernen. Es ist herrlich und wahrhaft erhebend.»[335]

Die Wirklichkeit auf dem Schlachtfeld hatte mit diesem verklärenden Heroismus nichts zu tun. Die Soldaten befanden sich in der Regel mehrere Meter unter der Erde im Schützengraben. Bestialischer Gestank, Myriaden von Flöhen und vor allem die ständige Angst vor dem nächsten Angriff machten das Leben für sie zur Hölle. Die vor ihnen liegende zerpflügte Landschaft war übersät von Stacheldraht, Leichen und menschlichen Körperteilen. Die patriotische Stimmung verflüchtigte sich schon nach kurzer Zeit in das Grauen des Krieges und Fatalismus. Maercker blieb das Leben im Schützengraben erspart, da er sich als Kommandeur nicht in, sondern hinter diesem aufhielt.

Auch in der «Heimat» machte sich ein allgemeiner Stimmungsumschwung bemerkbar, waren doch seit dem Sommer 1915 die Lebensmittelpreise für die städtische Bevölkerung rasant gestiegen und Nahrungsmittel wie Fleisch und Butter kaum noch erschwinglich. Hierzu trug die seit August 1914 bestehende Seeblockade der britischen Flotte bei. Im Januar 1915 befahl die Regierung den sogenannten «Schweinemord»: eine Massenschlachtung von Schweinen, deren Futter - Kartoffeln und Getreide - der Bevölkerung zukommen sollte. Ab Oktober

335 BA-MA N 786/9, Brief an Mutter und Trude vom 15.10.1915.

begannen Hungerrevolten und Krawalle, die fortan nicht mehr abrissen.[336]

Erstaunliches ließ sich indes Ende Oktober von Maercker vernehmen. Aus dem Kampfgebiet im Osten schrieb er: «Mir geht es wundervoll. Ich habe in einem Bauernhause ein feines Quartier, das ich mir jetzt mit Möbeln aus Birkenholz elegant ausstatte. Unsere Verpflegung ist in der Division berühmt. Ich stehe also nichts aus.»[337] Und eine Woche später: «Mir gehts ganz famos ... es fehlt mir nichts ...»[338] Dieser Zustand schien aber nicht von Dauer, denn im Dezember teilte er mit: «Ob man uns hier lassen wird? Wir möchten gar zu gern aus diesem Sumpfland heraus in eine anständige Gegend. Flandern, Champagne, Kurland oder gar nach dem Orient.»[339]

Kurz vor diesem Sinneswandel erhielt Maercker, inzwischen Führer der 43. Infanterie-Brigade und Kommandeur des Infanterie-Regiments 83, das Kreuz 1. Klasse für die Schlacht bei Tschartorisk (eines in der Ukraine am Ufer des Styr gelegenen Ortes) verliehen, was er mit einer gewissen Bescheidenheit kommentierte: «Natürlich nur als Belohnung für das vom Regiment Geleistete. Denn ich selbst bin ja kaum zur Aktion gekommen.»[340]

2.3. *Kriegsjahr 1916*

Aus dem Stellungskampf im Osten geriet Maercker tatsächlich in den Stellungskampf im Westen. Am 3. Januar 1916 wurde er zum Kommandeur der 92. Reserve-Infanterie-Brigade ernannt. Sein Einsatzort war die Kleinstadt Staden, nahe Ypern in Flandern gelegen. Er befehligte jetzt die Regimenter, die im November 1914 unter der Parole «Deutschland, Deutschland über alles» in das verheerende Gefecht nahe des belgischen Ortes Langemarck geschickt wurden und damit zum national-patriotisch verklärenden «Langemarck-Mythos» beitrugen. Nun dominierte ein zermürbender Grabenkrieg die Situation am sogenannten «Ypernbogen».[341]

336 Hierzu z. B. eine anschauliche Schilderung bei Ullrich: Nervöse Großmacht, S. 471–485.

337 BA-MA N 786/9, Brief an Mutter vom 31.10.1915.

338 BA-MA N 786/9, Brief an Mutter vom 6.11.1915.

339 BA-MA N 786/9, Brief an Mutter vom 21.12.1915.

340 BA-MA N 786/9, Brief an Mutter vom 14.12.1915.

341 Maercker verfasste am 13. Februar 1916 einen Brief an seine Mutter, in dem er sich über strenge Briefzensur äußerte. Der genaue Standort und die Heran-

Kaum in Flandern eingetroffen, wollte Maercker wieder zurück in den Osten: «Mir gefällt hier wenig. Ich bange mich nach dem Osten u. meinem Regiment zurück. Gräßliches Klima, immer Regen u. Nebel. Viel tiefer Lehmdreck und militärisch nichts los.»[342] Mit letzter Bemerkung brachte er, der als Kommandeur nicht im Schützengraben lag, vermutlich zum Ausdruck, dass der Stellungskrieg seiner Vorstellung von militärischem Kampf zuwiderlief. Einen Monat später äußerte er: «Die Brigade hat hier Ströme Blutes vergossen ...»[343] In einem undatierten Brief, der vermutlich auch zu dieser Zeit geschrieben wurde, führte er aus: «Den ‹Krieg› habe ich hier wie dort. Aber es ist hier weniger erfreulich, als im Osten, weil er hier ganz den Charakter des Festungskrieges hat ... Dort ist es anständiger Krieg Mann gegen Mann. Hier ist der Krieg ... [unleserlich, C.K.] mit Minen und giftigen Gasen ... Ich habe zahlreiche Offiziere gesprochen, die in Polen, Kurland oder Wolhynien gekämpft haben. Alle sehnen sich nach dem Osten zurück. Auch das Land ist - trotz der Sümpfe u. fehlenden Wege - angenehmer. Der flandrische Lehm ist fürchterlich.»[344] Er selbst habe zur Zeit nur eine Stunde pro Tag an dienstlicher Betätigung.

Das Unbehagen an der Kriegsführung besonders im Westen teilte Maercker mit vielen anderen Militärangehörigen. Der «anständige Krieg Mann gegen Mann» wich zunehmend dem Einsatz von Distanzwaffen und Giftgas als chemischem Kampfmittel. Der «industrialisierte» und «moderne» Aspekt des Ersten Weltkriegs passte nicht mehr in das Weltbild des herkömmlichen Waffengangs.

Vom März bis Anfang Juni 1916 nahm Maercker an Stellungskämpfen am «Wytschaetebogen» teil. Das nahe Ypern gelegene Dorf Wytschaete (Wijtschate) befand sich an einem strategisch wichtig gelegenen Höhenzug in Westflandern. Von dort berichtete er: «Vorgestern früh, während ich in Ruhe in meinem Palast ... lag, haben die Engländer vor St. Eloi 5 ungeheure Sprengungen vorgenommen und mindestens 2/3

ziehung neuer Truppen dürften nicht bekannt werden. In diesem Brief gab er dann exakte Schilderungen des Standortes, sogar mit Skizze, sowie der aktuellen Kampfsituation. Er bat seine Mutter, den Brief nach dem Lesen zu verbrennen, was sie aber nicht befolgte. Siehe: BA-MA N 786/9, Brief an Mutter vom 13.2.1916.

342 BA-MA N 786/9, Brief an Mutter vom 31.1.1916. Das Verb «bange» ist hier im Sinne von «sich sehnen» zu verstehen.

343 BA-MA N 786/9, Brief an Mutter vom 29.2.1916.

344 BA-MA N 786/9, Brieffragment ohne Datum, wahrscheinlich ca. Februar 1916.

meines schönen Jägerbtls. In die Luft gesprengt ... Etwa 30 Jäger haben wir gestern ausgraben können, die z. Tl. noch lebten. 350–400 sind wohl mindestens gesprengt. Ich bin sehr traurig.»[345] Anfang Juni wurde er im Zuge einer Umorganisation der Armee Kommandeur der 185. Infanteriebrigade und geriet in die Schlacht an der Somme.

Zu Beginn des Jahres 1916 hatte der Generalstabschef Falkenhayn einen Angriff auf die Festungsstadt Verdun beschlossen. Er glaubte selbst nicht an einen schließlichen Sieg, sondern wollte die französischen Truppen «ausbluten» lassen. Seine Taktik war in deutschen Militärkreisen umstritten, und tatsächlich scheiterte Falkenhayns Plan nach anfänglichen Erfolgen. Dennoch ließ er den Angriff nicht einstellen. Das geschah erst im September unter seinen Nachfolgern Hindenburg und Ludendorff. In der «Hölle von Verdun» starben circa 600.000 Deutsche und Franzosen. Auch der parallel erklärte verschärfte U-Boot-Krieg, in dem bewaffnete Handelsschiffe ohne Warnung durch deutsche U-Boote versenkt werden sollten, blieb ohne großen Erfolg.

Briten und Franzosen entschieden sich, einen möglichst entscheidenden Gegenangriff einzuleiten. Im Sommer begannen sie mit der großen Offensive an der Somme. Auch diese sollte die Entscheidung nicht bewirken, forderte aber eine ungeheure Zahl an Opfern: Über 1 Million Menschen wurden getötet, vermisst oder verwundet. Am 24. Juni begann ein siebentägiges Trommelfeuer, am 1. Juli der erste Infanterieangriff der Alliierten. Sie gerieten in einen infernalischen Abwehrbeschuss. Die Schlacht dauerte von Anfang Juli bis Mitte November.

Georg Maercker wurde an der Somme mehrfach eingesetzt. Am 9. Juli, während er von einem Baum aus seine Truppen beobachtete, verwundete ihn ein Granatsplitter so schwer, dass er das Kommando der Brigade abgeben musste. Schon drei Wochen später befand er sich wieder mitten im Geschehen. Anfang August meldete er sich aus der Umgebung der Stadt Soissons in der Picardie: «Mir geht es jetzt wundervoll. Wir liegen in Stellung beiderseits Soissons, wohl der ruhigsten Stellung der ganzen Westfront... Ich selbst wohne in einem wundervollen Schloß...»[346]

Im Verlaufe des Jahres nahm er erneut an den Stellungskämpfen am Wyschaetebogen und der Yser in Flandern sowie am Fluss Aisne im Nordosten Frankreichs teil. Zwischenzeitlich kam er für einen Monat

345 BA-MA N 786/9, Brief an Mutter vom 29.3.1916.
346 BA-MA N786/9, Brief an Mutter vom 4.8.1916.

– vom 16. September bis 17. Oktober – wieder an die Ostfront in der Ukraine.

Im Osten stand der österreichische Verbündete kurz vor dem Zusammenbruch. Österreichisch-ungarische Angriffe gegen Italien an der südlichen Front hatten zunächst Erfolg in Südtirol, blieben dann aber stecken. Fünf von insgesamt zwölf Schlachten am Isonzo, einem Grenzfluss zwischen Italien und dem heutigen Slowenien, fanden während des Jahres 1916 statt. Damit gab es eine weitere, erbittert umkämpfte Front im Hochgebirge von den Dolomiten bis zum Isonzo. Als der russische General Brussilow an der Ostfront eine Offensive begann, mussten die Mittelmächte allerdings größere Truppenteile von dieser Gebirgsfront abziehen. Die «Brussilow-Offensive» führte in kürzester Zeit zum Zusammenbruch der österreichisch-ungarischen Verbände im Osten, so dass schnellstens deutsche Truppen zu Hilfe kommen mussten.

Maerckers Einsatzorte waren die Kriegsschauplätze an den ukrainischen Flüssen Narajowka und Zlota-Lipa. Sofort nach seiner Ankunft am 16. September nahm er als Kommandeur an den Kampfhandlungen teil, wie er, nicht ohne Stolz, berichtete: «6 Tage lang habe ich an der Narajowka südöstlich Rohatyn schwer aber siegreich gekämpft. Am 16 war die ganze Stellung der 1 Res. Div. [Reserve-Division, C.K.] und einer türkischen Brigade von den Russen genommen. Am 16. Abends u. den 17. habe ich mit meiner Brigade – auch ein türkisches Rgt. [Regiment, C.K.] war mir unterstellt, wollte aber nicht mehr mitmachen – in famosem Sturm die ganze 6 ½ km lange Stellung wiedergenommen, 15 Offiz. über 3000 unverwundete Russen u. 10 Masch. Gew. [Maschinengewehre, C.K.] genommen u. den Russen sehr schwere blutige Verluste zugefügt. Die steilen Bergwälder liegen dicht voller toter Russen. Meine Brigade verlor an Toten Verwundeten u. Vermißten 54 Offze. u. etwas über 2000 Mann. Seit gestern kommandiere ich über 6 Inf. [Infanterie, C.K.] Regimenter, da man mir auch die ganze Inf. der 1. Res. Div. unterstellt hat. Was nicht alles aus dem Menschen werden kann!»[347]

Die Frage, was alles aus dem Menschen werden könne, schien Maercker zu diesem Zeitpunkt intensiver zu beschäftigen. Denn nicht lange nach dem geschilderten «famosen Sturm» auf die Russen beschrieb er in einem bemerkenswerten weiteren Brief an seine Mutter seinen Gefühlszustand: «Wenn ich denke, wie sehr gern ich allein bin, wie ich

347 BA-MA N 786/9, Brief an Mutter vom 22.9.1916.

jede Einsamkeit liebe und mir aus der Gesellschaft anderer Menschen gar nichts mache, dann möchte ich glauben, daß ich das von dir geerbt habe ... Eigentümlich ist es, wie solche Angriffe ... auf mich wirken. In vollster Ruhe verfasse ich die Angriffsbefehle; ich sehe während des Angriffs Menschen fallen u. Verwundete in Haufen zurückgehen ohne daß es mich im Geringsten ergreift. Es läßt mich absolut kalt. Aber jedesmal, wenn dann die Nacht kommt, tritt mir das Bild der armen Menschen vor Augen, die draußen schwer verwundet ... liegen u. ohne Hilfe u. Teilnahme verbluten u. dann kommt jedesmal der quälende Gedanke, daß es meine Befehle gewesen sind, die die armen Leute in den Tod getrieben haben. Deshalb bin ich immer froh, wenn es in der Nacht nach dem Angriff viel Arbeit gibt, die mich von diesen quälenden Gedanken abzieht. Die Pflicht des … [unleserlich, C.K.] Führers ist hart – umso härter, als er nicht selbst sein Leben einsetzen darf, um die Durchführung seiner Befehle zu sichern, sondern verpflichtet ist, sich zu schonen u. zu sichern. Das drückt manchmal furchtbar schwer!»[348] Und einen Monat später, nun wiederum auf dem Weg zu seinem nächsten Einsatz in Frankreich: «Es wäre wirklich schön, wenn das Morden bald ein Ende hätte. Aber davon ist ja gar keine Rede.»[349]

Das Kriegsjahr 1916 sah die Mittelmächte am Rande der Niederlage. Der gescheiterte Angriffsplan gegen Verdun, die erheblichen Verluste an der Somme, der gerade noch verhinderte vollständige Zusammenbruch der österreich-ungarischen Front während der Brussilow-Offensive schwächten auch die Position des Generalstabschefs Falkenhayn. Der von ihm nicht erwartete Eintritt Rumäniens in das Lager der Entente kostete ihn endgültig seinen Posten. Als neue Führer des in «Oberste Heeresleitung» (OHL) umtitulierten Generalstabs präsentierten sich die «Heroen» Hindenburg und Ludendorff, unter deren Leitung bis Ende Dezember Rumänien weitestgehend besetzt wurde. Damit gewannen die Mittelmächte ein großes Reservoir an kriegswichtigen Rohstoffen wie Erdöl und landwirtschaftliche Anbaugebiete. Eine Entscheidung in diesem Krieg war aber weiterhin nicht in Sicht.

Am 12. Dezember offerierten die Mittelmächte ihren Gegnern ein «Friedensangebot», das mangels eines konkreten Inhalts und der Weigerung, besetzte Gebiete zu räumen oder auch nur Kriegsziele anzugeben, für die Entente-Staaten nicht annehmbar war. Das «Friedensangebot» schien eher ein taktisches Mittel der weiteren Kriegsführung

348 BA-MA N 786/9, Brief an Mutter vom 6.10.1916.
349 BA-MA N 786/9, Brief an Mutter vom 8.11.2016.

zu sein. Kaum jemand sah dies klarer als Maercker: «Es ist jetzt sicher, daß die Ententebrüder unser Friedensangebot nicht annehmen. Das hat auch wohl niemand erwartet, am wenigsten wohl unsere Regierung selbst. Der Krieg geht also weiter. Wir gewinnen ihn todsicher, wenn die Heimat durchhält ... Die Hauptsache am Friedensangebot scheint mir der Umstand zu sein, daß wir jetzt vor der Welt, d.h. den Nationen als diejenigen dastehen, die den Frieden wollten u. daß wir schuldlos sind, wenn der Krieg weiterwütet.»[350] Nebenbei präsentierte Maercker hier seine frühe Version der «Dolchstoßlegende», nach der das Heer nicht durch den äußeren Feind, sondern nur durch das Versagen der «Heimatfront» besiegt werden könne.

Im Inneren des Deutschen Kaiserreichs war 1916 das Jahr erster erheblicher Massendemonstrationen während des Krieges. Im Juni/ Juli 1916 kam es zu politischen Massenstreiks, deren größte in Berlin, Braunschweig, Stuttgart und Bremen stattfanden. Ihre Forderung war die Freilassung Karl Liebknechts, des führenden Mitglieds der revolutionären Spartakusgruppe. Liebknecht hatte auf einer Maikundgebung in Berlin ausgerufen: «Nieder mit dem Krieg! Nieder mit der Regierung!». Darauf wurde er verhaftet und zu einer Zuchthausstrafe verurteilt.

Im August, unmittelbar nach der Einsetzung der neuen Obersten Heeresleitung, proklamierte diese das «Hindenburg-Programm» – die Mobilisierung aller noch irgendwie erreichbaren Ressourcen an Mensch und Material für den «totalen Krieg», ergänzt durch das «Gesetz über den vaterländischen Hilfsdienst», welches im Dezember vom Reichstag angenommen wurde und unter anderem die Arbeitspflicht sämtlicher 16- bis 60-Jährigen vorsah. Durch eine Aufwertung der Gewerkschaften stimmten auch diese dem «Hilfsdienstgesetz» zu. In der Realität bewirkten die Maßnahmen einen beträchtlichen Einbruch der Produktion und waren mitverantwortlich für den «Kohlrübenwinter» 1916/17, der zu einer verheerenden Verschlechterung der Lebensmittelversorgung führte. Mit dem «Hindenburg-Programm» begann die Oberste Heeresleitung, Formen einer Militärdiktatur zu entwickeln.

---

350 BA-MA N 786/9, Brief an Mutter vom 20.12.1916.

2.4. *Kriegsjahr 1917*

Zu Beginn des Jahres 1917 hatte sich ein gewisser Defätismus ausgebreitet, den auch Maerckers Mutter ihm gegenüber äußerte. Er reagierte mit einer optimistischen militärischen Lageeinschätzung, ohne seine große Sorge zu verbergen, welche die unruhige Situation in der Heimat betraf: «Unsere militärische Lage ist glänzend ... Was uns die Urlauber erzählen, das ist nicht schön. In den Vorstädten Berlins Krawalle über Krawalle ...»[351] Er benannte die schlechte Lebensmittelversorgung in den Städten als zentrales Problem und forderte von der Regierung, einen Ausgleich durch rigoroses Vorgehen gegen die besser gestellten Landwirte zu schaffen. In der Erkenntnis der Lage hatte er nicht Unrecht. Es existierte ein größeres Gefälle zwischen ländlichen Gebieten und den Städten, in denen sich ein Schwarzmarkt ausbreitete, zu dessen horrenden Preisen sich die Wohlhabenderen, aber nicht die Ärmeren beköstigen konnten.

Drei Monate später notierte er: «Die Nachrichten aus Deutschland über die zahlreichen Arbeiterkrawalle machen mir Sorgen. Die 125.000 streikenden Munitionsarbeiter in Berlin sind ja nicht gefährlich. Zu befürchten ist nur, daß sie Schule machen. Wenn die Leute hungern, dann hört bei ihnen die Überlegung auf. Wenn die Heimat nicht durchhält, dann ist's böse.»[352]

Am 1. Februar 1917 griff die Oberste Heeresleitung zum Mittel des gegen England gerichteten uneingeschränkten U-Boot-Krieges, der sich auch gegen neutrale und nicht nur bewaffnete Handelsschiffe richtete. Damit schien der Kriegseintritt der USA zwangsläufig. Die Deutschen hofften aber, vor Ankunft der US-Truppen in Europa Großbritannien besiegen zu können.

Im Frühjahr wehrte die deutsche Armee alliierte Offensiven an der Westfront unter beiderseitigen horrenden Verlusten ab. Die Oberste Heeresleitung beschloss, ihre Truppen auf eine Defensivstellung, die sogenannte «Siegfriedlinie», zurückzuziehen und hinterließ dabei planmäßig «verbrannte Erde», um ihren Gegnern keine brauchbare Infrastruktur zu bieten. Nördlicher Punkt der Siegfriedlinie war die französische Stadt Arras. Dort fand von April bis Mai die «Schlacht bei Arras» statt, an der auch Georg Maercker teilnahm.

Die britischen und kanadischen Truppen eröffneten den Kampf mit einem siebentägigen Artilleriefeuer unter Benutzung von Giftgas. Mit

351 BA-MA N786/9, Brief an Mutter vom 29.1.1917.
352 BA-MA N786/9, Brief an Mutter vom 20.4.1917.

einem weitverzweigten und gut ausgebauten Tunnelsystem sollten die Deutschen zudem überrascht werden. Doch trotz des massiven Einsatzes von Panzern («Tanks») endete die Schlacht mit der Rückkehr zum Stellungskrieg.

Maercker schilderte seinen Anteil an den Kampfhandlungen, womit er nebenbei zum Ausdruck brachte, was das Hin und Her im Stellungskrieg für die Beteiligten bedeutete: «Am 28.4. hatten wir bei Arras einen sehr starken engl. Angriff abgeschlagen. Die Engländer hatten die Stellung meiner Brigade … an 4 Stellen durchbrochen. Die Leute, die dicht südlich Gavrelle durchgebrochen waren, wurden teils niedergemacht, teils gefangen. Eine größere Abteilung war im Scarpetal durchgekommen. Ich setzte ein Bataillon zum Gegenangriff an, das etwa 400 Engländer gefangen nahm, den etwa gleich starken Rest vernichtete, dann über unsere Linien hinaus bis in den englischen Graben vordrang und ihn in Besitz nahm. Leider konnten wir ihn nicht halten, da wir keine Verbindung mit unserer Artillerie bekamen. Am Abend saßen die Engländer ... in unseren vordersten Graben. Das eine Nest - etwa 200 m breit - wurde in der Nacht vom 29. zum 30. gesäubert. 70 Engländer fielen dabei. (Bei uns 5 Mann!) Das andere, etwa 150 m breite Nest wurde in der Nacht zum 1. Mai, kurz bevor wir angriffen, freiwillig geräumt. So hatten wir am 1. Mai früh unsere ganze Stellung wieder. Natürlich waren auch unsere Verluste infolge des rasenden engl. Artilleriefeuers schwer (die Brigade verlor über 100 Zugführer, davon 61 Offiziere) … Und die englischen Verluste sind um Vieles größer gewesen. Vor der Front der Brigade lagen mehr engl. Tote, als wir vorn Kämpfer hatten.»[353]

Maercker nahm Anfang Mai einen sechswöchigen Urlaub, den er zu einem Abstecher nach Borkum, wo er zunächst mit einer Gesichtsrose im Lazarett lag, und anschließendem Aufenthalt in einem Sanatorium in Bad Kissingen benutzte. Sein körperlicher Zustand war angeschlagen, schon zuvor erwähnte er häufig Darmprobleme.

In einem aus dem Sanatorium geschriebenen Brief äußerte er Gedanken zur generellen Kriegslage.[354] Er konstatierte, dass der verschärfte U-Boot-Krieg bisher wenig Erfolg habe und England nicht in die Knie zwingen könne. Diese Einschätzung teilte er mit der Obersten Heeresleitung, die bereits auf einen weiteren Kriegswinter einstimmte. Forderungen wie Abtretung der halben Kriegs- und Handelsflotte Englands

353 BA-MA N 786/9, Brief an Mutter vom 17.5.1917.
354 BA-MA N 786/9, Brief an Mutter vom 29.5.1917.

an das Deutsche Reich kommentierte Maercker: «Es ist, als wenn man den Mann im Monde reden hört oder die Deutsche Tageszeitung.»[355] Für entsprechende publizistische Stellungnahmen verlangte er sogar eine Pressezensur. Realistisch sah Maercker, dass bei eventuellen Friedensverhandlungen aufgrund der nicht sehr günstigen Kriegslage und der inneren Verhältnisse im Reich überzogene deutsche Forderungen nur Verbitterung und Unzufriedenheit hervorbringen könnten. Dagegen sei eine übersteigerte Kriegszielpolitik seitens der Entente von Nutzen, denn nur so könne das deutsche Volk zum Weiterkämpfen motiviert werden. Denn sollte die Entente einen Frieden ohne Annexionen und Entschädigungen proklamieren, entstünde im Reich eine explosive Lage: «Liegt dann nicht die große Gefahr vor, daß dann alle kriegsmüden Elemente des Volkes - und dazu gehört neben den sozialdemokratischen Massen auch ein großer Teil des besonders schwer kämpfenden Mittelstandes - stürmisch fordern werden, daß die Regierung auf einen solchen Friedensvorschlag eingeht?» Aus dieser eher pessimistischen, aber aus seiner Sicht durchaus realitätsbezogenen Einschätzung heraus wünschte er: «Ich wollte, es ginge endlich gegen Italien los, damit ein frischer Wind in die schwüle Atmosphäre kommt.»[356]

Inzwischen hatte der Petrograder Sowjet mit einem «Aufruf an die Völker der ganzen Welt» im März einen «Frieden ohne Annexionen und Kontributionen» proklamiert. Im Juni trat auch die Führung der SPD mit dieser Forderung an die Reichsregierung heran - nicht zuletzt aufgrund des Drucks sozialdemokratischer Linksabweichler und der Streikbewegungen. Maercker sah darin nicht zu unrecht einen Sprengsatz für die gesellschaftlichen Strukturen des Kaiserreichs, in dem auch die Angestellten und Beamten zunehmend zu den Leidtragenden gehörten.

Die deutschen Truppen hatten mittlerweile einen französischen Angriff in der Picardie abgewehrt. Es kam darauf zu einer Meuterei in der französischen Armee, die sich gegen sinnlose Offensiven und miserable Lebensbedingungen wandte, mit großer Härte niedergeschlagen wurde und zu einer Auswechslung des französischen Generalstabschefs führte.

---

355 Die «Deutsche Tageszeitung» vertrat die Linie der Deutschen Vaterlandspartei (DVLP), die auf dem äußersten rechten Spektrum agierte. Sie forderte einen deutschen «Siegfrieden» und umfangreiche Annexionen. Geführt wurde sie von Tirpitz, Kapp und dem Präsidenten der Deutschen Kolonialgesellschaft, Herzog Johann Albrecht zu Mecklenburg. Zahlreiche Unterstützer kamen aus industriellen Kreisen und Großgrundbesitz.

356 BA-MA N 786/9, Brief an Mutter vom 29.5.1917.

Von Juni bis Juli beteiligte sich Maercker an Stellungskämpfen in der Champagne, darauf im Grenzschutz an der belgisch-holländischen Grenze, um im August an der Schlacht in Flandern teilzunehmen. Dort tobte erbittert die sogenannte «Dritte Flandernschlacht». Die Briten hofften, mit einer Großoffensive einen entscheidenden Erfolg erzielen zu können. Doch zu Beginn der Offensive begann es sintflutartig zu regnen, so dass sich das ohnehin zerschossene Gelände in einen gewaltigen Morast verwandelte. Die Soldaten mussten sich auf Holzplanken bewegen, der Einsatz von Panzern seitens der Briten war unmöglich. Es gelang den Deutschen, auch diesen Angriff abzuwehren. Die Kämpfe dauerten bis November und endeten mit der Eroberung des Ortes Passendale durch britische Truppen. Das Gebiet war dermaßen verwüstet, dass die 3. Flandernschlacht in England heute noch als «Passchendaele» bezeichnet wird.

Im August, während der Flandernschlacht, wurde Georg Maercker zum Generalmajor ernannt. Am 1. Oktober erhielt er den Orden «Pour le Mérite», neben dem «Orden vom Schwarzen Adler» die bedeutendste preußische Auszeichnung. In der 1935 verfassten «Geschichte der Ritter des Ordens ‹pour le mérite› im Weltkrieg» hieß es dazu: «Mit weitschauender Umsicht und unübertroffener Tatkraft leitete Gen.Major Maercker den Abwehrkampf; er war die Seele der Verteidigung in seinem Befehlsbereich.»[357] Maerckers Divisionskommandeur, General von Brauchitsch, hatte diese Ordensverleihung mit der Bemerkung vorgeschlagen: «Oberst Maercker hat sich in den letzten, schweren Großkampftagen wiederum als vorzüglicher Führer der Infanterie der Division glänzend bewehrt. Erneut kam seine zielbewußte, energische Persönlichkeit zu Tage, die keine Gefahren kennt. Von restloser Hingabe an seine Pflichten, höchstem persönlichen Schneid, unverdrossener Fürsorge für seine Untergebenen und ausgezeichneter Einwirkung auf ihre Leistungen.»[358] Und auch der Kommandierende General Chales de Beaulieu war voll des Lobes: «Zurückkehrende Verwundete erzählten leuchtenden Auges, daß ihr Brigade-Kommandeur die Seele des Angriffs sei, daß er im schwersten Feuer, angesichts der eigenen, großen Verluste ihr ganzer Halt gewesen, und daß er durch seinen ungestümen Drang nach vorwärts die Überlebenden und nicht schwer verwundeten Teile der Truppe mit sich fortgerissen hätte.»[359]

357 Möller: Geschichte, S. 7.
358 Zitiert in ebd.
359 Ebd., S. 8.

Maerckers nächste Einsatzgebiete waren Flandern und Artois in Nordfrankreich. Dann – Ende November bis Dezember – nahm er an der «Tankschlacht bei Cambrai» teil, einer nordöstlich in Frankreich gelegenen Stadt. Dort begannen die Briten eine erneute Großoffensive, die zunächst von Erfolg gekrönt schien. Schon läuteten die Londoner Kirchenglocken als Zeichen des Sieges, doch wurden die britischen Truppen durch eine von der Ostfront ankommende deutsche Division wieder zurückgeworfen.

Im Osten hatte sich der Kriegsverlauf gänzlich anders gestaltet. War das beginnende Jahr zunächst von Kämpfen an allen Teilen der Front geprägt, so schuf die russische Februarrevolution eine völlig neue Lage. Das russische Heer zersetzte sich in kürzester Zeit. Der Zar musste zurücktreten. Es entstand eine Doppelherrschaft aus Provisorischer Regierung und Arbeiter- und Soldatenräten. Die Kämpfe an der Ostfront wurden für etwa drei Monate eingestellt, bevor Kerenski, Führer der Provisorischen Regierung, im Sommer nochmals eine Offensive befahl, die an einem deutsch-österreichischen Gegenangriff scheiterte. Nach der russischen Oktoberrevolution kam es im Dezember zu einem Waffenstillstand zwischen Russland und den Mittelmächten, den letztere zu einem Durchbruch an der italienischen Isonzo-Front nutzten.

Der Erfolg am Isonzo erwies sich als Pyrrhussieg. Österreich stand vor dem Zusammenbruch der Infrastruktur. Auf allen Seiten herrschte eine große Kriegsmüdigkeit. Der deutschen Obersten Heeresleitung war bewusst, dass ihre Reserven sich dem Ende zuneigten. Auch der uneingeschränkte U-Boot-Krieg brachte nicht die erwünschten Erfolge. Der neue österreichische Kaiser Karl I. begann Friedensinitiativen zu entfalten. Dagegen entwickelten die deutsche Reichsleitung und die Oberste Heeresleitung für den Osten wie Westen erneut exzessive Kriegsziele.[360]

Zu Beginn des Jahres 1917 litt die deutsche Bevölkerung extrem an den Auswirkungen des «Kohlrübenwinters». Die Unzufriedenheit mit den kriegsbedingten Lebensumständen wuchs enorm. Hinzu kam der Impuls der russischen Februarrevolution: Wenn es in Russland möglich war, das monarchistische System zu stürzen, warum dann nicht auch anderswo? Bereits im Februar begannen Streikbewegungen. Im April folgte der zweite große politische Massenstreik während des Krieges mit einer halben Million Teilnehmer. Der Schwerpunkt lag in

360 Zu den «Kreuznacher Kriegszielkonferenzen» siehe Fischer: Griff nach der Weltmacht, S. 289ff.

den Zentren der Rüstungsindustrie. Die Hauptforderung war die nach Frieden, es wurden Arbeiterräte gebildet. Auch von Juni bis August gab es Streikwellen und Lebensmittelunruhen. In Wilhelmshaven und Kiel revoltierten Matrosen und Heizer der Hochseeflotte. Die herrschenden Kreise im Deutschen Reich reagierten mit harten Maßnahmen und vagen Versprechungen wie der Abschaffung des preußischen Dreiklassenwahlrechts. Letzteres allerdings erst nach dem Krieg. Die krisenhafte Situation manifestierte sich auch im Rücktritt des Reichskanzlers Bethmann Hollweg im Juli, der mit seiner «Politik der Diagonale» den zunehmend divergierenden gesellschaftlichen Kräfteverhältnissen nicht mehr gerecht werden konnte. Seine beiden Nachfolger Georg Michaelis und Graf Georg von Hertling erwiesen sich als willige Statisten in der Hand der Obersten Heeresleitung.

2.5. *Kriegsjahr 1918*

Im April 1917 erklärten die USA den Kriegszustand gegenüber den Mittelmächten.[361] Doch sollte es noch lange Zeit dauern, bis ihre Streitkräfte in Europa voll einsatzfähig waren - ein Faktor, der für die Oberste Heeresleitung in der Kriegsplanung eine große Rolle spielte. Im Januar 1918 legte Präsident Woodrow Wilson dem Kongress ein «14-Punkte-Programm» vor, dass auf der Grundlage des «Selbstbestimmungsrechts der Völker» eine europäische Friedensordnung beinhaltete.

Reichsregierung und Oberste Heeresleitung gingen erst im September auf Wilsons Programm ein, als der Krieg für sie bereits verloren war. Zuvor hatten sich durch die Entwicklung an der Ostfront neue Möglichkeiten für die Westfront ergeben. Im Januar 1918 begannen in Brest-Litowsk offizielle Waffenstillstandsverhandlungen zwischen dem Deutschen Reich und Russland, die zunächst scheiterten, aber schließlich unter ungeheuren Zugeständnissen der russischen Seite doch abgeschlossen wurden - in den an Deutschland abgetretenen Gebieten von der Ukraine bis zum Baltikum befanden sich etwa 90% der russischen Kohlengruben, die Hälfte der Industrie, ein Drittel des Eisenbahnnetzes und ein Drittel der Bevölkerung.

361 Die USA blieben lange Zeit neutral. Ein ausschlaggebender Anlass für ihren Kriegseintritt war die «Zimmermann-Depesche» vom Januar 1917, in welcher der Staatssekretär im Auswärtigen Amt, Arthur Zimmermann, ein Bündnisangebot an Mexiko unterbreitete, falls Mexiko gegen die USA Krieg führen würde, um «früher verlorenes Gebiet» zurückzuerobern. Die psychologische Wirkung in der US-Bevölkerung war ungemein.

Die Situation zu Beginn des Jahres 1918 stellte sich in deutscher nationalistischer Lesart so dar (Hervorhebung im Original): «Die militärische Lage Deutschlands erscheint nach Ablauf der großen Kämpfe 1917 günstiger wie je: Der feindliche Durchbruchsversuch im Westen ist abgeschlagen, Rußland ist militärisch erledigt, Italien kann mit geringeren Kräften wie bisher niedergehalten werden. Die Oberste Heeresleitung faßt mit Zuversicht den Entschluß zu einer entscheidenden Offensive im Westen. *Deutschlands Kriegsmacht tritt zum Endkampfe an, sie geht an eine Aufgabe, wie sie größer und tragischer nicht gedacht werden kann.*»[362]

General Ludendorff suchte noch einmal die Entscheidungsschlacht in einer Frühjahrsoffensive namens «Operation Michael». Bei Amiens nahe der Somme sollte die britische Front durchbrochen und eingekesselt werden. Der Angriff begann am 21. März und führte zu einer schweren britischen Niederlage, doch ein kompletter deutscher Durchbruch gelang nicht. Darauf verlagerte Ludendorff den Schwerpunkt auf den Ort Armentiéres, um in Richtung Calais durchzustoßen.

Georg Maercker, inzwischen zum Generalmajor aufgestiegen, war nicht mehr nur Kommandeur einer Brigade, sondern einer Division. Er erschien, aus den flandrischen Stellungskämpfen kommend, im April auf dem neuen Kriegsschauplatz. Hier erhielt er eine weitere Ehrung: das Eichenlaub zum Orden «Pour le Merité». Die Begründung gab sein kommandierender General: «Gen.Major Maercker ist ein hervorragender Führer seiner von ihm musterhaft ausgebildeten Division ... Am 10. und den folgenden Tagen eroberte Gen.Major Maercker, überall selbständig und tapfer in vorderster Linie, das Dorf Nieuwekerke und die Höhen westl. dieses Ortes. Ihm gebührt die vollste Anerkennung für den Erfolg dieser Kampftage ...»[363] Die «Altpreußische Biographie» zitierte zusätzlich: Er «hat sich in schweren Großkampftagen als vorzüglicher Führer der Infanterie glänzend bewährt».[364]

Schließlich scheiterte auch der beabsichtigte Vorstoß nach Calais. Die deutschen Truppen konnten zahlenmäßig und infrastrukturell nicht mehr mithalten. Dennoch plante Ludendorff eine weitere Offensive in Flandern, die schon in Ansätzen stecken blieb. Die Kampfmoral sank erheblich, die Verluste waren verheerend. Von Monat zu Monat verschlechterte sich die Lage der Deutschen, während ihre Gegner,

362 Buckreis: Weltkrieg, S. 315.
363 Möller: Geschichte, S. 8.
364 Altpreußische Biographie Bd. 1, S. 415.

bisher ebenfalls mehr und mehr geschwächt, nun durch den Einsatz US-amerikanischer Truppen verstärkt wurden. Die Oberste Heeresleitung zog daraus aber keine Konsequenzen, sondern brachte die letzten Reserven an die Front. Im Juli und August begannen massive französische und britische Angriffe, die endgültig die Kriegswende signalisierten. Deutsche Soldaten gingen massenhaft freiwillig in Gefangenschaft. Ludendorff führte dies auf den zersetzenden moralischen Einfluss der «Heimat» zurück, die offizielle «Dolchstoßlegende» war geboren.

Maercker kämpfte mit seiner Division weiter im belgischen Flandern und in Frankreich. Im September wurden die deutschen Truppen auf die defensive «Siegfriedstellung» zurückgedrängt, wo er in einer weiteren Abwehrschlacht tätig war, die sich an der noch defensiver gelegenen «Hermannstellung» fortsetzte. Schließlich, vom 24.10. - 4.11., nahm er an der «Schlacht um Valenciennes» teil, einem der beiden letzten großen Verteidigungskämpfe des deutschen Heeres auf französischem Boden. Den Schlusspunkt bildete der Abmarsch auf die «Antwerpen-Maas-Stellung». Am 11. November wurde der Waffenstillstand unterzeichnet.

Hindenburg und Ludendorff hatten bereits am 29. September auf einer «Kronratssitzung» offen das Eingeständnis der Niederlage geäußert. Dabei notierte Albrecht von Thaer, Mitglied der Obersten Heeresleitung, folgende Bemerkungen Ludendorffs: «Die OHL und das deutsche Heer seien am Ende; der Krieg sei nicht nur nicht mehr zu gewinnen, vielmehr stehe die endgültige Niederlage wohl unvermeidbar bevor ... Unsere eigene Armee sei leider schon schwer verseucht durch das Gift spartakistisch-sozialistischer Ideen. Auf die Truppen sei *kein* Verlaß mehr ... Würden sie von noch kampfwilligen Truppen abgelöst, so würden sie diese mit dem Rufe ‹Streikbrecher› empfangen und auffordern, nicht mehr zu kämpfen.»[365] Zugleich habe Ludendorff einen Vorschlag, wie mit der Situation umzugehen sei. Er habe den Kaiser «*gebeten, jetzt auch diejenigen Kreise an die Regierung zu bringen, denen wir es in der Hauptsache zu danken haben*, daß wir so weit gekommen sind. Die sollen nun den Frieden schließen, der jetzt geschlossen werden *muß*. Sie sollen die Suppe jetzt essen, die sie uns eingebrockt haben!» [Hervorhebung im Original, C.K.][366]

«Diejenigen Kreise» - damit meinte Ludendorff die zivilen Politiker der Zentrumspartei, der Fortschrittlichen Volkspartei und vor allem

365 Zitiert nach Gutsche/Klein/Petzold: Weltkrieg, S. 269.
366 Ebd.

der Sozialdemokratie, die sogenannte «Reichstagsmehrheit», die durch Defätismus und politische Sabotage die militärische Niederlage bewirkt habe. Jetzt sollten die Zivilisten um einen Waffenstillstand bitten – ein Schock für das deutsche Volk, dem bis zuletzt ausschließlich kriegerische Erfolgsmeldungen vorgegaukelt wurden. Das oberste Militär verlangte nun eine bislang von ihm völlig abgelehnte Parlamentarisierung der Regierung.

Georg Maercker teilte die Meinung Ludendorffs, soweit sie den angeblichen «Dolchstoß» betraf: «Die Führer der Linken der deutschen Arbeiterschaft waren sich von vornherein darüber klar gewesen, daß ihre staatlichen Ziele in einem siegreichen Deutschland nicht durchzusetzen seien. Folgerichtig arbeiteten sie auf die deutsche Niederlage hin, indem sie sich bestrebten, das deutsche Heer zu verseuchen.»[367] Er beklagte sich über die häufig betriebene «Friedensmeierei». Es habe aber noch weitere Gründe für das deutsche Scheitern gegeben, etwa die Überlegenheit des Feindes an Menschen und Material oder den Mangel an deutschen Berufsoffizieren und -unteroffizieren, von denen ein großer Teil gefallen war. Die Einführung des «Hilfsdienstgesetzes» sei ein Fehler gewesen, denn der im Schützengraben kämpfende Soldat könne nicht verstehen, dass der Industriearbeiter in der Heimat ein hohes Gehalt verprassen dürfe. In dieselbe Richtung gehe es, wenn Orden an Nichtkämpfer in Etappe und Heimat verliehen würden. Besonders gravierend habe sich die Einziehung vieler im Januar 1918 streikender Munitionsarbeiter zur Front ausgewirkt, da «nicht nur die vaterländische Pflicht der Landesverteidigung, sondern eine besonders durchdringende Verseuchung der Kampftruppe herbeigeführt»[368] worden sei.

Dachte Ludendorff daran, den Reichstag in die Verantwortung zu ziehen, um die Rechenschaft für die Niederlage vom Militär abzuwenden, so empfahl Maercker die Diktatur als die Deutschland zur Zeit gemäße Herrschaftsform. Er lehnte Demokratie und Parlamentarismus zwar nicht grundsätzlich ab, empfahl beides aber nur den westlichen «Feindstaaten», da sich in diesen über die Jahrhunderte hinweg durch ihre Nationenbildung ein einheitlicher Volkswille herausgeprägt habe, während das deutsche Volk durch innere Zerrissenheit ständig auseinanderstrebe.[369] Er sehe daher «wohl nur noch einen Weg zur Rettung

367 Maercker: Kaiserheer, S. 13.
368 Ebd., S. 16.
369 Siehe: Ebd., S. 349f.

– die Diktatur», die ein «starker Mann von unbeugsamem Willen» ausüben müsse[370].

Die Entwicklung geschah dann im Sinne Ludendorffs. Anfang Oktober wurde Prinz Max von Baden Reichskanzler. Er galt als liberaler Monarchist. An seiner Regierung beteiligten sich neben Vertretern der alten Eliten auch Mitglieder des Zentrums, der Fortschrittlichen Volkspartei und der Sozialdemokratie. Ludendorff allerdings, der plötzlich wieder eine optimistischere Einschätzung der militärischen Lage vertrat, verlor seinen Posten. Er war für die neue Regierung nicht mehr tragbar.

Ende des Monats verabschiedete der Reichstag die sogenannten «Oktoberreformen», nach denen Kanzler und Reichsminister nicht mehr nur dem Kaiser, sondern dem Parlament gegenüber verantwortlich sein sollten, ebenso die oberste Militärführung. Formal war damit eine parlamentarische Monarchie errichtet, in der Realität änderte sich zunächst nichts.

Weiterhin existierten Belagerungszustand, Versammlungsverbote und Zensurmaßnahmen. Offiziell war man aber den Bedingungen des amerikanischen Präsidenten Wilson nach Demokratisierung und Parlamentarisierung des Reichs entgegengekommen, die als Bedingungen eines Waffenstillstandes galten. Auch die Frage der Abdankung Kaiser Wilhelms II., der sich in das Hauptquartier der Obersten Heeresleitung im belgischen Spa abgesetzt hatte, wurde akut.

Nach einer Meuterei von Matrosen der in Wilhelmshaven liegenden Flotte gegen den Befehl, zu einer Entscheidungsschlacht gegen die britische Marine auszulaufen, ging der Impuls zur Novemberrevolution von Kiel aus. Am 9. November schließlich, nachdem die Berliner Großbetriebe in den Generalstreik traten und sich gewaltige Demonstrationszüge teilweise bewaffneter Arbeiter zum Regierungsviertel bewegten, erklärte Prinz Max von Baden die Abdankung des Kaisers, während die Republik gleich zweimal verkündet wurde – von Scheidemann und Liebknecht.

---

370 Siehe: Ebd., S. 7f.

Rätebewegung und Sozialdemokratie

1. Eine revolutionäre Situation

Philipp Scheidemann und Karl Liebknecht hatten mit ihrer jeweiligen Ausrufung der Republik durchaus Unterschiedliches im Sinn. Während Liebknecht die revolutionäre Umgestaltung des Landes proklamierte, gedachte Scheidemann, eben dieser Umwälzung die Spitze zu nehmen. Wie konnte es zu diesen entgegengesetzten Beweggründen im «sozialdemokratischen Lager» kommen?

Im September 1890 wurde das von Bismarck betriebene, gegen die SPD gerichtete «Sozialistengesetz» nach zwölf Jahren nicht mehr verlängert. Die sozialdemokratische Bewegung ging gestärkt aus diesem Konflikt hervor. Doch schon bald machte sich in der Partei eine gewisse Doppeldeutigkeit bemerkbar, die sich in revolutionärer Rhetorik einerseits und pragmatisch-reformistischer Praxis andererseits zeigte.

1912, kurz vor dem Ersten Weltkrieg, stellte die SPD mit 34,8 % der Wählerstimmen und 110 Abgeordneten die stärkste Fraktion im Reichstag. Ende Juli 1914 gab es massenhafte Demonstrationen gegen den drohenden Krieg. Vor allem Reichskanzler Bethmann Hollweg war sich darüber klar, dass der Feldzug nicht gegen die Stimmen der Sozialdemokratie zu gewinnen sei. Dafür musste er das auch in der Arbeiterschaft verhasste zaristische Russland als Aggressor darbieten. Mit diesem Schachzug hatte er vollen Erfolg. Die Worte des Kaisers – «Ich kenne keine Parteien mehr, ich kenne nur noch Deutsche» – beantwortete die sozialdemokratische Reichstagsfraktion mit: «Wir lassen in der Stunde der Gefahr das eigene Vaterland nicht im Stich.» Otto Braun, der SPD-Parteikassierer, schrieb: «Sollen die halbasiatischen, schnapsgefüllten russischen Kosakenhorden die deutschen Flure zerstampfen, deutsche Frauen und Kinder martern, die deutsche Kultur zertreten? Das ist jetzt die Frage.»[371]

Es war die Geburt des «Burgfriedens», dem auch die Gewerkschaften folgten, indem sie auf Streiks und Lohnbewegungen verzichteten. Der Gewerkschaftsführer Carl Legien vertrat die Position, Generalstreik sei «Generalunsinn», eine Parole, die bei führenden Sozialdemokraten und Gewerkschaftlern durchaus Anklang fand.

371 Zitiert nach Ullrich: Nervöse Großmacht, S. 447.

Am 4. August 1914 bewilligte folgerichtig der Reichstag einstimmig die Kriegskredite. Doch unter einem Teil der sozialdemokratischen Abgeordneten rumorte es erheblich. Am 2. Dezember stimmte Karl Liebknecht gegen eine weitere Kriegskreditvorlage, ebenso im März 1915, wobei ihm Otto Rühle folgte. Im Januar 1916 wurde Liebknecht aus der sozialdemokratischen Reichstagsfraktion ausgeschlossen. 18 weitere SPD-Abgeordnete stimmten im März gegen einen «Notetat» der Regierung, wurden ebenfalls aus der Fraktion verbannt und bildeten die «Sozialdemokratische Arbeitsgemeinschaft», aus der die «Unabhängige Sozialdemokratische Partei Deutschlands» (USPD) hervorging. Dieser schloss sich als linker Flügel die «Spartakusgruppe» (zuvor «Gruppe Internationale», später «Spartakusbund») mit den führenden Vertretern Karl Liebknecht und Rosa Luxemburg an. Die Spaltung war vollzogen - in einen den «Burgfrieden» befürwortenden Teil, der sich fortan als «Mehrheitssozialdemokratische Partei Deutschlands» (MSPD) bezeichnete, und die den Krieg bekämpfende USPD, in der sich wiederum verschiedene politische Richtungen vertreten sahen.

Auch Georg Maercker nahm diese unterschiedlichen Positionen zur Kenntnis: «U.S.P.D. und K.P.D.[372] nahmen ferner jetzt offen den Kampf gegen die Fortführung des Krieges auf. Selbstverständlich fanden sie mit ihren umstürzlerischen Zielen bei den großen Massen starken Zulauf und schwächten damit die Stoßkraft der sozialdemokratischen Partei, deren rechter Flügel unter der Führung besonnener Männer ernsthaft bestrebt war, seine Anhänger bei der Stange zu halten, bis es gelingen konnte, einen die Lebensnotwendigkeiten des deutschen Volkes sichernden Frieden zu erhalten.»[373] Die Sozialdemokraten würden nun von ihren vormals gepredigten Grundsätzen eingeholt, vor allem dem Schüren von Klassengegensätzen gegen das Wohl des gesamten Volkes. Dennoch verurteilte er sie nicht in Bausch und Bogen: «Wir wissen, daß einige Führer der Sozialdemokratie bewußt deutsch fühlten und sich widersetzten, Deutschland der Niederlage zuzutreiben ... Für die Führer links von ihnen war freilich alles Deutsche nur dazu da, verächtlich gemacht und in den Schmutz gezogen zu werden. Vorwärts gepeitscht durch Literaten vielfach undeutschen Blutes kannten sie nur ein Ziel: Die Weltrevolution. Ihm wurde die Zukunft des eigenen Volkstums bewußt untergeordnet.»[374] Angesichts eklatan-

372 Maercker meinte die Spartakusgruppe. Die KPD gründete sich erst später.
373 Maercker: Kaiserheer, S. 7.
374 Ebd., S. 348.

ter militärischer Zerfallserscheinungen verfasste er Anfang November 1918 eine Denkschrift an seine vorgesetzte Dienststelle, in der er forderte, zur Hebung der Kampfmoral «namhafte Führer der Sozialdemokratie» an die Front zu schicken.[375] Kurz vorher präsentierte schon Ludendorff den Gedanken, mit Hilfe der Sozialdemokratie letzte Kräfte zu mobilisieren: «Packen Sie das Volk. Reißen Sie es hoch. Kann das nicht Herr Ebert tun?»[376]

Doch auch die Durchführung dieser Anregungen hätte den Zerfallsprozess der Herrschaftsstrukturen nicht mehr aufhalten können. Maercker war sich darüber vollkommen im Klaren und verband seine Einsicht mit einer präzisen Formulierung der Dolchstoßtheorie: «Dieser Siegeswille wurde von unserem Volke, ... dem eine strafwürdige, von einer schwachen Regierung geduldete Friedensmeierei Knochen und Mark gefressen hatte, nicht mehr aufgebracht. So kam es zum Erschlaffen des militärischen Widerstandes und schließlich zu der durch den Umsturz bedingten Niederlage!»[377]

Ende Oktober 1918 weigerten sich die Matrosen mehrerer Schiffe der Hochseeflotte, in einen sinnlosen Kampf gegen die britische Marine auszulaufen. Zwar fand das geplante Gefecht daraufhin nicht statt, doch wurden über tausend Meuterer verhaftet und nach Kiel gebracht. Dort solidarisierten sich Arbeiter und Soldaten mit den Gefangenen. Nach massenhaften Demonstrationen und einer blutigen Auseinandersetzung mit einer Patrouille - es gab 9 Tote und 29 Verletzte auf Seiten der Demonstranten sowie einen erschossenen Leutnant - erfolgten Wahlen zu Arbeiter- und Soldatenräten, die Gefangenen wurden befreit. Am 4. November befand sich Kiel in den Händen der Aufständischen. In Windeseile breitete sich nun die vor allem antimilitaristisch geprägte Bewegung der Arbeiter- und Soldatenräte überall im Deutschen Reich aus. Am 8. November beherrschte sie bereits große Teile des Landes. In kurzer Zeit wurden die feudalistisch-monarchistischen Herrscher abgesetzt oder traten freiwillig zurück.

Die Situation in der Reichshauptstadt Berlin erschien entsprechend angespannt. Es existierten bereits vor dem 9. November und der Proklamation der Republik Aufstandspläne, die erstellt, verworfen und wieder aufgenommen wurden. Maßgeblich beteiligten sich daran die

375 Siehe ebd., S. 350.

376 Zitiert nach Barth: Dolchstoßlegenden, S. 83. Ludendorff äußerte diese Worte am 17. Oktober 1918 vor dem Kriegskabinett.

377 Maercker: Kaiserheer, S. 2.

«Revolutionären Obleute», eine zahlenmäßig kleine, aber die Stimmung in den Industriebetrieben repräsentierende Gruppe von gewählten Vertrauensleuten, die bereits in den Jahren zuvor gegen Krieg und Burgfrieden konspirativ tätig waren.[378]

Die in die staatlichen Strukturen hineingewachsenen Führer der Mehrheits-Sozialdemokratie steckten in einem enormen Dilemma gegenüber den überall heranmarschierenden Massen und deren Entmilitarisierungs- und Sozialisierungsforderungen. Die Zustimmung zu Kriegskrediten, Vaterlandsverteidigung und Burgfrieden, die ablehnende Haltung gegenüber Streikbewegungen während des Krieges zeigten ihre grundsätzliche Integration in das existierende politische System. Überdies war mit den «Oktoberreformen» 1918 zum ersten Mal ein Sozialdemokrat - Philipp Scheidemann - nach anfänglichem Zögern in das Regierungskabinett eingetreten. Die Mehrheitssozialdemokraten befürworteten keine Umsturzpläne und waren zum Teil sogar, wie ihr Vorsitzender Friedrich Ebert, weiterhin Anhänger des monarchistischen Systems. Unzweifelhaft aber erschien auch für Ebert, dass Wilhelm II. zugunsten eines Regenten abtreten musste. Prinz Max von Baden, der die Reichskanzlerschaft am 9. November an Ebert abgab, notierte in seinen «Erinnerungen»: «Ich sah Ebert am frühen Vormittag allein im Garten ... ‹Wenn es mir gelingt, den Kaiser zu überzeugen [bezüglich seiner Abdankung, C.K.], habe ich Sie dann an meiner Seite im Kampf gegen die soziale Revolution?› Eberts Antwort erfolgte ohne Zögern und war unzweideutig: ‹Wenn der Kaiser nicht abdankt, dann ist die soziale Revolution unvermeidlich. *Ich will sie aber nicht, ich hasse sie wie die Sünde*› [Hervorhebung C.K.].»[379] - «Aber mein Vertrauen zu Ebert hielt stand. Der Mann war entschlossen, sich mit seiner ganzen ungebrochenen Autorität der Revolution entgegenzustemmen ... *Wir haben keine Wahl, sondern müssen an der Hoffnung auf die Mehrheitssozialdemokraten festhalten* [Hervorhebung im Original, C.K.].»[380]

Über den 8. November, also einen Tag, bevor der SPD-Führer Scheidemann die Republik verkündete, schrieb Max von Baden anlässlich einer Kabinettssitzung (Hervorhebung im Original): «... und dann kam ein großes Wort [von Scheidemann, C.K.], das später wahr geworden

378 Zu den Revolutionären Obleuten und ihrem führenden Vertreter Richard Müller siehe Hoffrogge: Richard Müller.
379 Prinz Max von Baden: Erinnerungen, S. 599.
380 Ebd, S. 613f.

ist: ‹*Meine Partei wird dafür sorgen, daß Deutschland vom Bolschewismus verschont bleibt*›.» [Hervorhebung im Original, C.K.][381]

Die Einführung des Bolschewismus stand aber gar nicht auf der Tagesordnung. Die Spartakisten als radikalster Teil der Linken bildeten eine kleine Minderheit in der Rätebewegung, obwohl Luxemburg und Liebknecht eine enorme Popularität genossen. Die breite Masse begriff sich weiterhin in der sozialdemokratischen Tradition, die Streitigkeiten der verschiedenen Fraktionen interessierte sie wenig. Die Ausrufung der Republik durch Scheidemann am 9. November diente dazu, sich an die Spitze einer ungewünschten Bewegung zu setzen, um sie dadurch scheitern zu lassen.[382]

Bereits einen Tag später - am 10. November, einem Sonntag - wurden am Vormittag in den Betrieben und Kasernen Räte gewählt, die nachmittags im Zirkus Busch eine provisorische Regierung bestimmen sollten. Maßgeblich an der Organisation beteiligt waren die Revolutionären Obleute, doch die Ergebnisse fielen nicht in ihrem Sinne aus. Der Großteil der Massen konnte die Differenzen der verschiedenen Fraktio-

381 Ebd., S. 617f.

382 Zwei der wichtigsten Referenztitel zur Geschichte der Arbeiterräte in der Novemberrevolution sind nach wie vor Kolb: Die Arbeiterräte in der deutschen Innenpolitik 1918–1919 (Erstausgabe 1962) und Oertzen: Betriebsräte in der Novemberrevolution (Erstausgabe 1963). Oertzen und Kolb stimmen dabei in einer grundsätzlichen Kritik der MSPD-Politik gegenüber der Rätebewegung überein. In populärwissenschaftlicher Darstellung erreichte Sebastian Haffner einen größeren Leserkreis mit seinem Buch «Die deutsche Revolution 1918/19» (Erstausgabe 1979), unter dem Titel «Der Verrat. Deutschland 1918/19» später erweitert und aktualisiert erneut aufgelegt. Neueren Datums ist die umfangreiche Darstellung von Weipert: Zweite Revolution (erschienen 2015), wobei Weipert das Schwergewicht auf die Entwicklung der Rätebewegung ab März 1919 legt. Das DDR-Standardwerk zum Thema ist die 1978 vom Institut für Marxismus-Leninismus beim ZK der SED herausgegebene «Illustrierte Geschichte der deutschen Novemberrevolution 1918/1919». Bereits 1929 erschien die von einem Autorenkollektiv verfasste «Illustrierte Geschichte der deutschen Revolution», die das Geschehen aus Sicht der KPD beschreibt. — Erwähnenswert ist auch eine detaillierte Studie von Ottokar Luban: Die Novemberrevolution 1918 in Berlin - Eine notwendige Revision des bisherigen Geschichtsbildes (erschienen 2009). Darin setzt sich Luban nicht nur mit den zeitgenössischen Akteuren und Geschehnissen auseinander, sondern auch mit maßgebenden westdeutschen Historikern. Er kommt zu dem Schluss: «Die Sozialdemokratische Partei Deutschlands hat in den Tagen vor dem 9. November ihre gesamte propagandistische und organisatorische Kraft eingesetzt, um einen Ausbruch der Revolution in Berlin zu verhindern.» Luban: Novemberrevolution 1918, S. 59.

nen nicht nachvollziehen. Die Führung der SPD unter Friedrich Ebert entfaltete eine betriebsame Tätigkeit unter dem Begriff der «Einheit»: So erschien das SPD-Zentralorgan «Vorwärts» an diesem Tag mit der allgemeine Zustimmung erfahrenden Schlagzeile «Kein Bruderkampf!» Richard Müller, Mitglied der Revolutionären Obleute, schrieb hierzu: «Bis zum gestrigen Tag war jeder Artikel, jede Notiz des ‹Vorwärts› mit Mißtrauen aufgenommen worden, jetzt wurden sie als ehrlicher, aufrichtiger Willensausdruck hingenommen. An einen abermaligen Verrat der Sozialdemokratie wollten sie nicht glauben.»[383]

Unter erheblichen Turbulenzen – Richard Müller: «Die Erregung steigerte sich zur Raserei. Die Soldaten stürzten in die Manege und auf die Vorstandstribüne»[384] – gingen die Wahlen zum «Rat der Volksbeauftragten» vonstatten. Diese provisorische Regierung bestand aus je drei Mitgliedern der SPD und USPD. Außerdem erlangten die Revolutionären Obleute die Einrichtung eines «Vollzugsrates der Arbeiter- und Soldatenräte», der die Tätigkeit der Volksbeauftragten überwachen sollte.

Am Abend des Tages erreichte den soeben von den Räten gewählten Volksbeauftragten Ebert ein Telefonanruf des Chefs der Obersten Heeresleitung, General Groener. Beiden gemeinsam war die Sorge vor einem drohenden Bürgerkrieg durch eine Ausweitung der Rätebewegung und deren linker Kräfte. Sie vereinbarten eine als «Ebert-Groener-Pakt» bezeichnete Zusammenarbeit durch nunmehr täglich stattfindende Besprechungen. Groener schrieb hierzu: «Das Offizierskorps verlange von der Regierung die Bekämpfung des Bolschewismus und sei dafür zum Einsatz bereit. Ebert ging auf meinen Bündnisvorschlag ein. Von da ab besprachen wir uns täglich abends auf einer geheimen Leitung zwischen der Reichskanzlei und der Heeresleitung über die notwendigen Maßnahmen. Das Bündnis hat sich bewährt.»[385]

Dieser Pakt wurde einen Monat später auf eine ernsthafte Probe gestellt. Für den 16. Dezember war der erste Reichsrätekongress anberaumt. Ab dem 10. Dezember marschierten große Teile des von der Westfront kommenden Feldheeres in Berlin ein. Den Zweck der Unternehmung enthüllte General Groener 1925 in einer Zeugenaussage: «Zunächst hatte es sich darum gehandelt ..., in Berlin die Gewalt den Arbeiter- und Soldatenräten zu entreißen. Zu diesem Zweck wurde

383 Müller: Novemberrevolution, S. 264.
384 Ebd., S. 266.
385 Groener: Lebenserinnerungen, S. 467f.

eine Unternehmung geplant, der militärische Einzug von zehn Divisionen in Berlin. Der Volksbeauftragte Ebert war durchaus damit einverstanden.»[386] Ebert begrüßte die Truppen am Brandenburger Tor mit den Worten: «Kein Feind hat euch überwunden.» Doch die kriegs- und kampfmüden Truppen lösten sich in kürzester Zeit von selbst auf.

Schon vier Tage zuvor, am 6. Dezember, gab es einen Putschversuch von Teilen der Berliner Garnison mit Hilfe einer «Studentenwehr». Sie verhafteten den Vollzugsrat der Arbeiter- und Soldatenräte, schossen mit Maschinengewehren in einen spartakistischen Demonstrationszug, wobei sie 16 Tote hinterließen, und riefen Friedrich Ebert zum Reichspräsidenten aus. Ebert verhielt sich gegenüber diesem Vorschlag uneindeutig. Während der Aktion, die bald scheiterte, hieß es in einer Proklamation: «Truppenteile der Berliner Garnison und der Front haben heute den verräterischen, unfähigen und betrügerischen Vollzugsrat festnehmen müssen, da dieser die Zukunft des Volkes auf das Schwerste gefährdete. In 14 Tagen hätten wir Hunger, Not, Seuchen und Neger in Berlin.»[387]

Am 16. Dezember begann der erste reichsweite Kongress der Arbeiter- und Soldatenräte. Die große Mehrheit der Delegierten unterstützte den SPD-Parteivorstand. Sie beschloss die Vorverlegung der Wahlen zu einer Nationalversammlung und erteilte dem Rätesystem als Verfassungsgrundlage eine Absage. Damit hatte sich die Linie der SPD-Führer zunächst voll durchgesetzt. Doch anschließend verlangten die Delegierten energische Sozialisierungsmaßnahmen und verabschiedeten die «7 Hamburger Punkte», die eine grundlegende Umgestaltung des Militärwesens beinhalteten: Abschaffung des stehenden Heeres und Errichtung einer Volkswehr, Ausübung der obersten Kommandogewalt durch die Volksbeauftragten und den neugeschaffenen Zentralrat (der den bisherigen Vollzugsrat ersetzte), Stärkung der Soldatenräte, Wahl der Führer durch die Soldaten, Entfernung aller Rangabzeichen, Abschaffung aller Orden und des Adels.

Mit der Annahme der «7 Hamburger Punkte» war die Grundlage des – den Delegierten nicht bekannten – «Ebert-Groener-Paktes» in Frage gestellt. Hindenburg und Groener protestierten sogleich und bestritten die Legitimität des Beschlusses. Richard Müller von den Revolutionären Obleuten zog später als Fazit: «Soweit die Beschlüsse des Rätekongresses sich gegen die Bourgeoisie, gegen die Oberste Heeres-

386 Zitiert nach Brandt: 1918–1919, S. 84.
387 Siehe Müller: Novemberrevolution, S. 396.

leitung oder gegen die Offiziere richteten, sind sie nicht durchgeführt worden; selbst der Versuch blieb aus.»[388]

Das Jahr 1918 endete mit einer Auseinandersetzung, die entscheidende Weichen für die erbitterten Kämpfe des Jahres 1919 stellen sollte. Im Berliner Schloss und im Marstall war die als Elitetruppe geltende Volksmarinedivision stationiert. Ihre Aufgabe bestand im Schutz wichtiger Gebäude wie Reichskanzlei und Reichsbank. Ursprünglich als Instrument der rechten Sozialdemokratie gedacht, geriet sie jedoch zunehmend mit dieser in Konflikt, so dass der SPD-Stadtkommandant Otto Wels auf ihre Auflösung drängte. Er verlangte das Verlassen des Schlosses und verweigerte die Auszahlung der Löhnung. Am 23. Dezember steigerte sich die Kontroverse bis zur Besetzung der Reichskanzlei und Erstürmung der Kommandantur durch die Matrosen, wobei sie Wels als Geisel mit sich zurück in den Marstall nahmen. In der Nacht zum 24. Dezember gab Ebert den Befehl zum Angriff, der am frühen Morgen durch verbliebene Frontsoldaten-Truppen erfolgte.

Der Kampf wurde mit Geschützen und Maschinengewehren ausgetragen. Nach mehreren Stunden hissten die Matrosen eine weiße Flagge, öffneten den Eingang des Schlosses und gaben ihre Waffen ab. Doch mitten in anschließenden Szenen der Verbrüderung ertönte ein Befehl an die Frontsoldaten, schussbereit vor die Fenster zu gehen. Was dann geschah, schilderte als Beteiligter Wolfgang Gans zu Putlitz: «Was ich da sah, war unheimlich, angsterregend. Als schwarzer Strom flutete eine unübersehbare Menge über den Lustgarten und wälzte sich auf uns zu. Die Millionen von Berlin schienen sich auf die Beine gemacht zu haben und hatten unsere Postenketten an den Inselbrücken überrollt. Schon von weitem hörten wir ihre, offenbar gegen uns gerichteten Schimpfrufe: ‹Bluthunde! Henkersknechte! Haut sie, daß die Fetzen fliegen!› – Angst erfaßte uns. Es wurde diskutiert. Soll man schießen? Jeder von uns hatte Verwandte, Freunde oder Bekannte in Berlin. Wir brachten es nicht übers Herz, zu schießen, und erwarteten untätig unser weiteres Schicksal. So drang die Menge unbehindert in das Schloß ein. Jetzt waren wir die Gefangenen, die entwaffnet wurden.»[389]

Als Folge verließen die USPD-Mitglieder aus Protest den Rat der Volksbeauftragten. Sie waren über den Militäreinsatz nicht einmal informiert worden. Für sie rückten Vertreter der SPD nach, womit der Rat komplett von dieser gestellt wurde.

388 Ebd., S. 444.
389 Putlitz: Unterwegs, S. 14.

Während der Beerdigung der gefallenen Matrosen, die zu einer Massendemonstration wurde, erklang die Parole: «Des Matrosenmordes klagen wir an Ebert, Landsberg und Scheidemann» (die Vertreter der SPD im Rat der Volksbeauftragten). Das schien wie eine Ankündigung des Bürgerkrieges. In der militärischen Zentrale herrschte erhebliche Unruhe. Die regulären Truppen waren nicht mehr einsatzfähig. Die Rettung sollte nun von den forciert aufgestellten Freiwilligentruppen kommen - den Freikorpsverbänden.

2. *Ein schweres Erbe*

In einer Wohnung von 46 m² lebte eine achtköpfige Familie in bescheidenen Verhältnissen. Die Werkstatt des Vaters – eines Schneidermeisters – befand sich ebenfalls dort, wo sich zudem noch Gesellen und Lehrlinge tummelten. Ich fand es bei der Besichtigung des «Friedrich-Ebert-Hauses» in Heidelberg schon bemerkenswert, dass Friedrich Ebert, ein Sohn des Schneiders, aus solchen Umständen nicht nur zum Vorsitzenden der Sozialdemokratischen Partei Deutschlands, sondern sogar zum Kanzler und Präsidenten der Weimarer Republik aufstieg und im Kampf gegen die Novemberrevolution zu einem der engsten Vertrauten der Obersten Heeresleitung wurde.

Geschichte «neutral» darzustellen, ist schlechterdings eine Sache der Unmöglichkeit. Auch «Fakten» sind nicht lediglich «Fakten», denn ihre Darstellung geschieht in dem vom Verfasser bewusst oder unbewusst bevorzugten Kontext. Wird dieser nicht präsentiert, geraten Schilderungen von Ereignissen und Personen schnell auf eine moralische Ebene. Friedrich Ebert ist hierfür ein gutes Beispiel.

In erster Linie geht es aber nicht um die Person Eberts, sondern um die Entwicklung der Sozialdemokratie als Bewegung. Ganz offensichtlich hatten sich ihre führenden Kräfte nach den «Sozialistengesetzen» mit dem Staat arrangiert. Die Tatsache, dass sie den Kriegskrediten zustimmten, weil es dem Kanzler Bethmann Hollweg gelang, ihnen den russischen Zarismus als Aggressor zu präsentieren, ist nur ein Teil der Erklärung. Der andere besteht in der Vorstellung, durch eine weitgehende Kooperation mit den alten Mächten in den Staat hineinwachsen und irgendwann dessen Regierungs- und Kommandopositionen übernehmen zu können. Jede unkontrollierte proletarische Massenbewegung musste daher als Bedrohung erscheinen. Die Zusammenarbeit mit den alten Mächten wie der Obersten Heeresleitung, die Verweigerung grundlegender Demilitarisierung und Sozialisierung und die militärische

Zerschlagung der Rätebewegung bildeten eine Hypothek, die die Weimarer Republik wesentlich mehr belasteten als die «Auseinandersetzungen zwischen Links- und Rechtsradikalen», welche angeblich zum Aufstieg des Nationalsozialismus führten.

Der Umgang mit der Novemberrevolution ist auch heute noch für Historiker, die sich der SPD zugehörig fühlen, nicht einfach. Exemplarisch kann hierfür «Der lange Weg nach Westen» von Heinrich August Winkler stehen. Winkler konstatiert, «... es gab so gut wie keine Ansätze zum Aufbau einer republikloyalen Truppe ... Jüngere, reformbereite Offiziere waren (...) durchaus vorhanden. Herangezogen aber wurden sie nicht ... Auch im Bereich der zivilen Verwaltung blieb fast alles beim alten ... Das ‹Stinnes-Legien-Abkommen›[390] *brachte den Gewerkschaften die Anerkennung als Tarifpartner und den Arbeitern den Achtstundentag ... Faktisch war damit einer Sozialisierung erst einmal ein Riegel vorgeschoben ... Zu keiner Zeit bedroht war 1918/19 die soziale Macht des ostelbischen Rittergutsbesitzes ... Einer Bodenreform standen 1918/19 große, wohl unüberwindbare Hindernisse entgegen ... Folge war, dass die Zechen, die Hochburg der Vertreter des ‹Herr-im-Hause› Standpunkts, auch nach 1918 ein Bollwerk der Demokratiegegner blieben ... » Zusammenfassend meint Winkler: «... das Ausmaß der Zusammenarbeit und der Verzicht auf Veränderungen gingen weiter, als es die Verhältnisse erforderten.»*[391]

Die von Winkler aufgezählten «Versäumnisse» – waren es wirklich solche? – treten für ihn aber zurück hinter der Hauptaufgabe, den «Bürgerkrieg» und die «Diktatur des Proletariats» zu vermeiden: «Die Übergangsregierung konnte nicht ganze Gesellschaftsklassen auswechseln. Hätte sie es versucht, wäre daraus der Bürgerkrieg erwachsen, der den Sozialdemokraten aus guten Gründen als das größte aller Übel erschien ...»[392] *In der Konsequenz eines Schlingerkurses zwischen Kritik am Detail und grundsätzlicher Bejahung der Politik der SPD-Führung kommt er, die Ermordung Luxemburgs und Liebknechts betreffend, zu dem Schluss: «Die ermordeten kommunistischen Führer waren mitverantwortlich für das Blut, das während der Januarkämpfe*

---

390 Am 15. November 1918 unterzeichneten Hugo Stinnes als Arbeitgebervertreter und Carl Legien als Gewerkschaftsführer das «Stinnes-Legien-Abkommen», mit dem die Arbeitgeber die Gewerkschaften als Vertretung der Arbeiterschaft anerkannten und der 8-Stundentag eingeführt wurde. Die Gewerkschaften verzichteten ihrerseits auf weitergehende Sozialisierungsforderungen. Die Unternehmerverbände hatten erkannt, dass eine Unterstützung der rechten SPD- und Gewerkschaftsführung zur Spaltung der Arbeiterbewegung führen musste.

391 Zitate siehe Winkler: Lange Weg nach Westen, Bd. 1, S. 382–384.

392 Ebd., S. 385.

vergossen wurde. Das galt vor allem für Karl Liebknecht, der wider alle Vernunft zum Sturz der Regierung aufgerufen hatte.»[393]

Winkler bemüht ein scheinbar schlagendes Argument: «Eine radikale gesellschaftliche Umwälzung in Deutschland würde eine alliierte Intervention auslösen, wie sie in Rußland bereits stattfand.»[394]

Das allerdings wird von so unterschiedlichen Personen wie Richard Müller und Hans-Ulrich Wehler bestritten. Müller betrachtete diese Sichtweise als reine Propaganda der Sozialdemokratie.[395] *Wehler schrieb, Jahrzehnte später: «Die damals von führenden Sozialdemokraten und später von argwöhnischen konservativen Historikern geäußerte Sorge vor der Gefahr einer alliierten Intervention gegen einen deutschen Reformkurs läßt sich glaubhaft dementieren.»*[396] *Das hauptsächliche Interesse der Alliierten gegenüber dem Deutschen Reich lag schließlich nicht darin, Sozialisierungsforderungen zu verhindern, sondern Reparationsforderungen durchzusetzen und die Restauration der militärischen Strukturen zu unterbinden. Die reale Möglichkeit einer Intervention hätte bestanden, wären die Forderungen des Versailler Vertrages nach Heeresreduzierung nicht (zumindest formal) eingehalten worden. Eine alliierte Interventionsdrohung wurde auch auf der Pariser Konferenz vom 29. Januar 1921 ausgesprochen, sollten die paramilitärischen Einwohnerwehren nicht entwaffnet und aufgelöst werden.*

Eindeutiger in der Kritik der eigenen Parteigeschichte äußert sich die SPD-Historikerin Helga Grebing: «... man bekämpfte mit unnachgiebiger Schärfe die Minderheit der Linksradikalen, obwohl diese in den Räten nur vereinzelt Boden gewinnen konnten, und beschwor in übertriebener Weise die Gefahr des Bolschewismus für Deutschland. Diese legalistische Orientierung war aber nicht das einzige handlungsbestimmende Moment; man war überzeugt davon, dass die durch das Kriegsende und die deutsche Niederlage verursachten konkreten Umstände die rigide Kanalisierung der revolutionären Volksbewegung erforderlich machten.»[397] *Bezüglich der Entwicklung im Jahr 1919 kommt sie zu dem Schluss: «Es war der gesammelte Protest der Arbeiterschaft bis weit in die Reihen der MSPD, der sich Aktionsräume schuf und nicht mehr mit Appellen zu Ruhe und Ordnung und abwiegelnden Versprechen im Zaum gehalten werden konnte.»*[398] *Als Alternativen zur Politik Eberts nennt Grebing:*

---

393 Ebd., S. 390.
394 Ebd., S. 368.
395 Müller: Novemberrevolution, S. 351ff.
396 Wehler: Gesellschaftsgeschichte, 4. Band, S. 209.
397 Grebing: Geschichte, S. 68f.
398 Ebd., S. 72.

«1. Teilsozialisierung, 2. Etablierung des wirtschaftlichen Rätesystems, 3. Demokratisierung der Verwaltung unter Ausnutzung des demokratischen Potentials der Arbeiter- und Soldatenräte, 4. eventuell auch Ausnutzung von Ansätzen zur Demokratisierung der Armee. Ebert ergriff keine dieser Möglichkeiten.»[399] *Positiv sieht sie Eberts Abwehr des Reichszerfalls und seine Bemühungen um die parlamentarische Demokratie.*

Auch ein weiteres ehemals führendes SPD-Mitglied hielt seine Kritik an Ebert nicht zurück. Es war ausgerechnet Philipp Scheidemann, Verkünder der Republik, Volksbeauftragter und Reichsministerpräsident, der in seinen «Schriften aus dem Exil» Ebert eine «erstaunliche Militärfrömmigkeit»[400] *bescheinigte und behauptete: «Das Verhältnis Eberts zu den höheren Offizieren ist der Republik teuer zu stehen gekommen.»*[401]

Es schien unter anderem die Angst vor einer nicht von Parteiapparaten kontrollierten Massenbewegung gewesen zu sein, die sich der sozialdemokratischen Leitung bemächtigte und sie zur Zusammenarbeit mit den alten militärischen Kommandostellen bewog. So kam es dazu, dass die in ihrer übergroßen Mehrheit sozialdemokratischen Räte von denen, die sie als ihre Führer und Verbündete begriffen, im wahrsten Sinne des Wortes nach einer ersten Phase scheinbarer Übereinstimmung – gelegentlich wortwörtlich – bis aufs Blut bekämpft wurden.

Die häufig beschworene «bolschewistische Gefahr» existierte nicht. Wehler formulierte es drastisch: «Die Mehrheit der militanten Sozialdemokraten blieb damals noch fest an die USPD gebunden, die mit einem deutschen Sowjetstaat nichts, aber auch gar nichts im Sinn hatte. Die Kommunisten besaßen im Machtspektrum jener Jahre nicht einmal den Hauch einer Durchsetzungschance.»[402] *Damit hat er im Kern recht, insofern es die realen Machtverhältnisse betraf. Doch unterschlägt das Zitat die Popularität von Personen wie Luxemburg und Liebknecht. Auch war die Spartakusgruppe – ab Anfang 1919 KPD – durchaus zu größeren Mobilisierungen fähig. Aber die Wirklichkeit war diese: «Die radikale Linke dominierte lediglich in wenigen industriellen Zentren, und auch hier stellte der Spartakusbund innerhalb der Linken eine Minorität dar ... Auf dem 1. Rätekongreß kamen drei Mehrheitssozialdemokraten auf*

---

399 Grebing (Hrsg.): Deutsche Revolution, S. 32.

400 Reitzle (Hrsg.): Scheidemann: Das historische Versagen der SPD, S. 137. Die «Exilschriften» Scheidemanns aus der zweiten Hälfte der 30er Jahre wurden von seiner Tochter zunächst verborgen. Später dem SPD-Vorstand übergeben, entschied dieser 1948, die Schriften wegen ihres kritischen Inhalts nicht zu veröffentlichen. Sie wurden erst 2002 publiziert.

401 Ebd., S. 139.

402 Wehler: Gesellschaftsgeschichte, 4. Band, S. 207.

einen Unabhängigen. Nicht einmal 5% der Delegierten gehörten kommunistischen Gruppierungen an.»[403]

Demgegenüber überhöhte die offiziöse DDR-Historiographie den Spartakusbund als eigentlichen Initiator der Streiks und Massenbewegungen. Der Grund hierfür ist einfach zu erkennen, war doch der Spartakusbund Vorläufer der Anfang Januar 1919 konstituierten KPD. In der «Illustrierten Geschichte der deutschen Novemberrevolution 1918/19», herausgegeben vom Institut für Marxismus-Leninismus beim ZK der SED, heißt es z. B.: «Seit dem Frühjahr 1918 entwickelten sich neue Massenaktionen, die zumeist von der Spartakusgruppe und anderen linken Kräften beeinflußt waren.»[404] *Unter den namentlich nicht benannten «anderen linken Kräften» verbargen sich vor allem die Revolutionären Obleute, die sich allerdings verquer zum Geschichtsbild der SED verhielten. Über die linken Führer der USPD heißt es: «Doch gab es auch unter ihnen vielfach noch Illusionen über die Ergebnisse des bisherigen Kampfes und keine Klarheit über den Weg zum Sieg der Revolution.»*[405] *Sicher kann man beteiligte Personen und deren Handlungen kritisieren. Doch der schulmeisterliche Duktus, der sich über die gesamte SED-Darstellung der Novemberrevolution hinwegzieht, beinhaltet, es habe eine Instanz gegeben, die inmitten der turbulenten Ereignisse «klare Wege» kannte. Ironischerweise war dies am ehesten bei der rechten sozialdemokratischen Führung der Fall.*

---

403 Brandt: 1918/19, S. 15.

404 Institut für Marxismus-Leninismus beim ZK der SED: Novemberrevolution, S. 50.

405 Ebd., S. 182.

Kampf gegen die Novemberrevolution

1. Maerckers «Kurze Darstellung der Revolution»

«Die Sozialdemokratie hatte zu oft betont, daß sie das Vaterland in der Stunde der Gefahr nicht im Stich lassen würde, als daß sie jetzt anders handeln konnte, als für den Krieg einzutreten», so Maercker in einer «Kurzen Darstellung der Revolution»[406]. Die Regierung müsse sich darauf einstellen, dass sie für diese Unterstützung nach dem Kriege zu zahlen habe. Doch ihre Reformvorschläge, wie die Reform des Wahlrechts, seien zu spät erfolgt und dann auch noch im Angesicht der russischen Revolution, welche auf die Arbeitermassen «wie ein ansteckendes Fieber»[407] gewirkt habe. Das Verantwortungsbewusstsein der Arbeiter gegenüber der Nation und den an der Front kämpfenden Soldaten sei durch Streiks in der Rüstungsindustrie bis zum Verrat gesunken. Den Führern der Sozialdemokratie gestand er eine gewisse Besonnenheit zu, da sie den gewaltsamen Umsturz nicht befürworteten. Aber statt die Arbeiter zumindest bis zum Abschluss der Friedensverhandlungen zur Ruhe zu mahnen, hätten sie sich der Forderung nach Abdankung des Kaisers und dem Aufruf zum Generalstreik am 9.11.1918 - wenn auch «aus Furcht vor der Straße»[408] - angeschlossen. So formulierte Maercker erneut seine Version der Dolchstoßlegende: «Daß die Partei diesen Entschluß nicht fand, belastet sie auf ewig mit den uns auferlegten furchtbaren Waffenstillstandsbedingungen, die dann zu den unerfüllbaren Forderungen des Schmachfriedens geführt haben.»[409] Auch das Bürgertum habe seinen Teil beigetragen: «Der kaisertreu gesinnten Teile des Bürgertums hatte sich völlige Stumpfheit bemächtigt.»[410]

Für die sinkende Stimmung an der Front sei neben der propagandistischen Wühltätigkeit der linken Arbeiterführer der zunehmende Ersatz gefallener Soldaten durch junge heimische Fabrikarbeiter verantwortlich gewesen: «Ihm hatte in den letzten Jahren die häusliche Erziehung gefehlt. Er zeigte sich zuchtlos, durch die hohen Verdienste

406 Maercker: Kaiserheer, S. 3.
407 Ebd., S. 5.
408 Ebd., S. 12.
409 Ebd., S. 11.
410 Ebd., S. 12.

sittlich verdorben, durch die in den Fabriken betriebene Friedensmeierei verhetzt.»[411] Teile der im Osten kämpfenden Truppe seien zudem durch den Bolschewismus indoktriniert worden. Das Heer habe nach dem Abgang des Kaisers endgültig seinen Halt verloren. Maerckers Kommentar zur Entscheidung Hindenburgs, in dieser Lage dennoch Chef des Generalstabs zu bleiben, warf bereits ein Licht auf seine eigene zukünftige Rolle: «Hindenburg stellte die Pflicht gegenüber dem Volksganzen allem anderen voran und blieb auf seinem Posten, trotz des Ekels, der ihn überkommen mußte, wenn er daran dachte, unter welchen Zuständen er fortan seinen Dienst verrichten sollte.»[412]

Der Umsturz verbreitete sich laut Maercker von der Heimat in die Etappe, während größere Teile der Fronttruppen intakt geblieben seien. Doch nun stellte sich das Problem einer geordneten Truppenrückführung. Als größtes Hindernis dabei betrachtete Maercker die Einführung der Soldatenräte. Zwar sah er bei diesen - besonders dem bei der Obersten Heeresleitung gebildeten Soldatenrat - ein gewisses Verantwortungsgefühl für die Aufrechterhaltung der militärischen Ordnung. Aber die Errichtung von Räten war für ihn prinzipiell ein Fehler. Daher - sein Vorschlag - seien die Soldatenräte kategorisch zu verbieten. Er scheute auch vor einer Kritik an der Obersten Heeresleitung nicht zurück, die in dieser Angelegenheit versagt habe und warf ihr «Frontfremdheit»[413] vor. Das war nicht aus der Luft gegriffen, denn die höheren militärischen Stäbe, auch wenn sie sich in der Nähe der Front aufhielten, waren dem realen Geschehen im Schützengraben entrückt, empfanden sich aber schon als aktiver Teil des Kampfgeschehens, wenn sie sich in Hörweite der Kampfhandlungen befanden[414]. Diese Kritik sollte später Maercker selbst treffen, auch wenn er als Kommandeur kämpfender Einheiten weit näher am Geschehen war als etwa die Oberste Heeresleitung.

Die Anregung Maerckers, Soldatenräte überhaupt zu verbieten, schien eher seinem persönlichen subjektiven Verständnis militärischer Strukturen als den tatsächlichen Erfordernissen geschuldet. Realistischer war eine Stellungnahme Hindenburgs, die dieser am 10. November in einem Telegramm an alle Heeresgruppen und Oberkommandos

411 Ebd., S. 15.
412 Ebd., S. 18f.
413 Ebd., S. 22.
414 Siehe Barth: Dolchstoßlegenden, S. 68–70. Barth kommt zu dem Schluss, dass der Begriff der «Front» in diesem Zusammenhang ein «hochgradiges Konstrukt» sei, da Stabsoffiziere kilometerweit entfernt sich ebenso an der «Front» empfanden wie die Soldaten in den Schützengräben.

bekannt gab: «Nachdem die Bewegung zur Bildung von Soldatenräten in das Feldheer bereits eingedrungen ist und m. E. durch Widerstand nicht mehr aufgehalten werden kann, ist es notwendig, diese Bewegung in die Hand der Offiziere zu bekommen.»[415] Der einen Tag später bei der Obersten Heeresleitung gebildete Soldatenrat sprach sich dann auch für die Beibehaltung von Disziplin und Ordnung aus.

Der von den Alliierten im Waffenstillstand geforderte Rückzug der deutschen Westtruppen - an der Ostfront sollte die Armee angesichts des bolschewistischen Gegners zunächst noch verbleiben - geschah unter chaotischen Bedingungen. Mitte November 1918 gab es ca. acht Millionen deutsche Soldaten, davon ca. sechs Millionen außerhalb der Reichsgrenzen. Innerhalb von drei Monaten - bis Mitte Februar 1919 - verließen sieben Millionen das Heer und die Marine. Schon im September, Wochen vor dem Abschluss des Waffenstillstandes, soll es ca. 750.000 Deserteure gegeben haben.[416] Fahnenflucht, auch freiwillige Gefangennahme und Kollaboration mit dem Feind waren an der Tagesordnung.

Lediglich Teile der Fronttruppen hätten sich, so Maercker, noch geordnet verhalten. Die Auflösung der Armee sei wesentlich ein Ergebnis der «verseuchten» Soldatenräte. Maerckers Resümee zeigte seine tiefe innere Enttäuschung, doch war er bereits fündig auf der Suche nach den Schuldigen: «Die Zersetzung ging reißend schnell vor sich ... So ging das deutsche Heer sang- und klanglos auseinander. Ueber zwei Jahrhunderte war diese Schöpfung der Hohenzollern die Bewunderung der ganzen Welt gewesen, die sie in allem und jedem nachgeahmt und doch nicht erreicht hatte, weil die Grundlagen der deutschen Heeresmacht, der Geist der Vaterlandsliebe, die Treue bis zum Tode, der Gehorsam und die Kameradschaft, diese deutschen Soldatentugenden in gleicher Vollkommenheit nirgendwo erreicht wurden. Diese Tugenden hatten es dem Deutschen Heere ermöglicht, Schläge auszuteilen,

415 Zitiert nach Brandt: 1918–1919, S. 55.

416 Zahlen nach Wette: Militarismus und Pazifismus, S. 71f. und S. 75. Wette argumentiert im Falle der Marineführung, eine überstürzte Demobilmachung habe für diese nicht nur den negativen Aspekt des Verfalls militärischer Disziplin gehabt, sondern auch eine positive Auswirkung: das Verschwinden großer Massen revolutionärer Matrosen, die sich von den Orten des Geschehens entfernten, speziell aus Kiel. Die Soldatenräte seien mangels Soldaten gescheitert. Nicht zuletzt habe der zur Beruhigung der explosiven Lage nach Kiel geschickte Gustav Noske hierzu beigetragen. Siehe ebd., S. 69–90: Demobilmachung in Deutschland 1918/1919.

von denen der Erdball erzitterte. Dann hatte schleichendes Gift den stolzen Körper zerfressen und seine Kraft vermindert. Jetzt wurde ihm von Männern das Grab geschaufelt, die ihn noch im Todeskampfe fürchteten.»[417]

Das Verhältnis von Militär und Volk sowie seine eigene daraus resultierende Aufgabe resümierte Maercker: «Eine Truppe ist stets das Spiegelbild des Volkes. Nur ein Volk, das Sinn für staatliche Ordnung hat, das von dem Gedanken der Pflichttreue gegen den Staat erfüllt ist, das soziale Disziplin besitzt, wird eine auf Einsicht begründete, pflichttreue Truppe stellen können. Da das deutsche Volk des Jahres 1919 diese Eigenschaften nicht mehr besaß, mußte an Stelle der Einsicht der Zwang treten, die altpreußische, harte Disziplin, die Erziehung zum unbedingten Gehorsam. Diese Erziehung konnte aber von niemand anderem geleistet werden, als von dem Stande, den die Umsturzmänner so gern bewußt ausgeschaltet hätten, – vom deutschen Offizierstande.»[418]

2. Maerckers Stunde

«Durch sein stilles, ruhiges Wesen und seinen kameradschaftlichen Sinn erwarb er sich rasch die Anerkennung seiner Vorgesetzten und die Liebe seiner Kameraden ... Geistig hervorragend beanlagt, zuverlässig und strebsam, leistete er während seines Kommandos zur Kriegsakademie Hervorragendes ... Aus gesunder Freude an der Tat, aus der Helle seines Geistes fiel ihm das Militärische von selbst zu. Sein flinker Verstand drang schnell zum Kern der Dinge vor ... Keine Gefahr kennend, von nicht zu übertreffendem persönlichem Schneid, unverdrossen in der Fürsorge für seine Leute … Klein von Gestalt, gross an Geist, war er als Mensch etwas Besonderes, innerlich Überragendes ...»[419] Der Major und Militärhistoriker Kurt von Priesdorff, Verfasser zahlreicher militärischer Biografien preußischer Generäle, hielt sich mit überschwänglichen Formulierungen bezüglich Maercker nicht zurück.

Priesdorff zitierte dabei auch das Urteil des ehemaligen Vorgesetzten Maerckers aus Südwestafrika, Ludwig von Estorff: «Klein und

417 Maercker: Kaiserheer, S. 25.
418 Ebd., S. 351.
419 GStA PK, VII. HA Siegel, Wappen, Genealogie, Slg. Kurt von Priesdorff, Nr. 998, Bl. 1–6.

schlank, sehnig, sehr leistungsfähig, vortrefflicher Reiter. Von scharfem Verstand, ausgezeichneter militärischer Begabung und hervorragendem Pflichteifer und Dienstfreudigkeit ... Die Vielseitigkeit seiner Interessen ist ausserordentlich ... Eignet sich zur weiteren Verwendung im Generalstab vortrefflich.»[420]

Mit vielfältiger praktischer Erfahrung auf afrikanischen und europäischen Kriegsschauplätzen versehen, hoch gelobt in militärischen Kreisen, mit Orden dekoriert, gewann Maercker zwar einiges Ansehen, stand aber noch keineswegs im Blickpunkt der Öffentlichkeit. Das sollte sich bald nach dem Ende des Weltkriegs ändern.

Als überzeugten Monarchisten musste der «Umsturz» und der Abgang Wilhelms II. auf Maercker - wie auf alle höheren Ränge des Militärs - als Schock wirken. Die Hauptschuldigen hatte er schon länger benannt. Es war «die Heimat»: die aufrührerische untreue Arbeiterschaft, die Agitatoren von SPD, USPD und Spartakisten.

Nun stand nach der Aufgabe der Heeresrückführung, die eher einer Auflösungserscheinung glich, die allgemeine Demobilmachung an. Doch wie sollte sich das Deutsche Reich ohne funktionsfähiges Heer gegen den drohenden Umsturz verteidigen? Maercker hatte Vorschläge: «Es wäre gewiß das Einfachste gewesen, das alte Friedensheer, soweit es noch zusammenhielt, nicht aufzulösen. Ein Verbot der Soldatenräte, eine ernste Mahnung zur Erhaltung der Manneszucht und die Unterstützung der Offiziere bei ihren Bestrebungen hätten wahrscheinlich genügt, einen großen Teil der Truppen bald wieder in Ordnung zu bringen.»[421] Das aber erschien als wirklichkeitsfernes Wunschdenken. Denn wer z. B. hätte nach dem Zusammenbruch der Kommandostrukturen ein Verbot der Soldatenräte bewirken können? Hätte die Ermahnung zur «Manneszucht» tatsächlich ein so gut wie vollständig demoralisiertes Heer wieder zusammengeschweißt?

So unrealistisch Maercker die alten Befehlsstrukturen für weiterhin gegeben erhoffte, so realistisch verhielt er sich im Aufbau eines neuen Instruments zum Kampf gegen die revolutionäre Bewegung. Es waren die paramilitärischen Freiwilligen-Verbände, Freikorps genannt, die nun entstanden, nicht mehr einheitlich von einer obersten Kommandozentrale geleitet, sondern auf ihren jeweiligen Führer eingeschworen.

Diese Führungsstruktur hätte Maercker als ehemaligem Afrikakämpfer eigentlich zusagen müssen. Denn in den afrikanischen

420 Ebd., Bl. 4.
421 Maercker: Kaiserheer, S. 37.

Kolonialkriegen waren die jeweiligen Truppenführer häufig auf sich selbst gestellt und mussten ihre Entscheidungen unabhängig von ihren Vorgesetzten treffen. Im Rahmen der «irregulären Kriegsführung» waren sie gefordert, Selbständigkeit zu beweisen. Was Maercker kritisierte, war nicht die Führerstruktur, sondern das Nebeneinander der Freikorpsverbände, denn die fehlende Zentralisierung habe die Schaffung einer späteren einheitlichen Reichswehr erschwert. Da aber innerhalb der Freikorps der «Geist der Unterordnung des einzelnen unter das Gesamtwohl», das «Autoritätsprinzip» und «straffe Manneszucht» herrsche, «brachten sie die militärische Gesundung».[422]

Erste Freikorps tauchten historisch im 18. Jahrhundert auf, im Österreichischen Erbfolgekrieg und Siebenjährigen Krieg. Es handelte sich um unabhängig vom offiziellen Heer agierende Kampfverbände. Während der napoleonischen Besatzung Deutschlands (1806–1815) erlangten die «Schwarze Schar» des Braunschweiger «Schwarzen Herzogs» Friedrich Wilhelm I., das «Lützowsche Freikorps» und das Freikorps des Ferdinand von Schill, die auf eigene Faust und aus patriotischem Antrieb den Kampf gegen Napoleon aufnahmen, große Popularität.

Die ersten Stimmen für die Aufstellung von Freikorpsverbänden gegen Ende des Ersten Weltkriegs erhoben sich im Oktober 1918. Major von Schleicher, der die politische Abteilung der Obersten Heeresleitung führte, zeigte sich von der Idee angetan, ebenso General Groener, der neue Chef der Obersten Heeresleitung. Viele ältere Offiziere andererseits standen dem Vorschlag skeptisch gegenüber, da er der Tradition des preußischen Heeres fremd schien. Entscheidend war schließlich am 15. November ein Hilferuf des Oberbefehlshabers Ost, dessen Truppen sich in rapider Auflösung befanden. Selbst der dortige Soldatenrat befürwortete die Aufstellung von Freikorps. Groener und Ebert stimmten zu.[423] In seinem Buch «Dolchstoßlegenden und politische Desorganisation» zitiert Boris Barth General Groener: «Er sei ein Bündnis mit den Führern der MSPD eingegangen, ‹um die revolutionäre Bewegung den radikalen Führern aus den Händen zu reißen, sie abzudrehen und allmählich mit dem Wiedererstarken der Machtmittel ganz totzumachen.›»[424] In seinen «Lebenserinnerungen» notierte Groener über das ausgehende Jahr 1918: «Auch begannen die Freiwilligen-Truppen zahlreicher zu werden, Soldaten des alten Heeres und

---

422 Maercker:Kaiserheer, S. 41.
423 Vgl. hierzu Koch: Der deutsche Bürgerkrieg, S. 45f., Schulze: Freikorps, S. 24f.
424 Barth: Dolchstoßlegenden, S. 230.

Zeitfreiwillige bunt durcheinandergewürfelt, aber fest in der Hand der einzelnen Führer, unter denen ohne Zweifel General Maercker, der die organisatorischen Grundlagen für die Freiwilligen-Verbände geschaffen hat, der bedeutendste Kopf war.»[425]

Die nicht nur zur Grenzsicherung im Osten, sondern ebenso zur Bekämpfung von Aufständen im Inneren tätigen Freikorpsverbände vermehrten sich mit rasanter Geschwindigkeit. Ihre Anzahl kann nur geschätzt werden, da eine ständige Fluktuation in Entstehung und Auflösung bestand. Vermutungen bewegen sich zwischen 68 und 400, realistisch dürften es zwischen 85 und 120 gewesen sein bei einer Gesamtzahl der Mitglieder von etwa 250.000 Personen.[426] Die Mitgliederstärke der einzelnen Freikorps lag zwischen 33 (Freikorps Groß-Thüringen) und 40.000 (Garde-Kavallerie-Schützendivision) Männern.[427] Während der Grundlohn im alten Heer 30 Mark pro Monat betrug, erhielten die Freikorpsmitglieder zusätzlich 5 Mark pro Tag, bei Einsätzen außerhalb des Reichsgebietes 9 Mark pro Tag. Verheiratete und kinderreiche Männer bekamen noch zusätzlichen Sold. Das Geld erstattete die Reichsregierung. Bizarr musste manchen älteren Militärs die Verpflichtungsdauer und Kündigung erscheinen: Man verpflichtete sich für einen Monat mit vierzehntägiger Kündigungsfrist.[428]

Die Zusammensetzung der Freikorps entsprach diesen Bedingungen. Neben Patrioten - Studenten und Gymnasiasten galten als besonders radikale und brutale Aktivisten - und Leuten, die das Geld reizte, gab es landsknechtartige Söldner und Kriminelle. Manche Verbände, wie das Maerckersche Freikorps, reagierten mit strengen Zulassungsbedingungen und Disziplinarmaßnahmen bei Verstößen gegen die innere Ordnung. Natürlich fanden sich auch ehemalige Frontsoldaten, die keinen Anschluss oder Lebensinhalt mehr in der Heimat hatten. Über diese schrieb Friedrich Wilhelm von Oertzen: «Man lebt nicht durch Jahre in unmittelbarster Nachbarschaft mit den tausend grausigen Gesichtern des Todes, ohne daß diese Nachbarschaft auf Lebensauffassungen und Lebensformen stärksten Einfluß ausübt. Die Anforderungen, die besonders die letzten Jahre des Krieges in jeder Beziehung an Frontoffiziere und Landser stellten, hatten für beide naturnotwendig eine neue Wertordnung im Gefolge, in der bürgerliche

425 Groener: Lebenserinnerungen, S. 477.
426 Vgl. Koch: Der deutsche Bürgerkrieg, S. 65.
427 Vgl. Schulze: Freikorps, S. 38f.
428 Vgl. ebd., S. 42.

Tugenden und Lebensformen als für die Kriegsbedürfnisse unnötig oder gar hinderlich recht weit unten auf der Skala rangierten.»[429] Wolfram Wette äußerte sich: «Die Freikorps … verkörperten mehr als jede andere militärische Formation der Übergangszeit zwischen Monarchie und Republik den alten militaristischen Geist, vermischt mit dem im Kriege gewachsenen Frontsoldatenmythos.»[430]

Der DDR-Historiker Günter Paulus, Verfasser einer der ersten sozialstrukturellen Analysen der Freikorpsbewegung, wandte sich gegen eine Überbewertung des Anteils an Frontsoldaten, wobei er auch die Rolle der Arbeiterschaft erwähnte: «Es gibt keinerlei Anhaltspunkte dafür, daß etwa der Kern der Arbeiterklasse auch nur kleinere Kontingente für die Freikorps gestellt hätte ... Die gleiche Haltung wie die Arbeiter in den Betrieben nahmen die Frontsoldaten ein. Sie waren des Kriegshandwerks müde und des Militarismus mehr als überdrüssig, ließen sich sofort demobilisieren oder gingen von selbst und kehrten an ihre Arbeitsstellen zurück. Übrig blieben neben den aktiven Offizieren und Unteroffizieren nur noch die jüngeren Reserveoffiziere, die direkt von der Schulbank in den Krieg gezogen waren und nun, ohne Berufsausbildung, nicht den Weg ins Alltagsleben fanden bzw. finden wollten.»[431] Damit bestritt er die zwangsläufige Verrohung der Frontsoldaten, von der Friedrich Wilhelm von Oertzen ausging. In der Tat waren Offiziere und Unteroffiziere in vielen Freikorpsverbänden deutlich überrepräsentiert.

Dass «Frontsoldaten» und «Frontsoldatenmythos» nicht identisch sein müssen, ebensowenig wie Zusammensetzung und Ideologie der Freikorps, schrieb Rainer Wohlfeil in der «Deutschen Militärgeschichte», wobei er kritisch auf Maercker Bezug nahm: «Es ist ... nur sehr bedingt möglich, so heterogene Gruppen ohne Einschränkung dem Begriff Freikorpsbewegung zu subsumieren, und, wie es Maercker unternahm, die These aufzustellen, in den Freikorps sei ‹der alte Geist des preußisch-deutschen Heeres wieder lebendig› geworden, ‹der Geist der Unterordnung des einzelnen unter das Gesamtwohl›.»[432] Die innere Befindlichkeit der Freikorps dagegen charakterisierte Wohlfeil trotz «heterogener Gruppen» als eher einheitlich: «Der Geist der Freikorps war ein ganz anderer. Er wurde geprägt vom ‹Fronterlebnis› und von

429 Oertzen: Freikorps, S. 12.
430 Wette: Noske, S. 321.
431 Paulus: Soziale Struktur, S. 659f.
432 Wohlfeil: Heer, S. 69f.

der Verzweiflung über den Ausgang des Krieges; er resultierte aus einer Kampfstellung gegen den marxistischen Sozialismus und gegen die Bourgeoisie ... er war negativ gekennzeichnet durch nihilistische Züge und positiv durch Träumereien von einem nationalen Sozialismus, die sich bis zu nationalbolschewistischen Ideen steigern konnten. Ausdruck des Freikorpsgeistes war vor allem auch der Führergedanke ...»[433]

Jeder Freikorpsverband besaß eine eigene Werbestelle und ein eigenes Emblem. Die Einsatzbefehle kamen von der Regierung, doch taktisch-operativ war jedes Freikorps weitgehend unabhängig.[434] Zwar gab es Versuche seitens des Rates der Volksbeauftragten, auch republikanisch gesinnte militärische Einheiten zu schaffen, denen aber nur eine kurze Existenz beschieden war. Es handelte sich um die «Republikanische Soldatenwehr», zu deren Gründung - den Vorschlag hierzu hatte Emil Barth, Vertreter der Revolutionären Obleute im Rat der Volksbeauftragten, unterbreitet - der Berliner Stadtkommandant Otto Wels am 17. November 1918 aufrief und die am 3. Mai 1919 wieder aufgelöst wurde. Auch die «Republikanische Schutztruppe», im Januar 1919 gebildet und aus mehrheitssozialdemokratischen Arbeitern bestehend, existierte nur kurzzeitig. Die Entwicklung der Volksmarinedivision, ursprünglich vom Rat der Volksbeauftragten angefordert, erwies sich für diesen als Desaster, wie sich in den Berliner Weihnachtskämpfen zeigen sollte.

Die Behauptung, es habe für Ebert und Noske keine Alternative zur Zusammenarbeit mit den alten militärischen Kommandostrukturen gegeben, kann durchaus in Zweifel gezogen werden.[435] Der Zusammenbruch des Kaiserreichs war zunächst auch ein Zusammenbruch der Obersten Heeresleitung. August Siemsen schrieb in seinem 1937 publizierten Nachlass: «Nicht scharf genug kann die so oft wiederholte,

433 Ebd., S. 70.

434 «Es gab außer Noske keine zentrale Autorität, die die Freikorps hätte führen können.» — Koch: Der deutsche Bürgerkrieg, S. 75.

435 Ebert selbst erwog noch Anfang Dezember 1918, «neue militärische Organe auf demokratischer Grundlage» zu bilden, deren Aufgabe er vornehmlich im Bereich der Lebensmittelversorgung sowie des Wach- und Sicherheitsdienstes sah. Das vom Rat der Volksbeauftragten im Dezember 1918 beschlossene Gesetz «zur Bildung einer freiwilligen Volkswehr» endete im Februar 1919 mit der Aufstellung einer Truppe von 600 Mann, die verpflichtet wurden, jegliche «innere Demokratisierung» zu unterlassen. Hierzu Kluge: Soldatenräte, S. 247–250.

fast schon zur Geschichtslegende gewordene Behauptung zurückgewiesen werden, man habe wegen des Versagens der Arbeiterschaft kein republikanisches Heer schaffen können. Umgekehrt ist es richtig: man hat durch die Wiederherstellung der Kommandogewalt des kaiserlichen Offizierskorps den sozialistischen Arbeitern den Eintritt in das Heer unmöglich gemacht.»[436] Der DDR-Historiker Erwin Könnemann stellte fest: «In Verfolgung einer reformistischen Militärpolitik wäre es durchaus denkbar gewesen, daß die republikanischen Wehren den Grundstock für eine bürgerlich-parlamentarische Armee bildeten ... Unteroffiziere und Mannschaften standen in ausreichendem Maße zur Verfügung, und auch an demokratisch gesinnten Offizieren, die dem Republikanischen Führerbund angehörten, fehlte es durchaus nicht.»[437]

Auch Ulrich Kluge kam in seinem Standardwerk «Soldatenräte und Revolution» zu einem für die Politik der Volksbeauftragten, speziell Eberts und Noskes, wenig schmeichelhaften Ergebnis: «Die im krassen Gegensatz zu den Intentionen der militärischen Rätebewegung stehenden militärpolitischen Entscheidung der Regierung, ihre von Ressentiments gegenüber den Linkssozialisten und den Räten geprägte Innenpolitik und ihr unerschütterlicher Glaube an die Loyalität des Offizierkorps im allgemeinen, der Obersten Heeresleitung im besonderen, nicht aber die Bedrohung durch die Linksradikalen, schufen das Spannungsfeld, in dem die revolutionär-demokratische Bewegung der Soldatenräte unterging.»[438]

Ebert und Noske vertrauten schließlich den alten militärischen Eliten. Die 1918/19 entstandenen republikanisch-demokratischen Verbände scheiterten nicht an ihrem Unvermögen, sondern an politischen Entscheidungen der sozialdemokratischen Führung. Nun schlug die Stunde der Freikorpstruppen.

436 Siemsen: Preußen, S. 102.
437 Könnemann: Einwohnerwehren, S. 82.
438 Kluge: Soldatenräte, S. 350.

3. Die Freikorps in der Literatur

Ich recherchierte im Freiburger Militärarchiv und war in einem eher ereignisarmen Stadtteil untergebracht. Um eine abends aufgetretene Langeweile zu überbrücken, kam mir der Gedanke, per E-Mail den in Freiburg lebenden Literaten und Kulturtheoretiker Klaus Theweleit zu kontaktieren und um ein Treffen zu bitten. Theweleit hatte Ende der siebziger Jahre das enorm rezipierte Buch «Männerphantasien» geschrieben. Er begann darin mit der Darstellung von sieben Personen der Freikorpsszene (leider befand sich Maercker nicht darunter). Mit einer Antwort seinerseits rechnete ich nicht wirklich, schließlich war ich ihm völlig unbekannt. Doch es kam anders als erwartet, er lud mich tags darauf zu sich nach Hause ein.

Im Laufe unserer Unterhaltung verwies Theweleit mehrfach auf das dreibändige Werk «Märzrevolution 1920» seines 1993 verstorbenen Freundes Erhard Lucas. Lucas ging in seiner ca. 1200 Seiten umfassenden Darstellung, methodisch ganz anders als Theweleit, akribisch der Ereignisgeschichte und damit der eher konventionellen historischen Betrachtungsweise nach. Den Sinn einer sich gegenseitig ergänzenden Lektüre der «Märzrevolution 1920» und der «Männerphantasien» hatte Theweleit bereits im Nachwort einer Neuauflage seines Buches formuliert: «Viele kühle und präzise Bücher, voll mit Entsetzlichkeiten, unpolemisch und wissenschaftlich, werden geschrieben und sind teils schon geschrieben. Für eine Antwort auf die Frage, wie die Lust am ausgedehnten und jahrelangen Massenmord in die Körper ‹ganz normaler Männer› gelangt, erklären sich diese Historiker aber für unzuständig (um dann oft doch mit den flachsten ‹Psychologismen› aufzuwarten). Abhilfe schafft nur ein Blick in andere Archive; wie kann man Historiker sein ohne eine tragfähige Theorie der menschlichen Affekte?»[439]

Theweleit befasst sich in den «Männerphantasien» mit der Zurichtung des männlichen soldatischen Körpers zu einem «Körperpanzer» als Voraussetzung für faschistisches Bewusstsein und Verhalten. Er geht dabei konsequent von einer psychoanalytisch geprägten Sichtweise aus. Nicht nur seine exemplarischen Eingangspersonen entstammen den Freikorps, auch die Freikorpsliteratur nimmt einen großen Raum ein.

Theweleits Herangehens- und Schreibweise ist vom wissenschaftlichen Standpunkt betrachtet recht unkonventionell, ebenso die opulente Illustrierung des Werkes. Das trifft natürlich nicht auf die Gegenliebe der historischen Zunft. So wird sein Buch häufig mit dem Begriff «umstritten» bedacht.

439 Theweleit: Die neuen Seiten, S. 490 (Anmerkung).

Matthias Sprenger etwa bezeichnet es als «Mischung aus (veralteter) Faschismustheorie und Freudscher Sexualpsychologie».[440]

Tatsächlich handelt es sich um einen speziellen Beitrag zur Faschismustheorie, in dem Freud ausdrücklich kritisiert wird. Die von Sprenger in Klammern gesetzte Behauptung der «Veraltung» bedarf offensichtlich überhaupt keiner Begründung. Auch die Veröffentlichung des Historikers Günter Paulus über die soziale Zusammensetzung der Freikorps («Die soziale Struktur der Freikorps in den ersten Monaten nach der Novemberrevolution») wird von Sprenger als «veraltet» hinweggefegt – wohl, weil sie aus dem Jahr 1955 stammt (und zudem noch aus der DDR). Überhaupt scheint ein Teil der Historikerzunft schnell dabei, durch die Rede von «neueren Forschungen» bislang gewonnene Erkenntnisse zu entsorgen. «Neuere Forschungen» und «Erkenntnisse» sind nicht wie selbstverständlich die besseren. Vielmehr können sie – wie ältere natürlich auch – tendenziös vom aktuellen Zeitgeist geprägt sein. Als Beispiel hierfür sei die Auseinandersetzung um die Verantwortlichkeiten für den Ersten Weltkrieg anhand Christopher Clarks Buch «Die Schlafwandler» genannt, das von vielen deutschen Historikern und Rezensenten zunächst nahezu euphorisch begrüßt wurde und nach und nach einer kritischeren Betrachtung unterlag.

Ein immer wieder zitierter Autor der Freikorpsbewegung ist Ernst von Salomon. Kaum ein Werk zu diesem Thema kommt ohne dessen Erwähnung aus. Salomon war Mitglied des Freikorps Maercker in Berlin und Weimar. Anschließend kämpfte er mit einem Hamburger Freikorps in Lettland. Seine weiterhin schillernde Karriere – u. a. Teilnahme am Rathenau-Mord – brachte ihn nach dem Zweiten Weltkrieg bis zum Rowohlt-Bestsellerautor («Der Fragebogen») und scheinbar pazifistisch gewandelten Mitglied der «Deutschen Friedensunion».

Salomon war der Prototyp des rechtsextremen nationalrevolutionären und antibürgerlichen Freikorpsmitglieds, das seine Motive als direkt aus dem Schützengraben kommend betrachtete. Diese Gruppe fand nach dem verlorenen Krieg keinerlei Halt, weder äußerlich noch innerlich, sie suchte nach einem Ersatz für die Frontkameradschaft. Eine ausgesprochene nihilistische Grundeinstellung machte sie zu Gegnern der linken Revolution wie zum entstehenden Weimarer Staat. Auch das «Bürgertum» fand bei ihnen eine heftige Ablehnung. Die Sprache Salomons ist pathetisch, oft schwülstig, fast immer aber martialisch, versehen mit einer gewissen Lust an Gewaltschilderungen. So schreibt er über einen Angriff im Baltikum, nachdem – laut Salomon – lettische Soldaten deutsche Freikorpskämpfer verstümmelt hatten:[441]

440 Sprenger: Landsknechte, S. 11.

441 «Von den Bolschewiki wurde nur als ‹Banden› gesprochen, die entweder vom

«Wir trieben die Letten wie Hasen übers Feld und warfen Feuer in jedes Haus und pulverten jede Brücke zu Staub und knickten jede Telegraphenstange. Wir schmissen die Leichen in den Brunnen und warfen Handgranaten hinterdrein. Wir erschlugen, was uns in die Hände fiel, wir verbrannten, was brennbar war. Wir sahen rot, wir hatten nichts mehr von menschlichen Gefühlen im Herzen. Wo wir gehaust hatten, da stöhnte der Boden unter der Vernichtung ... Wir hatten einen Scheiterhaufen angezündet, da brannte mehr als totes Material, da brannten unsere Hoffnungen, unsere Sehnsüchte, da brannten die bürgerlichen Tafeln, die Gesetze und Werte der zivilisierten Welt ...»[442]

Salomon schildert eine Spirale der Gewalt, die sich verselbständigt und durch das Fehlen aller Sanktionsmechanismen noch begünstigt wird. Sie erscheint als der eigentliche Lebenssinn der Soldateska.

Dominique Venner, französischer Chronist der deutschen Freikorps,[443] *erwähnt im Vorwort seines Buches «Söldner ohne Sold» einen Besuch bei Salomon im Jahre 1972, kurz vor dessen Tod. Salomon hatte sich inzwischen in der Öffentlichkeit als Gegner der nuklearen Aufrüstung und Mitglied der Friedensbewegung profiliert. Venner zitiert Salomon: «‹Ich habe einmal mit Ernst Jünger Kriegserinnerungen ausgetauscht. Ebenso wie ich hatte er in dem Augenblick eine sinnliche Erregung verspürt, als er mit dem Maschinengewehr auf den Feind feuerte.›»*[444] *Zum Abschied schenkte Salomon Venner ein Exemplar seines Buches «Die Geächteten», mit einer Widmung versehen. Die Widmung lautete: «Die Nation kennt keine andere Grenze als die Kraft ihrer Männer».*[445]

Teufel besessen oder zu Tieren herabgesunken seien. Bolschewismus bedeute Terror, Gewalt, Rechtlosigkeit, Plünderung, bestialische Grausamkeit. Am schlimmsten seien die Flintenweiber, Bestien in Menschengestalt, gewesen ... Das lettische Volk wurde als hinterlistige und verrohte Masse geschildert.» Barth: Dolchstoßlegenden, S. 261. Auf den Mythos der besonders grausamen «Flintenweiber», die angeblich wehrlose Gefangene massakrieren, wird auch hingewiesen bei Sprenger: Landsknechte, S. 140f. Theweleit beschreibt die Angst vor den «Flintenweibern» als Kastrations- und Todesangst , Theweleit: Männerphantasien , Band 1, S. 96ff.

442 Salomon: Die Geächteten, S. 167f.

443 Dominique Venner konnte selbst eine stattliche rechtsextreme Vita vorlegen, zunächst auf praktischem, dann auf literarischem Gebiet. Bemerkenswert war die bizarre Inszenierung seines Selbstmordes: Im Mai 2013 erschoss er sich in der Kathedrale Notre Dame de Paris. Damit wollte er gegen die Islamisierung und Amerikanisierung Europas sowie gegen die Einführung der gleichgeschlechtlichen Ehe in Frankreich protestieren.

444 Venner: Söldner, S. 17.

445 Ebd., S. 18.

Die autobiografische, eher belletristisch gefärbte Freikorpsliteratur hat erheblichen Umfang. Für ihre Auswertung sind nach wie vor Theweleits «Männerphantasien» grundlegend.

Ein wichtiges Sachbuch stammt aus der Feder des rechtsradikalen Friedrich Wilhelm von Oertzen: «Die deutschen Freikorps 1918–1923». Das Werk kam 1936 mit einem unter Mitwirkung des Hauptarchivs der NSDAP zusammengestellten Bilderteil heraus. Oertzen selbst war Freikorpsmitglied und in die Ermordung Luxemburgs und Liebknechts verwickelt. Seine intime Kenntnis der «Söldnertruppen» vermittelte er mit entsprechendem politischen Hintergrund. Pikanterweise war er der Vater des linken SPD-Politikers Peter von Oertzen, des Verfassers von «Betriebsräte in der Novemberrevolution», eines 1963 erschienenen Standardwerks zur Rätebewegung.

Hagen Schulze veröffentlichte 1969 eine ausführliche Untersuchung zur Entwicklung der Freikorps: «Freikorps und Republik 1918–1920». Auch heute noch ist sie eine informative Grundlage und wird häufig zitiert.[446] *1978 erschien «Der deutsche Bürgerkrieg» von Hannsjoachim W. Koch, eine ebenfalls umfangreiche Darstellung. Koch kritisiert darin die Sichtweise, die Freikorps insgesamt mit dem Nationalsozialismus gleichzusetzen.*[447] *Die Ausdifferenzierung verschiedener Richtungen betreibt besonders Matthias Sprenger in «Landsknechte auf dem Weg ins Dritte Reich?», im Jahr 2008 erschienen. Er nimmt auf Freikorpsautoren Bezug und teilt diese in drei Gruppen:*[448] *1. Die dem Kaiserreich Verbundenen mit preußisch-konservativem Weltbild, die dem Weimarer Staat nicht zwingend ablehnend gegenüberstehen, den Nationalsozialismus zwar nicht glühend verehren, sich aber meist mit ihm arrangieren. Zu dieser Gruppe zählt er auch Maercker*[449]*. 2. Die nationalrevolutionären Vertreter des «soldatischen Nationalismus» wie Ernst von Salomon. 3. Autoren mit NS-Nähe, die eine Kontinuität zwischen Freikorpsbewegung und Nationalsozialismus behaupten.*

Sicher gab es solche Unterschiede. Das Maerckersche Freikorps ist nicht in eins zu setzen mit den von Salomon geschilderten Gruppen im Baltikum. Aber

---

446 Schulze nimmt bezüglich seiner eigenen politischen Einschätzung kein Blatt vor den Mund. Beispiele: Die Räte in der Etappe sind für ihn in der Mehrzahl «rabiate Befürworter des kommunistischen Systems» bzw. «pazifistische Schwärmer» (S. 2), die Volksmarinedivision habe eine «unheilvolle Rolle» (S.17) gespielt, sie habe zum Teil aus «übelstem Mob» (S. 18) bestanden, die Freikorps «kämpften … gegen einen Feind, der ihnen an Kriegsgreueln durchaus überlegen war» (S. 52) und «Linksstehende Zeitungen überschlugen sich geradezu in haß- und ressentimenterfüllter Stimmungsmache» (S. 53).

447 Vgl. Koch: Der deutsche Bürgerkrieg, S. 12.

448 Vgl. Sprenger: Landsknechte, S. 28f.

449 Der Ende des Jahres 1924 verstorbene Maercker kam nicht in die Verlegenheit, sich gegenüber dem NS-Staat positionieren zu müssen.

während die in Osteuropa agierenden Verbände häufig ein Eigenleben führten, folgten sie im Inland, bei aller Differenzierung, einheitlich den Aufträgen des Reichswehrministers Gustav Noske. Sie hatten ein gemeinsames Ziel, das in der Bekämpfung der Arbeiter- und Soldatenräte lag.

4. Die Bildung des Freiwilligen Landesjägerkorps

Georg Maercker behauptete, das erste Freikorps gebildet zu haben.[450] Das sei geschehen nach einem Treffen höherer Militärführer, welches am 6. Dezember 1918 in Paderborn stattfand. Sowohl Hagen Schulze wie Hannsjoachim W. Koch bestreiten dies. Es habe bereits im November sieben Freikorps gegeben, das erste feststellbare sei in Lüneburg entstanden.[451] Auch Ulrich Kluge schreibt von drei Verbänden, die schon im November gegründet wurden. Im Dezember seien acht weitere hinzugekommen, im Januar 1919 noch einmal 25, im Februar und März zunächst 11 und im Zusammenhang mit den Berliner Märzkämpfen weitere 29.[452]

Aus den verbliebenen Teilen seiner alten 214. Infanteriedivision, deren Kommandeur er im Januar 1918 geworden war, begann Maercker den Aufbau seines Freikorpsverbandes.[453] Laut Venner handelte es sich zunächst um 4000 Mann.[454] Die Festigung des Ansehens der Vorgesetzten galt, neben der obligatorischen Aufrechterhaltung der Manneszucht, als oberster Grundsatz. Statt des Soldatenrates sollten Vertrauensleute eingesetzt werden, die Beschwerden entgegennehmen konnten. Das Freikorps erhielt den Namen «Freiwilliges Landesjägerkorps» (FLK), ein eigenes Abzeichen - die Gestalt eines silbernen Eichenzweiges als Symbol deutscher Treue - und einen Wahlspruch aus Schillers Wallenstein: «Wer's nicht edel und nobel treibt, lieber weit weg vom Handwerk bleibt.» Angeblich sollte die Einheit zunächst «Landjägerkorps» heißen, wurde dann aber in «Landesjägerkorps» umbenannt, da ein Offizier zu bedenken gab, dass als «Landjäger» auch eine süddeutsche Wurstsorte bezeichnet werde.[455]

450 Vgl. Maercker: Kaiserheer, S. 41.
451 Vgl. Koch: Der deutsche Bürgerkrieg, S. 46f., Schulze: Freikorps, S. 26.
452 Vgl. Kluge: Soldatenräte, S. 289.
453 Zu Aufbau und Struktur des FLK vgl. Maercker: Kaiserheer, S. 42–59.
454 Vgl. Venner: Söldner, S. 55.
455 Vgl. ebd. Im «Kriegstagebuch» des FLK wurde die Version verbreitet, unter «Landjägern» verstände man in Süddeutschland Küchenschaben. Vgl. Der

Am 14. Dezember 1918 erging für das in Salzkotten bei Paderborn stationierte FLK der von Maercker formulierte «Grundlegende Befehl Nr. 1». Damit - so Maercker selbst - habe er die Grundlage für die Gestaltung der späteren Reichswehr gelegt. Inhalt waren die Aufgaben des FLK zur Aufrechterhaltung der Ordnung im Inneren, Grenzsicherung, Manneszucht als oberstes militärisches Prinzip, Schaffung von Vertrauensleuten und eines Beschwerdesystems, Disziplinarstrafen und Beförderungen, Veränderung der Grußpflicht. Bisher taten die Mannschaften und Unteroffiziere der Grußpflicht durch Strammstehen Genüge, während die Offiziere die Hand an die Kopfbedeckung legten. Letzteres Verhalten erklärte Maercker nun zur Allgemeinpflicht, nicht zuletzt aus psychologischen Gründen, wie Friedrich Wilhelm von Oertzen feststellte: «Man soll nicht in den Fehler verfallen, derartige Äußerlichkeiten gering zu schätzen. Jeder Unteroffizier und Mann, gerade wenn er seinem Wesen nach ein brauchbarer und guter Soldat war, fühlte sich gehoben und bis zu einem gewissen Grade geehrt, wenn man ihm gestattete, auch unter Einhaltung strammster militärischer Formen so zu grüßen, wie es bisher nur die Offiziere hatten tun dürfen.»[456]

Die disziplinarische Ordnung war streng, so stand auf Plünderung die Todesstrafe.

Sein selbst eingestandenes eigenmächtiges Vorgehen - besonders die Änderung der Militärgerichtsordnung, die auch noch von seiner vorgesetzten Dienststelle ohne weiteres hingenommen wurde - galt Maercker als Beweis für das völlige Fehlen einer straffen Leitung des Heeres, die zu solchen Instruktionen nicht mehr in der Lage sei.

Statt getrennter Waffengattungen schuf Maercker gemischte Abteilungen. Jede besaß Maschinengewehre und Minenwerfer. Dies gebot zum einen die eher geringe Anzahl der Mannschaft, zum anderen der Einsatzbereich im Bürgerkrieg - Straßenkampf, Erstürmung, Besetzung und Verteidigung von Gebäuden. Er reduzierte die Anzahl der Stäbe und unterstellte die einzelnen Abteilungen zunächst nur seiner eigenen Person. Dabei entstand eine Presseabteilung, deren Funktion, neben der Einflussnahme auf die jeweils örtlichen Presseorgane, ihr Leiter Hauptmann Ferdinand Crasemann beschrieb: «... Versorgung des Stabes wie der Truppen mit Zeitungen, Sammeln aller wichtigen Artikel zur gelegentlichen Verwendung, der Kampf gegen Flugblätter, Redaktion al-

Kreuzzug, S. 54.

456 Oertzen: Freikorps, S. 265.

ler ausgehenden Drucksachen, Miteinwirkung auf die Stimmung der Truppe.»[457] Crasemann schuf die FLK-«Jägerzeitung», deren Spalten er allerdings häufig selbst füllen musste, da der Soldat an sich nicht gerne schreibe. Ferner existierte eine Propaganda-Abteilung, deren Aufgabe es war, deutschlandweit neue Mitglieder für das Freikorps zu gewinnen. Hierfür wurden auch feste Werbestellen in großen Städten und umherziehende Werbestellen auf dem Lande eingerichtet.

Eine spezielle Abteilung des Freikorps zur Reparatur versorgungswichtiger Anlagen bildete die Vorstufe zur später entstandenen Technischen Nothilfe, einer Streikbrecherorganisation und Vorgängerin des Technischen Hilfswerks. Maercker verfügte auch über mit Waffen versehene Motorboote auf der Elbe, womit der «Reichswasserschutz» - eine Wasserschutzpolizei - ursprünglich auf ihn zurückging.[458]

Schwierigkeiten bereitete die Frage der Truppenverpflichtung im Sinne eines Treuegelöbnisses. Eine offizielle Verpflichtung auf die Regierung Ebert-Haase kam für Maercker nicht in Betracht, da der jetzige USPD-Politiker und Volksbeauftragte Haase bereits 1914 mit der Untergrabung der Armee begonnen habe. Schließlich übersandte die Oberste Heeresleitung eine eher neutral gehaltene Treueverpflichtung, die sich bis zur Wahl der Nationalversammlung vorläufig auf den Reichskanzler Ebert bezog. Als problematisch erwies sich ferner die Beschaffung von Ausrüstung und Bekleidung.

Im Paderborner Sennelager ergaben sich Unstimmigkeiten mit einem Beauftragten des Zentralsoldatenrates Münster und mit den sich um die Stadt herum in Auflösung befindlichen Truppen. Aus Bielefeld erschienen laut Maercker 200 Arbeitslose, die vor die Annahmestelle für Freiwillige zogen und den Werbeoffizier mit «haut ihn» herausbaten. Eine andere neugebildete Einheit beriet sich nach einer Ansprache Maerckers und teilte ihm anschließend mit, «sie verzichte auf den Eintritt ‹in eine Truppe, in der jedes zweite Wort Manneszucht hieße›».[459] Auch im FLK selbst herrschte zunächst noch nicht die von Maercker erwünschte Disziplin, es gebe noch «Verlotterung», wo nicht strengste Überwachung sei.

---

457 Crasemann: Freikorps Maercker, S. 35. Crasemann beschrieb sich selbst als Gegner der Zensur, allerdings in einem unerwarteten Sinne: «Dabei bin ich von Haus aus ein Gegner der Zensur, weil ich sie für eine halbe Maßregel halte. Hetzt ein Blatt in offener, infamer Weise gegen die Regierung, so sollte eine tatkräftige Regierung es rücksichtslos verbieten ...» Ebd., S. 34.

458 Vgl. Fahrenberg: Georg Maercker, S. 122.

459 Maercker: Kaiserheer, S. 56.

Blanke Verachtung empfand Maercker für Offiziere, die sich opportunistisch als Republikaner bezeichneten: «Wer aber jetzt schon seine Vergangenheit verleugnete, sich als überzeugten Republikaner hinstellte und die bis dahin getätigte Gesinnung wie einen verschlissenen Rock ablegte, der war ... bis dahin ein Heuchler und Unehrlicher gewesen, dann gehörte er überhaupt nicht in meine Truppe hinein ...»[460]

Kurz vor dem ersten Einsatz in Berlin hielt Maercker eine Ansprache an seine Soldaten, aus der seine Motivation und seine Ziele deutlich hervorgehen: «Ich habe 3 Kaisern 34 Jahre lang treu gedient. Ich habe in 5 Kriegen und 3 Weltteilen für sie gekämpft und geblutet. Gefühle, die man 34 Jahre lang betätigt hat, die wirft man nicht fort ... Man würde ein elender, verächtlicher Lump sein, wenn man das täte! ... An die Stelle der kaiserlichen Regierung ist die des Reichskanzlers Ebert getreten. Sie ist gegenwärtig in schwierigster Lage, denn sie hat keinerlei Machtmittel ... Sie braucht aber Machtmittel - zum Kampf an den Reichsgrenzen wie zum Kampf im Innern ... Und vor allem wird die Regierung Ebert bedroht durch die Gruppe der Spartakusleute, durch Liebknecht und Rosa Luxemburg ... Die Rosa Luxemburg ist ein Teufelsweib und Liebknecht ein Kerl, der aufs Ganze geht, und der genau weiß, was er will ... Rosa Luxemburg kann das deutsche Reich heute straflos zu Grunde richten, denn es gibt keine Macht im Reiche, die ihr entgegentreten kann. Da wollen wir einspringen, sei es, um die Reichsgrenzen zu beschützen, sei es, um im Inneren für Ruhe und Ordnung zu sorgen ...»[461]

5. Die Januarkämpfe 1919 in Berlin

Die USPD zog sich nach dem Weihnachtskampf gegen die Volksmarinedivision aus dem Rat der Volksbeauftragten zurück, da sie sich von den MSPD-Mitgliedern hintergangen fühlte. Sie boykottierte auch die Wahl des «Zentralrats», der die Arbeit der Volksbeauftragten kontrollieren sollte. General Groener sah darin einen bewussten Schachzug der Mehrheitssozialdemokraten: «... es gelang, die Unabhängigen aus der Regierung hinauszumanövrieren ...»[462] Damit besaß die USPD nur noch eine einzige offizielle Machtbastion in Berlin: das Polizeipräsidi-

460 Ebd., S. 50.
461 Ebd., S. 57f.
462 Groener: Lebenserinnerungen, S. 477.

um mit dem Präsidenten Emil Eichhorn, der sich während des Weihnachtskampfes auf die Seite der Volksmarinedivision gestellt hatte.

Aber auch für den jetzt nur noch aus Mehrheitssozialisten bestehenden Rat der Volksbeauftragten - der sich von nun an als «Reichsregierung» bezeichnete - erwies sich die Lage als prekär, da er kaum noch über militärische Machtmittel verfügte. Die zurückgekehrten Fronttruppen hatten sich als unbrauchbar erwiesen. Hagen Schulze behauptet: «Um die Jahreswende 1918/19 war das Freiwilligen-Regiment Reinhard tatsächlich die einzige Truppe in ganz Berlin, die Ebert zur Verfügung stand.»[463] Das ist nicht ganz richtig, denn es existierte auch noch die aus sozialdemokratischen Arbeitern gebildete Republikanische Volkswehr, die aber nicht das Vertrauen Noskes besaß.[464] Während der Januarkämpfe bildeten sich zudem die sozialdemokratischen Regimenter «Liebe» und «Reichstag».

Am 4. Januar 1919 wurde der Polizeipräsident Eichhorn vom preußischen Innenministerium entlassen.[465] USPD und revolutionäre Obleute riefen zu einer Protestdemonstration am folgenden Tag auf. Am 5. Januar beherrschten riesige Demonstrationszüge die Berliner Innenstadt, es wurden Rufe zum bewaffneten Aufstand laut. Im Polizeipräsidium versammelten sich Mitglieder der USPD, der revolutionären Obleute und der um die Jahreswende aus dem Spartakusbund gegründeten KPD, die sich aber nicht über das konkrete Vorgehen einigen konnten und sich zunächst auf den Abend vertagten.

Währenddessen hatte sich die Masse der Protestierenden wieder zerstreut. Ein kleinerer Teil allerdings zog in das Berliner Zeitungsviertel und besetzte die Druckerei des «Vorwärts», das «Berliner Tageblatt» mit dem Verlagshaus Mosse, die Druckereien Ullstein und Büxenstein sowie das Wolffsche Telegraphenbüro.

Abends versammelten sich Führer der USPD, Obleute und KPD. Sie konstituierten sich als «Revolutionsausschuss». Das KPD-Mitglied Liebknecht forderte den sofortigen Sturz der aus den SPD-Volksbeauftragten

---

463 Schulze: Freikorps, S. 72.

464 Wolfgang Wette: «Die Frage, ob es vorstellbar war, daß die republikanischen Formationen, die sich nach der Novemberrevolution in der Reichshauptstadt gebildet hatten, in der Lage sein könnten, die gewalttätigen Linksradikalen aus dem Zeitungsviertel hinauszuwerfen, stellte sich für Noske also generell nicht, da er den Rückgriff auf das Berufsmilitär als unumgänglich ansah.» Wette: Noske, S. 322f.

465 Zur Darstellung der Januarkämpfe beziehe ich mich hauptsächlich auf Müller: Novemberrevolution, S. 530–594.

bestehenden Regierung, während Müller von den Obleuten dies für verfrüht hielt. Einig war man sich in der Ausrufung eines Generalstreiks, der mit Mehrheit beschlossen wurde, der unverzüglichen Aufnahme des Kampfes und der Unterstützung der Zeitungsbesetzungen.

Am 6. Januar begann der Generalstreik. Wieder bevölkerten gewaltige Massen die Berliner Straßen. Sie warteten auf Zielvorgaben des Revolutionsausschusses, die aber nicht erfolgten. Noske sah die Lage später realistisch so: «Wenn die Scharen entschlossene zielklare Führer gehabt hätten, an Stelle von Schwadroneuren, hätten sie am Mittag dieses Tages Berlin in der Hand gehabt.»[466] In einigen Stadtteilen kam es zu bewaffneten Kämpfe und Toten. Indessen wurde Gustav Noske auserwählt, als «Oberbefehlshaber der regierungstreuen Truppen in und bei Berlin» gegen die Aufständischen vorzugehen. In diesem Zusammenhang fielen seine berühmt gewordenen Worte: «Meinetwegen! Einer muß der Bluthund werden, ich scheue die Verantwortung nicht!»[467] Der Revolutionsausschuss beschloss auf Anregung der USPD, mit der Regierung Verhandlungen zu führen, die allerdings scheiterten. Während die Reichsregierung fieberhaft nach militärischen Einsatzkräften suchte, erfolgte durch den Revolutionsausschuss ein erneuter Aufruf zum Generalstreik.

Die Stimmung gab ein Redakteur der «Telegraphen-Union» wieder, der am 8.1. ein Gespräch mit Emil Eichhorn im Polizeipräsidium führte: «Das Präsidium gleicht einem ungeheuren Heerlager. In allen Korridoren, auf allen Höfen, stehen Maschinengewehre, liegen Haufen von Handgranaten und Waffen aller Art. Die Machtentfaltung der Unabhängigen erscheint recht beträchtlich, demonstrierten doch während meines etwa zweistündigen Aufenthaltes im Präsidium dauernd Arbeitermassen fast aller bedeutenden Betriebe Grossberlins auf dem Alexanderplatz unter Hochrufen auf die Unabhängigen und Niederrufen gegen die augenblickliche Regierung.»[468]

Am 9. Januar versammelte sich eine große Anzahl von Arbeitern im Berliner Humboldthain. Sie verlangten ein Ende des «Brudermordes» und den Rücktritt aller dafür verantwortlichen Führer. Genannt wurden Ebert-Scheidemann, aber es fielen auch die Namen Liebknecht (KPD) und Ledebour (USPD). Tags darauf verabschiedeten die Belegschaften vieler Berliner Großbetriebe Resolutionen, in denen

---

466 Noske: Von Kiel bis Kapp, S. 69.
467 Ebd., S. 68.
468 BArch R 201/41, Bl. 32.

übereinstimmend ein Ende der Auseinandersetzungen, der Rücktritt der Verantwortlichen und eine Einigung der sozialistischen Strömungen gefordert wurde. Beispielhaft war etwa eine Resolution des Arbeiterrates der Siemens-Werke vom 10. Januar: «Der Arbeiterrat des Siemenskonzern, der 54000 Arbeiter vertritt, steht auf dem Standpunkt, das es genug des Blutvergiessens ist, und das ein weiterer Brudermord unter allen Umständen vermieden werden muss. Um die sozialistischen Arbeiter der sich augenblicklich feindlich gegenüber stehenden Parteien wieder zu vereinigen, hält der Arbeiterrat es für erforderlich, daß die im Wege stehenden Personen aller in Frage kommenden Parteien verschwinden, und daß hiermit der Hauptstein des Anstosses beseitigt ist. Wir verlangen eine sofortige Einigung aller sozialistisch gesinnten Volksgenossen.»[469]

Für eine solche Einigung gab es in der Realität keine Möglichkeit mehr. Am 8. Januar war ein mit «Die Reichsregierung» unterschriebener Aufruf erschienen, in dem es hieß: «Die Stunde der Abrechnung naht.» Noske war in der Umgebung Berlins tätig, um die Einsatzbereitschaft der dort zusammengezogenen Freikorpstruppen zu inspizieren. Ebert setzte bereits die in Berlin befindlichen Truppenteile in Bewegung.

Am 11. Januar, morgens um 8.00 Uhr, begann überraschend der Angriff des tags zuvor eingetroffenen «Regiment Potsdam» unter Major von Stephani auf das besetzte Vorwärts-Gebäude. Man ging mit Maschinengewehren, Minenwerfern und Handgranatentrupps vor. Sieben Unterhändler aus dem Gebäude, die über eine Übergabe verhandeln wollten, wurden kurzerhand erschossen. Major von Stephani behauptete später, er habe den Befehl, alle im «Vorwärts» ergriffenen Personen zu erschießen, über Telefon von der Reichsregierung erhalten.[470] Der Spartakist und Vorwärts-Besetzer Karl Retzlaw schrieb in seinen Erinnerungen: «Wir hatten bald mehrere Tote und Schwerverletzte, ohne daß wir einen gegnerischen Schützen sahen. Jetzt stellte sich zu unserer Bitterkeit heraus, daß der ‹Vorwärts› nicht von einer disziplinierten Kampfgruppe, sondern von protestierenden Demonstranten besetzt war, von denen die meisten erst jetzt begriffen, daß ein tödlicher Kampf im Gange war ... Die Granaten durchschlugen die Wände, rissen die Erker hinunter und hüllten das Gebäude in eine Staubwolke ein. In den Räumen war der Staub so dicht, daß wir vielfach

469 BArch R 201/41, Bl. 11.
470 Vgl. Aussage Major von Stephani in Müller: Novemberrevolution, S. 576f.

nichts mehr sehen konnten, in einigen Räumen brach durch Treffer in die Gasleitungen Feuer aus. Jetzt begann eine Panik unter denen, die keinen Willen zum weiteren Widerstand hatten. Sie rannten durch die Korridore ‹Gas! Gas!› schreiend.»[471] Gefangene Vorwärts-Besetzer wurden schwer misshandelt.

In der Nacht vom 11. zum 12.1. erfolgte der Sturm auf das Polizeipräsidium durch das Garde-Füsilier-Regiment «Maikäfer». Die dortigen Gefangenen wurden ebenfalls misshandelt. Die Auseinandersetzung um die anderen Verlagshäuser endete kampflos, nachdem sich die Besetzer ergaben oder flüchteten.

Von sozialistischer und kommunistischer Seite wurde geargwöhnt, es habe sich beim Aufruf zu den Zeitungsbesetzungen um Provokationen gehandelt. Richard Müller von den revolutionären Obleuten war davon überzeugt und nannte in seinem Buch «Novemberrevolution» auch Namen.[472] Der Spartakist Karl Retzlaw hielt eine Provokation zumindest für möglich: «Es ist niemals festgestellt worden, wer eigentlich die Losung ‹Auf zum Vorwärts!› ausgegeben hatte.»[473] Auch die 1978 in Ostberlin herausgegebene «Illustrierte Geschichte der Novemberrevolution» bemerkte: «Das Stichwort zündete sofort. Aber der es rief, war ein Lockspitzel, der sich für Geld aus dem Antibolschewistenfonds der Berliner Stadtkommandantur als besonders radikaler Spartakusanhänger gebärdete.»[474]

Die Führer der USPD und KPD hatten ebenso wenig wie die Revolutionären Obleute eine solche gewaltige Welle des Protestes erwartet noch die Besetzungen vorausgesehen oder gar initiiert. Hatten sie vorher putschistische Aktionen abgelehnt, versuchten sie nun, sich mit der Bildung des Revolutionsausschusses an die Spitze der Bewegung zu stellen, entsandten Delegationen in besetzte Gebäude wie den «Vorwärts», riefen zum Kampf bis zum Sturz von Ebert-Scheidemann auf und bezeichneten sich sogar schon als die neue Regierung. Doch statt konkrete Handlungsanweisungen an die Demonstrierenden zu geben, verlor man sich in Beratungen und Uneinigkeit.

Ein großer Teil der spontan protestierenden Massen verfolgte weiterhin das Ziel der Einheit aller sozialistischen Richtungen inklusive

---

471 Retzlaw: Spartacus, S. 118f.
472 Vgl. Müller: Novemberrevolution, S. 554ff.
473 Retzlaw: Spartacus, S. 116.
474 Institut für Marxismus-Leninismus beim ZK der SED: Novemberrevolution, S. 292.

der Mehrheits-SPD - viele waren dort selbst Parteimitglied. Allerdings war das Vertrauen in die Regierung Ebert-Scheidemann zerstört. In den erwähnten Versammlungen der großen Berliner Betriebe forderten die Arbeiter einen Neuanfang ohne die kompromittierten führenden Regierungsmitglieder und nach den blutigen Kämpfen um die besetzten Gebäude, besonders des «Vorwärts», auch ohne Liebknecht und Ledebour, die führenden KPD- und USPD-Mitglieder im Revolutionsausschuss. Die tatsächlichen Machtverhältnisse sprachen dann aber für sich. Mit den in Berlin stationierten Truppen gelang es der Regierung, die Kämpfe vorerst für sich zu entscheiden, und zwar ohne die im Außengebiet Berlins vorsorglich zusammengezogenen Freikorpsverbände.

Maerckers FLK war von Regierung und Oberster Heeresleitung in das südlich Berlins liegende Zossen beordert und der «Abteilung Lüttwitz» unterstellt worden. Die ersten Einheiten erreichten den Standort Ende Dezember 1918, die letzten am 9. Januar 1919. Die Überführung begleiteten diverse Zwischenfälle, u. a. versuchte der Magdeburger Soldatenrat, die Weiterreise zu verhindern. Ursprünglich war geplant, das Freikorps im Lager Döberitz zu stationieren, doch ergaben sich dort ernsthafte Schwierigkeiten, wie Maercker erläuterte: «Im letzten Augenblick wurde davon Abstand genommen, da sich in Döberitz damals noch 15 - 20 000 völlig zuchtlose, technische Angehörige von Flieger-Truppen aufhielten, von denen man eine Verseuchung der Truppe erwartete.»[475] Gegen die «Verseuchung» versuchte Maercker anzugehen, indem er Vorträge von Rednern verschiedener Parteien - von Deutschnationalen bis Mehrheitssozialisten - veranstalten ließ, die alle gegen den Kommunismus agitierten. Die Teilnahme daran blieb allerdings außerordentlich gering, was Maercker mit mangelndem politischen Interesse erklärte. Die Truppe sei zwar gegen Spartakus, aber politisch eher oberflächlich und auch ansonsten einem leichten Leben zugeneigt. Gegen Letzteres ging er mit strammem Drill beim Exerzieren vor und empfahl außerdem sportliche und gesangliche Aktivitäten sowie Übungsmärsche. Das äußere, straffe Erscheinungsbild der Truppe war für ihn entscheidend, um Eindruck auf den Gegner zu machen.

Am 4. Januar - dem Tag der offiziellen Entlassung Emil Eichhorns als Polizeipräsident - kamen Ebert und Noske in das Lager Zossen, laut Maercker auf seine eigene Veranlassung (Hervorhebung von mir, C.K.):

475 Maercker: Kaiserheer, S. 61.

«Am 4.1. erschienen auf meine Aufforderung die Volksbeauftragten Ebert und Noske im Zossener Lager, um die Truppen anzusprechen. Sie waren freudig erstaunt, wieder ‹richtige Soldaten› vor sich zu sehen. Als sie die Truppen von allen Seiten mit klingendem Spiel in fester, strammer Haltung heranrücken sahen, beugte sich Noske zu Ebert herab, klopfte ihm auf die Schulter und sagte: ‹*Sei nur ruhig, es wird alles wieder gut werden*›, ein Zeichen, unter welchem Druck die Regierung sich damals befand. In ihren Ansprachen forderten die beiden Volksbeauftragten die Mannschaften auf, die Manneszucht zu bewahren.»[476] In dem Buch «Revolution über Deutschland» erwähnte Erich Otto Volkmann die Reaktion Maerckers auf die Frage Noskes, ob die Soldaten auch politisch zuverlässig seien: «Der General stellt etwas spöttisch die Gegenfrage, was denn heutzutage als politisch zuverlässig gelte? Der gemeine Mann fände sich da wohl nicht mehr ganz durch. Er halte sich zur Regierung Ebert und sei der Todfeind der Spartakisten. Alles übrige sei ihm ziemlich gleichgültig.»[477] In seiner Noske-Biografie kommt Wolfram Wette zu dem Schluss: «Die geschilderte Szene im Zossener Lager zeigte, in welche Sackgasse sich die sozialdemokratischen Volksbeauftragten hineinmanövriert hatten. Alles, was es in Berlin und im Reich zu dieser Zeit noch an revolutionären Impulsen gab, war ihnen zutiefst suspekt.»[478]

Maercker betonte sein großes Vertrauensverhältnis zu Noske. Als Monarchist, der er für immer bleiben werde, stelle er, Maercker, sich der Republik zum Schutze des Vaterlandes zur Verfügung. Dies sei von Noske umstandslos respektiert worden. Zudem besäße Noske eine außerordentliche Kenntnis der Truppe und ihrer inneren Verfassung. Als höchste Belobigung äußerte Maercker über den neuen Oberbefehlshaber: «Er war zweifellos die männlichste Erscheinung des Reichskabinetts ...»[479] Nach eigenem Bekunden waren es Maercker selbst und andere Freikorpsführer, die eine Verhängung des Belagerungszustandes über Berlin und eine Verschärfung der Vorschriften über den Waffengebrauch verlangten. Noske habe persönlich für die Erfüllung dieser Forderungen gesorgt.

Am 11. Januar, als das «Regiment Potsdam» den Vorwärts erstürmte, marschierten Teile der Freiwilligen Landesjäger, die Kieler

---

476 Ebd., S. 64.
477 Volkmann: Revolution, S. 72.
478 Wette: Noske, S. 291.
479 Maercker: Kaiserheer, S. 66.

Marinebrigade und Truppen der Garde-Kavallerie-Schützendivision durch das Berliner Zentrum, an der Spitze Noske. Dabei handelte es sich nicht um einen Kampfeinsatz, sondern um eine Demonstration militärischer Stärke. Maercker zitierte die Zeitung «Deutsche Zukunft»: «Männliche Zucht und untadelige, deutsche Straffheit und aufrechte, kernige Haltung. Wie herrlich in der sauberen Ordnung, in der leuchtenden Disziplin, blutfrische kernige Gestalten: das Freiwillige Landesjägerkorps! Eine Mustertruppe!»[480] An diesem Tag begann auch die Mobilisierung der außerhalb Berlins befindlichen Truppen. Maercker nahm noch 120 Kadetten der Kadettenanstalt Lichterfelde auf, die er als besonders wertvolles Element betrachtete.

Am 15. Januar zogen die Freikorpsverbände schließlich in Berlin ein. Es waren das Freiwillige Landesjägerkorps, die Garde-Kavallerie-Schützen-Division, die 17. und 31. Infanterie-Division, das Landesschützenkorps sowie das Freikorps Hülsen. Als gemeinsames Erkennungszeichen der regierungstreuen Truppen bestimmte Noske in einem «geheimen Befehl» eine weiße Binde am Oberarm, wahlweise auch ein Taschentuch. Die Einsatzbereiche waren, ebenfalls in einem «geheimen Befehl», genauestens vorgegeben. Geplant war die Besetzung der Stadt südlich der Spree und die Abriegelung des überwiegend proletarischen Nordens. Das FLK übernahm das Zentrum, in dem sich das Schloss und der überwiegende Teil der Reichsministerien befanden. Das Stabsquartier lag im mondänen Café Bauer an der Kreuzung Unter den Linden / Friedrichstraße. Maercker eilte zunächst zu der im nahegelegenen Marstall befindlichen Volksmarinedivision und erreichte mit dieser ein einstweiliges Übereinkommen.

Die eigentliche Schlacht war bereits durch andere Verbände geschlagen. Die Freikorpsverbände sollten nun die Ruhe in der Stadt wiederherstellen und eine allgemeine Entwaffnung durchführen. Das nachts noch zu vernehmende Maschinengewehrfeuer führte Maercker nicht auf «Spartakisten», sondern auf die republikanischen Einwohnerwehren zurück. Deren Grund sei hauptsächlich, sich die eigene Wichtigkeit zu beweisen. Er führte daher ein Schießverbot ein, das ganz überwiegend befolgt wurde. Es sei überhaupt Zeit, die Republikanische Soldatenwehr wieder abzuschaffen, denn sie sei zu einer ebenso großen Gefahr für die Sicherheit und Ordnung geworden wie die Spartakisten. Es drängt sich fast der Eindruck auf, Maerckers Aktivitäten hätten sich

480 Ebd., S. 68.

eher gegen die republikanischen Wehren als gegen die sogenannten «Spartakisten» gerichtet..[481]

Etwa zeitgleich mit der Ankunft der Freikorpsverbände in Berlin wurden Rosa Luxemburg und Karl Liebknecht, die führenden Mitglieder der KPD, ermordet. Den Befehl gab Hauptmann Waldemar Pabst, Erster Generalstabsoffizier der gemeinsam mit dem FLK einmarschierten Garde-Kavallerie-Schützen-Division. Den Auftrag dazu habe er – nach eigenem Bekunden – von Noske und Ebert erhalten.[482] Schon im Dezember 1918 wurden in Berlin Plakate und Handzettel verteilt, auf denen unverhüllt zum Mord an den führenden Mitgliedern des Spartakusbundes aufgerufen wurde: «Schlagt ihre Führer tot! Tötet Liebknecht!» Die Unterschrift lautete: «Die Frontsoldaten». Die Frontsoldaten waren zu diesem Zeitpunkt allerdings noch gar nicht in Berlin eingetroffen.

Das SPD-Organ «Vorwärts» veröffentlichte am 13. Januar 1919 ein Gedicht namens «Das Leichenhaus», in dem es hieß: «Vielhundert Tote in einer Reih – Proletarier! Karl, Rosa, Radek und Kumpanei – es ist keiner dabei, es ist keiner dabei! Proletarier!» Ebenfalls an diesem Tag las man in der dem Junkertum nahestehenden «Deutschen Tageszeitung»: «Hoffentlich hängen die Bluthetzer schon an der Laterne.» Für die Ermordungen waren hohe Belohnungen ausgesetzt, deren Spuren gerüchteweise über das regierungsfreundliche «Regiment Reichstag», den Kriegsgewinnler Georg Sklarz bis zu höchsten Regierungsspitzen wie Scheidemann reichten.[483] Maercker streifte das Ereignis nur nebenbei als «ein Ausfluß der übermäßigen Spannung, die im Januar 19 in Berlin herrschte».[484]

Wenige Tage nach den Wahlen zur Nationalversammlung am 19. Januar verließ das FLK Berlin. Maercker betonte die ruhige Lage, nur einmal sei es während der Anwesenheit seines Freikorps zu einer

481 Vgl. ebd., S. 74–77.

482 Aus dem Nachlass von Waldemar Pabst zitiert Klaus Gietinger dessen Sätze aus dem Jahr 1969: «Dass ich die Aktion ohne Noskes Zustimmung gar nicht durchführen konnte (mit Ebert im Hintergrund) und auch meine Offiziere schützen musste, ist klar ... Als Kavalier habe ich das Verhalten der damaligen SPD damit quittiert, dass ich 50 Jahre lang das Maul gehalten habe über unsere Zusammenarbeit.» Gietinger: Konterrevolutionär, S. 394. Die Ermordung Luxemburgs und Liebknechts hat Gietinger minutiös rekonstruiert in seinem Buch «Eine Leiche im Landwehrkanal. Die Ermordung Rosa Luxemburgs».

483 Institut für Marxismus-Leninismus beim ZK der SED: Novemberrevolution, S. 310.

484 Maercker: Kaiserheer, S. 77.

ernsthaften Auseinandersetzung gekommen. Der Abschied aus der Stadt fiel ihm nicht schwer: «Im übrigen machte Berlin auf uns einen unendlich widerwärtigen Eindruck. Während am Anhalter Bahnhof das Maschinengewehrfeuer rasselte, tanzte auf dem Potsdamer Platz junges Volk Foxtrott und Schiebetänze. Alle Lokale waren überfüllt von einer Menschenmenge, die im Gelde zu schwimmen schien. Ein ekelhaftes Protzentum trat vielerorts unverhüllt zur Schau. Den Berlinern schien jedes Gefühl für die tiefe Not unseres Vaterlandes abhanden gekommen zu sein und oft legte man sich die Frage vor, ob es sich lohne, für solch ein Geschmeiß seine Haut zu Markte zu tragen. Es wurde uns klar, daß der Haß gegen Berlin im Reiche vollberechtigt war.»[485] Noch etwas war ihm aufgefallen: «Besonders wirksame Hetzerinnen waren die Dirnen der Friedrichstraße, die alle in spartakistischem Solde zu stehen schienen.»[486] Dominique Venner fügte in seinem Buch «Söldner ohne Sold» hinzu: «... die Disziplin ließ nach und die Jäger Maerckers fraternisierten mit den Matrosen der Volksmarinedivision.»[487] Es war also Zeit, Berlin den Rücken zu kehren.

485 Ebd., S. 78.
486 Ebd., S. 87.
487 Venner: Söldner, S. 75.

Die Niederschlagung der Rätebewegung

1. In Weimar

Am 19. Januar 1919 hatte die Wahl zur Nationalversammlung stattgefunden. Stärkste Partei wurde die SPD mit 37,9%, die USPD erhielt lediglich 7,6%. Die KPD nahm - entgegen dem Votum Rosa Luxemburgs - an der Wahl nicht teil. Insgesamt ergab sich eine bürgerliche Mehrheit.

War mit der Wahl zur Nationalversammlung eine Forderung des einen Monat zuvor zusammengekommenen Rätekongresses erfüllt worden, so harrten zwei weitere Beschlüsse ihrer Verwirklichung: Sozialisierung und Demilitarisierung. Die auf dem Kongress verabschiedeten «7 Hamburger Punkte» sahen eine grundlegende Entmachtung der alten militärischen Kommandostrukturen und eine wesentliche Stärkung der Soldatenräte vor.

Die SPD-Regierung sowie der aus Mehrheitssozialisten bestehende Zentralrat der Arbeiter- und Soldatenräte reagierten am Wahltag zur Nationalversammlung mit einer «Verordnung über vorläufige Regelung der Kommandogewalt und Stellung der Soldatenräte im Friedensheere». Diese sollte bis zu einer neuen Beschlussfassung durch die Nationalversammlung gelten. Ihr Kern war, wie Ulrich Kluge treffend zusammenfasst: «Der Erlass vom 19. Januar bedeutete ... eine weitgehende Restauration monarchistischer Reglements.»[488] Die vom Rätekongress geforderte faktische Entmachtung der bisherigen militärischen Kommandohierarchie sowie die Abschaffung der sichtbar getragenen Orden, Auszeichnungen, Achselstücke und der Grußpflicht traf ganz offensichtlich den inneren Kern der preußischen militärischen Ehre. So echauffierte sich Maercker über das «ganz unverständliche, empörende Verhalten des Straßenpöbels gegen die aus dem Felde zurückkehrenden Offiziere, die man als die Träger des Ansehens im Heere vielfach wie Feinde behandelte, denen man die Rangabzeichen abriß und die Waffen wegnahm, die man mit Schmutz bewarf und an Leib und Seele schändete und entehrte».[489]

488 Kluge: Soldatenräte und Revolution, S. 275.
489 Maercker: Kaiserheer, S. 81.

Die meisten Soldatenräte reagierten erbittert auf die vorläufige «Verordnung». Vielerorts schritten sie zu praktischem Widerstand, der sich vor allem gegen die Werbung und Aufstellung von Freikorpsverbänden richtete. Georg Maercker hingegen begrüßte – trotz scharfer Kritik an einzelnen Ausführungsbestimmungen – die neuen Vorschriften als den schwierigen Bedingungen angemessen: «Daß sie ferner den vom Kriegsminister zweifellos erstrebten Zweck, vorerst einmal etwas Ordnung in das militärische Durcheinander zu bringen, wohl zu erfüllen geeignet war, das bewies die völlige Ablehnung, die sie bei den meisten S.-Räten fand, denen damit ein Ende bereitet wurde, während die Befugnisse der wenigen bestehenbleibenden S.-Räte fest umgrenzt wurden.»[490]

Neben der bisher unterbliebenen Demilitarisierung spielte vor allem die Frage der Sozialisierung weiterhin eine wesentliche Rolle. In vielen Städten und Industriegebieten des Deutschen Reichs kam es zu erbitterten Auseinandersetzungen. In Hafenstädten wie Bremen und Cuxhaven wurden bereits Räteregierungen ausgerufen. Die Lage war keineswegs befriedet, weder in Berlin noch im sonstigen Land. Im Ruhrgebiet entwickelte sich eine geradezu explosive Situation. Die Arbeiterräte – auch die von Mehrheitssozialisten dominierten – verlangten die Sozialisierung des Bergbaus, Demokratisierung der Betriebe und Abschaffung des Militarismus. Solche Forderungen wurden kurz darauf von den mitteldeutschen Industrie- und Bergbaurevieren übernommen.

In diesem Zustand großer Unsicherheit musste sich nun die Nationalversammlung konstituieren. Die Umstände in Berlin schienen dafür nicht sehr geeignet. Auch sprachen sich viele Stimmen in Süddeutschland gegen Berlin als Tagungsort aus. Das Problem, die Versammlung militärisch sichern zu müssen, erkannte deutlich Philipp Scheidemann in einer Kabinettssitzung am 14. Januar: «Wir haben es ja bei dem Rätekongreß erlebt, wie sich trotz aller Absperrungsmaßregeln und aller Beschlüsse plötzlich die Saaltüren öffneten und die Menschen, die nun doch einmal da waren, hineinströmten. Das würde sich todsicher auch bei der Nationalversammlung ereignen. Deshalb kann die Nationalversammlung nicht in Berlin tagen. Das ist auch plausibel; man kann das aber öffentlich nicht aussprechen. Da kommt der Einspruch der süddeutschen Staaten sehr gelegen. Weimar ist ein sehr guter Ausweg, die

490 Ebd, S. 84.

Stadt Goethes ist ein gutes Symbol für die junge deutsche Republik.»[491] Propagandistisch setzten die Anhänger der Nationalversammlung entsprechend den «Geist von Weimar» mit goethescher Aura gegen den preußisch-militaristisch klingenden «Geist von Potsdam».

Den auch in Weimar notwendigen militärischen Schutz des Parlaments übernahm auf Weisung Noskes das FLK. Vom 1. - 3. Februar wurden die Truppen von Berlin nach Weimar per Eisenbahn transportiert. Maercker traute dem Bild der idyllischen Musenstadt nicht und rollte mit einem gefechtsbereiten Zug in den Bahnhof ein. Zwar blieb zunächst alles ruhig, aber seine Bedenken hatten einen realistischen Hintergrund. Auch an Thüringen waren die Geschehnisse der Novemberrevolution nicht spurlos vorübergegangen. Es bildeten sich vielerorts Arbeiter- und Soldatenräte. Besonders das nahe gelegene Erfurt war eine Stätte erheblicher Unruhe.

Die Thüringer Rätebewegung hatte sich fast einhellig für die Wahl der Nationalversammlung ausgesprochen.[492] Es konnte daher nicht verwundern, dass es der Soldatenrat als seine eigene Aufgabe betrachtete, die Versammlung militärisch zu bewachen. Die Entsendung eines Freikorpsverbandes musste als reine Provokation erscheinen, besonders nach den Januarkämpfen und den Morden an Luxemburg und Liebknecht. Der Soldatenrat telegrafierte daher Ende Januar an die Reichsregierung mit der Forderung, keine landesfremden Truppen zu schicken und bot an, den gebotenen Schutz selbst zu organisieren. Seitens der Regierung erfolgte darauf keine Antwort. Offiziell hieß es als Begründung des Freikorpseinsatzes, mehrere hundert bewaffnete Arbeiter aus Erfurt und Gotha ständen bereit, die Nationalversammlung gewaltsam zu sprengen.[493]

Der Soldatenrat entwaffnete zunächst einen Vortrupp des FLK, gab aber nach der Intervention eines FLK-Oberleutnants die Waffen wieder zurück. Der Arbeiter- und Soldatenrat erkannte, dass bewaffneter Widerstand gegen die Freikorpstruppen sinnlos war. Noske schilderte die

491 Zitiert nach Institut für Marxismus-Leninismus beim ZK der SED: Novemberrevolution, S.333.

492 «Insgesamt herrschte im November/Dezember 1918 innerhalb der Thüringer Rätebewegung bis hin zu den auf dem linken Flügel der USPD stehenden lokalen Parteiorganisationen Konsens über die Notwendigkeit der Wahl einer Nationalversammlung. Die wenigen Stimmen, die für ein reines Rätesystem plädierten, blieben zu diesem Zeitpunkt in einer verschwindend geringen Minderheit.» Hesselbarth: Novemberrevolution, S. 154.

493 Vgl. ebd., S. 156.

Situation so: «Der Soldatenrat von Weimar ließ die Leute entwaffnen und schickte mir nach Berlin ein Telegramm, man wolle in Thüringen keine landfremden Truppen haben. Meine Antwort war, daß schwerste Vergeltung geübt werde, falls noch ein Soldat angetastet oder behindert werde. Darauf unterblieben weitere Übergriffe.»[494]

Maercker ließ Weimar im Umkreis von 10 Kilometern absperren.[495] Für den nahe gelegenen Flugplatz Nohra verordnete er Flugverbot und hielt eigene Kampfflieger bereit. Die sich in Nohra aufhaltende Fliegertruppe sei «völlig außer Rand und Band», unterhalte eine Flugverbindung mit Spartakisten in Braunschweig und plane einen Bombenanschlag aus der Luft gegen die Nationalversammlung. Tatsächlich geschah nichts derartiges. Aber Maercker, der das Kommando über die Garnison erhielt, führte jetzt wieder «militärische Zucht» ein. Sein Vorschlag, in der Stadt nur kleinere Truppenverbände aufmarschieren und dafür einen Trupp Landesjäger direkt im Versammlungsort – dem Nationaltheater – patrouillieren zu lassen, wurde seitens der Regierung abgelehnt.

Der Soldatenrat Weimar stellte erneut den Antrag, für den Schutz der Nationalversammlung auch thüringische Truppen zuzulassen. Maercker antwortete mit einem Anflug von Ironie, dieser Schutz könne höchstens darin bestehen, die aufrührerischen Bewohner von Erfurt und Gotha in Schach zu halten. Schließlich löste er den Soldatenrat auf Weisung Noskes gänzlich auf.

Die Unterbringung der Freikorpssoldaten in den umliegenden Dörfern geschah nicht ganz reibungslos. Maercker stellte fest, das Verhältnis zwischen Bauern und Landesjägern sei manchmal freundlich, gelegentlich aber durch schlechtes Verhalten der Truppe getrübt. Das allerdings betreffe nicht die jüngere weibliche Einwohnerschaft, denn in bemerkenswertem Gegensatz zu den Berliner Tanzvergnügen, die ihm bitter aufstießen, bemerkte er: «Die thüringer Mädels waren allerdings überall mit der Einquartierung zufrieden, da sie jetzt Tänzer in Hülle und Fülle hatten ... Ich gönnte meinen Landesjägern das Vergnügen, so wenig diese Tanzausgelassenheit dem Geiste der jammervollen Zeit entsprach. Als ich aber merkte, daß der Dienst unter dem vielen Tanzen litt, versuchte ich von den Behörden eine Einschränkung der Tanzerlaubnisse zu erreichen. Ich hatte damit kein Glück.»[496]

---

494 Noske: Von Kiel bis Kapp, S. 86.
495 Vgl. im Folgenden Maercker: Kaiserheer, S. 88–95.
496 Ebd., S. 93.

Die Konstituierung der Nationalversammlung verlief ohne Zwischenfall. Maerckers Hoffnung, nun ein wenig Zeit zu haben, um seiner Truppe eine endgültige Struktur zu geben, erfüllte sich aber nicht. Alsbald erfolgten neue Einsatzaufträge.

2. Gotha und Halle

Während Maerckers FLK die Nationalversammlung in Weimar sicherte, beendete das «Freikorps Caspari» im Verbund mit regulären Truppen der «Division Gerstenberg» die Räteherrschaft in Bremen. Diese war am 10. Januar ausgerufen worden. Noske befahl den militärischen Eingriff am 4. Februar trotz vieler, aber dann nicht umgesetzter Solidaritätsbekundungen - z. B. drohte der Soldatenrat des IX. Armeekorps in Hamburg mit der Mobilisierung von Soldaten und Arbeitern zugunsten der Räterepublik, im Ruhrgebiet wurde für den Fall des Einmarschs in Bremen ein Bergarbeiterstreik angekündigt. Doch obwohl die Räteregierung ihren Rücktritt erklärte und ihre Entwaffnung ankündigte, ließ Noske die Regierungstruppen einrücken. Es kam zu heftigen Auseinandersetzungen mit zahlreichen Toten. Die Räte waren besiegt, Noske hatte ein deutliches Zeichen gesetzt.[497]

Die Unruhen nahmen dennoch nicht ab. Vielmehr kam eine «Zweite Revolution» in Bewegung, die endlich Sozialisierung und Rätedemokratie in die Tat umsetzen wollte.[498]

Im Ruhrgebiet hatten streikende Arbeiter, welche die Sozialisierung des Bergbaus forderten, bereits am 9. Januar mit dem «Freikorps Lichtschlag» Bekanntschaft gemacht. Dessen Versuch, die Stadt Hagen einzunehmen, schlug allerdings fehl. Im Februar kam es erneut zu einem Einmarsch von Freikorpsverbänden unter Generalleutnant von Watter. Diesen gelang es, nach bewaffneten Kämpfen und trotz Generalstreiks große Teile des Ruhrgebiets zu besetzen. Eine weitere massive Streikwelle im April endete ebenfalls mit einem Truppeneinmarsch.

Auch in den mitteldeutschen Industrierevieren gärte es. Am 16. Januar wurde beschlossen, die staatliche Aufsichtsbehörde für das

497 «Jetzt enthüllte sich der Anlaß als ein Vorwand; es ging Noske nicht vorwiegend um die Wiederherstellung von Ruhe und Ordnung, sondern um die Vernichtung des Gegners. In Bremen ergab sich für ihn die Möglichkeit, die Stärke der Reichsregierung, selbst um den Preis eines Blutbades, zu demonstrieren.» Kuckuk (Hrsg.): Revolution, S. 30.

498 Ausführlich geschildert in Weipert: Zweite Revolution.

Bergbaugebiet, die sich in Halle befand, vom Arbeiter- und Soldatenrat kontrollieren zu lassen. Bei den Wahlen zur Nationalversammlung erhielt die USPD - die reichsweit 7,6 % erlangte - im Wahlkreis Merseburg 44,1 %, in der Stadt Halle 41 % und im Saalkreis 66 %.[499]

Zur Befriedung der Situation in Mitteldeutschland schien Maerckers Freikorps bestens geeignet. Kaum war der Einsatz in Weimar beendet, erging der Auftrag, Gotha zu besetzen. Gotha, wo im April 1917 der Gründungsparteitag der USPD stattgefunden hatte, galt als ein Zentrum der revolutionären Bewegung in Thüringen. Der Arbeiter- und Soldatenrat hatte dort frühzeitig mit der Bewaffnung der Arbeiterschaft begonnen. Nicht zufällig war die Stadt das erste Ziel des Maerckerschen Feldzugs.[500]

Vor dem Ersten Weltkrieg dominierte in Gotha das Bürgertum. Ein hoher Wahlzensus sorgte dafür, dass die Arbeiterschaft praktisch keinen Einfluss auf das kommunale Geschehen besaß. Während des Krieges entwickelte sich die Stadt zu einem Zentrum der Rüstungsproduktion mit einem entsprechenden zahlenmäßigen Anstieg der arbeitenden Bevölkerung, was wiederum während der Novemberrevolution zu einer revolutionären Massenbasis führte.[501] Das Bürgertum fürchtete Enteignungen, auch die zu dieser Zeit bahnbrechende Trennung von Kirche und Staat war ein wichtiges Thema. Der Arbeiter- und Soldatenrat hatte schon Mitte Januar Waffen an die Arbeiter ausgegeben. Die Januarkämpfe in Berlin und die Ermordung Luxemburgs und Liebknechts eskalierten die Situation. Am 19. Februar forderte die Landesregierung, in welcher die USPD die absolute Mehrheit besaß, den Abzug der Regierungstruppen aus Weimar und drohte im Falle der Nichterfüllung mit Streik und militärischem Eingreifen.[502]

---

499 Zahlen nach Institut für Marxismus-Leninismus beim ZK der SED: Novemberrevolution, S. 348.

500 Vgl. Schulze: Novemberrevolution, S. 106–108.

501 Vgl. Hesselbarth: Novemberrevolution (Vortragsskript, PDF-Datei), S. 25.

502 Den Wahrheitsgehalt der Meldung, 800 bewaffnete Arbeiter hätten sich - allerdings erfolglos - auf den Weg von Gotha nach Weimar gemacht, stellt Hesselbarth in Frage - Hesselbarth: Novemberrevolution (Vortragsskript, PDF-Datei), S. 24. Helge Matthiesen dagegen sieht ihn als erwiesen, u. a. mit Berufung auf das «Gothaische Tageblatt» vom 4.2.1919 - Matthiesen: Bürgertum, S. 83. Hesselbarth dagegen zitiert das «Gothaer Volksblatt» vom 7.2.1919: «Es kann kein Zufall sein, daß diese Hetznachrichten hießiger kapitalistischer Kreise nur den Zweck verfolgen, durch derartige Lügen die Weißgardisten nach Gotha zu locken» - Hesselbarth: Novemberrevolution (Vortragsskript, PDF-Datei), S. 24, Anmerkung 70.

Noske, inzwischen Reichswehrminister unter Reichspräsident Ebert und Ministerpräsident Scheidemann, verlangte die unverzügliche Rückgabe der vom Gothaer Arbeiter- und Soldatenrat ausgegebenen Waffen. Der Forderung wurde zwar entsprochen, nach Noskes Meinung allerdings zu zögerlich. Außerdem drängte er auf Verlegung der in der Stadt befindlichen regierungsfeindlichen Truppen, einen Wechsel des Kommandeurs sowie Auflösung einer Fliegerersatzabteilung und der Sicherheitswehr.[503] Dagegen sträubte sich der Arbeiter- und Soldatenrat, worauf die «Reichsexekution» über Gotha verhängt wurde. Den Einsatzbefehl erhielt Maercker.

Der Einmarsch am 18. Februar kam für die Bevölkerung völlig überraschend. Maercker berichtete: «Die Aufnahme der Truppe durch die Arbeiterbevölkerung war eine höchst unfreundliche. Schimpfworte wie Bluthunde, Kindermörder, Noskeschweine u. dgl. hagelten auf sie nieder. Meine Aufrufe wurden allgemein sofort wieder abgerissen.»[504] Auf dem Weg zum belagerten Hauptpostamt stellte er fest: «Ich konnte dabei beobachten, mit welchem Haß vor allem die sich wie Hyänen gebärdenden Weiber gegen die Truppe erfüllt waren.»[505] Die Nachricht, es sei in einer Waggonfabrik zu einer Schießerei gekommen, verschärfte die Stimmung. Eine Verhandlung Maerckers mit dem Arbeiter- und Soldatenrat und der gothaischen Regierung musste «wegen wüsten Lärms ergebnislos abgebrochen werden».[506] Es folgte ein sofortiger Generalstreik der Arbeiter. Kaufleute, Handwerker und Beamte traten in einen Gegenstreik.

Die Gothaer Arbeiterschaft zeigte sich wenig kompromissbereit. In einer Versammlung am 21. Februar wurde sogar der Austritt des Gothaischen Freistaats aus dem Deutschen Reich gefordert. Auch Maerckers Vorschlag, den er selbst später als Fehler einschätzte, ein zeitliches Junktim zwischen dem Abzug seiner Truppen und einer Beendigung des Streiks herzustellen, scheiterte. Eine Unterredung mit dem von Maercker hinzugezogenen Reichswirtschaftsminister Rudolf Wissell verlief ebenfalls ergebnislos. Als die Gothaer Gewerkschaften sich schließlich doch zur Streikbeendigung bereit erklärten, kam es zum Generalstreik in den mitteldeutschen Kohlerevieren – worauf die Gothaer Arbeiter mit großer Mehrheit beschlossen, ihren Ausstand weiterzuführen.

503 Vgl. Matthiesen: Bürgertum, S. 83.
504 Maercker: Kaiserheer, S. 119f.
505 Ebd.
506 Der Kreuzzug, S. 56.

Der Beginn des mitteldeutschen Generalstreiks machte den Einsatz an anderen Orten notwendig. Nach wenigen Tagen verließ Maercker Gotha unter Zurücklassung eines kleineren Truppenkontingents. Der Arbeiter- und Soldatenrat konnte sich weiterhin behaupten.

Maercker nutzte die Anwesenheit in Gotha dazu, an weiteren in der Nähe befindlichen Orten die militärischen Verhältnisse zu regeln. Wenig Probleme hatte er in Eisenach, Mühlhausen, Meiningen und dem Truppenübungsplatz Ohrdruf. Schwieriger wurde es in Langensalza, wo sich die beiden Vorsitzenden des Soldatenrates als widerspenstig erwiesen. Besonders nahm Maercker ihnen übel, dass sie einen kriegsgefangenen amerikanischen Major um Beistand durch Truppen der Alliierten gebeten und deutsche Regierungstruppen als «Bluthunde» bezeichnet hatten. Bei der Verhaftung der beiden fielen Schreckschüsse, ein Landesjäger erhielt eine Stichwunde.[507]

Am 27. Februar wurde Maercker von Noske nach Weimar beordert. Dabei machte er eine Zwischenstation beim Divisionskommandeur in Erfurt. Seine dortige Anwesenheit war nicht unbeobachtet geblieben: «Beim Verlassen des Geschäftszimmers wurde ich mit meinem Generalstabsoffizier, Hauptmann Jacobsen, von streikenden Arbeitern überfallen, die auf die Nachricht von meiner Anwesenheit hin rasch den Platz vor dem Divisions-Stabsgebäude gefüllt hatten. Wir wurden beide mißhandelt und unserer Abzeichen, Hauptmann Jacobsen auch seiner Aktentasche mit wichtigen Schriftstücken beraubt; ich wurde am Kopfe verwundet.»[508] Mitglieder des Erfurter Arbeiterrates waren, laut Eberhard Kolb, für Maerckers Rettung verantwortlich.[509] An diesem ereignisreichen Tage erhielt er zudem seitens der Reichsregierung den Befehl, in Halle einzurücken, in den Worten Noskes: «In der Stadt Halle herrschte der Terror. General Maercker erhielt deshalb den Auftrag, dort die Autorität der Regierung wieder herzustellen.»[510]

Seit dem 24. Februar hatte der mitteldeutsche Generalstreik massiv eingesetzt. Vorausgegangen war eine Episode, die ein Schlaglicht auf Maerckers Verhältnis gegenüber der Arbeiterschaft warf. Am 13. und 14. Februar führten Arbeitervertreter aus dem Ruhrgebiet und Mitteldeutschland in Weimar Verhandlungen mit der Reichsregierung.

507 Vgl. Maercker: Kaiserheer, S. 125f.
508 Ebd., S. 126f.
509 Vgl. Kolb: Arbeiterräte, S. 301. Kolb bezieht sich auf den Bericht eines preußischen Untersuchungsausschusses.
510 Noske: Von Kiel bis Kapp, S. 91.

Es ging um die Anerkennung des betrieblichen Rätesystems und das Vorantreiben der Sozialisierung. Zwar wurden bereits bestehende Betriebsräte bestätigt, doch sollten sie kein Kontrollrecht über die Betriebsleitung haben. Peter von Oertzen kommentierte dieses Resultat: «In diesen Verhandlungen wiesen die sozialdemokratischen Minister Wissell und Bauer die Forderungen der Arbeitervertreter auf das schärfste zurück»[511] und kam zu dem Schluss: «... das Weimarer Ergebnis war nicht so sehr ein Kompromiß, als vielmehr ein völliger Sieg der Regierungsauffassung und im Grunde für die Arbeitervertreter indiskutabel.»[512] Offensichtlich waren die Verhandlungsergebnisse in Mitteldeutschland im Detail gar nicht bekannt, aber auch ihre Veröffentlichung hätte am Verlauf der Ereignisse mit Sicherheit nichts verändert, höchstens zu weiterer Verhärtung der Fronten geführt. Maercker hingegen vertrat die Ansicht, die Regierung sei den Arbeitern weit entgegengekommen. Die Vertreter der Arbeiterschaft hätten die Ergebnisse bewusst verschwiegen, um den Generalstreik nicht zu gefährden.[513]

Der Bereich Halle-Merseburg gehörte zu den wichtigsten Industriegebieten Deutschlands. Vertreten waren vor allem Bergbau, Baugewerbe und chemische Industrie. In den erst 1916 gegründeten Leuna-Werken (der BASF zugehörig) bei Merseburg arbeiteten am Kriegsende ca. 14.000 Menschen. Arbeitskämpfe spitzten sich schnell zu und es kam zu häufigen gewalttätigen Auseinandersetzungen mit der Polizei. Entgegen dem reichsweiten Trend gab es ein eindeutiges Übergewicht der USPD gegenüber den Mehrheitssozialisten: «Am 31. März 1918 zählten die Unabhängigen in Halle nach Angaben des ‹Volksblatts›, des Organs der USPD, 7.160 Mitglieder, die Mehrheitssozialdemokratie (MSPD) ... gerade noch 91.»[514] Die hallische USPD mit ihren führenden Vertretern Kunert, Albrecht und Koenen stellte sich zwar nach Kriegsende auf den Boden der Nationalversammlung, wollte aber auch den Arbeiterräten eine dauerhafte Existenz zugestehen.

Der mitteldeutsche Generalstreik legte Bergbau und Industriebetriebe lahm, die Eisenbahnverbindungen waren unterbrochen. Die Regierung in Weimar verlor den Kontakt zu weiten Teilen des Reichs. In Halle demonstrierten am 27. Februar 40.000 – 50.000 Arbeiter. Maerckers

511 Oertzen: Betriebsräte, S. 140.
512 Ebd., S. 142.
513 Vgl. Maercker: Kaiserheer, S. 128–130.
514 Schmuhl: Halle, S. 10.

Haltung war eindeutig: «Halle und nähere Umgebung hat eine zahlreiche Arbeiterschaft ... der unter keinen Umständen die Industrie, die Kohlengruben, Kalibergwerke, Maschinenbau- und unzähligen anderen Betriebe überlassen werden dürfen.»[515] An die Reichsregierung gerichtet appellierte er, dass «die Haltung von Halle maßgebend für die Lage in Mitteldeutschland» sei.

Am 1. März erfolgte der Einmarsch des FLK mit etwa 3000 Mann, einen Tag vor der Stadtverordnetenwahl. Schon auf dem Weg ergaben sich Probleme durch streikende Eisenbahnarbeiter, welche die Bahnweichen nicht betätigten. Dadurch fuhren zwei mit Truppen besetzte Eisenbahnzüge aufeinander. So kam es zu einer Zeitverzögerung, die einen Überraschungseffekt wie in Gotha verhinderte. In einem Vorort Halles erschienen Mitglieder des Soldatenrates, die den Rückzug des Freikorps verlangten, denn in der Stadt herrsche «völlige Ruhe und Ordnung». Maercker, der dieses Ansinnen selbstverständlich von sich wies, bedauerte im Nachhinein, dass er den Soldatenrat nicht unverzüglich festgenommen und als Geisel behandelt habe. Dabei lehnte der mehrheitssozialistisch dominierte Soldatenrat Halles den Generalstreik ab. Es ging ihm darum, Maercker auf die bislang in eher ruhigem Rahmen verlaufenen Auseinandersetzungen hinzuweisen und ihn vor den Folgen des Einmarschs zu warnen.[516] Je näher die Truppe sich der Stadtmitte näherte, um so feindseliger erschien die Menge. Wieder waren es Frauen, die Maerckers besondere Aufmerksamkeit erlangten: «Es kam aber auch zu Tätlichkeiten gegen Bürger, die die Truppen grüßten. Auch hier taten sich besonders Frauen in widerlichster Weise durch Schimpfen, Spucken und auch durch Tätlichkeiten hervor.»[517]

Die geplante Besetzung des Rathauses scheiterte zunächst. Es kam zu handgreiflichen Auseinandersetzungen. Eine Abteilung des FLK wurde entwaffnet, ein Maschinengewehr-Wagen zerstört, zwei Offiziere eingesperrt und ein Sanitätskraftwagen in die Saale geschmissen. Maercker selbst musste mit Hilfe von Schusswaffeneinsatz in das Postgebäude flüchten. An mehreren Stellen in der Stadt begannen Scharmützel. Maercker ließ Minenwerfer und Kanonen einsetzen. Auch nachts brachen die Kämpfe nicht ab. Plünderer wurden erschossen. Erneut fielen Maercker die Frauen auf, denn der Angriff des Freikorps «wurde durch die Menschenmengen in den Straßen sehr erschwert,

515 Zitiert nach Buchsbaum: Halle, S. 80.
516 Vgl. Schumann: Politische Gewalt, S. 55.
517 Maercker: Kaiserheer, S. 138.

besonders durch die vielen neugierigen Frauen, die sogar mit Kinderwagen die gefährdeten Straßen durchfuhren».[518] Hauptmann Jacobsen, der erste Generalstabsoffizier des FLK, erlitt einen Bauchschuss.

Oberstleutnant Robert von Klüber, als Verbindungsoffizier der Regierung in Halle anwesend, versuchte in ziviler Kleidung die Lage zu erkunden. Er wurde aber erkannt, festgehalten, nach zweimaligen missglückten Fluchtversuchen in die Saale geworfen und erschossen, laut Maercker «ein Opfer der wahnwitzigen Verhetzung eines unglücklichen Volkes».[519]

Ernst Ottwalt schilderte als Zeitzeuge die Szene: «Durch diese unheimlich bewegten Straßen geht ein Herr. Hohe Lacklederstiefel, an denen Sporen klirren, ein feldgrauer Zivilrock, eine Reitpeitsche mit silbernem Griff in der Hand, das Einglas im Auge, und betrachtet interessiert die Menge. ‹Um Gotteswillen!› Ich schreie es unwillkürlich laut, als ich diesen Wahnsinnigen bemerke, dessen Gesicht wie festgebügelt in den Falten verächtlicher Arroganz liegt. Einer sieht ihn an, ein anderer, – und plötzlich stürzt sich eine Menschenmenge auf den Herrn mit der Reitpeitsche. Der stutzt einen Augenblick, zieht eine Pistole, ein Schuß knallt, und in langen Sätzen rast er die Straße hinunter auf die Anlagen am Saaleufer zu ... Es ist ein Oberstleutnant, den der General Maerker [sic!], offenbar in völliger Verkennung der Sachlage, in dieser Maskerade in die Stadt geschickt hat, um die ‹Stimmung zu sondieren›.»[520]

Maercker, zunächst mit dem Auftrag versehen, sich wegen der anstehenden Stadtverordnetenwahlen eher zurückzuhalten, erklärte den Belagerungszustand über die Stadt, wobei sich dessen Bekanntmachung als schwierig erwies, denn auch die Druckereien hatten sich dem Generalstreik angeschlossen. Nach der Proklamation des Belagerungszustandes flauten die Kämpfe ab. Die Stadtbevölkerung beklagte 29 Tote und 67 Verwundete, das FLK 7 Tote und 22 Verwundete.

518 Ebd., S. 140.

519 Ebd., S. 145.

520 Ottwalt: Ruhe und Ordnung, S. 23f. Ottwalt war Mitglied des von Maercker initiierten «Freikorps Halle», trat später in die KPD ein und starb im Zuge der stalinistischen «Säuberungen» 1943 in einem Lager bei Archangelsk. Er verfasste mit Bertolt Brecht das Drehbuch zu «Kuhle Wampe oder: Wem gehört die Welt?» – Dirk Schumann bemerkt zur Ermordung Klübers: «Die Tat und ihre abstoßende Brutalität waren nicht typisch für den Widerstand gegen die Regierungstruppen ... Hier wurde ... mit Klüber das Militär gleichsam dafür bestraft, daß es durch seinen Einmarsch und die sich darin ausdrückende Gewaltandrohung in einem bis dahin friedlich ausgetragenen Konflikt interveniert hatte.» Schumann: Politische Gewalt, S. 57.

War der Generalstreik noch diszipliniert und gewaltlos verlaufen, so eskalierte die Situation mit dem Eintreffen des Freikorps: «Mittlerweile hatte sich jedoch die Atmosphäre so weit aufgeheizt, dass es immer wieder zu gewaltsamen Zusammenstößen kam: Die Landesjäger gingen mit außerordentlicher Härte vor»[521], berichtet der Chronist Hans-Walter Schmuhl, und Dirk Schumann schreibt mit Berufung auf das Volksblatt Halle: «Danach wurden Inhaftierte von Soldaten mit Peitschen und Stöcken geprügelt, geohrfeigt und getreten, unzureichend mit Essen versorgt und mußten auf dem nackten Boden und ohne Dekken die Nacht verbringen.»[522]

Die Wahlen zur Stadtverordnetenversammlung am 2. Mai fanden bei den gegebenen Umständen unter teilweise irregulären Bedingungen statt. Die USPD erhielt viermal mehr Stimmen als die SPD, die damit noch hinter der Deutschnationalen Volkspartei und weit abgeschlagen hinter der Deutschen Demokratischen Partei lag.

Maercker ließ systematisch Hausdurchsuchungen durchführen, wobei komplette Häuserblocks umstellt wurden. Da ihm die in Halle befindlichen offiziellen Regierungstruppen nicht zuverlässig erschienen, stellte er drei «Selbstschutzverbände» auf: das «Wachtregiment Halle», dessen Mitglieder mindestens ein halbes Jahr im Feld gewesen sein mussten, das aus beurlaubten Soldaten bestehende «Freikorps Halle» und die für jeden Bürger zugängliche «städtische Schutzwehr». Außerdem schuf er eine Eisenbahn-Polizei. Das «Freikorps Halle» übernahm auch 200 Studenten, worauf - um die nunmehrigen Freikorpskämpfer nicht gegenüber ihren Kommilitonen zu benachteiligen - die Universität geschlossen wurde.

Neben der Erschießung des KPD-Mitglieds Pludra erregte vor allem die Ermordung des Karl Meseberg Aufsehen. Meseberg führte eine revolutionäre Matrosenkompanie an. Mitglieder des «Freikorps Halle» nahmen ihn am 13. März fest und ertränkten ihn, nachdem er angeschossen wurde, in der Saale. Seine Leiche wurde sechs Tage später gefunden. Die folgende Trauerfeier begleitete eine Großdemonstration der Arbeiterschaft. Insgesamt forderten die Auseinandersetzungen 24 Tote und 67 Verwundete.[523]

Das Bürgertum, das wie in Gotha einen Gegenstreik inszenierte, führte Spendensammlungen zugunsten des FLK durch. Von diesem

521 Schmuhl: Halle, S. 35.

522 Schumann: Politische Gewalt, S. 58.

523 Laut Buchsbaum: Halle, S. 80.

Geld gründete Maercker zwei Stiftungen: die «Hallesche Stiftung zur Unterstützung von Angehörigen gefallener Landesjäger» und die «Stiftung zur Unterstützung verwundeter Landesjäger».

Auch in Halle blieb der Einsatz des FLK nicht auf die Stadt allein beschränkt. In Korbetha und Merseburg kam es zu weiteren Auseinandersetzungen. Merseburg wurde von einer Landesjägerkompanie besetzt, der Soldatenrat abgesetzt. In Zeitz schoss ein Leutnant einen Matrosen nieder und wurde daraufhin von einer Menschenmenge verfolgt und getötet. Hier kam Maercker wieder auf die Frauen zu sprechen: «Auf seinem Leichnam trampelten vertierte Weiber.»[524] Kurz zuvor schilderte er Frauen ausnahmsweise positiv, bezeichnenderweise in der Krankenschwester-Rolle: «Damen der Stadt nahmen sich in liebevollster Weise unserer Verwundeten an.»[525] Maercker schickte einen Teil des FLK sowie des «Freikorps Halle» mit einem Panzerzug nach Zeitz, wo eine ausgesprochen feindselige Aufnahme durch die Bevölkerung erfolgte.

Anfang März 1919 endete der mitteldeutsche Generalstreik. Vorausgegangen waren erneute Verhandlungen zwischen den Streikführern und der Reichsregierung, zu denen Peter von Oertzen schreibt: «Das Ergebnis des Streiks enthielt gegenüber den Vereinbarungen vom 13./14. Februar einige Verbesserungen ... In den politisch entscheidenden Punkten aber hatte sich die Auffassung der Arbeitgeber und der sozialdemokratischen Regierungsvertreter und Gewerkschaftler durchgesetzt ...»[526] Die Unternehmer behielten das Recht, ihre Betriebe weiterhin allein zu leiten, die (Betriebs-) Räte sollten weder Kontroll- noch Mitbestimmungsrechte erhalten.

In der Umgebung Halles entstand dennoch immer größere Unruhe, so dass Maercker den Belagerungszustand im Umkreis von 30 km auch auf die ländlichen Gebiete ausdehnte, einschließlich Bitterfeld und Merseburg. Die Bergarbeiter drohten deshalb, erneut in den Streik zu treten. Nach Verhandlungen mit den Streikführern hob Maercker schrittweise den Belagerungszustand wieder auf. Am 30. März erklärte er ihn für endgültig beendet.

524 Maercker: Kaiserheer, S. 151.
525 Ebd., S. 145.
526 Oertzen: Betriebsräte, S. 146. Siehe auch Oertzens instruktive Darstellung der mitteldeutschen Räte- und Streikbewegung., S. 133–152.

3. Von der Unterdrückung innerer Unruhen

Einer der Hauptgründe für den Einsatz Maerckers war die vorgesehene Entwaffnung der Bevölkerung. Diese bewaffnete sich jedoch häufig erst in größerem Ausmaß, als das Herannahen der Freikorpstruppe bekannt wurde. Maercker selbst erkannte die Instrumentalisierung seines Freikorps durch die Politik: «Im Kampf der Reichsregierung gegen die Linksradikalen handelte es sich ausschließlich um die Erhaltung der politischen Macht. Zu diesem rein politischen Zweck wurde die Truppe eingesetzt: als Machtmittel zur Fortsetzung der inneren Politik. Die Schwäche der Regierung gestattete es aber nicht, das offen zu sagen. Sie fürchtete sich, Farbe zu bekennen und zu erklären, daß die Freiwilligentruppe dazu diene, die Räteherrschaft zu beseitigen, wo sie noch bestand. Sie umging es, indem sie militärische Angelegenheiten zum Anlaß des Eingreifens nahm ... Mir wurde meine Aufgabe aber dadurch, daß ich als Grund meines Eingreifens einen Vorwand angeben mußte, außerordentlich erschwert.»[527] Lieber hätte er offen aussprechen wollen: «‹Meine Anwesenheit bedeutet den Kampf gegen die von euch erstrebte Räteherrschaft und gegen die Gewaltherrschaft des bewaffneten Proletariats.›»[528]

In militärisch-operativer Hinsicht beschäftigte ihn vor allem die Frage des Verhaltens in Stadtteilen, die mit einer dichten, hauptsächlich aus Frauen und Kindern bestehenden Menschenmenge gefüllt seien, aus der heraus gewaltsame Handlungen entständen. Die Kriegserfahrungen der Freikorpssoldaten ließen sich hierauf nicht anwenden. Maercker empfahl zunächst den gütlichen Weg, dann den Einsatz von Abschreckungsmitteln wie Leuchtgeschossen und erst als ultima ratio den Gebrauch von Schusswaffen, bei besonders feindseligem Verhalten die Verwendung von Panzerkraftwagen. Da sich häufig, insbesondere bei der Verhängung des Belagerungszustandes, Kontakte mit Gerichten und Staatsanwaltschaften ergeben hatten, schuf er in seinem Stabe die Stelle eines Juristen zur Bearbeitung schwieriger rechtlicher Fragen. Sie wurde vom hallischen Landrichter Dr. Johannes Müller besetzt.

Noch in Halle verfasste Maercker die «Vorschrift für die Unterdrükkung innerer Unruhen», die sich zunächst auf das Thema des militärischen Eingreifens beschränkte und in einer weiteren Auflage rechtliche

527 Maercker: Kaiserheer, S. 161f.
528 Ebd., S. 162.

Fragen mit aufnahm. Diese «Vorschrift» erreichte hohe Verbreitung auch in anderen Freikorpsverbänden und ebenso in der später gebildeten Reichswehr.

Im Vorwort der «Vorschrift» formulierte Maercker präzise seine Auffassung zum Verhalten eines militärischen Verbandes: «Je fester, geschlossener und disziplinierter die Truppe ist, je bedrohlicher sie in Bewaffnung und Auftreten aussieht, um so weniger braucht an die Gewalt der Waffen appelliert zu werden. Die Truppe soll durch ihre geschlossene Kraft, ihren verhaltenen Ernst wirken. Die Bevölkerung muß das Gefühl haben, daß die Truppe, wenn sie wollte, eine beträchtliche Kraft entwickeln könnte, daß sie aber besonnen genug ist, es nur dort zu tun, wo es nötig wird ... Niemals aber darf die Truppe durch ihre Machtfülle zu herausfordernden Gewalttätigkeiten gegen die Einwohnerschaft verführt werden. Vor allem soll der einzelne Mann nicht durch Redensarten oder mit seinen Waffen aufreizend wirken. Pflicht der Vorgesetzten ist es, das Verhalten ihrer Leute in dieser Beziehung scharf zu überwachen. Der verhaltene Ernst und die Manneszucht der Truppe muß sich auch darin zeigen, daß sie Beschimpfungen und Anrempelungen mit überlegener Ruhe begegnet. Vor allem muß sie – vom obersten Führer bis zum letzten Jäger – unbedingt den Standpunkt der Gesetzlichkeit wahren. Sie darf sich niemals der Menge gegenüber ins Unrecht setzen. Höfliches zuvorkommendes Wesen gegen das Publikum bei soldatisch edlem Auftreten, überlegen ruhiges Verhalten in schwieriger Lage, entschlossenes, wenn nötig, rücksichtsloses Durchgreifen bei Widerstand, das sind die Forderungen, die ich an jeden Landesjäger stelle.»[529]

Das Zitat zeugt vom soldatisch-ritterlichen Ehrenkodex Maerckers, der in der Realität natürlich nicht idealtypisch durchzuhalten war, schon gar nicht von Angehörigen eines Freikorps. Auch Maercker gingen gelegentlich die Affekte durch, nicht nur in dreisten Beschimpfungen seiner Gegner, sondern auch in praktischen Angelegenheiten, etwa wenn ein junger Mann in Halle von seinen Landesjägern «gründlich und mit Liebe durchgeprügelt [wird]»[530]. Dennoch galt das FLK als vorbildliches Freikorps und ebenso als eine Art Modell für die zukünftige Reichswehr. Gegen Disziplinlosigkeiten ging Maercker hart vor. Er war sich klar darüber, dass viele im Krieg entstandene Gewohnheiten der Truppe nicht von heute auf morgen verschwinden würden: «Die

529 Maercker: Vorschrift, S. 3f.
530 Maercker: Kaiserheer, S. 144.

Haltung der Truppe ließ noch sehr viel zu wünschen übrig. Die Gewohnheiten der Kriegszeit waren nur langsam und schwer zu beseitigen ... Wer sich etwas zu Schulden kommen ließ, wurde rücksichtslos bestraft ... Manchen Soldaten fehlte das Gefühl dafür, daß sie nicht mehr in Feindesland, sondern in Deutschland waren ... Zu diesen Gewohnheiten aus der Kriegszeit gehörte es auch, daß manche der Soldaten im Zivilisten noch immer den ‹Panje› [polnischer bzw. russischer Bauer, C.K.] und nicht den Landsmann sahen und dazu neigten, ihre Kraftfülle zu herausfordernden Gewalttätigkeiten gegen die Einwohnerschaft zu mißbrauchen. Der lange Krieg hatte eben ein Landsknechttum großgezogen, und das Söldnertum begünstigte leider die Neigung zur Disziplinlosigkeit.»[531] Dieses Problem der Truppe erkannte auch Hauptmann Jacobsen, Erster Generalstabsoffizier des FLK: «Der lange Krieg hat in ihr das Landknechtstum großgezüchtet und der Umstand, daß jetzt im Gegensatz zu den früheren Zeiten der allgemeinen Wehrpflicht freiwillige Söldner unsere Truppe bilden, begünstigt leider die Neigung zu größerer Disziplinlosigkeit.»[532]

In Maerckers Sicht entsprach ein Freikorps nicht dem Modell einer marodierender Soldateska, wie sie in anderen Verbänden zu finden war: «Es schien mir aber bei unserer jammervollen innerpolitischen Lage eine gebieterische Notwendigkeit vorzuliegen, alle Möglichkeiten auszuschöpfen, auch ohne Anwendung von Waffen zu meinem Ziele zu kommen.»[533] Aus der «Brigade Ehrhardt» heraus kritisierte man daher «das Kompromiß-System Maercker»[534] Für diesen waren die Freikorps eine Lösung in der Not mit der Perspektive, in eine neugeschaffene Armee eingegliedert zu werden. Seine «korrekte» soldatische Einstellung machte ihn zum bevorzugten Verbündeten der republikanischen Regierung und besonders Noskes im Kampf gegen Rätebewegung und Sozialisierung. Daran änderte auch sein deutliches Bekenntnis zum Monarchismus nichts. Für Gustav Noske, ab Mitte Februar 1919 Reichswehrminister, war dies sogar eine zusätzliche Referenz:

531 Ebd., S. 178.

532 Jacobsen: Aufzeichnung, S. 77.

533 Maercker: Kaiserheer, S. 167.

534 Freksa: Kapitän Ehrhardt, S. 125. Das komplette Zitat lautet: «Ich bin gegen das Kompromiß-System Maercker aus Mitleid. Wer im Bürgerkrieg die Waffe ergreift, soll wissen, daß das kein Spaß ist. Ein paar harte, rücksichtslose Schläge wirken Wunder und sparen Blut. Menschenleben zu schonen ist die höchste Pflicht des Soldaten. Falsch angewandtes Mitleid wird als Schwäche gedeutet und führt zu erhöhtem Verlust.»

«Offiziere, die sich als Republikaner zu erkennen gaben, beargwöhnte er [Noske, C.K.] allerdings mißtrauisch als Konjunkturritter und Opportunisten. Statt ihrer förderte er im Regelfall jene von ihm allein als glaubwürdig eingeschätzten Offiziere, die sich offen als Monarchisten mit deutlicher Distanz zu den neuen republikanischen Verhältnissen zu erkennen gaben.»[535]

Maercker bemühte sich, für alle denkbaren Situationen ein bis ins Detail gehendes Regelwerk zu schaffen. Die rechtlichen Grundlagen des militärischen Eingreifens bis zur Erklärung des Belagerungszustandes sollten strikt eingehalten werden. Er fügte sogar einen Auszug der in der preußischen Verfassung erklärten bürgerlichen Rechte als Anlage hinzu. Im militärischen Bereich legte er großen Wert auf eine vor dem Einsatz zu erfolgende örtliche Erkundung, die von den letzten Wahlergebnissen über das Verhalten führender lokaler Persönlichkeiten und den Zuständen der Bahnhöfe bis zu den Truppenunterkünften inklusive Bade- und Entlausungsanstalten reichte. Besprechungen seien zunächst der Waffengewalt vorzuziehen, die erst nach Ausschöpfung friedlicher Konfliktlösung zum Einsatz kommen solle. Die Truppe müsse dabei so stark wie möglich erscheinen, um Eindruck auf die Menge zu machen. So sei es sinnvoll, Artillerie und Kavallerie mitzuführen, obwohl deren Verwendung in einer Stadt nicht unbedingt angebracht sei.

Sein generelles Konzept der Städteeroberung bestand in einem möglichst überraschenden Zugriff, baldiger Anberaumung einer Zusammenkunft mit lokalen Entscheidungsträgern, wobei es nicht um Verhandlungen, sondern um Bekanntgabe von Bedingungen ging, sowie Entwaffnung der Bevölkerung und Absetzung bestehender Räte.

Er erörterte weiterhin Themen wie militärische Säuberung eines Platzes, Angriff auf ein Gebäude und Verteidigung desselben, Besetzung des Bahnhofs und Sicherung von Hausdurchsuchungen. Besonders wichtig schien ihm die systematische Entwaffnung der Bevölkerung. Größere Bedeutung legte er auch auf psychologische Momente, wie den erwähnten Marsch durch einen von Menschenmassen gefüllten Stadtteil.

Die öffentliche Anwerbung von Freikorpssoldaten empfand Maercker als im Grunde unwürdig, aber unumgehbar. Er schuf einen «Aufstellungsstab» in Westfalen und Berlin. Erschwert wurde diese Tätigkeit

535 Wette: Noske, S. 793.

durch ein von Soldatenräten und einigen Landesregierungen erlassenes Werbeverbot. Auch die diffuse Zusammensetzung der Truppe war natürlich problematisch. Dem versuchte Maercker zu begegnen, indem er Schüler aus höheren Lehranstalten anwerben ließ. Nach seinen guten Erfahrungen mit Kadetten sollten junge bürgerliche Menschen, die nicht aus finanziellen Gründen, sondern aus Liebe zum Vaterland in das FLK eintraten, wie die Hefe im Sauerteig wirken. Er errichtete für diesen «wertvollen» Nachwuchs eine Rekrutenschule im bei Weimar gelegenen Apolda.

Weitere strukturierte Abteilungen und Truppen entstanden: eine Artillerieabteilung, eine Fliegerabteilung, eine Nachrichtentruppe und eine technische Truppe als Vorläufer der Technischen Nothilfe. Sogenannte «Wirtschaftsmusterungen» inspizierten die Ausstattung jedes Soldaten und jedes Pferd, die Fahrzeuge, Bekleidungsbestände, Küchen und Kantinen. Ziel war, eine möglichst sparsame und geregelte Wirtschaftlichkeit zu erreichen. Maercker nahm selbst an diesen «Musterungen» teil: «Ich weiß nicht, wie viele Tausend Hosenträger, Strümpfe, Stiefelsohlen, wieviel Pferdehufe und Wagenkästen ich im Februar besichtigt habe ...»[536] Das Freikorps sollte glänzen wie das Heer der Vorkriegszeit: «Ich war mir ferner darüber klar, daß die Truppe nur dann den edlen Schwung erhalten konnte, den ich erstrebte, und daß sie gegenüber der sittlichen Verlumpung großer Teile unseres Volkes nur dann ein Hort für Ordnung und Zucht und ein Beispiel für die breiten Volksmassen werden konnte, wenn in ihr die Treue im Kleinen und die Sparsamkeit wieder zur Geltung kamen, die der Stolz des deutschen Heeres der Vorkriegszeit gewesen waren.»[537]

4. Berlin im März 1919

Als Maercker in Halle einmarschierte, eskalierte gleichzeitig die Situation in Berlin. Schon im Februar planten USPD und KPD einen Generalstreik, der auf einer Vollversammlung der Arbeiter- und Soldatenräte am 3. März beschlossen wurde. Auch die beteiligten SPD-Mitglieder stimmten dafür, obwohl sich ihre Parteiführung gegen den Streik ausgesprochen hatte. Als dann Vertreter der SPD an der Streikleitung teilnahmen, zogen sich wiederum die Kommunisten aus dieser zurück.

536 Maercker: Kaiserheer, S. 177.
537 Ebd., S. 176f.

Die Forderungen des Generalstreiks lauteten: Anerkennung der Arbeiter- und Soldatenräte, Durchführung der antimilitaristischen «Hamburger Punkte», Freilassung der politischen Gefangenen, Aufhebung der Militärgerichtsbarkeit, Verhaftung aller an politischen Morden beteiligter Personen, Bildung einer revolutionären Arbeiterwehr, Auflösung der Freikorpsverbände, Aufnahme politischer und wirtschaftlicher Beziehungen zu Sowjetrussland.

In den Nachmittags- und Abendstunden des 3. März ereigneten sich im Scheunenviertel und am Alexanderplatz Plünderungen. Mehrere Polizeireviere wurden gestürmt. Richard Müller von den Revolutionären Obleuten bemerkte dazu: «Diese Vorgänge hatten mit dem Generalstreik absolut nichts zu tun.»[538] Mit großer Wahrscheinlichkeit handelte es sich um Provokateure. Nachts zerstörten Truppen der Garde-Kavallerie-Schützen-Division die Redaktionsräume der KPD-Zeitung «Rote Fahne». Noske verhängte den Belagerungszustand über Berlin.

Am 4. März begann der Generalstreik. Gleichzeitig erhielt das «Generalkommando Lüttwitz» den Einmarschbefehl. General Walther von Lüttwitz, «Oberbefehlshaber der Vorläufigen Reichswehr in Berlin und Umgebung», setzte über 30.000 Mann in Bewegung. Nach heftigen Kämpfen, hauptsächlich aber bedingt durch die Uneinigkeit von SPD, USPD und KPD wurde der Ausstand bereits am 8. März beendet. Eine Rolle spielte dabei auch der Abbruch des mitteldeutschen Generalstreiks. Die Kämpfe auf der Straße gingen allerdings weiter, vor allem im Berliner Bezirk Lichtenberg. Am 9. März veröffentlichte die «B. Z. am Mittag» die Meldung, dort seien über 60 Polizeibeamte von Spartakisten ermordet worden, was tags darauf auch der sozialdemokratische «Vorwärts» übernahm: «Sechzig Polizeibeamte und einige Dutzend Regierungssoldaten sind wie Tiere abgeschlachtet worden ...»[539] In Wirklichkeit waren beim Kampf um das Polizeipräsidium in Lichtenberg zwei Menschen ums Leben gekommen.

Das angebliche Lichtenberger Massaker nutzte Noske für einen juristisch in keiner Weise gedeckten «Schießerlass», der jede Art von Gerichtsbarkeit - sogar das Standrecht - außer Kraft setzte: «Jede Person, die mit Waffen in der Hand gegen Regierungstruppen kämpfend angetroffen wird, ist sofort zu erschießen.» Waldemar Pabst, Erster Generalstabsoffizier der Garde-Kavallerie-Schützen-Division und ein

538 Müller: Novemberrevolution, S. 663.
539 Zitiert nach Institut für Marxismus-Leninismus beim ZK der SED: Novemberrevolution, S. 364.

Hauptverantwortlicher für die Ermordung Luxemburgs und Liebknechts, verschärfte den Erlass für seine Einheiten noch. Schon der bloße Besitz von Waffen sei ein Grund zur Erschießung.[540] Dem folgenden Terror fielen, nach Noskes eigenen Angaben, etwa 1200 Menschen zum Opfer. Der Vorsitzende der KPD und zeitweilige Lebensgefährte Rosa Luxemburgs, Leo Jogiches, wurde am 10. März in seiner Wohnung verhaftet und nach der Überführung in das Untersuchungsgefängnis Berlin-Moabit durch einen Kopfschuss «auf der Flucht» erschossen.

Die Matrosen der ehemaligen Volksmarinedivision waren inzwischen in die Republikanische Soldatenwehr eingegliedert worden. Vom Oberkommando Lüttwitz erhielten sie die Order, sich am 11. März in einem Haus in der Französischen Straße einzufinden, um ihre Löhnung entgegenzunehmen und gleichzeitig die noch in ihrem Besitz befindlichen Waffen abzugeben. Tatsächlich beabsichtigt war, so viele Matrosen wie möglich zu verhaften. Es handelte sich um eine von langer Hand geplante Abrechnung. Die Matrosen galten als Verursacher der Flottenmeuterei im November 1918, auch ihr Sieg über die Berliner Regierungstruppen Weihnachten 1918 war unvergessen. Die Freiwilligen-Brigade Reinhard sollte die Aktion unter dem Kommando des Oberleutnant Marloh ausführen. Marloh ließ die Matrosen einzeln entwaffnen und gefangennehmen. Die Masse der erschienenen 150 bis 200 Matrosen irritierte Marloh, so dass er sich telefonisch an Oberst Reinhard zu wenden versuchte. Als Antwort erhielt er, nach späteren Prozessakten: «Oberst Reinhard ist sehr aufgebracht, daß Sie so schlapp vorgehen. Sie sollen ausgiebig von der Waffe Gebrauch machen und möglichst viele Matrosen erschießen.»[541] Marloh wäre wahrscheinlich bereit gewesen, alle Matrosen töten zu lassen, hätte nicht ein Hauptmann interveniert und dadurch einen Teil der Gefangenen gerettet. Was dann geschah, beschrieb Richard Müller: «29 Matrosen wurden mit Maschinengewehren erschossen ... Vielen Leuten wurde die Schädeldecke völlig abgerissen; die Gehirnmasse spritzte umher ... Diejenigen, die noch Lebenszeichen von sich gaben, erhielten mit der Pistole den ‹Gnadenschuß›».[542] In einem späteren Gerichtsverfahren wurde Marloh freigesprochen.

540 Zum Schießerlass und der Rolle des Waldemar Pabst vgl. Gietinger: Konterrevolutionär, S. 145ff. Gietinger sieht darüber hinaus im Schießerlass einen «Meilenstein in der Einführung des Terrors und der Genese des Faschismus», vgl. ebd., S. 153f.

541 Müller: Novemberrevolution, S. 692.

542 Ebd.

Andernorts ergab sich folgende Lage: Die Städte an der Nordseeküste, von denen die Initialzündung zur Novemberrevolution ausging, waren im Februar befriedet. In Bremen erreichten Freikorps und reguläre Truppen einen ersten großen Erfolg in der Niederschlagung der Rätebewegung, die angekündigten Solidaritätsaktionen aus Hamburg und dem Ruhrgebiet kamen nicht zustande. In den Ostprovinzen des Reiches entfalteten sich große Streikbewegungen. Sie wurden, wie in Oberschlesien, von «Grenzschutztruppen» militärisch niedergeschlagen. Die seit Ende Dezember 1918 im Ruhrgebiet ständig aufflackernde Streikfront erlangte den Höhepunkt Mitte Februar 1919 mit einem gewaltigen ersten Generalstreik, dem ein zweiter Ende März / Anfang April folgte. Ein Ende Februar proklamierter Ausstand in Mitteldeutschland wurde Anfang März abgebrochen, während ein Arbeitskampf in Berlin begann. Im April kam es zum Kampf um die Räterepublik in München, im Mai bot Sachsen das Zentrum der Auseinandersetzung. Ein großer Vorteil für die Reichsregierung, obwohl sich diese zeitweise in Weimar wie auf einer Insel befand, war die kaum vorhandene Koordination der Streik- und Rätebewegung.

5. Von Magdeburg ...

Kaum war Maerckers Einsatz in Halle beendet, beorderte ihn Noske nach Magdeburg.

Seit Mitte des 19. Jahrhunderts hatte sich dort, vor allem in der Metallindustrie, ein größeres sozialdemokratisch orientiertes Proletariat gebildet, das durch das Dreiklassenwahlrecht aber von jeglicher Regierungstätigkeit ausgeschlossen war. Die Verfolgung der Sozialdemokratie und besonders der Gewerkschaften nahm in Magdeburg extreme Formen an. Dennoch kam es während des Ersten Weltkriegs zu mehreren großen Streiks und Hungerrevolten. Besondere Aufmerksamkeit erlangte ein ausschließlich von Frauen ausgerufener Streik im Januar 1917. Infolge der Kriegsmobilisierung der Männer gab es fast nur weibliches Straßenbahnpersonal. Die Straßenbahndirektion verschlechterte die Arbeitsbedingungen erheblich, weil sie vom weiblichen Personal keinen Widerstand erwartete. Zur großen Überraschung traten die Frauen in einen unbefristeten Streik und ließen sich auch von Drohungen nicht einschüchtern.

Nach Verhandlungen wurden die alten Arbeitsbedingungen weitgehend wiederhergestellt.[543]

Am 3. November 1918 nahmen an einer Kundgebung gegen den Krieg bis zu 50.000 Menschen teil. Fünf Tage später, am 8. November, begannen 200 bewaffnete Soldaten eine Demonstration, um Gefangene zu befreien, Offiziere zu entwaffnen und einen Soldatenrat zu gründen. Im Laufe des Tages kamen 25.000 bis 30.000 Demonstrierende zusammen, die den Generalstreik ausriefen und die Machtübernahme durch einen Arbeiter- und Soldatenrat forderten.[544] Dieser bildete sich kurz darauf aus Mitgliedern von SPD und USPD, wobei die große Mehrheit unter dem Einfluss der SPD stand. Am mitteldeutschen Generalstreik beteiligte sich Magdeburg nicht, auch begriff sich der Arbeiter- und Soldatenrat lediglich als Provisorium bis zur Einberufung der Nationalversammlung. Er sah also für die Zukunft kein Rätesystem, sondern eine parlamentarische Herrschaft vor. Traditionell galt die Stadt als Bollwerk des rechten SPD-Parteiflügels.

Der in Magdeburg ansässige Zentralsoldatenrat des 4. Armeekorps allerdings wehrte sich erbittert gegen die Regierungsverordnung vom 19. Januar, nach der den Soldatenräten die Kommandogewalt entzogen werden sollte. Reichswehrminister Noske erwog eine militärische Aktion von Regierungsseite, um diesen Widerstand zu brechen. Einer seiner Verbündeten war der Magdeburger Fabrikant Franz Seldte, Gründer des «Stahlhelm - Bund der Frontsoldaten». Seldte gelang die Bildung einer Einwohnerwehr, die militärisch an die Garde-Kavallerie-Schützen-Division angegliedert wurde, deren Hauptmann Pabst den Befehl zur Ermordung Luxemburgs und Liebknechts gegeben hatte. Mehrere tausend Gewehre, die daraufhin verteilt werden sollten, wurden vom Arbeiter- und Soldatenrat beschlagnahmt. Ihr Transport in Kisten war als «Wein» deklariert und fiel durch übergroße Länge der «Flaschen» auf. Durch diesen Misserfolg Seldtes und Noskes beschleunigte sich der Einmarsch von Regierungstruppen.[545] In einer gemeinsamen Besprechung beschlossen Noske und führende Mitglieder der Magdeburger SPD, drei in den Räten besonders aktive Männer verhaften zu lassen, darunter den in der Magdeburger Arbeiterschaft beliebten Vorsitzenden des Arbeiter- und Soldatenrates Alwin Brandes. Die Verhafteten wurden nach Berlin in das Gefängnis Moabit verbracht.

---

543 Vgl. Gohlke: Räte, S. 35.

544 Vgl. ebd., S. 51.

545 So geschildert in Illustrierte Geschichte, S. 378.

Die Reaktion der Magdeburger Arbeiterschaft erfolgte prompt mit einer Versammlung am Domplatz, an der sich 20.000 Arbeiter beteiligten, die solange in den Streik treten wollten, bis die Verhafteten freigelassen würden. Zugleich nahmen mehrere Soldaten den SPD-Reichsjustizminister Otto Landsberg als Geisel. Seine Entführung von Magdeburg nach Braunschweig - das Nahen der Maercker-Truppe hatte sich herumgesprochen - scheiterte nach einer Verfolgungsjagd im Auto. Der Wagen der Entführer hatte eine Panne im kurz hinter Magdeburg gelegenen Olvenstedt. Dadurch fand die Polizei die Zeit, in Helmstedt eine Sperre zu errichten und den Minister zu befreien. Kurzfristig durch den Zentral-Soldatenrat festgenommen wurden auch der Kommandierende General von Kleist, mehrere Offiziere und ein Stadtverordneter der SPD.[546]

Nun überschlugen sich die Ereignisse. Die zahlenmäßig kleine KPD unternahm mit Unterstützung von Anhängern des linken USPD-Flügels und Anarchisten einen Aufstandsversuch mit dem Ziel der Machtübernahme. Versuchte Gefangenenbefreiungen, die Besetzung des Polizeipräsidiums und Elektrizitätswerks misslangen, bei den Kämpfen um einen Lebensmittelspeicher gab es 15 Tote. Insgesamt starben 19 Menschen, Dutzende wurden schwer verletzt.[547]

Weder die Entführung Landsbergs noch der kommunistisch-anarchistische Aufstandsversuch gaben den Ausschlag für den Einmarsch Maerckers am 9. April. Die Entscheidung war bereits vorher gefallen, die geschilderten Vorkommnisse boten aber einen zusätzlichen Vorwand. In der Nacht zum 9. April sicherten Magdeburger Offiziere den Hauptbahnhof für die mit der Eisenbahn ankommenden Truppen. Maercker konnte dafür nur einen Teil seines Freikorps mobilisieren, da weiterhin Weimar und Halle gesichert werden mussten. Verstärkung erhielt er vom Generalkommando Lüttwitz durch das Freikorps «Görlitz», dessen Führer Major Wilhelm Faupel ein alter Bekannter Maerckers aus der Zeit des Herero-Nama-Krieges war.

Maercker berief alsbald ein Treffen mit Führern der SPD ein. Sein Eindruck war ein durchaus positiver: «Bei der Besprechung empfand ich dankbar die verbindliche, ruhige Form, in der sie verlief, und die außerordentlich angenehm gegen die wüste und lärmende Art der Verhandlungen mit den Unabhängigen in Gotha und Halle

546 Maercker selbst schildert diese Ereignisse detailliert, vgl. Maercker: Kaiserheer, S. 182f.

547 Zu diesem Aufstandsversuch vgl. Gohlke: Räte, S. 153–156.

abstach.»[548] Die SPD-Mitglieder baten, vom Einmarsch der Truppen in die Stadt zunächst abzusehen, da für den folgenden Vormittag am Domplatz eine größere Kundgebung für die Freilassung der drei verhafteten Magdeburger Rätemitglieder geplant sei. Maercker konnte - und wollte - diesem Wunsch nicht nachkommen, da der Truppeneinmarsch bereits in vollem Gange und auch schon der Belagerungszustand verkündet war, der ein Versammlungsverbot beinhaltete.

Trotz des Verbotes erschienen am nächsten Tag 6000 Demonstranten auf dem Domplatz. Die heranmarschierenden Truppen wurden mit lauten Schmähungen empfangen. Der befehlshabende Major erlaubte eine kurze Kundgebung, nach der sich die Masse der Menschen zerstreute bis auf 1000 Demonstranten, die sich zum nahegelegenen Regierungsgebäude bewegten. Es kam zu Schlägereien. Soldaten des FLK eröffneten das Feuer, laut Maercker ohne den Befehl dazu erhalten zu haben. Etwa zeitgleich ereigneten sich Schießereien am Postgebäude. Die Magdeburger Bevölkerung beklagte sieben Tote und etwa 30 Schwerverletzte. Am selben Tag noch erklärte eine Vertrauensleuteversammlung gegen den Widerstand von Unabhängigen und Kommunisten den Streik für beendet. Man befürchtete eine Besetzung der Betriebe durch das Militär.

Ebenfalls am 9. April schuf Maercker zwei lokale militärische Verbände: das «Regiment Magdeburg» und eine Einwohnerwehr. Am 13. April schränkte er den Belagerungszustand ein, die drei Magdeburger Räteführer wurden wieder freigelassen.

Die harte Hand des Generalmajors zeigte sich allerdings darin, dass Maercker sofort alle Soldatenräte im 4. Armeekorps für aufgelöst erklären und neue «Soldatenräte» ohne jede wirkliche Kompetenz etablieren ließ. Mit Waffen ausgerüstete Motorboote patrouillierten auf der Elbe, womit sich Maercker zum Begründer der Wasserschutzpolizei - des «Reichswasserschutzes» - erklärte.

Das Fazit Maerckers über seinen Magdeburger Einsatz lautete: «Im Gegensatz zu Gotha und Halle, wo ich den Widerstand der unabhängigen Arbeiterschaft gegen die Reichsregierung zu brechen hatte, handelte es sich in Magdeburg nur um hochverräterische Anschläge von Korpssoldatenräten. Die organisierte Arbeiterschaft stand ihnen fern. Deshalb konnten wir unsere Aufgabe in wenigen Tagen lösen.»[549] Tatsächlich war es die Weigerung des Soldatenrates, seiner regierungsamt-

548 Maercker: Kaiserheer, S. 186.
549 Ebd., S. 192.

lichen Entmachtung zuzustimmen, die den Truppeneinmarsch verursachte. Doch eine massive Streikbewegung bewies auch an diesem Ort, dass die Arbeiterschaft den Räten nicht so fern stand, wie Maercker es sich vorstellte. Die «rohesten» und «argen Beschimpfungen» durch die Bevölkerung, denen sich die Freikorpsangehörigen fortwährend ausgesetzt sahen, sprachen ebenso wie die sieben Toten eine andere Sprache. Eher war es sein kompromisslos und zielgerichtet geplantes Vorgehen in Verbindung mit militärischer Übermacht, das nach einer Eskalation der Ereignisse zu einem baldigen Ende des Unternehmens beitrug. Immerhin wurde der Belagerungszustand endgültig erst am 12. April aufgehoben - «... bis dahin sorgten die Regierungstruppen mit rüdem Auftreten und ständigen Ausweiskontrollen manchesmal für Unmut in der Einwohnerschaft. Mehrheitssozialisten und Liberale kritisierten wiederholt das großspurige Verhalten der Soldaten, ohne daß sich deswegen etwas änderte.»[550]

Der nächste Einsatz kündigte sich bereits an. Zwei Flugzeuge aus Braunschweig kreisten über Magdeburg und warfen Flugblätter ab, die zum Generalstreik aufforderten. Am 12. April erhielt Maercker den Befehl, in Braunschweig einzumarschieren.

6. ... nach Braunschweig

Das Herzogtum Braunschweig wurde 1814 durch den Wiener Kongress in der Nachfolge des Fürstentums Braunschweig-Wolfenbüttel geschaffen. Es bestand aus einem topografischen Flickenteppich mit mehreren ländlichen Gebieten, Kleinstädten und einem größeren Ort, der Stadt Braunschweig.[551] Die Herzöge der Welfen und ihre Staatsminister zeichneten sich durch eine außergewöhnlich reaktionäre Gesinnung aus. Ihnen gegenüber stand eine in Metall- und Maschinenindustrie konzentrierte Arbeiterschaft, die schon vor dem Krieg durch große Manifestationen vor allem gegen das Dreiklassenwahlrecht auf sich aufmerksam gemacht hatte. Auch während des Krieges fanden große

550 Gohlke: Räte, S. 159.

551 Die folgende Schilderung bezieht sich vor allem auf die Ereignisse in der Stadt Braunschweig. Die Entwicklung in den weiteren Gebieten des Herzogtums bzw. Freistaats Braunschweig beschreibt Kuessner: Braunschweiger Novemberrevolution. Zur politischen Gliederung, Bevölkerung und Wirtschaft des Landes Braunschweig bis 1914 vgl. Rother: Sozialdemokratie, S. 14–16.

Streiks und Kundgebungen statt, bei denen sich Arbeiterjugendliche und Frauen hervortaten.

Eine Besonderheit bildete der außergewöhnliche Einfluss der Linken, welcher die Mehrheitssozialdemokraten in Braunschweig zu einer kleinen Minderheit reduzierte. Unmittelbar vor der Novemberrevolution waren 80–90% der Sozialdemokraten Mitglieder der USPD. Auch die in der USPD organisierten Spartakisten erfreuten sich vor allem bei der Arbeiterjugend erheblicher Beliebtheit.[552]

Am 6. November 1918 abends tauchten erste revolutionäre Matrosen in der Stadt auf, die am folgenden Tag in Kasernen und Betrieben mit revolutionärer Agitation begannen. Auf besondere Resonanz stießen sie bei der Fliegerersatzabteilung 7 (FEA 7), mit der Maercker später in Magdeburg Bekanntschaft machte, als dort die erwähnten Flugzeuge aus Braunschweig zum Generalstreik aufriefen. Es formierte sich ein großer Demonstrationszug, der die männlichen Gefangenen aus dem Gefängnis Rennelberg befreite und anschließend nochmals umkehrte, da man die weiblichen Gefangenen zunächst vergessen hatte. Bahnhof und Polizeipräsidium wurden besetzt, eine Arbeiter- und Soldatenversammlung beschloss für den kommenden Tag den Generalstreik. Am 8. November rief der Spartakist August Merges nach einer Demonstration von 20.000 Menschen zur Wahl von Räten auf.[553] Eine Abordnung verlangte im Schloss die Abdankung des Herzogs, der dieser nach kurzer Bedenkzeit auch nachkam. Am 10. November konstituierte sich die «Sozialistische Republik Braunschweig» mit dem Präsidenten August Merges und Sepp Oerter für das Ressort Finanzen und Inneres. Oerter besaß die eigentliche Machtposition. Volkskommissarin für Volksbildung wurde Minna Faßhauer, die erste weibliche Ministerin Deutschlands.[554]

---

552 Vgl. Rother: Sozialdemokratie, S. 26.

553 Die Ereignisse in Braunschweig vom 3. – 8. November 1918 werden prägnant geschildert in Berger: Brunonia, S. 46–51.

554 Minna Faßhauer stammte aus einer Arbeiterfamilie. Sie arbeitete als Dienstmädchen, Waschfrau und in der Konservenindustrie. Faßhauer war Aktivistin zunächst in der SPD, später in der USPD und vom 10. November 1918 bis 22. Februar 1919 die erste Ministerin Deutschlands. Als Ministerin für Volksbildung sorgte sie vor allem für grundlegende Schulreformen, die sich gegen den bestimmenden Einfluss der Kirche richteten und ersetzte Kriegsgeschichte durch Kulturgeschichte. Maercker, dem sowohl Herkunft wie Geschlechtszugehörigkeit der Minna Faßhauer nicht geheuer waren, resümierte ihren Austritt aus der Braunschweiger Regierung: «Sie mochte wohl eingesehen haben, daß ihre Vorkenntnisse nicht ganz ausreichten, um dem Ministerium für Kunst

Der Arbeiter- und Soldatenrat verstand sich nicht als antiparlamentarisch, sondern rief selbst zur Wahl eines Landtags auf. Diese Wahl am 22. Dezember ging allerdings für alle Beteiligten völlig überraschend aus, denn es gewannen die Mehrheitssozialdemokraten. Ihren Sieg hatten sie den ländlichen Wahlkreisen zu verdanken, während in der Stadt Braunschweig die USPD die meisten Stimmen erlangte. Nun entspann sich ein Konflikt über die jeweiligen Machtbefugnisse. Die Fronten waren keineswegs eindeutig – so beschlossen die Mehrheitssozialdemokraten, die Arbeiter- und Soldatenräte dürften ihre Macht nicht an die Nationalversammlung abgeben, während der Arbeiter- und Soldatenrat zunächst einen Eingriff in die Besitzverhältnisse ablehnte, um die Ernährungsfrage nicht zu verschärfen.

Die Braunschweiger Verhältnisse erregten reichsweites Aufsehen. Die Bewaffnung der Arbeiter- und Soldatenräte, die Bildung einer «Roten Garde» (später in «Volkswehr» umbenannt), das Verbot der Werbung für Freikorps, die separatistische Drohung der Loslösung vom Deutschen Reich, das Vorhaben, die Revolutionäre in den Berliner Januarkämpfen militärisch zu unterstützen, die zeitweise Beherbergung etlicher «Reichsfeinde» – u. a. Eichhorn, Dorrenbach, Leviné, Jogiches, Eisner, Radek – und auch die Linksentwicklung der Braunschweiger Mehrheitssozialdemokratie gegenüber ihrer Parteiführung bewogen die Reichsregierung, in Braunschweig einzuschreiten.

Der Versuch einer Ausrufung der «Räterepublik Braunschweig» verschärfte den Konflikt ebenso wie die Proklamation des Generalstreiks und die Besetzung der Bahnhöfe. Für Maercker stand fest: «Die Braunschweiger Arbeiterschaft war von jeher radikal»[555], und in einer Denkschrift der Reichsregierung hieß es: «Braunschweig erwies sich seit dem Ende des vorigen Jahres politisch als Mittelpunkt der kommunistischen Bewegung und tatsächlich als der Herd aller Schwierigkeiten für die Durchführung der laufenden Arbeiten der Reichsregierung ... Es ergab sich ein Zustand, der für die Reichsregierung Braunschweig zu einer isolierten Insel mitten im Reiche machte, die das ganze Reich gefährdete.»[556] Auch Noske äußerte sich entsprechend: «Zu den Orten, wo die unabhängig-kommunistische Treiberei am übelsten war, gehört Braunschweig.»[557] Der Generalstabsmajor Waldemar Erfurth

und Wissenschaft mit Erfolg vorstehen zu können.» Ebd., S. 194.

555 Maercker: Kaiserheer, S. 193.

556 Zitiert nach ebd., S. 195.

557 Noske: Von Kiel bis Kapp, S. 127.

behauptete: «Diese Stadt hatte sich zu einer Hochburg des Spartakismus und zu einer Zufluchtsstätte aller Feinde des Reiches entwickelt.»[558]

Als ein zentraler Streitpunkt galten die Bahnhofsbesetzungen. Der Braunschweiger Historiker Ernst-August Roloff schrieb hierzu: «Die Aufständischen besetzten die Bahnhöfe Helmstedt, Wolfenbüttel, Schöppenstedt, Schöningen und am 11. April auch Holzminden. Überall, wo Eisenbahnlinien braunschweigisches Gebiet schnitten, wurden die durchgehenden Züge aufgehalten und zurückgeschickt ...»[559] Die zu dieser Zeit der linken USPD nahestehende Braunschweiger Zeitung «Volksfreund» hingegen sah den gegen den Generalstreik ausgerufenen Streik des Bürgertums als Verursacher: «Aber der Streik der Bahn- und Postbeamten war von der streikenden Arbeiterschaft gar nicht beabsichtigt. Die Bahn- und Postbeamten demonstrierten mit ihrem Streik gegen den Generalstreik. Ein Machtwort der preußischen und der Reichsregierung würde genügt haben, die Bahn- und Postbeamten zur Wiederaufnahme der Arbeit zu veranlassen. Dieses Machtwort ist nicht gesprochen worden, weil der Verkehrsstreik Noske die längst gesuchte erwünschte Gelegenheit eines scheinbaren Rechtsgrundes bot, mit bewaffneter Macht in Braunschweig einzugreifen.»[560] Noske selbst erwähnte in seinem Buch «Von Kiel bis Kapp» die Störung des Eisenbahnverkehrs in Braunschweig und Umgebung mit keinem Wort als Ursache des militärischen Eingreifens, obwohl er dem Thema «Braunschweig» ein eigenes Kapitel widmete.[561]

Am 12. April erteilte Noske Maercker den Auftrag, in Braunschweig einzuschreiten, die Arbeiterschaft zu entwaffnen, die bestehende Braunschweiger Regierung abzusetzen und eine neue einzusetzen, den Landes-Arbeiterrat aufzulösen und bestimmte Personen zu verhaften. Noske ließ den Einmarsch der Truppen vorher ankündigen, um spontane Kämpfe zu vermeiden. Maercker sah darin einen Nachteil, da die zu Verhaftenden gewarnt seien. Tatsächlich gelang es u. a. August Merges und Emil Eichhorn, zu fliehen.

Schon am 11. April, einen Tag vor der offiziellen Auftragserteilung, hatte Maercker einen Panzerzug nach Börßum in die Nähe Braunschweigs geschickt. Kaum am Bahnhof angekommen kam es zu gewaltsamen Auseinandersetzungen mit bewaffneten Arbeitern, von

---

558 Erfurth: Geschichte des deutschen Generalstabes, S. 35.
559 Roloff: Braunschweig, S. 58.
560 Volksfreund vom 24. April 1919.
561 Vgl. Noske: Von Kiel bis Kapp, S. 127–129.

denen mehrere fielen. Ein Kind, das sich in einem Auto befand, erlitt einen tödlichen Kopfschuss, seine Mutter einen Lungendurchschuss[562], ein hinter dem Wagen fahrender unbeteiligter Gespannführer wurde ebenfalls tödlich getroffen. Laut Maercker beklagten auch die Freikorps einen Toten.[563] Am Bahnhof Schöningen gab es ebenfalls Auseinandersetzungen. In Wolfenbüttel hoben Arbeiter Schützengräben aus. Auch in Helmstedt eskalierte die Situation, ein Arbeiterführer wurde erschossen sowie eine die Kämpfe beobachtende Krankenschwester. In Jerxheim ereignete sich ein Gefecht.

Der USPD-Führer Sepp Oerter hatte die Reichsregierung ergebnislos gebeten, von einem Truppeneinmarsch abzusehen. Auch der Ältestenrat des Landtags wandte sich mehrmals an Maercker. Die Landesregierung sei verfassungsgemäß, ebenso der Landes-Arbeiterrat. Der Streik sei abgebrochen und die vorgesehenen Verhaftungen widersprächen der Abgeordneten-Immunität. Somit sei der Einmarsch ungesetzlich. Diese Position unterstützten auch die Mehrheitssozialdemokraten. Zugleich forderte die Landesregierung die Einwohnerschaft auf, im Falle eines Truppeneinsatzes keinen Widerstand zu leisten. Entscheidend hierfür war eine realistische Einschätzung des Kräfteverhältnisses, wozu Maercker selbst äußerte: «Die Truppen hatten den Befehl erhalten, jeden Widerstand unter Anwendung der wirksamsten Waffen zu brechen. Wer sich mit Waffen widersetzte, sollte ohne weiteres erschossen werden.»[564]

Nach einem exakten Einmarschplan, einem konzentrischen Vorgehen gegen Braunschweig und Verhaftungen in Wolfenbüttel rückten etwa 10.000 Mitglieder des FLK mit Verstärkung weiterer Kräfte wie dem Freikorps Lettow-Vorbeck und der Brigade Ehrhardt am 17. April unter großem Jubel des Bürgertums ein.[565] Zu Widerstandshandlungen kam es nicht. Die bürgerliche Braunschweigische Landeszeitung

---

562 Ferdinand Crasemann, Hauptmann im FLK, verstieg sich zu der Behauptung: «In Börssum hatten die Kommunisten wieder die teuflische Taktik angewandt, vorn auf ein Auto eine Frau mit ihrem Kinde zu binden, die den Kugeln zum Opfer fielen» – Crasemann: Freikorps Maercker, S. 40 (Hervorhebung im Original). Ein solcher Vorfall wird sonst nirgendwo erwähnt, außer bei Gustav Füllner, der das Ereignis aber selbst bestreitet. Vgl. Füllner: Ende der Spartakisten-Herrschaft, S. 207. Auch Maercker selbst erwähnte ihn nicht.

563 Vgl. Maercker: Kaiserheer, S. 200.

564 Ebd., S. 207.

565 Die Freikorpsführer Paul von Lettow-Vorbeck und Hermann Ehrhardt waren wie Maercker zuvor in Kolonialkriegen tätig.

schrieb: «Nachdem sie solange an die Wand gedrückt und unterjocht worden war, hatte am Donnerstag die Bürgerschaft wieder ihren großen Tag. Mit einem Schlage hatten sich über Nacht durch das Einrücken des Maerckerschen Freikorps alle Verhältnisse geändert. Die Volkswehrleute und die Matrosen-Division sind wieder von der Bildfläche verschwunden und an ihrer Stelle sind überall die schmucken Regierungstruppen getreten.»[566]

Seine Aufgabe fasste Maercker gegenüber dem erneut protestierenden Ältestenrat des Landtags zusammen: «Ich zählte verschiedene Gründe für das Eingreifen des Reiches auf und schloß mit den Worten: ‹Braunschweig hat sich den traurigen Ruhm erworben, eine Eiterbeule des deutschen Reiches genannt zu werden. Ich werde diese Eiterbeule gründlich ausräumen ...›.»[567]

Nach dem Rücktritt der bisherigen Landesregierung ließ Maercker deren bisherige Mitglieder Oerter und Eckardt verhaften und forderte eine ihm genehme Umgestaltung des Kabinetts. Anderenfalls werde er selbst die Regierung als Militärdiktatur ausüben. Es gelang ihm aber nicht, eine von ihm gewünschte Koalition aus SPD und Bürgertum herzustellen, da sich die Mehrheitssozialdemokraten weigerten, mit den bürgerlichen Parteien zusammenzuarbeiten. Lediglich ein bürgerlicher Parteiloser gelangte auf Verlangen Maerckers in das umgebildete Kabinett, dem nun der SPD-Politiker Heinrich Jasper als Ministerpräsident vorstand.[568] Diesen Misserfolg gab Maercker ohne Umschweife zu.[569] Mit der Auflösung des Arbeiter- und Soldatenrates, der Zerschlagung der Volkswehr, der Aufstellung einer lokalen Wehrgruppe – des «Jägerregiments Braunschweig» – und einer enormen Machtdemonstration unter den Bedingungen des Belagerungszustandes war es ihm aber gelungen, die Rätebewegung zu vernichten.

Von Braunschweig aus führten noch weitere kleinere Einsätze nach Blankenburg, Braunlage und Holzminden. Am Ostersonntag ließ Maercker nochmals seine Truppen unter dem frenetischen Jubel des

566 Braunschweigische Landeszeitung vom 18.4.1919.

567 Maercker: Kaiserheer, S. 210.

568 «Einzigartig in der Geschichte der Revolution 1918/19 war diese Situation: Unter dem Belagerungszustand blieb die USPD in der Regierung, akzeptierte sogar noch einen parteilosen Bürgerlichen als Minister. Maercker konnte nicht anders, weil die MSPD eine Koalition mit bürgerlichen Parteien ablehnte und eine Minderheitsregierung noch nicht einmal erwog.» Rother: Sozialdemokratie, S. 71.

569 Vgl. Maercker: Kaiserheer, S. 215.

Bürgertums zu einer Parade aufmarschieren, bevor er feststellte: «Am 10. Mai verließ ich Braunschweig. Eine für mich besonders vielseitige und packende Aufgabe hatte ihr Ende gefunden.»[570]

Maerckers Vorgehen war innerhalb der teilnehmenden Freikorps nicht unumstritten. Im politischen Spektrum der Freikorpsverbände bildete die Brigade Ehrhardt, die zur Unterstützung des FLK in Braunschweig einmarschierte, politisch den Flügel rechts außen. Friedrich Freksa, der Biograf Hermann Ehrhardts, schrieb: «Alles war sauber und vorsichtig gemacht. Das ist gewiß Bedingung für jeden Erfolg, aber die ganze Operation war wie eine würgende Schlinge angelegt. Mir fehlte der schonungslose Zugriff, der allein Respekt einflößt.»[571] Hier äußerte Freksa auch die Worte vom «Kompromiß-System Maercker».[572]

Die Brigade Ehrhardt beteiligte sich nach dem Braunschweiger Einsatz als eines von vielen Freikorps an der Niederschlagung der Münchner Räterepublik. In München war am 21. Februar der erste Ministerpräsident der bayerischen Republik, Kurt Eisner, ermordet worden. Eisner konnte als Inbegriff des Feindbildes der Rechten gelten: Pazifist, Sozialist, Jude, Literat und Intellektueller. Ganz ähnlich verhielt es sich mit führenden Personen der daraufhin ausgerufenen ersten Räterepublik wie Gustav Landauer, Ernst Toller oder Erich Mühsam.[573] Ab Mitte April dominierten nach einem vereitelten Putschversuch die Kommunisten in der zweiten Münchner Räterepublik. Deren Niederschlagung durch die Freikorpsverbände offenbarte bereits präfaschistische Zustände. Die bloße Denunziation als «Spartakist» genügte, um blutige Massaker auszulösen. Als Vorläufer der SA enthüllte sich die Brigade Ehrhardt mit dem Refrain des «Ehrhardt-Liedes»: «Hakenkreuz am Stahlhelm, / Schwarzweißrot das Band, / Die Brigade Ehrhardt / Werden wir genannt.»[574]

---

570 Ebd., S. 230.

571 Freksa: Kapitän Ehrhardt, S. 99.

572 Ebd., S. 125.

573 Auch heute fällt es Historikern noch schwer, sich mit der ersten Münchner Räterepublik ernsthaft auseinanderzusetzen, da sie nicht so recht in ein gängiges Schema gepresst werden kann. Daher entstehen Versuche, sie ins Lächerliche zu ziehen, wie etwa bei Heinrich August Winkler: «Die erste Münchner Räterepublik schaffte es binnen weniger Tage, sich zum Gegenstand allgemeinen Gespötts zu machen.» Winkler: Lange Weg nach Westen, Bd. 1, S. 397.

574 Zitiert nach Freksa: Kapitän Ehrhardt, S. 202.

7. Leipzig

Die alte Armee bestand nach dem Kriege nur noch aus kläglichen, kaum einsatzfähigen Resten. Ende Februar 1919 beschloss die Weimarer Nationalversammlung daher die Schaffung einer «vorläufigen Reichswehr». Der Reichspräsident wurde ermächtigt, den Rest des alten Heeres gänzlich aufzulösen und die «vorläufige Reichswehr» zu bilden. Geplant war eine Armee von 400.000 Mann, die Befehlsgewalt sollte der Reichswehrminister ausüben. Soldatenräte waren nicht mehr vorgesehen. Zunächst wurden komplette Freikorps-Verbände übernommen, darunter auch das FLK Maerckers als «Reichswehrbrigade 16». Maercker ließ es sich nicht nehmen, die nunmehrige Brigade wegen ihrer bereits vorhandenen Tradition als «Freiwilliges Landesjägerkorps (Reichswehrbrigade 16)» zu titulieren.

Grundsätzlich begriff Maercker die «vorläufige Reichswehr» als richtigen Schritt zur Bildung der neuen Streitkräfte. Er betrachtete die Freikorpsbewegung in ihrer Heterogenität und ihren uneinheitlichen Kommandostellen als Notbehelf und kritisierte wiederholt Regierung wie auch die Oberste Heeresleitung, die einen Wildwuchs militärischer Formationen zugelassen hätten, statt zu versuchen, das alte Heer zu erhalten. Die Frage, ob Letzteres überhaupt möglich war, stellte er dabei nicht. Realistischer als Maercker befanden Militärführer wie Major Waldemar Erfurth die Ausgangslage: «In der letzten Woche des Dezember 1918 hatte das Reich den Tiefpunkt seiner Machtlosigkeit erreicht. Militärische Machtmittel waren nach vollzogener Auflösung des alten Heeres nicht mehr vorhanden.»[575]

Als positiv stellte Maercker heraus, dass von Soldatenräten in der «vorläufigen Reichswehr» nun keine Rede mehr sei. Sehr bedenklich empfand er aber im Zuge der näheren Bestimmungen Milderungen der Disziplinarstrafen, wie er am Beispiel der «Drückeberger» und Fahnenflüchtigen im Kriege ausführte: «Unsere Weichheit gegenüber zuchtlosen Menschen hat uns schon während des Krieges schwer geschädigt ... In den großen Etappenorten Valenciennes und Cambrai lungerten im Herbst 1918 gegen 30 000 Drückeberger herum, gegen die wir nicht mehr wirksam einschreiten konnten. Auf Fahnenflucht steht die Todesstrafe.»[576] Angeblich sei kein einziger deutscher Fahnenflüchtiger durch deren Vollzug bedroht. Vorbilder seien in diesem Punkt engli-

575 Erfurth: Geschichte des deutschen Generalstabes, S. 34.
576 Maercker: Kaiserheer, S. 230.

sche und französische Disziplinarvorschriften. Militärischer Drill und Manneszucht ständen in einem wechselseitigen Verhältnis.

Das nächste Ziel des Landesjägerkorps - bzw. der frisch gekürten Reichswehrbrigade 16 - war Leipzig, ein Ort mit langer sozialdemokratischer Tradition. 1863 hatte sich dort der Allgemeine Deutsche Arbeiter-Verein unter Ferdinand Lassalle gegründet, eine Vorgängerorganisation der SPD. Die Stadt galt als «Wiege der deutschen Sozialdemokratie». Die rasch voranschreitende Industrialisierung führte in ganz Sachsen zu einer starken Arbeiterbewegung.

Im Mai 1916 kam es in Leipzig zu Hungerkrawallen, im Jahr darauf zu einem organisierten Massenstreik. Ab dem 8. November 1918 ereigneten sich spontane Aktionen in den Kasernen, wobei Offiziere entwaffnet und ihrer Befehlsgewalt enthoben wurden. Zunächst von den Ereignissen überrascht, bildete die USPD am selben Tag einen provisorischen Arbeiterrat mit Richard Lipinski und Friedrich Geyer an der Spitze. Die Militärbehörden kapitulierten sofort. Nach einem Aufruf des Arbeiter- und Soldatenrates, der eine Mitarbeit der Mehrheitssozialdemokraten ablehnte, trat die Arbeiterschaft in den Generalstreik. Der Versuch der Leipziger USPD, die Revolution auch in einer neuen sächsischen Landesregierung voranzutreiben, scheiterte, denn außerhalb der Stadt dominierte die SPD. In Leipzig selbst herrschte dagegen ein großes Übergewicht der USPD.[577]

Der Einmarsch Maerckers in Halle am 1. März 1919 - während des mitteldeutschen Generalstreiks - bewog den Leipziger Arbeiter- und Soldatenrat, vorsorglich die Arbeiterschaft zu bewaffnen und eine Volkswehr zu bilden. Eben dies sollte der Vorwand für den Einsatz der Regierungstruppen sein. Ein Kreishauptmann namens von Burgsdorff telegrafierte an die Weimarer Nationalversammlung: «Für morgen, da Fortdauer des allgemeinen Streiks nicht abwendbar, allgemeiner Aufruhr mit Gewaltmaßnahmen, als Plünderungen, Sprengung der öffentlichen Gebäude, der Banken, Entnahmen von Geiseln usw. bestimmt beabsichtigt. Herrschaft völlig bei Spartakisten. Vernichtung der Stadt, Mord und Totschlag unvermeidlich, wenn nicht militärische Hilfe sofort zur Stelle. Erbitte solche im Einverständnis mit allen Behörden. Ohne sofortige militärische Hilfe alles verloren.»[578] Dagegen schreiben

577 Die USPD hatte zu diesem Zeitpunkt in Leipzig ca. 35.000 Mitglieder, die SPD ca. 250. Vgl.: Institut für Marxismus-Leninismus beim ZK der SED: Novemberrevolution, S. 131.

578 Zitiert nach Reisinger: Novemberrevolution, S. 176.

Werner Bramke und Silvio Reisinger: «In Wirklichkeit präsentierten sich die Leipziger Unabhängigen … insgesamt gesehen nicht als linksradikale Umstürzler, sondern als maßgeblicher Ordnungsfaktor und hielten die eigenen Anhänger von unbedachten Aktionen weitgehend zurück, sie sorgten auch für das Funktionieren des öffentlichen und wirtschaftlichen Lebens in der Stadt Leipzig.»[579]

In dieser extrem aufgeladenen Atmosphäre gelang es dem sächsischen Arbeitsminister Schwarz, einen Generalstreik in Leipzig sowie einen Gegenstreik des Bürgertums zu beenden. Dies wiederum führte zu wachsender Unzufriedenheit in der radikalen Arbeiterschaft, da von den Streikzielen kaum etwas erreicht war. Neue Meldungen über angeblich bevorstehende höchst gefährliche Szenarien machten die Runde.

Der endgültige Anlass für den Einmarsch ereignete sich andernorts. Der sächsische Kriegsminister Neuring wurde am 12. April in Dresden in die Elbe geworfen und erschossen.[580] Die Reichsregierung rief sofort den Belagerungszustand für Dresden und kurz darauf für ganz Sachsen aus. In Dresden traf das Freikorps Görlitz ein, dessen Kommandeur Faupel der Regierung berichtete: «Mein Vorschlag geht nun dahin, daß nach Klärung der Lage in Braunschweig das Landesjägerkorps, und weitere auf Grund näherer Erkundung festzusetzende Kräfte gegen Leipzig angesetzt werden, möglichst noch bevor dort blutige Unruhen ausbrechen. Nach Leipzig würde dann eine Ordnung der Lage in Dresden mit verhältnismäßig geringen Kräften durchführbar sein. – Auf Grund meiner hier gewonnenen Kenntnis der Persönlichkeiten rate ich aufs dringendste, mit der Leitung der Operation gegen Leipzig den General Maercker zu beauftragen, da sich dort nur bei klarer, sicherer Führung etwas erreichen läßt.»[581] Auch gegenüber der sächsischen Regierung betonte Faupel, wen er für den richtigen Mann hielt: «Der einzige Mann, der Leipzig mit verhältnismäßig geringen Verlusten und schnell zur Ruhe bringen wird, ist General Maercker.»[582]

579 Bramke/Reisinger: Leipzig, S. 102.

580 Die «Illustrierte Geschichte der deutschen Revolution» schildert das Ereignis folgendermaßen: «Als er mit einer Abordnung demonstrierender Kriegsbeschädigter im Gebäude des Kriegsministeriums in seiner Art verhandelte, warf einer seiner Soldaten im Gebäude eine Handgranate, worauf eine erregte Menge das Haus stürmte und Neuring herausschleppte. Der Vorgang, bei dem Provokateure die Hände im Spiel hatten, war Ausgangspunkt einer wüsten Kommunistenhatz.» Illustrierte Geschichte, S. 382.

581 Zitiert nach Maercker: Kaiserheer, S. 240f.

582 Zitiert nach ebd., S. 241.

Maercker erhielt den Einmarschbefehl am 7. Mai. Während in der Öffentlichkeit Ruhe herrschte, kolportierte auch er Horrormeldungen: «Schaffner wurden mit Schußwaffen bedroht und gesteinigt.»[583] Er war sich sicher, mit seinen Kräften jeden Widerstand niederzuschlagen. Um aber unnötigen Kämpfen aus dem Weg zu gehen, steuerte er nicht zentral den Hauptbahnhof, sondern sämtliche Leipziger Bahnhöfe an, um gleichzeitig von allen Seiten vorgehen zu können. Am 11. Mai rückten die Truppen völlig überraschend mit 20.000 Soldaten in die Stadt ein. Einen Tag vorher ließ der Arbeiter- und Soldatenrat noch verkünden, ein Einmarsch sei nicht zu erwarten. Es gab keine militärischen Auseinandersetzungen. «Am Ablauf», so schreiben Bramke und Reisinger, «lässt sich erkennen, dass es sich um die am besten vorbereitete Operation handelte, die gegen ein Zentrum der Revolution unternommen wurde ... Hervorzuheben ist das Mitführen vieler schwerer und Angriffswaffen, auch von Fliegern, so als ob eine schwere Feldschlacht bevorstünde. All das zeigt, für wie wichtig Reichsregierung und Heeresleitung die Operation hielten, für wie gefährlich sie dieses letzte Zentrum der Arbeiterräte beurteilten.»[584]

Der Arbeiterrat, den Maercker umgehend auflöste und mit einer Verhaftungswelle belegte, rief in der realistischen Befürchtung eines Blutbades dazu auf, keine Gegenwehr zu leisten. Maercker appellierte seinerseits an die Landesjäger, gegenüber der Bevölkerung herausforderndes Verhalten zu unterlassen. In einer Chronik der sächsischen Sozialdemokratie heißt es allerdings: «Der Arbeiter- und Soldatenrat wurde aufgelöst, Verhaftete wurden in die städtische Petrischule geschafft, in der sie teilweise schwer von Soldaten mißhandelt wurden.»[585]

Besonders lobend äußerte sich Maercker über den MSPD-Funktionär Otto Mylau, den ihm die sächsische Landesregierung als Verbindungsmann beigeordnet hatte. An anderer Stelle wird über Mylau berichtet, «der sich als Scharfmacher betätigte und einen ausgesprochen schlechten Ruf bei der Leipziger Arbeiterschaft erwarb».[586]

Maercker betonte die gute Zusammenarbeit mit der Mehrheitssozialdemokratie. Auch habe er den Versuch eines Arbeitgebers unterbunden, im Zuge des Ausnahmezustandes den gängigen Tarifvertrag zu verändern. Die Reichswehr dürfe sich in solchen Situationen nicht

583 Ebd., S. 245.
584 Bramke/Reisinger: Leipzig, S. 142f.
585 Rudolph: Die sächsische Sozialdemokratie, S. 227.
586 Reisinger: Novemberrevolution, S. 179.

instrumentalisieren lassen. Das Bürgertum überhaupt schien ihm suspekt. Es klage und jammere, sehe aber ansonsten dem Geschehen tatenlos zu: «Selbstsucht und Angst um Hab und Gut, Mangel an Stolz und an Entschluß, an Gemeinsinn und sozialem Verständnis waren die Eigenschaften, die ich am Durchschnittsbürger zu erkennen glaubte.»[587] Vom Leipziger Studentenausschuss zu einem Vortrag in der Universität eingeladen, äußerte er: «Ich habe in den 5 Monaten meiner Wirksamkeit in Mitteldeutschland wenig Achtung vor der Gestaltungskraft des deutschen Bürgertums, aber eine hohe Auffassung von der organisierten Arbeiterschaft bekommen.»[588] Mit der «organisierten Arbeiterschaft» dürfte er die mit ihm zusammenarbeitenden Teile der Mehrheitssozialdemokratie gemeint haben. Zu einer anderen Einschätzung kam Ferdinand Crasemann, der Pressereferent des FLK: «Das Leipziger Bürgertum ... war ausgezeichnet organisiert und vor allem auch fest entschlossen, die Rechte des Bürgertums zu vertreten und zu schützen.»[589]

Unmittelbar vor seinem nächsten Einsatz in Eisenach veranstaltete Maercker, wie in Braunschweig, eine große Truppenparade. Sie fand im südwestlichen Villenviertel Leipzigs statt. Crasemann schilderte ihre Funktion: «Diese Vorbeimärsche hatten neben dem militärischen, dem Führer seine Truppe zu zeigen, den politischen Zweck, beruhigend und abschreckend zugleich zu wirken. Die ordnungsliebende Bevölkerung hatte ihre Freude, endlich einmal wieder anständige, blitzsaubere Soldaten zu sehen, während allen regierungsfeindlichen Elementen der Anblick die Lust zu Übergriffen und Anrempelungen der Truppen gründlich vergällte.»[590] Auch Maercker selbst sah die Parade mit einer gewissen Begeisterung: «Nach dem Albdruck, den der veröffentlichte Friedensvertrag und in Leipzig die dortige Mißwirtschaft auf die Bevölkerung gesenkt hatten, wurde hier ein Abglanz der Zucht und Kampfkraft des alten Heeres entfaltet. Es gab in Deutschland noch Soldaten!»[591] Tatsächlich bewirkte diese Selbstdarstellung Maerckers und seiner Soldaten bis in das Bürgertum hinein Unmut. Karsten Rudolph betont in seiner Darstellung der sächsischen Sozialdemokratie: «Die militärische Besetzung Leipzigs war letztlich eine überflüssige

587 Maercker: Kaiserheer, S. 256.
588 Maercker: Kaiserheer, S. 257.
589 Crasemann: Freikorps Maercker, S. 53.
590 Ebd., S. 54f.
591 Maercker: Kaiserheer, S. 253f.

Machtdemonstration.»[592] Auch Jesko Vogel schließt sich dem in einer lokalhistorischen Studie an: «Überschwängliche Begeisterung im bürgerlichen Lager löste die Truppenpräsenz nicht aus. Besonders die liberale Leipziger Presse begleitete den Einmarsch kritisch.»[593]

Die Aufgabe war erledigt: der Arbeiter- und Soldatenrat abgesetzt, die linke Sicherheitswehr aufgelöst und die Bevölkerung entwaffnet. Zunächst legte Maercker noch einige Garnisonen um Leipzig, die, falls benötigt, in wenigen Stunden in die Stadt einmarschieren konnten. Die Bildung lokaler militärischer Formationen - eines Zeitfreiwilligenverbandes, einer Einwohnerwehr und einer staatlichen Volkswehr - beendete die Unternehmung. Die Verstärkung bzw. Gründung von Zeitfreiwilligenverbänden und Einwohnerwehren war ein wesentlicher Bestandteil der Taktik Maerckers in seinen jeweiligen Einsatzorten. Den Unterschied zwischen beiden erläutert Erwin Könnemann: «Im allgemeinen waren die Einwohnerwehren als ständige Einrichtung gedacht, die zum polizeilichen Wachdienst herangezogen wurden und nur bei größeren Unruhen unter militärischen Befehl traten, während die Zeitfreiwilligen ausschließlich für den militärischen Einsatz zur Verfügung standen und sich von den Angehörigen der Freikorps und der Reichswehr nur dadurch unterschieden, daß sie nicht ständig unter Waffen gehalten, sondern kurzfristig mobilisiert wurden.»[594] Doch noch vor dem Abzug der letzten FLK-Verbände erfolgte die Neuwahl des gerade aufgelösten Arbeiterrates, die mit einer Zweidrittelmehrheit für eine gemeinsame Liste von USPD und Gewerkschaften ausfiel.

8. Eisenach und Erfurt

Gleich nach der Leipziger Militärparade wurde Maercker nach Eisenach beordert. Dort hatte der Arbeiterrat schon während der Besetzung der nahe gelegenen Stadt Gotha im Februar zum Generalstreik aufgerufen, weil man auch in Eisenach den Einmarsch der Regierungstruppen befürchtete. Die Bürgerschaft initiierte einen Gegenstreik. Unter Führung des Eisenacher Oberbürgermeisters begab sich eine Delegation zu Noske

592 Rudolph: Die sächsische Sozialdemokratie, S. 227.
593 Vogel: Der sozialdemokratische Parteibezirk Leipzig, S. 167. Vogel beschreibt in seinem Buch präzise die Auseinandersetzungen in und zwischen SPD, USPD und Räten in Leipzig.
594 Könnemann: Einwohnerwehren, S. 159.

nach Weimar, um eine eventuelle Besetzung zu verhindern, kehrte aber unverrichteter Dinge zurück. Der Generalstreik wurde bald beendet.

Ein großes Problem in Eisenach bildete die unzureichende Lebensmittelversorgung. Es kam zu Hungerrevolten, der Stürmung des Rathauses, des Gerichtsgebäudes und einer Bahnhofsbesetzung, von der sich sogar der örtliche Arbeiterrat distanzierte. Für Maercker aber war die Lage eindeutig: «Das Geschwür war nach diesen Vorgängen zum Aufstechen reif.»[595] In der Nacht vom 18. auf den 19. Mai nahmen Voraustrupps des FLK Verhaftungen vor. Maercker, der selbst am 19. Mai in Eisenach eintraf, ließ sofort nach Leipziger Vorbild Bahnhöfe und öffentliche Gebäude besetzen sowie den Belagerungszustand ausrufen und den Arbeiterrat absetzen. Wie üblich, beraumte er unverzüglich eine «Besprechung» mit örtlich maßgeblichen Personen ein, auf der er seine Bedingungen bekannt gab. Dabei erhielt er den Eindruck, die Eisenacher Unruhen seien vor allem ein Ergebnis der Nahrungsnot. Er ergänzte den Belagerungszustand durch Maßnahmen gegen den Schwarzhandel mit Lebensmitteln im Landkreis und wandte sich an die Reichskartoffelstelle, um eine bessere Belieferung Eisenachs mit Kartoffeln zu bewirken. Süffisant bemerkte er: «Bisher galt ich bei den Arbeitern Mitteldeutschlands als der Reaktionär schwärzester Sorte. Jetzt war ich bei den Landleuten plötzlich der ‹rote General›.»[596]

Zur Beruhigung der Bevölkerung betonte Maercker, das FLK bringe seine eigenen Lebensmittel mit. Die mehrheitssozialdemokratische «Volkszeitung für Sachsen-Weimar-Eisenach» ließ verlauten: «Um etwaigen Gerüchten vorweg den Boden zu nehmen, machte Generalmajor Maercker bekannt, daß die Truppen für 8 Tage ihre Verpflegung mitbrächten und daß für etwaige weitere Erfordernisse ein Proviantzug bereit stände. Der Eisenacher und Ruhlaer Bevölkerung würde also nicht ein Brocken der ihr zustehenden Nahrungsmittel genommen.»[597]

Blieb die Lage im allgemeinen ruhig, so kam es doch am Nachmittag des Einmarschtages zu Rangeleien auf dem Marktplatz zwischen Landesjägern und Eisenachern, die ihren Unmut über die Anwesenheit der Truppen zum Ausdruck brachten. In der folgenden Nacht brannten auf dem Bahnhof Güterwagen und ein Güterschuppen. Maercker deutete dies als Anschlag auf seine Soldaten, an dem auch Eisenbahnarbeiter

595 Ebd., S. 265.
596 Ebd., S. 269.
597 Volkszeitung für Sachsen-Weimar-Eisenach vom 20.5.1919.

beteiligt gewesen seien[598], während die «Illustrierte Geschichte der deutschen Revolution» behauptet: «Alle Anzeichen deuteten darauf hin, daß es sich nur um Manöver Maerckerscher Landsknechte handelte, die auf eigene Faust unternommene ‹Requisitionen› verdecken wollten.»[599]

Eine Arbeiterdelegation erschien tags darauf bei Maercker und forderte die Aufhebung des Belagerungszustandes, die Freilassung von Gefangenen, das Hissen der roten Fahne auf dem Schloss und den Rückzug der Truppen. Natürlich wurde keine dieser Forderungen erfüllt.

Maercker verließ Eisenach nach kurzer Zeit. Die Bildung einer Einwohnerwehr erfolgte schleppend, und in Erwartung weiterer Unruhen verblieb eine Kompanie der Truppe in der Stadt.

Noch im Mai schuf Maercker mit Zustimmung des Reichswehrministeriums eine Befehlsstelle in Naumburg, die sein Generalstabsoffizier Hauptmann Jüttner leitete. Dieser bildete einen 30.000 Mann starken Zeitfreiwilligenverband unter dem militärischen Kommando des FLK, der gegen Streiks unter anderem im Bergbaugebiet Weißenfels-Merseburg und zum sogenannten «Ernteschutz» eingesetzt wurde.[600]

Bis Mitte Juni folgte kein weiteres Unternehmen. Maercker konnte sich sogar einen Urlaub leisten, den er mit seiner Frau Elsbeth in Hildesheim verbrachte, vermutlich in familiärem Umfeld. Am 14. Juni, kurz vor seiner Abreise in das Weimarer Schloss Belvedere, in dem sich nun sein Truppenstab befand, schrieb er von bevorstehenden größeren Unruhen, welche die Regierung erwarte. Er schloss auch die Möglichkeit des Regierungssturzes nicht aus und spekulierte über seine persönliche Zukunft, die ihm ungewiss erschien: «Was aus mir wird, wenn die jetzige Regierung fällt, das ahne ich noch nicht. Die Unabhängigen, die dann ans Ruder kommen, wollen uns gern behalten. Mir persönlich widerstrebt es, unter den Befehl derer zu treten, die ich jetzt bis aufs Blut bekämpfe. Anderseits liegt es vielleicht im Interesse des Reichs, daß die Führer der Truppen in der kommenden schweren Zeit auf ihrem Posten bleiben. Denn wenn ich gehe, läuft vielleicht auch ein großer Teil meiner Truppen auseinander. Vielleicht bleibe ich, sofern mir die Regierung bestimmte Bedingungen erfüllt, die ich ihr stellen würde. Im Ganzen aber steht die Zukunft ziemlich dunkel vor mir.»[601]

---

598 Vgl. Maercker: Kaiserheer, S. 270.
599 Illustrierte Geschichte, S. 383.
600 Vgl. Könnemann: Einwohnerwehren, S. 160f.
601 BA-MA N 786/9, Brief an Mutter vom 14.6.1919.

Diese düstere Prognose enthielt einige interessante Aspekte. Sie fiel mitten in die Diskussion um Zustimmung oder Ablehnung des Versailler Friedensvertrags. Die Situation schien kaum kalkulierbar, wie auch General Groener, Chef der Obersten Heeresleitung, feststellte: «Es sei sicher, daß bei Annahme des Friedens einerseits damit zu rechnen sei, daß die Unabhängigen sich zur Regierung drängen würden und daß andererseits heftige Militärrevolten gegen die Regierung möglich und wahrscheinlich seien.»[602] Machten die USPD-Führer tatsächlich ein Angebot, im Falle der Regierungsbeteiligung die Freikorps oder zumindest das Maerckersche Landesjägerkorps weiterhin als Machtmittel zu benutzen? Zumindest stimmten die USPD-Mitglieder der Nationalversammlung einem Beschluss der Nationalversammlung zu, in dem es hieß: «In der Stunde tiefsten vaterländischen Unglücks dankt die deutsche Nationalversammlung der deutschen Wehrmacht für die opfervolle Verteidigung der Heimat. Ungeheure und niederdrückende Anforderungen stellt der trotz des Heldenmuts unserer Truppen aufgezwungene Friede an alle Teile des Volkes, besonders schwere aber an das Ehrgefühl unserer Soldaten.»[603] Maercker befand sich damit in größeren Gewissenskonflikten, da es ihm widerstrebte, unter einer eventuellen USPD-Regierung seinen Dienst zu verrichten, zog dies aber doch gedanklich in Betracht, wenn es dem Erhalt der Nation dienen würde.

Die bisherige Reichsregierung trat zwar zurück, doch das neue Kabinett bildete sich aus SPD und Zentrumspartei – ohne die befürchtete Teilnahme der USPD.

Maercker wurde nun nach Erfurt beordert. An diese Stadt hatte er trübe Erinnerungen, waren dort doch Ende Februar er und sein Generalstabschef auf dem Weg von Gotha nach Weimar von einer aufgebrachten Menge verprügelt und nur mit Hilfe des Arbeiter- und Soldatenrates vor Schlimmerem gerettet worden.

In Erfurt war es am 8. November 1918 gemäßigten Kräften gelungen, sich an die Spitze der Bewegung zu setzen, die von den Arbeitern der Metall- und Rüstungsbetriebe und der Garnison ausging. Der Arbeiter- und Soldatenrat sprach sich von Anfang an für den parlamentarischen Weg aus.[604] Mitte Januar aber radikalisierten sich Teile

602 Groener: Lebenserinnerungen, S. 507. Groener zitiert dabei einen Brief des Majors von Feldmann.

603 Ebd., S. 508.

604 «Der Erfurter Arbeiter- und Soldatenrat wurde von Mehrheitssozialdemokraten und gemäßigten Unabhängigen dominiert und trug sozial gesehen … eher

der Arbeiterschaft, als - noch kurz vor den Wahlen zur Nationalversammlung - ein Truppentransport am Bahnhof angehalten wurde, der sich auf dem Weg nach Berlin zur Niederschlagung der dortigen Januarkämpfe befand. Es kam auch zu Ausschreitungen gegen eine Zeitung und die Geschäftsstellen der Deutschen Volkspartei (DVP) und Deutschnationalen Volkspartei (DNVP), die nicht die letzten Ereignisse dieser Art blieben und vom gemäßigten Arbeiter- und Soldatenrat nicht unter Kontrolle gehalten werden konnten. Dieser begann sich durch den Austritt der meisten Mehrheitssozialdemokraten ebenfalls zu radikalisieren.

Die Erfurter Arbeiter nahmen vom 27. Februar bis 8. März 1919 am mitteldeutschen Generalstreik teil. Als ein wesentlicher Grund für zunehmende Bewaffnung der Bevölkerung galt die massive Anwesenheit der Truppen Maerckers im nahegelegenen Weimar, man befürchtete die Besetzung Erfurts.[605] Schon am 2. Februar erfolgte eine Straßensperre durch bewaffnete Arbeiter in Erwartung eines Einmarsches des FLK, der aber - noch - nicht stattfand. Dafür unternahm am 9. Februar ein Vizefeldwebel namens Macholtz einen Putschversuch, den die Erfurter Volkswehr vereitelte.

«Das nahegelegene Erfurt war uns Landesjägern seit langem ein Dorn im Auge»[606], betonte Maercker. Man könne sich dort als Landesjäger nicht aufhalten, ohne seiner Abzeichen beraubt und misshandelt zu werden. Er habe bereits des öfteren ein Eingreifen dort vorgeschlagen, auch, weil Erfurt seiner ohnehin unruhigen Nachbarschaft ein schlechtes Beispiel gebe. Die Androhung eines Generalstreiks durch den Rat der Eisenbahnarbeiter bot nun der Reichsregierung den Anlass, tatsächlich einzuschreiten. Am 17. Juni erfolgte der Einmarschbefehl für Maercker, der sich zunächst auf die Ordnung der Eisenbahnangelegenheiten beschränken sollte. Er wurde aber ermächtigt, je nach Lage der Dinge den Belagerungszustand über die Stadt und den Landkreis zu verhängen.

Schon die Anreise des FLK erwies sich als schwierig, da die Eisenbahnarbeiter den Transport der Truppen verweigerten. Der erhoffte

---

kleinbürgerlichen Charakter.» Raßloff: Flucht, S. 158.

605 «Der Regierungspräsident wertete diese Bewaffnung wohl zutreffend als Reaktion auf die vom Volksbeauftragten Noske veranlasste Zusammenziehung von Regierungstruppen zum Schutz der Nationalversammlung im nahen Weimar, insbesondere des als reaktionär verfemten Landesjägerkorps unter General Maercker.» Ebd., S. 184.

606 Maercker: Kaiserheer, S. 274.

Überraschungseffekt trat somit nicht ein. Erst mit größerer Verspätung gelangten die Landesjäger in die Stadt.

Auch das Jägerbataillon des FLK sollte in Erfurt tätig und in Weimar durch zwei Kompanien aus Apolda ersetzt werden, welche aber bei ihrer Anreise ebenfalls behindert wurden. Dadurch entstand in Weimar eine «Sicherheitslücke», die 60 Gefangene zur Flucht aus dem Landgerichtsgefängnis und einem nächtlichen bewaffneten Angriff auf das Schloss nutzten, in dem das Regierungskabinett logierte. Es entstand ein wüster Schusswechsel, Rufe wie «Wo ist Noske, der Hund» ertönten. Schließlich standen Noske, Reichspräsident Ebert und zwei Adjutanten mit Pistolen bestückt auf dem Schlosshof, bis zurückkehrende Landesjäger eingriffen, die durch Eisenbahnarbeiter am Weimarer Bahnhof an der Weiterfahrt nach Erfurt gehindert wurden.[607]

In Erfurt berief Maercker sofort ein Treffen mit dem Angestellten- und Arbeiterausschuss der Eisenbahndirektion ein, am Nachmittag desselben Tages fand eine Sitzung mit dem Arbeiterrat statt. Obgleich Maercker dem Arbeiterrat Kompromissbereitschaft attestierte, stand die Drohung eines Generalstreiks im Hintergrund. Gleichzeitig sammelte sich um den Bahnhof eine größere Menge, die gegen die Anwesenheit der Truppen protestierte. Es kam zu Festnahmen und Warnschüssen, die aber keine abschreckende Wirkung zeitigten: «Die Menge, die offenbar den Eindruck hatte, die Truppe getraue sich nicht, Ernst zu machen, begleitete die Schüsse mit johlenden Bravorufen.»[608] Maercker verhängte noch am frühen Abend den Belagerungszustand. Die Plakate, die diesen verkündeten, wurden abgerissen und verbrannt. Maercker kommentierte: «Ich habe außer in Halle nirgendwo in Mitteldeutschland einen so wilden Janhagel [«Pöbel», C.K.] kennen gelernt. Um 8 Uhr mußte ich den Befehl geben, mit dem Bajonett den Bahnhofsplatz zu säubern. Dann trat Ruhe ein.»[609]

Am nächsten Tag, dem 19. Juni, wurde Maercker nach Weimar berufen. Es ging um Besprechungen bezüglich der Unterzeichnung des Friedensvertrages. Als seinen Vertreter in Erfurt setzte er General Hüther ein.

Hüther erklärte sich damit einverstanden, dass die vom Arbeiterrat geschaffene Volkswehr gemeinsam mit den Regierungstruppen auftreten sollte. Das trug zu einer Beruhigung der Lage, zumindest im

607 Noske schildert das Vorkommnis in Noske: Von Kiel bis Kapp, S. 169f.
608 Ebd., S. 281.
609 Ebd.

Straßenbild, bei. Eine Abordnung des Beamtenausschusses und des Arbeiterrates der Eisenbahn-Direktion fuhr nach Berlin, um mit dem Eisenbahnminister zu verhandeln. Doch obwohl es zunächst hieß, eine Einigung sei erzielt, nahmen die Streiks zu. Eine Hauptforderung war der sofortige Abzug der Regierungstruppen. Nun eilte - unmittelbar vor seiner Ernennung zum Reichskanzler - der Arbeitsminister Gustav Bauer aus Weimar nach Erfurt. Die Arbeiter erhielten einen Sitz im Beirat der Eisenbahnverwaltung. Darauf nahmen sie den Betrieb wieder auf. Im Gegenzug beendete Hüther den Belagerungszustand und ließ die Truppen abtransportieren.

9. Der Versailler Vertrag

Anfang Oktober 1918, noch während des Krieges, drängte Erich Ludendorff im Namen der Obersten Heeresleitung in militärisch aussichtsloser Lage auf ein Waffenstillstandsgesuch, um einer bedingungslosen Kapitulation zuvorzukommen. Dieses sollte, zwecks Umgehung eigener Verantwortung, von der zivilen Reichsregierung ausgesprochen werden. Gegen Ende des Monats jedoch antwortete die amerikanische Regierung, an welche das Gesuch gerichtet war, mit der Forderung nach vollständiger Kapitulation und dem Rücktritt Wilhelms II., worauf Ludendorff den Krieg fortzusetzen gedachte. Doch nun entließ ihn der Kaiser und ernannte General Wilhelm Groener zu seinem Nachfolger.

Am 11. November kam es zur Unterzeichnung eines zunächst auf 36 Tage befristeten und anschließend mehrfach verlängerten Waffenstillstandes durch die deutsche Delegation unter Führung des Zentrumspolitikers Matthias Erzberger. Allein die Tatsache, dass um einen solchen nachgesucht wurde, wirkte auf die deutsche Bevölkerung wie ein Schock, war man doch in der offiziellen Propaganda während des Krieges nur von Sieg zu Sieg geeilt. Vorsichtshalber wurden die Bedingungen des Abkommens in Deutschland auch nur teilweise publiziert, was dazu führte, dass die Öffentlichkeit den später beschlossenen Friedensvertrag fälschlicherweise als einen Bruch des Waffenstillstandes betrachtete.[610]

---

610 «Als im Mai 1919 die Friedensvertragsbedingungen übergeben wurden, hielten große Teile der deutschen Bevölkerung diese Bestimmungen für einen Bruch des Waffenstillstands. Dieser hatte aber die Regelungen des späteren Friedensvertrages im Wesentlichen bereits enthalten...» Röhr: Hundert Jahre,

Die schließlich am 7. Mai 1919 übergebenen Bedingungen des Versailler Vertrages enthielten unter anderem die Rückgabe Elsaß-Lothringens an Frankreich, Gebietsabtretungen an Belgien, Dänemark, Polen und die Tschechoslowakei, die vorübergehende militärische Besetzung des Rheinlandes, die Unterstellung des Saargebiets, Danzigs sowie des Memelgebietes unter den neu geschaffenen Völkerbund, die Anerkennung Österreichs als souveränen Staat außerhalb Deutschlands und schließlich den Verlust der deutschen Kolonien. Zu diesen gebietsmäßigen Bestimmungen kamen militärische, unter anderem eine Reduzierung des Heeres auf 100.000 und der Marine auf 15.000 Mann, Verbot der Luftrüstung, schwerer Waffen und chemischer Kampfstoffe, Entmilitarisierung des Rheinlandes, Verbot der Wehrpflicht, Übergabe der deutschen Kriegsflotte an Großbritannien[611] und Auflösung des Großen Generalstabs. Zudem wurden umfangreiche Rückgaben und Entschädigungen von Kriegsverlusten und geraubten Gütern verlangt. Die deutsche Handelsflotte sollte um 90% verkleinert und die deutschen Schifffahrtswege internationalisiert werden. Eine abschließende Reparationssumme wurde noch nicht beschlossen. Vor allem aber erhitzten zwei weitere Forderungen die Gemüter: die Anerkennung der Kriegsschuld Deutschlands und die Auslieferung der Hauptkriegsverbrecher an die Alliierten.

Deutschland verlor ein Siebtel seines Territoriums, ein Zehntel der Bevölkerung sowie die Kolonien, ein Drittel der Kohlen- und drei Viertel der Erzvorkommen. Die Bedingungen wurden ultimativ vorgetragen, bei Nichtunterzeichnung der deutschen Seite drohte der gegnerische Einmarsch in das Reichsgebiet. Der Protest der deutschen Delegation erreichte lediglich die Zusicherung einer Volksabstimmung bezüglich der Abtretung Oberschlesiens an Polen, wogegen der Kriegsschuld-Vorwurf noch bekräftigt wurde.

«So schlug denn das Bekanntwerden der furchtbaren Bedingungen, die uns auf lange Zeit zu einem Sklavenvolke machen, wie ein Blitz bei denen ein, die diese Bedingungen in ihrer vollen Schwere erfaßten»[612], resümierte Maercker. Der allgemeine Aufschrei quer durch alle Bevölkerungsgruppen und Parteien vermied dabei den Vergleich des

---

S. 20.

611 Dem kam Konteradmiral Ludwig von Reuter zuvor, indem er am 21. Juni 1919 den bei den schottischen Orkneyinseln in Scapa Flow internierten 74 deutschen Hochseeschiffen den Befehl zur Selbstversenkung gab.

612 Maercker: Kaiserheer, S. 284.

«Versailler Diktats» mit den zuvor formulierten Kriegszielen des Deutschen Reichs und «übersah» den dem russischen Gegner aufgezwungenen «Friedensvertrag» von Brest-Litowsk. Beides – die deutschen Kriegsziele und der Vertrag von Brest-Litowsk – überboten den Versailler Vertrag in ihren maßlosen Forderungen bei weitem. Denn immerhin wurde das Deutsche Reich nicht, wie zunächst befürchtet, weitestgehend zerschlagen, sondern blieb vom russischen Westen aus betrachtet das bevölkerungsreichste Land sowie ökonomisch weiterhin führend. So kam etwa Hans-Ulrich Wehler zu dem Schluss: «Im Vergleich mit dem Friedensvertrag von Brest-Litowsk, den die deutschen Sieger, getragen von einer wahren Flutwelle der öffentlichen Zustimmung, soeben noch im März 1918 Rußland auferlegt hatten …, kann der Versailler Frieden fast als maßvoll gelten»[613], und auch Heinrich August Winkler stellte fest: «Versailles war, was wirtschaftliche und territoriale Verluste anging, milder als Brest-Litowsk»[614]. Die Aussichten Deutschlands, wieder zur Großmacht aufzusteigen, schienen durchaus günstig.

Schließlich hatten die Deutschen, schon bei Betrachtung lediglich des Anfangs und Endes des Krieges, nicht nur unmittelbar nach Kriegsbeginn bei der völkerrechtswidrigen Besetzung Belgiens schwere Verbrechen begangen wie die Ermordung von ca. 6500 Zivilisten, die sofortige Plünderung finanzieller und materieller Güter des Landes sowie die Zerstörung zahlreicher Kirchen und des Stadtkerns von Löwen inklusive der weltberühmten dortigen Universitätsbibliothek. Auch noch auf dem Rückzug von der Westfront kam es zu umfangreichen Verwüstungen. So zerstörten technische Einheiten der Truppen auf ihrem Weg im Eisenbahnnetz «5600 Gleiskilometer, 1010 Brücken, 12 Tunnels, 590 Bahnhöfe sowie 3180 Kilometer Fernmeldeleitungen»[615] und installierten Minen mit Zeitverzögerung, die erst einen Monat nach dem Abzug explodierten.

Es war der «Schmachparagraph» (Artikel 231 des Versailler Vertrags), der Deutschland die Schuld am Krieg zuwies und der entscheidender für die Zukunft werden sollte als die territorialen und

613 Wehler: Deutsche Gesellschaftsgeschichte 1914–1949, S. 241.

614 Winkler: Der lange Weg, Bd.1, S. 401.

615 Miller: Mit vollem Risiko, S. 150f. Das Buch Ignaz Millers ist eine fulminante Polemik gegen die «Schlafwandler-Theorie» des Christopher Clark. Kritisch anzumerken ist, dass Miller einen generalisierenden «deutschen Nationalcharakter» konstruiert, der allerdings für die deutschen Militär- und Politikerkreise weitgehend zutreffend erscheint.

materiellen Einbußen. So schien für Maercker das Schlimmste nicht die Reduzierung des Heeres auf 100.000 Mann oder das Verbot von schwerer Artillerie, Flugzeugen und Panzerzügen. Das trat für ihn zurück «gegenüber der teuflischen Forderung, daß wir uns selbst ehrlos erklären sollten, indem wir die Schuld am Kriege allein auf uns nahmen und zahlreiche Deutsche, darunter unseren einstigen Kriegsherrn und die ruhmgekrönten Führer des deutschen Volkes in Waffen den haßsüchtigen Feinden auslieferten.»[616]

Doch es gab auch andere Stimmen. Der Ministerpräsident des Freistaats Bayern, Kurt Eisner, betonte auf einem Sozialistenkongress in Bern, kurz vor seiner Ermordung, die Schuld Deutschlands am Krieg. Auch Karl Kautsky, führendes USPD-Mitglied und 1918 vorübergehend Staatssekretär im Auswärtigen Amt, kam in seinem im Auftrag der Reichsregierung geschriebenen Buch «Wie der Weltkrieg entstand» zu diesem Schluss, den er mit Dokumenten aus der Julikrise 1914 belegte.[617] Reichsministerpräsident Philipp Scheidemann hingegen äußerte den berühmt gewordenen Satz: «Welche Hand müsse nicht verdorren, die sich und uns diese Fessel legt?» und trat konsequent zurück.

Hatte die Nationalversammlung am 12. Mai den Friedensvertrag noch einhellig abgelehnt, erhoben sich anschließend doch mahnende Stimmen angesichts der ultimativen alliierten Haltung. Für den 19. Juni fand unter diesem starken Zugzwang eine «Kriegsratssitzung» in Weimar statt, an der neben zahlreichen Militärkommandeuren Reichswehrminister Noske, der preußische Kriegsminister Reinhardt, General Groener als Vertreter der Obersten Heeresleitung, Marineadmiral von Trotha[618] und General Lüttwitz teilnahmen.

Unter den Anwesenden befand sich auch der mittlerweile in die oberste Riege der beratenden Militärpersonen aufgenommene Maercker. Er beschrieb die Zusammenkunft und die folgenden Ereignisse

616 Maercker: Kaiserheer, S. 285.

617 Kautsky erhielt bereits im November 1918 vom Rat der Volksbeauftragten die Aufgabe, Dokumente des Auswärtigen Amtes zur Julikrise 1914 auszuwerten. Die Akten ergaben, laut Kautsky, eindeutig die Hauptschuld der deutschen und österreichischen Führung an der Auslösung des Ersten Weltkriegs. Obwohl bereits im April 1919 vorliegend, wurde Kautskys Buch erst im November veröffentlicht, da führende Politiker – u. a. Philipp Scheidemann – eine nachteilige Wirkung für die Verhandlungen zum Versailler Friedensvertrag befürchteten.

618 Adolf von Trotha, nicht zu verwechseln mit dem aus Südwestafrika bekannten Lothar von Trotha.

ausführlich. Es wurde diskutiert, ob es möglich sei, bei Ablehnung des Friedensvertrages und einem gegnerischen Einmarsch den Westen des Landes kampflos aufzugeben und sich hinter die Elblinie zurückzuziehen. Diese Idee wurde verworfen. Maercker sprach sich trotz auswegloser Lage für die Nichtunterzeichnung des Vertrages aus, da «die Ablehnung von wohltätigen Einwirkungen auf unsere innenpolitischen Verhältnisse sein würde. Ich hoffte, daß sie alle Deutschen, die noch einen Funken völkischer Ehre im Leibe hatten, einigen würde; daß mit einem solchen Zusammenschluß weiter Volkskreise eine nationale Einheitsfront geschaffen würde.»[619] Dies sei man schon den Nachkommen schuldig, die nicht mit Schamgefühl an die derzeitige Situation zurückdenken sollten. Außerdem erhoffte er sich eine günstige Wirkung beim Gegner, der angesichts solcher Entschlossenheit vielleicht eine Milderung der Bedingungen in Betracht ziehen könnte.

Die Nationalversammlung nahm jedoch am 22. Juni, drei Tage nach der «Kriegsratssitzung», den Versailler Vertrag unter Vorbehalt gegen den Kriegsschuldparagrafen und die Auslieferung der Kriegsverbrecher an. Die Ententestaaten reagierten, indem sie die bedingungslose Unterzeichnung des Vertrages forderten. Diese folgte tags darauf mit den Stimmen von SPD, USPD, einer Mehrheit des Zentrums und einer Minderheit der DDP. Zur Entscheidung trug ein Telegramm General Groeners aus der Obersten Heeresleitung bei, in dem dieser jeglichen militärischen Widerstand als ausweglos bezeichnete.

Kurz vor der Unterzeichnung ließ Noske einzelne Truppenkommandeure, darunter Maercker, zu sich bitten. Noske wollte erfahren, wie sich die Reichswehr im Falle der Unterzeichnung verhalten würde. Maercker gab eine eindeutige Antwort: «›Ich bin als preußischer General nicht in der Lage, einer Regierung weiterhin Dienste zu leisten, die Deutschland die Schuld am Kriege zuerkennt, und die meinen ehemaligen obersten Kriegsherrn und deutsche Führer dem Feinde ausliefert. So wie ich denkt sicherlich auch ein großer Teil des Offizierkorps und nicht wenige unter den Unteroffizieren und Mannschaften des Landesjägerkorps.›»[620] Noske schrieb später: «Bei Unterredungen mit einzelnen Truppenführern, von der sich diejenige mit General Maercker am bewegtesten gestaltete, mußte ich den Eindruck gewinnen, daß die bedeutendsten Generale nicht zu halten seien.»[621]

---

619 Maercker: Kaiserheer, S. 287.
620 Ebd., S 288.
621 Noske: Von Kiel bis Kapp, S. 153.

Unmittelbar darauf erfuhr Maercker, dass sein kommandierender General, Walther von Lüttwitz, sich in eben diesem Sinne geäußert hatte. Das stärkte Maerckers Bestreben, die Nichtunterzeichnung des Friedensvertrages zu fordern. Er kehrte nochmals zu Noske zurück und forderte ihn auf, sich zum Diktator zu ernennen und den Vertrag abzulehnen.[622] Maercker bat Noske in eindringlichen Worten, «er möge die Geschicke des Vaterlandes in seine starke Hand nehmen, sich zum Diktator aufwerfen und den Vertrag ablehnen. Ich versicherte ihm, daß die Reichswehr wie ein Mann hinter ihm stehen würde.»[623] Noske, der sich bis dahin aus Verstandesgründen eher für die Unterzeichnung ausgesprochen hatte, gab zwar keine direkte Antwort, reagierte aber, indem er, unter Tränen, auf den Tisch schlug und mit einem Handschlag gegenüber Maercker äußerte: «Herr General, ich habe die Schweinerei jetzt auch satt.» Maercker schloss daraus: «Ich konnte seinen Händedruck nicht anders auffassen, als eine Zustimmung, sich unter Umständen als Diktator an die Spitze zu stellen. Im Gefühl dieser Gewißheit verließen wir das Schloß.»[624] Hierzu Noske: «Es ist behauptet worden, damals habe die Absicht bestanden, mit mir eine Diktatur zu errichten. Richtig ist, daß mir die Truppenführer versicherten, sie hätten unbedingtes Vertrauen zu meiner Führung und gingen mit mir durch dick und dünn, oder wie ein General temperamentvoll ausrief: ‹Für Sie, Herr Minister, lasse ich mich in Stücke hauen und meine Landesjäger auch!›»[625]

Der Freikorps-Chronist Friedrich Wilhelm von Oertzen bemerkte dazu: «Es war der Kommandeur des Freiwilligen Landesjägerkorps, General Maercker, der als erster der besonders in den Vordergrund getretenen Freikorpsführer den rein militärischen Rahmen verließ und in die Politik eingriff, und zwar deshalb, weil seine soldatische Haltung ihn dazu zwang, und ohne daß er eine eigene tragfähige politische Idee gehabt hätte.»[626]

---

622 Nicht nur Maercker hatte diese Idee. General Groener z. B. schrieb: «Es war in dem Monat, seitdem uns die Bedingungen vom Feind vorgelegt worden waren, gerade auch im Offizierskorps ernstlich erwogen worden, Noske, der das Vertrauen der Offiziere und des Heeres besaß, zum Regierungsoberhaupt mit starken Vollmachten zu machen, einen Gedanken, den ich stets förderte.» Groener: Lebenserinnerungen, S. 503.

623 Ebd., S. 289.

624 Vgl. zu dieser Unterredung ebd., S. 289.

625 Noske: Von Kiel bis Kapp, S. 153f.

626 Oertzen: Freikorps, S. 355.

Maercker entschloss sich, auch noch die Führungen der DDP und des Zentrums zu konsultieren. Das schien ihm selbst eine Überschreitung seiner Kompetenzen, die er aber angesichts der Situation in Kauf nahm. Er hoffte, eine auf parlamentarischem Weg beschlossene Ablehnung des Friedensvertrags würde auf die Führer der Entente einen größeren Eindruck machen. DDP wie Zentrum waren in der Frage der Unterzeichnung des Friedensvertrages gespalten. Erich Otto Volkmann, der spätere Archivrat des Reichsarchivs Potsdam, schilderte den Auftritt Maerckers vor den Mitgliedern der Zentrumspartei: «Erzberger erkennt an dem tiefen Eindruck, den Maerckers Worte bei seinen Parteifreunden hervorrufen, daß die Stimme dieses Truppengenerals bei der allgemeinen Entschlußlosigkeit das Zünglein an der Waage werden und seine ganze Arbeit der letzten Wochen vernichten kann.»[627] Nicht zufällig erwähnte Volkmann den Zentrumspolitiker Matthias Erzberger, hatte dieser doch den Waffenstillstandsvertrag im November 1918 unterzeichnet und propagierte nun auch die Unterzeichnung des Friedensvertrages. Erzberger bot die perfekte Personifizierung für «Dolchstoßlegende» und «Erfüllungspolitik».

Noske wiederum erklärte im Reichskabinett, die Besetzung Deutschlands sei der Vertragsunterzeichnung vorzuziehen und kündigte seinen Rücktritt als Reichswehrminister an. In der entscheidenden Sitzung der Nationalversammlung am 23. Juni stimmten dann 257 Abgeordnete für und 138 gegen den Vertrag. Noske allerdings trat nicht zurück. Er konnte immerhin darauf verweisen, er sei «überstimmt» worden.

Auch Maercker trat trotz seiner Ankündigung nicht zurück. Er sei auf Bitten rechter Politiker und Noskes auf seinem Posten geblieben, da neue Streiks drohten und Mitteldeutschland ohne das FLK dem Bolschewismus ausgeliefert sei.[628]

Noch am Tage der Abstimmung scheiterte ein von Teilen des FLK geplanter Überfall auf Erzberger. Man benötigte offensichtlich ein Ventil für den entstandenen Missmut. Maercker selbst betrachtete das Vorhaben mit einer gewissen Genugtuung: «In der Truppe herrschte starke Erregung. Diese führte zu dem Versuch der in Weimar stehenden Jägerschwadron, Erzberger, dem die Hauptschuld am Unglücke Deutschlands beigemessen wurde, zu züchtigen. Er entfloh, als er davon hörte, im Auto aus Weimar. Erzberger hat es fertig gebracht, in diesen entsetzlichen Tagen in das Fremdenbuch einer Weinstube in

627 Volkmann: Revolution, S. 300.
628 Vgl. Maercker: Kaiserheer, S. 290.

Weimar den Spruch einzutragen: ‹Erst schaff' dein Sach', dann trink' und lach'.»[629] Im Kriegstagebuch des FLK heißt es: «23. Juni 1919: Am Abend reiten 10 Jäger unter Leutnant d. R. Raben in Weimar ein, um von Erzberger, dem sie die Hauptschuld am Unglück Deutschlands zuschreiben, mit der Fouragierleine Rechenschaft zu fordern. Erzberger flieht nach Berlin.»[630] Noske, der sich ebenfalls in Weimar aufhielt und den Vorfall missbilligend zur Kenntnis nahm, schrieb: «Da die Leute Stöcke trugen, ist ein ernsthaftes Attentat wohl nicht geplant gewesen, sondern eine immerhin auf das schärfste zu verurteilende Belästigung. Erzberger konnte das Schloß unbehelligt verlassen ... Wer die Untersuchung wegen des geplanten Überfalles geführt hat, weiß ich nicht. Von einem Ergebnis hat man nichts erfahren.»[631] Ferdinand Crasemann, Hauptmann im FLK, schilderte die Angelegenheit allerdings drastischer: «Zehn Reiter zogen vor das Nationaltheater und verlangten Erzberger zu sprechen; als ihnen gesagt wurde, wen sie suchten und was sie wollten, erklärten sie: ‹aufhängen wollen wir ihn endlich›.»[632] Diese Aktion einer unter den Freikorpsverbänden als besonders «diszipliniert» geltenden Einheit warf ein Schlaglicht auf zukünftig verübte Fememorde. Im Januar 1920 scheiterte zunächst ein Attentatsversuch auf Erzberger. Im August 1921 wurde er von Mitgliedern der geheimen rechtsextremen «Organisation Consul» erschossen, einer Nachfolgeorganisation des ehemaligen Freikorps «Marine-Brigade Ehrhardt».

In einer Ansprache an seine Landesjäger bemühte sich Maercker, den Blick in die Zukunft zu richten: «Flammender Zorn gegen die, die uns zurzeit Wehrlose so schmachvoll knechten, wollen wir nähren und schüren … Dann soll dereinst aus unseren Gebeinen der Rächer erstehen!»[633] Anschließend sprach Reichspräsident Ebert zu den Soldaten. Seine Worte ließen bereits ahnen, dass man es mit der Vertragstreue trotz der harten Haltung der Siegermächte nicht so ganz genau nehmen würde: «Unser Deutschland muß leben, auch nach dem Furchtbaren, was sich ereignet hat. Das war unser Gedanke, als wir nach schwerem, innerem Kampfe und mit blutendem Herzen uns zu dem entsetzlichen Ja entschlossen.»[634]

629 Ebd., S. 290f.
630 Der Kreuzzug, S. 61.
631 Noske: Von Kiel bis Kapp, S. 170f.
632 Crasemann: Freikorps Maercker, S. 68. Hervorhebung im Original.
633 Maercker: Kaiserheer, S. 292.
634 Zitiert nach ebd., S. 293.

Immerhin gelang es der Reichsregierung, die vertraglich vereinbarte Auslieferung der Kriegsverbrecher zu verhindern. Die Alliierten hatten die Liste auf 1580 Namen reduziert und erklärten sich einverstanden, die Fälle vor einem deutschen Gericht verhandeln zu lassen. Schließlich blieben noch 901 Personen übrig, gegen 40 Beschuldigte wurden Verfahren eröffnet. Diese endeten mit Freisprüchen.

Auch die im Versailler Vertrag festgelegte Verminderung der Reichswehr auf 100.000 Mann wurde systematisch hintertrieben durch die Bildung illegaler paramilitärischer Verbände, der sogenannten «Schwarzen Reichswehr», sogenannter «Zeitfreiwilliger» sowie kasernierter, militärisch gegliederter Polizeikräfte. General Groener nahm kein Blatt vor den Mund, als er behauptete, wesentlich zur Schaffung der «Schwarzen Reichswehr» beigetragen zu haben, indem er ehemalige Mitglieder des nun verbotenen Generalstabs als «mobile Kreiskommissare» unterbrachte.[635]

10. Maercker putscht nicht

Kurz nach der Unterzeichnung des Versailler Vertrages durch die Reichsregierung feierte der nun doch nicht zurückgetretene Gustav Noske seinen Geburtstag im Kreise des – ebenfalls nicht zurückgetretenen – Generalmajors Maercker auf dem Weimarer Schloss Belvedere, dem Stabssitz des FLK. Gustav Böhm, Adjutant im preußischen Kriegsministerium, schilderte die Zusammenkunft: «In seiner Rede führte General Maercker aus, daß er sich freue, den Mann in der Mitte seiner Offiziere zu sehen, der durch sein unerschrockenes und erfolgreiches Eintreten für die Truppe sowohl im Parlament als auch in der Presse sich ihren Dank verdient habe. Es sei eine schwere Pflicht und für einen Soldaten ein trauriger Beruf, gegen Teile der eigenen Bevölkerung mit den Waffen in der Hand einschreiten zu müssen. Er hoffe, daß der Reichswehrminister auch weiterhin die Verdienste der Freicorps tatkräftig verteidigen werde … Noske ergriff das Wort zur Erwiderung … ‹Ich habe Sie schon im Frühjahr bei einer Unterredung, Herr General, scherzweise den Städtebezwinger genannt. Ich glaube, daß, wenn man diese Zeiten erst ruhig beurteilen wird, man Ihre Taten, Herr General, der Sie bis jetzt über 20 Städte zur Botmäßigkeit wieder zurückgebracht

635 Vgl. Groener: Lebenserinnerungen, S. 516.

haben, dankbar als hervorragende vaterländische Leistung allgemein bewerten wird. Seien Sie überzeugt, daß ich stets, so lange ich die Ehre haben werde, Reichswehrminister zu sein, und diese Aussicht besteht wohl noch für eine ganze Weile, für die Freikorps eintreten werde. Ich trinke auf das Wohl des Landesjägerkorps und seiner Führer.›»[636]

Das Verhältnis zwischen Regierung und anderen Freikorpseinheiten war zu diesem Zeitpunkt erheblich angespannt. Große Teile konnten nicht mehr, wie das FLK, mit einer Übernahme in die Reichswehr rechnen, war diese doch nun auf 100.000 Mann beschränkt. Die Unterzeichnung des Versailler Vertrages sorgte für großen Unmut, Umsturzpläne machten die Runde. Es kam zu einem Vorläufer des Kapp-Putsches, einer von Historikern häufig vernachlässigten Episode.[637]

Das Garde-Kavallerie-Schützen-Korps, die größte Freikorpseinheit überhaupt, sollte aufgeteilt und damit entmachtet werden. Unter Generalleutnant Heinrich von Hoffmann und dessen Erstem Generalstabsoffizier Hauptmann Waldemar Pabst hatte es an den Weihnachtskämpfen 1918 um das Berliner Stadtschloss, an den Berliner Januarkämpfen 1919 und an der Ermordung von Luxemburg und Liebknecht führend teilgenommen. Auch Noske erkannte jetzt, dass sich sein bisheriger Bündnispartner zu eine Bedrohung für die Regierung zu entwickeln begann.

Als entscheidender Kopf erwies sich Hauptmann Pabst, der unmittelbare Verantwortliche für die Ermordung Luxemburgs und Liebknechts. Zunächst als Erster Generalstabsoffizier der Garde-Kavallerie-Schützen-Division von Noske protegiert, entwickelten sich beide zu politischen Kontrahenten, nachdem Noske Anfang Juli 1919 den Vorschlag von Pabst abgelehnt hatte, sich vom Reichswehrminister zum Diktator aufzuschwingen. Noske, der solche Angebote des öfteren bekam, war der Meinung, «daß jeder Versuch, gegen den Willen der breiten Volksmassen regieren zu wollen, todsicher zur Katastrophe führen müsse».[638] Er schrieb später über eine der mehrfachen Begegnungen mit Waldemar Pabst, bei denen ihm die Rolle als Diktator vorgeschlagen wurde: «Als er das mit der ihm eigenen Lebhaftigkeit tat, antwortete ich ihm scherzhaft: Am liebsten möchte er wohl die Regierung, mich eingeschlossen, eines Tages einsperren. Darauf Pabst: ‹Sie, Herr

636 Böhm: Adjutant, S. 155f.

637 Zum folgenden Geschehen vgl. auch Gietinger: Konterrevolutionär, S. 189–194.

638 Noske: Von Kiel bis Kapp, S. 196.

Minister, unter keinen Umständen.› Meine Entgegnung lautete: ‹Sehen Sie, Herr Hauptmann, da besteht zwischen uns beiden ein beträchtlicher Unterschied. Ich garantiere Ihnen gar nicht, daß ich Sie nicht eines Tages festnehmen lasse.› Das war ein Scherz, dem ich aber warnend einen ernsten Unterton beimischte.»[639]

Auch in einer anschließenden Besprechung mit mehreren Generälen erhielt Pabst Gegenwind für seine beabsichtigten Putschpläne, für die er nun General Lüttwitz als Diktator vorschlug. Generaloberst Hans von Seeckt, der spätere Chef des «Truppenamtes» - ein Tarnname für die durch den Versailler Vertrag verbotene Oberste Heeresleitung - drohte gar, Pabst verhaften zu lassen und warf ihm Größenwahnsinn vor.[640] Pabst aber gab nicht auf. Der mit ihm befreundete Oberst a. D. Max Bauer fragte bei Maercker an, ob dieser nicht mit seinem FLK gegen die Nationalversammlung putschen wolle. Maercker allerdings hielt das Vorhaben für nicht durchführbar.[641] Dennoch setzte Pabst am 21. Juli Teile des Garde-Kavallerie-Schützen-Korps in Richtung des Berliner Zentrums in Bewegung - ein Ereignis, das später als «Demonstrationsmarsch» bagatellisiert wurde. Pabst erhielt darauf, statt einem Hochverratsprozess entgegenzusehen, seine «Beurlaubung». Eine weitere ihm vorgeschlagene Verwendung in verschiedenen Generalstäben lehnte er selbst ab.

Maercker stand einer Diktatur nicht grundsätzlich ablehnend gegenüber, wie er häufiger und zuletzt gegenüber Noske vor der Unterzeichnung des Friedensvertrages betont hatte. In diesem Falle sah er realistisch das Scheitern des Unternehmens voraus. Es gelang ihm, Pabst von der Sinnlosigkeit des geplanten Putsches zu überzeugen. Trotz eigener scharfer Kritik an der angeblich schlechten Behandlung der Reichswehr durch die Reichsregierung und eines gewissen Verständnisses für die gescheiterten Putschisten äußerte Maercker später: «Ist es der Truppe zu verargen, wenn sie bei solcher Behandlung schließlich in scharfe Oppositionsstellung zur Regierung geriet und an Selbstschutz dachte? Heißsporne griffen die Unzufriedenheit auf und versuchten, sie ins politische Fahrwasser zu leiten. Mitte Juli 1919 forderten mich

---

639 Ebd, S. 200.

640 Vgl. Gietinger: Konterrevolutionär, S. 191.

641 «Am 19./20. Juni 1919 trat Bauer an den General Maercker mit der Aufforderung heran, die unter dessen Schutz in Weimar tagende Nationalversammlung zu sprengen und die Regierung zu stürzen … Maercker versagte sich einem solchen Ansinnen, da er das Unternehmen für aussichtslos und militärisch für undurchführbar hielt.» Vogt: Oberst Max Bauer, S. 213.

entlassene Offiziere, sowie Angehörige eines anderen Freikorps auf, diese ‹unfähige Regierung davonzujagen und durch eine Regierung der Tat, der nationalen Gesinnung, der politischen Einsicht und der Freiheit von der Straße› zu ersetzen. Ich lehnte den Plan, der von tiefer Erbitterung, aber auch von bemerkenswerter, politischer Unreife zeugte, kurz ab.»[642]

Historiker, soweit sie dieses Ereignis überhaupt erwähnen[643], sind sich nicht einig, ob es Maercker, General Lüttwitz oder beiden gemeinsam gelang, Pabst schließlich umzustimmen.[644] General Walther von Lüttwitz, der militärische Vorgesetzte Maerckers, hegte seinerseits Umsturzpläne.

Am 26. Juli - nur 5 Tage nach dem sogenannten «Demonstrationsmarsch» des Waldemar Pabst - versammelte er seinen Generalstab und die führenden Generäle seines Befehlsbereichs, darunter auch Maercker. Man erzielte grundsätzliche Einigkeit in folgenden Fragen: keine Auslieferung sogenannter Kriegsschuldiger, keine Reduzierung der Reichswehr angesichts der bolschewistischen Gefahr, USPD-Mitglieder dürften sich nicht an der Regierung beteiligen, die Truppe solle besser versorgt werden und die Einheit des Reiches bewahrt bleiben. In der praktischen Umsetzung schieden sich dann die Meinungen. Eine Minderheit der Versammelten, darunter diesmal auch Lüttwitz, sprach sich für putschistische Aktionen aus, während die Mehrheit, zu der Maercker zählte, von solchen Maßnahmen erneut aus Mangel an Er-

---

642 Maercker: Kaiserheer, S. 322. Maercker war zum Zeitpunkt dieser Äußerung in Folge des Kapp-Lüttwitz-Putsches bereits aus dem Militärdienst entlassen worden.

643 Wolfram Wette schildert es ausführlich in Wette: Noske, S. 506–517.

644 Laut Hagen Schulze sei der Putschversuch «durch das rechtzeitige Eingreifen Generals von Lüttwitz verhindert» worden (Schulze: Freikorps, S. 213), während Erich Otto Volkmann schreibt: «Im kritischen Augenblick erscheint General Maercker, der aus Leipzig herbeigeeilt ist. Seinem Einfluß gelingt es, die Führer der Kavallerie-Schützenkorps zum Gehorsam zurückzubringen.» Volkmann: Revolution, S. 325. Auch für Walther von Schulzendorff spielt Maercker die entscheidende Rolle: «Dem Verhandlungsgeschick des Generals Maercker gelang es jedoch, den aufsässigen Hauptmann von der Unsinnigkeit seines Unternehmens zu überzeugen und Blutvergießen zu vermeiden.» Schultzendorff: Proletarier und Prätorianer, S. 85. Ebenso äußert sich Friedrich Wilhelm von Oertzen: «... nur dem raschen vermittelnden Eingreifen des von Noske nach Berlin zitierten Generals Maercker gelang es, einen spontanen Militärputsch zu verhindern.» Oertzen: Freikorps, S. 363. Lüttwitz selbst behauptet von sich: «Ich kam rechtzeitig dahinter, und es gelang mir, das Korps davon abzubringen.» Lüttwitz: Im Kampf, S. 84.

folgsaussichten abriet. Zwar setzte sich die Mehrheit durch, doch eine richtungsweisende Verbindungslinie zum späteren Kapp-Lüttwitz-Putsch war bereits vorgezeichnet.[645]

11. Ausbau des Landesjägerkorps

Die desolate Situation des Heeres während und nach Kriegsende führte an den deutschen Ostgrenzen zum Aufbau des «Grenzschutz Ost». Polnische Verbände versuchten, das ihnen von Preußen im Zuge der «Polnischen Teilungen» geraubte Territorium zurückzugewinnen. Besonders in Posen flammten Kämpfe auf, welche die deutsche Regierung mit der Anwerbung von Freikorpstruppen beantwortete. Diese Einheiten zeichneten sich durch Eigenschaften aus, die höchstens noch von den Baltikum-Kämpfern übertroffen wurden. Sie gewannen den Charakter von auf ihre Führer extrem eingeschworene Privatarmeen, für die eine zentrale Befehlsgewalt keine Rolle mehr spielte und die ein erhebliches Potential an Subordination besaßen. Nach der Unterzeichnung des Versailler Vertrages entstand gar die Idee eines vom deutschen Reich abgespaltenen «Oststaates». Die Mitglieder dieser Freikorps bestanden zu einem großen Teil aus Kriminellen, selbst der im «Grenzschutz Ost» eingesetzte General Otto von Below sprach von «Strauchdieben und Schmugglern».[646]

Maerckers FLK – die nunmehrige Reichswehrbrigade 16 – erhielt im August 1919 knapp 7000 ehemalige Mitglieder des «Grenzschutz Ost» der Brigade 38 zugewiesen. Damit schwoll seine Truppe von bislang 13.000 Soldaten auf etwa 20.000 an. Maercker war von dieser Verstärkung keineswegs begeistert: «Den im freieren Leben des Grenzschutzes aufgezogenen Angehörigen der Brigade 38 behagte die straffe, militärische Ordnung des Garnisonlebens wenig. In Ohrdruf [Truppenübungsplatz des FLK, C. K.] gab es handfeste Lagerauftritte.»[647] Das Problem löste sich zumindest teilweise durch die Bedingungen des Friedensvertrages, nach denen seine Einheit wiederum auf mehr als

645 Zu diesem Treffen vom 26. Juli 1919, zu dem Lüttwitz die Initiative ergriff, vgl. Erfurth: Geschichte des deutschen Generalstabes, S. 63, und Oertzen: Freikorps, S. 363. Oertzen betont den kontinuierlichen Kontakt zwischen Lüttwitz und Waldemar Pabst.

646 Vgl. Barth: Dolchstoßlegenden, S. 234, Schulze: Freikorps, S. 106.

647 Maercker: Kaiserheer, S. 297.

die Hälfte reduziert werden musste. Das FLK bestand nun aus knapp 9000 Mann.

Maerckers Brigade war der Regierungsbezirk Merseburg und Ost-Thüringen zugewiesen worden. Sein Stab befand sich nach wie vor im Weimarer Schloss Belvedere. Die Reichsregierung betrachtete ihn weiterhin als besten Schutzgaranten für den Ort der Nationalversammlung.

Das Konzept Maerckers sah vor, das Reich mit möglichst vielen Standorten der Reichswehr zu überziehen. Nur so könnten innere Unruhen abgewehrt werden. Dabei seien Stationierungen in größeren Städten nicht ratsam, um die politische «Verseuchung» der Soldaten zu verhindern. Diese Orte sollten aber mit kleineren Garnisonen umgeben werden, um im Falle von Eisenbahnerstreiks rechtzeitig auch zu Fuß das Geschehen zu erreichen. In der Realität konnte dies nicht gänzlich durchgehalten werden. So fand sich eine Abteilung des FLK aufgrund von Unterbringungsproblemen inmitten der Stadt Halle wieder. In diesem Zusammenhang kritisiert Maercker auch Noske, welcher der Reichswehr angenehme Unterkünfte versprochen habe, doch sei die staatliche Fürsorge für die Armee nicht zufriedenstellend.

Als Problem erwies sich die weite Entfernung des Rekrutierungslagers Sennefeld bei Paderborn vom mitteldeutschen eigentlichen Tätigkeitsfeld des FLK. Im Mai 1919 wurde es daher nach Ohrdruf in die Nähe von Gotha verlegt und erhielt den Namen «Ersatztruppe». Diese bestand aus 3000–4000 Mann. Die Ausbildungsmethoden verliefen nach bekanntem Maerckerschen Konzept: «Die Leute wurden im Allgemeinen bei scharfem Anfassen in sechs Wochen militärischer Ausbildung, besonders in den Formen des Straßenkampfes und im Wachtdienst, so gefördert, daß sie zur Einstellung in die Truppe befähigt waren … Der Geist der Ersatztruppe war stets befriedigend; schlechte Burschen wurden rücksichtslos entfernt.»[648] Schon in Sennelager war diese Ersatztruppe gefordert. Im April leistete sie Truppenhilfe gegen streikende Bergarbeiter im Ruhrgebiet. Sie kam zum Einsatz bei Bielefeld, in Recklinghausen, Düsseldorf, Gladbeck und Buer. Auch in Ohrdruf konnte sich die Ersatztruppe nicht über mangelnde Tätigkeit beklagen. Erneut wurden Truppen in die schon vorher besetzten Städte Gotha und Eisenach geschickt, wo abermals Unruhen entflammten. Im August musste Maercker die Ersatztruppe auflösen, da Werbungen

648 Ebd., S. 303.

und neue Einstellungen mit der Reduzierung der Reichswehr durch den Friedensvertrag nicht mehr zu vereinbaren waren.[649]

Die Sommer- und Herbstmonate konnte Maercker überwiegend der inneren Reorganisation und weiteren Ausbildung seiner Brigade widmen. Eine besondere Bedeutung maß er der sportlichen Betätigung bei, die er zu einer allgemeinen Sportpflicht für das ganze Volk erweitern wollte. Der Sport in der Truppe sei aber kein Selbstzweck, sondern diene einem einzigen Ziel: dem Waffengebrauch. Was «Sport» und «Kampf» verbinde, enthüllte er in einer idealtypischen Beschreibung des körperlich und sinnlich optimal ausgebildeten Soldaten: «Die Leibesübungen sollen einen gesunden, abgehärteten, geschmeidigen und wohlgestalteten Körper erzielen, Kraft und Gewandtheit entwickeln und die Sinne schärfen. Schaffensfreude und Schaffenskraft, Mut und Selbstvertrauen, Selbstzucht und Gemeinsinn sollen durch sie erweckt und gefördert werden. Das Hauptziel der Leibesübungen in der Reichswehr ist, eine kampffähige Truppe heranzubilden.»[650] Dafür schuf er an fünf FLK-Standorten Sportschulen, die von geprüften Sportlehrern geleitet wurden. Er vergaß auch nicht, geeignete Richtlinien zu erlassen. Darin verlangte er u. a. für jeden Soldaten die tägliche körperliche Betätigung und gab den Rat: «Den Turnerspruch beherzigen: Frisch, fromm, fröhlich, frei. Edlen Gesang pflegen. Den Geist der Truppe durch den Sport heben.»[651] Für herausragende Leistungen, die im Neunkampf errungen werden mussten, stiftete er eine «Sportdenkmünze».

Großen Wert legte Maercker auch auf Erziehung und Fortbildung seiner Truppen. Der Versailler Vertrag verbot die allgemeine Wehrpflicht, stattdessen entstand ein Freiwilligenheer mit einer 12-jährigen Dienstpflicht für Unteroffiziere und Mannschaften. Maercker war sich bewusst, dass ein Soldat nicht zwölf Jahre allein militärisch beschäftigt werden könne und die Gefahr des «Müßigganges» entstehe. Er initiierte daher nach den größeren militärischen Einsätzen den Schulbetrieb für Mitglieder des Landesjägerkorps. Es wurden erschaffen: «Schulen für höhere Schüler» mit wöchentlich 16-stündiger Pflichtteilnahme, «Militäranwärterschulen», die sechs Monate dauerten und ebenfalls Pflicht waren, «Kapitulantenschulen»[652] vor allem gegen «Einflüsterungen linksradikaler Hetzer» und «Fortbildungsschulen», die jedem

649 Vgl. ebd., S. 303–305.
650 Ebd., S. 307.
651 Ebd., S. 312.
652 Als «Kapitulanten» wurden freiwillig länger dienende Soldaten bezeichnet.

FLK-Mitglied die Möglichkeit geben sollten, in seinem zivilen Beruf – sofern vorhanden – nicht ins Hintertreffen zu geraten. Die «Fortbildungsschulen» konnten aus Zeit- und Geldmangel nur ansatzweise in Betrieb genommen werden. Maercker ging dabei von zwei Gesichtspunkten aus. Zum einen lag ihm am Herzen, seine Soldaten durch den Militärdienst im zivilen Bereich, in den sie später voraussichtlich zurückkehrten, nicht zu benachteiligen. Zum anderen zielte er darauf, politischen und moralischen Gefährdungen seiner Untergebenen zuvorzukommen. So wurden im September 1919 2500 Landesjäger von 56 Lehrern und 4 Rektoren betreut.

Die Bemühungen um eine Reorganisation seiner Brigade begleitete Maercker mit neuen Vorwürfen gegen die Reichsregierung.[653] Im Gegensatz zur monarchistischen Zeit vernachlässige die jetzige Regierung das Militär. Dies komme in der Entfernung der Rangabzeichen, dem Verlust der Reichskokarde, einer unzulänglichen Uniformierung und Bekleidung, mangelhafter Unterbringung, Löhnung und Verpflegung zum Ausdruck. Er betonte dabei ausdrücklich ein Konkurrenzverhältnis zu der von Regierungsseite aufgestellten kasernierten und paramilitärischen Sicherheitspolizei, die bevorzugt behandelt würde.[654] Maercker und Lüttwitz begaben sich gemeinsam zum Reichskanzler Bauer und Reichspräsidenten Ebert, um eine bessere Behandlung des Heeres zu erreichen, kamen aber zu keinem Ergebnis.

Eine weitere Angelegenheit, die Maercker umtrieb, bestand in der Frage der «Politik in der Truppe». Dabei präzisierte er seine idealtypische Vorstellung des Soldatentums: «Der Soldat wird dadurch, daß er dem Streite der politischen Parteien entrückt wird, nicht herabgesetzt, sondern im Gegenteil auf eine höhere Warte gehoben. Seine Aufgabe, Reich und Volk, Regierung und Verfassung zu schützen, hat mit Tagespolitik nicht das Mindeste zu tun. Nur wenn er über den Parteien mit ihrem häßlichen Zank und Streit, mit ihrer Eifersucht und Selbstsucht steht, kann er eine treue und sichere Stütze des Staatswesens sein.»[655]

---

653 Vgl. Maercker: Kaiserheer, S. 317–322.

654 Das Konzept der «Sicherheitspolizei» (SIPO) als militarisierte Polizeitruppe ging zurück auf Waldemar Papst, der seine entsprechenden Vorstellungen im März 1919 Noske sowie dem sozialdemokratischen preußischen Innenminister Wolfgang Heine unterbreitete und Zustimmung fand. Dagegen kam es sogar zu Protesten der Schutzpolizei sowie des Reichsverbandes der deutschen Polizei. Im Juni 1920 musste die SIPO auf Verlangen der Alliierten wieder aufgelöst werden. Vgl. hierzu Gietinger: Konterrevolutionär, S. 167–170.

655 Maercker: Kaiserheer, S. 323.

Der Soldat habe stets die Aufgabe, die jeweils bestehende Staatsform gegen Angriffe zu verteidigen. Daher sei es ein großer Fehler gewesen, nach der Niederlage Deutschlands den Soldaten das Wahlrecht zu geben. Immerhin habe ihnen die Reichsverfassung das aktive Wahlrecht wieder aberkannt. Das aber reichte Maercker nicht aus. Im August 1919 stellte er daher einen Antrag, den Soldaten auch das passive Wahlrecht abzuerkennen. Die Bildung ausdrücklich republikanischer Truppenverbände lehnte er ab, da sie aus politischen Motiven entstünden. Schließlich seien es monarchistisch gesinnte Offiziere gewesen, welche die Republik vor dem bolschewistischen Umsturz geschützt hätten.

12. Suhl, Bitterfeld und Weimar

Im Oktober 1919 ereigneten sich Unruhen im thüringischen Schmalkalden. Die Reichswehrbrigade 11 griff ein und sollte anschließend in der nicht weit entfernten Stadt Suhl eingesetzt werden. In diesem Standort der Rüstungsproduktion hatte sich ein großer Teil der Bevölkerung selbst bewaffnet. Die Brigade 11 erbat sich für diese Unternehmung Hilfe von Maerckers FLK. Die Unterstützung erwies sich in der Praxis als sehr beschwerlich, da die vorgesehenen Zwischenunterkünfte nicht rechtzeitig bezogen werden konnten: «Die Truppen mußten also nach 15stündiger, kalter Eisenbahnfahrt und 2stündiger Rast bei Dunkelheit den 30 km langen Marsch durch das Gebirge nach Suhl antreten.»[656] Nach ihrem langen Weg durch die verschneiten Thüringer Berge in Suhl angekommen, wurde ihnen gegenüber zwar kein Widerstand geleistet, doch auf die Aufforderung nach Waffenabgabe fand sich kein einziges Gewehr ein. Auch ein zweiter Aufruf verlief ohne besonderen Erfolg. Nun begannen Hausdurchsuchungen, die ebenso ergebnislos endeten. Die Einwohner waren über den Einmarsch vorher informiert und hatten die Waffen versteckt.

Maercker selbst äußerte sich nicht weiter über diesen offensichtlichen Misserfolg und zog als Fazit: «Das brave Jägerbataillon hatte mit dem schwierigen Nachtmarsch auf vereister Gebirgsstraße eine sehr anerkennenswerte Leistung vollbracht. Es traf am 10. wieder in seinem Standorte Naumburg ein.»[657]

Arbeitsniederlegungen im Bitterfelder Gebiet erforderten Einsätze größeren Ausmaßes. Das bei Gräfenheinichen gelegene Kraftwerk

656 Ebd., S. 337.
657 Ebd.

Zschornewitz, das damalig größte der Welt, versorgte weite Teile Berlins und Sachsens mit Strom. Während im Oktober Berliner Metallarbeiter streikten, traten die Arbeiter des Kraftwerks als Solidaritätsbekundung ebenfalls in den Ausstand. Als Streikbrecher entsandte die Regierung die Technische Nothilfe und zu deren militärischer Unterstützung das Landesjägerkorps. Die Drohung Maerckers, das Kraftwerk durch seine Truppen besetzen und durch die Technische Nothilfe weiterbetreiben zu lassen, bewirkte das Ende des Streiks.

Eine Woche darauf trat die Belegschaft der Grube Leopold bei Bitterfeld in den Ausstand. Man erhob Lohnforderungen und verlangte die Entlassung mehrerer Vorgesetzter. Die Werksleitung wiederum hatte dem Betriebsrat namens Rauchfuß wegen angeblicher Beamtenbeleidigung gekündigt. Dennoch fand eine Betriebsversammlung unter Leitung des Rauchfuß statt, auf der weitere Streikmaßnahmen angekündigt wurden. Nun bat die Werksleitung das FLK um Hilfe. Maercker beauftragte einen Oberstleutnant, mit 30 Mann anzurücken, welche die von den Arbeitern gelöschten Feuer unter den Kesseln wieder entzündeten.[658] Zudem eilte die Technische Nothilfe aus Berlin-Zehlendorf und Weimar herbei. Obwohl das Werk militärisch besetzt und die Arbeit nun von der Technischen Nothilfe betrieben wurde, erloschen wieder die Feuer. Darauf griff man - durch Befehl Maerckers oder seines beauftragten Oberstleutnants - zum Mittel der Zwangsarbeit: «Angesichts solcher Gefahr mußte rasch und rücksichtslos gehandelt werden. Etwa 150 Russen wurden von der VI. Abteilung unter militärischem Druck zur Kohlenförderung gezwungen.»[659] Der ehemalige Betriebsrat Rauchfuß und ein weiterer Streikführer namens Crämer kamen in Haft.

Die Arbeiter forderten jetzt die Freilassung der Festgenommenen und die Bezahlung der Streikstunden - unter Hochrufen auf Rosa Luxemburg, wie Maercker pikiert feststellte. Der Bergarbeiterverband Halle beschloss einen mitteldeutschen Generalstreik, sollte die Freilassung nicht erfolgen. Mehrere Arbeiterverbände schickten Abgesandte zur Grube Leopold. Doch schon tags darauf, am 27. November, brach die Streikfront ein. Truppen und Technische Nothilfe wurden daraufhin abgezogen und zunächst in umliegende Dörfer verschafft. Die

658 Das Landesjägerkorps hatte kurz zuvor bereits eigene Erfahrung als Streikbrechertruppe gesammelt, als sächsische Landarbeiter streikten und Maercker seine komplette Brigade zum «Ernteeinsatz» aufforderte.

659 Maercker: Kaiserheer, S. 342.

festgenommenen Rauchfuß und Crämer kamen durch Beschluss des Amtsgerichts Bitterfeld wieder in Freiheit.

Dieser Einsatz des Landesjägerkorps war der letzte unter dem Befehl Maerckers, der am 1. November zum Befehlshaber des Wehrkreises IV in Dresden ernannt wurde. Das Bitterfelder Gebiet aber blieb aufsässig, so dass Ende November ein weiterer Militäreinsatz erfolgte.

Seit Anfang Juni war das Lustschloss Belvedere in Weimar Stabssitz des Landesjägerkorps. Maercker befürchtete, der Stab könne an diesem etwas abgelegenen Ort «frontfremd» werden. Er ordnete daher regelmäßige Besprechungen aller Adjutanten und Kommandeure an, schickte Stabsoffiziere in die Einsatzorte und begab sich selbst häufig zu seiner Truppe. Aber er genoss durchaus das Leben in Weimar und im prachtvollen Schloss. Die Romantik des Ortes und das Gemeinschaftsgefühl der Stabsoffiziere fasste er vor seinem Abschied nach Dresden in die Worte: «Ob wir im lachenden Herbst 1919 bei unseren Reitjagden durch die bunten, thüringischen Wälder und über die grünen Ilmwiesen ritten, oder in unserem schmucklosen Eßraume den Tönen der Musikkünstler unseres Stabes lauschten; ob wir beim sonntäglichen Parkgottesdienste unter den gewaltigen Eichenriesen die poetischen Andachtsworte des Ehringsdorfer Pfarrers Alberti, oder die geistvollen Ausführungen unseres verehrten Divisionspfarrers Horst auf uns wirken ließen, oder uns zum Chorgesang zusammenfanden; ob wir im Mondenschein im Naturtheater Goethesche Sonette lasen, – demselben Naturtheater, auf dem Goethe und Corona Schröter die Iphigenie aufführten, – oder ob wir uns, dem Genius loci huldigend, selbst im Gesangeswettstreit versuchten; stets waren wir mit voller Lust und Liebe bei der Sache. Doch schöner, als das alles war das Freundschaftsband, das uns alle umschloß, das uns in Arbeit und Ruhe, in vaterländischer Sorge und beim flotten Sport fest vereinte und einen Zusammenschluß herbeiführte, wie er nicht oft im Leben gefunden werden mag.»[660]

Das Verhältnis zu seiner Brigade, die er nun verließ, resümierte er nicht ohne selbstbewusste Eitelkeit und eine Prise Wehmut: «Das Landesjägerkorps war meine Schöpfung. Ich war innig mit ihm verwachsen. Es war aus dem Sturme und Drange der Zeit geboren und mit allen Vorzügen und allen Schwächen eines Freikorps ausgestattet. Seine größte Stärke lag in diesem engen Zusammenhang mit seinem Gründer und ersten Führer.»[661]

660 Maercker: Kaiserheer, S. 345f.
661 Ebd, S. 346.

Ein folgenreicher Umsturzversuch

1. Der Kapp-Lüttwitz-Putsch

Auch wenn Maercker im Herbst 1919 Zeit und Muße fand, sich im romantischen Weimar zu vergnügen, hatte sich die innenpolitische Lage während des ganzen Jahres nicht beruhigt. Neben vielerorts erneut aufflammenden Unruhen streikten die Berliner Metallarbeiter vom 18. September bis 11. November. Anfang Januar 1920 begannen große Eisenbahnerstreiks im Ruhrgebiet und in Oberschlesien.

Am 13. Januar verhandelte die von Weimar nach Berlin gezogene Nationalversammlung das Betriebsrätegesetz, welches den Räten in einzelnen Betrieben soziale Rechte zusicherte, ihnen aber den wirtschaftlichen und politischen Einfluss entzog. Gegen diesen Angriff auf die Rätebewegung mobilisierten USPD, KPD und weitere linke Kräfte zu einer Kundgebung vor dem Reichstagsgebäude. Es erschienen mehr als 100.000 Teilnehmer. Während der Demonstration schoss die neu gebildete Sicherheitspolizei, zum großen Teil aus ehemaligen Freikorpsangehörigen bestehend, mit Karabinern und Maschinengewehren in die Menge, auch Handgranaten wurden eingesetzt. Es kam zu 42 Toten und 105 Verletzten. Sofort verhängte die Regierung den Ausnahmezustand, verbot Zeitungen der USPD und KPD, viele Mitglieder linker Organisationen wurden verhaftet. In der Folge erlitt die SPD massive Wahlverluste, zu denen das Ereignis vom 13. Januar nicht zuletzt beitrug.[662]

Auch von anderer Seite drohte der Regierung Gefahr. Seit Ende des Jahres 1919 strömten die im Baltikum eingesetzten Freikorpsformationen in das Deutsche Reich zurück. Sie hatten sich durch massive Insubordination gegen die Reichsregierung und landsknechtartiges Verhalten ausgezeichnet. Ihre Übernahme in die durch den Versailler Vertrag erheblich reduzierte Reichswehr war nicht vorgesehen. Charakterlich geprägt durch Gewaltexzesse bildeten sie einen erheblichen

662 Das Geschehen um die Demonstration vom 13. Januar 1920 schildert ausführlich Axel Weipert, vgl. Weipert: Die Zweite Revolution, S. 160–189. Er stellt fest: «Damit handelte es sich um eines der blutigsten Ereignisse der Revolutionszeit und mit Sicherheit um die opferreichste Demonstration, die je in Deutschland stattgefunden hat.» Ebd., S. 168.

gesellschaftlichen und politischen Unruheherd, verstärkt durch ihre voraussehbare sozial prekäre Lage. Sie fühlten sich in jeder Hinsicht als Sündenböcke und Verschwörungsopfer. Der Historiker Arthur Rosenberg bemerkte treffend: «Es waren die echten Stoßtrupps der Gegenrevolution, die den Marsch von Riga nach Berlin antraten. Die deutsche republikanische Regierung konnte jetzt die Geister nicht mehr loswerden, die sie selbst beschworen hatte.»[663] Während einige Freikorps – wie Maerckers Landesjäger – in die vorläufige Reichswehr integriert wurden, entwickelten sich nun andere zur akuten Bedrohung für die Reichsregierung. Ein Teil der zurückgekehrten und eigentlich demobilisierten Baltikumkämpfer schloss sich dem Freikorps der «Brigade Ehrhardt» an, ein weiterer Teil wurde zur Tarnung als Landarbeiter in den Osten des Deutschen Reiches geschickt.

Als organisatorisches Zentrum putschistischer Bestrebungen etablierte sich seit Oktober 1919 die «Nationale Vereinigung». Geschäftsführer war Waldemar Pabst, der entlassene Stabschef der Garde-Kavallerie-Schützen-Division und verhinderte Putschist vom Juli des Jahres. Mit dabei fanden sich General Lüttwitz, der sich selbst als oberster Militärchef des Reiches verstand, Oberst Max Bauer, der bereits erfolglos Maercker in die Umsturzversuche des Juli einzubeziehen versucht hatte, sowie weitere Personen des rechtsextremen Spektrums. Im Hintergrund stand Erich Ludendorff bereit. Eine wichtige Rolle spielte Wolfgang Kapp, «Generaldirektor der ostpreußischen Landschaft», Mitbegründer der präfaschistischen Deutschen Vaterlandspartei und nunmehriges Vorstandsmitglied der Deutschnationalen Volkspartei sowie Aufsichtsratsvorsitzender der Deutschen Bank. Zielstrebig baute die Nationale Vereinigung ihre Kontakte zu Industrie und Finanzkapital aus.

Als am 10. Januar 1920 der Versailler Vertrag in Kraft trat, eskalierte die Situation. Nach den Bestimmungen des Vertrages sollte das Heer bis zum 10. Juli auf 100.000 Mann reduziert werden. Verschärfend hinzu kam die – später nicht eingehaltene – von den Siegermächten geforderte Auslieferung der Kriegsverbrecher.

Die Regierung, die sich eines unmittelbar bevorstehenden Putsches bewusst war, reagierte zunächst mit der von der Interalliierten Militär-Kontoll-Kommission befohlenen Auflösung der Freikorpsbrigaden Ehrhardt und Loewenfeld[664]. Dabei handelte es sich um die Hausmacht

663 Rosenberg: Geschichte der Weimarer Republik, S. 87.

664 Die Marine-Brigade von Loewenfeld war im Februar 1919 in Kiel auf Weisung

des Generals Lüttwitz, der mit ultimativen Forderungen bei Ebert und Noske vorstellig wurde. Tags darauf enthob ihn Noske seines Postens und befahl die Verhaftung von Kapp, Bauer, Pabst und des Journalisten Schnitzler. Lediglich Schnitzler wurde gefasst.[665]

Inzwischen stand die Brigade Ehrhardt im Lager Döberitz bei Berlin einsatzbereit.[666] Ein Versuch der Reichsregierung, führende Generäle zu loyaler militärischer Gegenwehr zu bewegen, schlug fehl. In diesem Zusammenhang soll General von Seekt, Chef des Truppenamtes im Reichswehrministerium und späterer Chef der Heeresleitung, die berühmten Worte geäußert haben: «Reichswehr schießt nicht auf Reichswehr» bzw. «Truppe schießt nicht auf Truppe».[667] Damit stand fest, dass militärischer Widerstand gegen den geplanten Putsch nicht stattfinden würde.

In der Nacht vom 12. auf den 13. März rückten Ehrhardts Truppen, die das Hakenkreuz am Helm trugen, in Berlin ein. Nur wenige Minuten vor deren Eintreffen im Regierungsviertel flüchteten die sozialdemokratischen Regierungsmitglieder nach Dresden, um ihrer Verhaftung zu entgehen. Lediglich Vizekanzler Eugen Schiffer, Mitglied der Deutschen Demokratischen Partei (DDP), verblieb in offizieller Position in der Hauptstadt. Unter einem Aufruf zum Generalstreik standen die Namen der sozialdemokratischen, aber nicht der bürgerlichen Minister.

Kapp erklärte sich zum Reichskanzler, Lüttwitz begriff sich als neuer Reichswehrminister. Dabei gab es zwischen ihnen durchaus

---

Noskes entstanden. Zum Zeitpunkt des Kapp-Lüttwitz-Putsches, den sie unterstützte, befand sie sich in Schlesien und konnte bis auf die kurzfristige Besetzung Breslaus keine entscheidende Rolle spielen. Nach dem Putsch wurde sie zur Bekämpfung der linken Aufstände im Ruhrgebiet eingesetzt.

665 Laut Nigel Jones hieß der dubiose «Dr. Schnitzler», führendes Mitglied der Nationalen Vereinigung, eigentlich Handke, hatte sich seinen Doktortitel durch einen Fernkurs als Zahnarzt erworben und betrachtete sich selbst als politischen Wissenschaftler. Vgl. Jones: Brief History, S. 172.

666 Noske hatte mehrere Generäle nach Döberitz geschickt, um die dortige Situation zu erkunden. Sie kamen mit einem Ultimatum Ehrhardts zurück. Noske hierzu: «Auf meine spätere Frage an einen der Generale, weshalb er Ehrhardt nicht eine Kugel durch den Kopf geschossen habe, erfolgte ein Achselzucken.» Noske: Von Kiel bis Kapp, S. 209.

667 Noske benennt die Äußerung, schreibt sie aber nicht einer bestimmten Person zu: «Meiner Aufforderung, zu den Truppen zu gehen und sie zum Kampfe zu führen, wollten jedoch nur General Reinhard und Major v. Gilsa entsprechen. Die übrigen Herren machten Einwände, Reichswehr werde nicht auf Reichswehr schießen...» Ebd.

Differenzen: «Lüttwitz wollte vor allem den Abbau der Freikorps und die Verkleinerung der Reichswehr entsprechend dem Versailler Friedensvertrag verhindern ... Kapp dagegen plante eine umfassende Neuordnung des Staates unter reaktionären Vorzeichen: Einen Ständestaat und die Rückkehr zu den Verhältnissen des Kaiserreichs.»[668] Lüttwitz – ganz im Gegensatz zu Kapp – schlug die Beteiligung führender rechter Sozialdemokraten an einer neuen Regierung vor, namentlich Carl Severing, Wolfgang Heine und Albert Südekum. Der sozialdemokratische Polizeipräsident von Berlin, Eugen Ernst, durfte seinen Posten behalten. August Winnig, ostpreußischer Oberpräsident und ebenfalls Sozialdemokrat, begrüßte sogleich die neue Regierung.

Lüttwitz, auch als «Vater der Freikorps» bekannt, machte schon vorher keinen Hehl aus seiner Gesinnung und den von ihm bevorzugten Maßnahmen. Bereits im September 1919 schrieb er in einem Brief an Noske: «Nur Zwang wird das Volk zur Arbeit bringen. Daraus ergeben sich folgende Notwendigkeiten: 1. Vernünftiger Abbau der Arbeitslosenunterstützung. Der Grundsatz: wer nicht arbeitet, soll auch nicht essen, muß wieder wie früher zur Geltung kommen ... 2. Unbedingtes Verbot politischer und wirtschaftlicher Streiks.»[669] Gegenüber «Staatsfeinden» schlug er vor: «Diese Schädlinge müssen rücksichtslos vernichtet werden. Kampf bis aufs Messer gilt es diesen staatsfeindlichen Elementen gegenüber! Rigorose Unterdrückung ihrer Presse und ihrer führenden Persönlichkeiten ist das einzig wirksame Mittel.»[670]

Teile des Militärs erklärten ihre Unterstützung für Kapp und Lüttwitz, darunter die aus den afrikanischen Kolonialkriegen bekannten Generäle Paul von Lettow-Vorbeck und Ludwig von Estorff. Schien der Putsch in militärischer Hinsicht noch nicht entschieden, so scheiterte er vor allem an drei Faktoren – dem organisatorischen Unvermögen der Putschisten, der eine abwartende Haltung einnehmenden Ministerialbürokratie und dem einsetzenden Generalstreik.

Bereits am 13. März vormittags hatte der Vorstand des Allgemeinen Deutschen Gewerkschaftsbundes den Generalstreik proklamiert. Entsprechende Aufrufe erfolgten durch weitere Arbeiterorganisationen, lediglich die KPD zögerte.[671] Erschwert wurde die vollständige

668 Weipert: Die Zweite Revolution, S. 191f.
669 Lüttwitz: Im Kampf, S. 91.
670 Ebd., S. 92.
671 Am 14. März erschien ein tags zuvor von der KPD verfasster Aufruf, in dem es u. a. hieß: «Die Arbeiterklasse, die gestern noch in Banden geschlagen war,

Durchsetzung des Ausstandes, da der Putsch an einem Wochenende erfolgte. Doch waren schon am Sonntag, dem 14. März, die öffentlichen Dienste stillgelegt. Weder fuhren öffentliche Verkehrsmittel, noch gab es Strom-, Gas- oder Wasserversorgung: «Der Generalstreik nahm der Putschregierung in Berlin vom zweiten Tag ihrer Existenz an jede Möglichkeit zu regieren. Alle Verbindungen zwischen Hauptstadt und Provinz waren abgeschnitten. Auch in Berlin selbst verloren Militär und Bürokratie die Bevölkerung rapide aus dem Griff.»[672] Am Montag entfaltete sich auch landesweit der größte Streik der deutschen Geschichte.[673]

Der Kapp-Lüttwitz-Putsch scheiterte nach wenigen Tagen. Beim Abmarsch der Brigade Ehrhardt feuerte diese mit Maschinengewehren in die am Brandenburger Tor versammelten Menschen und hinterließ 12 Tote sowie 30 Schwerverletzte.

General Lüttwitz deutete die Niederlage in einen Erfolg um: «Es sei hier abschließend nochmals kurz vor Augen geführt, daß das Kapp-Unternehmen hauptsächlich ausgeführt worden ist, um die baldige Reichstagswahl zu erreichen und die Verringerung der Armee von 200.000 Mann auf 100.000 Mann so lange zu verschieben, bis die damals über Deutschland schwebende große bolschewistische Gefahr überwunden sei. Beides wurde erreicht. Die Reichstagswahl hat zwei Monate nach dem Kapp-Unternehmen stattgefunden und brachte eine bürgerliche Mehrheit. Die Verkleinerung der Armee wurde bis zum

---

von den Ebert-Noske, waffenlos, unter schärfstem Unternehmerdruck, ist in diesem Augenblick nicht aktionsfähig.» Zitiert nach: Illustrierte Geschichte, S. 467f. Am 15. März revidierte die KPD ihre Auffassung und schloss sich dem Aufruf zum Generalstreik an.

672 Haffner: Verrat, S. 185.

673 Die entscheidende Rolle des Generalstreiks für das Scheitern des Putsches wird in der westdeutschen Geschichtsschreibung gelegentlich in Frage gestellt, so von Schulze und Koch, den Verfassern zweier Standardwerke zur Freikorpsbewegung. Schulze behauptet: «Den entscheidenden Stoß versetzten ihm die Haltung der Bürokratie und der Reichswehrführung, der gegenüber alle anderen Faktoren, die zu seinem Versagen führten, auch der Generalstreik, sich als nebensächlich erweisen...» Schulze: Freikorps, S. 300. Koch schreibt: Der Generalstreik «war nicht, wie oft behauptet wird, die Ursache der Niederlage des Kapp-Putsches. Er konnte erst voll am Montag, dem 15. März, wirksam werden, zu einem Zeitpunkt also, an dem das Unternehmen der Putschisten bereits gescheitert war.» Koch: Der deutsche Bürgerkrieg, S. 193. Doch schon die ersten Auswirkungen des Generalstreiks am 14. März trafen Kapp-Lüttwitz fundamental, es erscheint abwegig, ihn als «nebensächlich» zu bezeichnen.

Herbst 1920 hinausgeschoben.»[674] Mit dieser Meinung hatte er nicht ganz Unrecht.

In mehreren Gebieten des Reiches dauerte der Generalstreik an. Die Forderung nach Räteherrschaft und Sozialisierung erhielt nochmals Auftrieb. Im Ruhrgebiet entstand innerhalb weniger Tage die Rote Ruhrarmee mit ca. 50.000 Mitgliedern. Ausgerüstet mit einem modernen Waffenarsenal konnte sie zunächst das gesamte Ruhrgebiet gegenüber Reichswehr und Polizeieinheiten behaupten. Zu ihrer Bekämpfung entsandte die Reichsregierung Freikorpsverbände, die kurz zuvor noch Sympathisanten des Kapp-Lüttwitz-Putsches waren. Die Auseinandersetzungen wurden mit erbitterter Härte ausgetragen.[675]

Als eine Bedingung zur Beendigung des Generalstreiks forderten die Gewerkschaften den Rücktritt Noskes. Bald darauf demissionierte die gesamte Regierung.

2. Maercker schwankt

In seiner Geschichte des Landesjägerkorps «Vom Kaiserheer zur Reichswehr» erwähnt Maercker im letzten Abschnitt den Kapp-Lüttwitz-Putsch nur kurz, obwohl das Geschehen zu seinem Abschied aus dem Militärdienst führte. Als einen Grundfehler Kapps bezeichnete er durchaus zu Recht: «Dr. Kapp hatte übersehen, daß sich das Schwergewicht Deutschlands von der Stelle, wo sein persönlicher Einfluß lag, nämlich vom Nordosten des Reiches, nach dem Westen verschoben hatte. Das wirtschaftliche und politische Schwergewicht des Reiches ist heute nicht mehr wie vor 50 Jahren das landwirtschaftliche Ostelbien, sondern der gewerbliche Westen.»[676] Diese Bemerkung zeugte von einer bemerkenswert realistischen Einschätzung Maerckers hinsichtlich der ökonomischen und damit machtpolitischen Veränderungen im Deutschen Reich. Er erkannte das wirklichkeitsfremde Gesellschaftsbild Kapps und ergänzte: «Der Hauptfehler Kapps aber war, daß er glaubte, durch einen neuen Umsturz dem Volke aufhelfen zu können. Er übersah also einen der Leitgedanken der neuen Entwicklung, daß das Volk zu seinen Geschicken selbst mitbestimmen wollte.» [677]

---

674 Lüttwitz: Im Kampf, S. 138.
675 Die Kämpfe im Ruhrgebiet sind umfassend dargestellt in Lucas: Märzrevolution 1920, Band 1-3.
676 Maercker: Kaiserheer, S. 353.
677 Ebd.

Diese demokratisch klingende Einsicht relativierte er unmittelbar darauf durch die Forderung nach «weitblickenden Führern» - denn «die Führerlosigkeit» habe «unser nationales Unglück verschuldet» - und dem «starken Staat», verbunden mit «unbedingte[r] Hingabe an den Staat»[678]. Zudem betonte er, dass Parlamentarismus und Demokratie vielleicht für manche westlichen Mächte, aber nicht für Deutschland der richtige Weg seien.[679]

Über General Lüttwitz hatte sich Maercker bereits im Zusammenhang der ersten Aufstellung von Freikorpsverbänden geäußert: «Exzellenz v. Lüttwitz ist der altpreußische Offizier von altem Schrot und Korn, ... royalistischer Edelmann vom Scheitel bis zur Sohle, der neuen Zeit mit tiefstem inneren Widerstreben gegenüberstehend. Er hat sich, wie wir Offiziere alle, früher mit innerer Politik wenig oder gar nicht beschäftigt und kam den innerstaatlichen Fragen, besonders den wirtschaftspolitischen, auch jetzt nicht näher. Sein Herz schlug nur für die Truppe ... Aber er kannte die Truppe nicht. Er wünschte eine Truppe zu haben wie die vom August 1914 und sah nicht, ... daß das Söldnerheer etwas ganz anderes, leider sehr viel weniger Gutes sein mußte.»[680] Trotz seiner kritischen Haltung standen für Maercker die moralischen Triebkräfte des Generals Lüttwitz bei der Entschließung zum Putsch außer Frage: «Wie immer man die Tat des alten Generals beurteilen mag, die ehrliche Überzeugung, dem Vaterlande helfen zu müssen, wird ihm niemand absprechen können.»[681]

Lüttwitz hingegen bewies in seiner 1934 erschienen Militärbiografie «Im Kampf gegen die Novemberrevolution» wenig Hemmungen, Maercker zu kritisieren. In Bezug auf die von ihm einberaumte militärische Lagebesprechung am 26. Juli 1919 zählte er Maercker zu der «zaghafteren Hälfte» und schrieb: «In der Folgezeit schwankten diese Herren hin und her. Unter vier Augen waren sie mit Zwangsmaßnahmen einverstanden, so namentlich die Generale von Oven und Maercker, bei gemeinschaftlichen Besprechungen hingegen zeigten sie sich wieder zurückhaltender.»[682] In der Schilderung des Putsches selbst bezeichnete er Maercker als «schwachen Charakter», der ihm «Hemmschuhe angelegt» hätte und beklagte sich: «Eine mir von General Maercker im

678 Ebd., S. 354f.
679 Vgl. ebd., S. 349.
680 Ebd., S. 66f.
681 Ebd., S. 353f.
682 Lüttwitz: Im Kampf, S, 86.

Herbst 1919 gegebene Versicherung, daß fünf Sechstel seiner Truppen hinter mir ständen, wenn es gälte, von der Regierung Zugeständnisse zu erzwingen, war vergessen.»[683]

Als die sozialdemokratischen Regierungsmitglieder zu Beginn des Putsches von Berlin nach Dresden auswichen, glaubten sie sich ungefährdet in der Obhut Maerckers, des Kommandeurs des dortigen Wehrkreises. Doch Maercker hatte bereits vor ihrer Ankunft die Weisung des Generals Lüttwitz erhalten, sie in Haft zu nehmen. Lüttwitz war sein militärischer Oberbefehlshaber. Maercker befand sich damit in einer fatalen Situation - sollte er dem Befehl seines militärischen Vorgesetzten folgen oder dem Eid auf die Verfassung der legalen Regierung?

Während ein Teil der Regierungsmitglieder ein Auto zur Flucht von Berlin nach Dresden benutzte, nahm ein anderer Teil die Eisenbahn. Dort traf man zufällig auf den Fraktionsvorsitzenden der Deutschen Volkspartei Rudolf Heinze. Heinze, der sich gegen den Putsch aussprach, erklärte sich zu einer sofortigen Unterredung mit Maercker bereit. Dieses Gespräch muss auf Maercker größeren Eindruck gemacht haben.[684] Mittags suchte er die Regierungsmitglieder auf und erklärte ihnen, er habe zwar die militärische Anweisung, sie zu inhaftieren. Dies allerdings betrachte er lediglich als «Schutzhaft», also als Schutzmaßnahme. Reichswehrminister Noske erläuterte ihm, dass Lüttwitz bereits entlassen und seine Anordnung damit hinfällig sei. Maercker verzichtete darauf auf jede Einschränkung der Bewegungsfreiheit seiner «Schutzhäftlinge».

Der anwesende Geheime Regierungsrat Meißner beschrieb die für Regierung und den Reichspräsidenten unerwartet zweideutige Situation: «Etwa um 1 ½ Uhr erschien General Maercker mit Herren seines Stabes bei uns. Er erklärte, daß er als Soldat den Befehlen des General Lüttwitz zu gehorchen verpflichtet sei und verblieb bei dieser Auffassung auch, als ihm der Reichswehrminister Noske vorhielt, daß Lüttwitz bereits am 12.3.1920 seines Amtes enthoben sei. Nebenbei bemerkte General Maercker auch, daß er Befehl erhalten hätte, die in Dresden anwesenden Mitglieder der Reichsregierung in Schutzhaft zu nehmen.

683 Ebd., S. 110f.

684 «Sowohl Kapp als auch Koch [Reichsinnenminister, C.K.] haben das Ausbleiben der Verhaftung in erster Linie auf die Einwirkung des DVP-Fraktionsvorsitzenden Heinze zurückgeführt. Die spätere Behauptung von Maerckers Stabschef, Reichsregierung und sächsische Regierung hätten sich zu keinem Zeitpunkt ‹in irgendwelcher Gefahr befunden›, entspricht nicht den Tatsachen.» Erger: Kapp-Lüttwitz-Putsch, S. 172.

Er lege jedoch diese Befehle so aus, daß er für den Schutz der Reichsregierung sich zu sorgen bemühen müsse. Zu einer offenen Erklärung, daß er auf dem Boden der Reichsverfassung stände und lediglich die Regierung Ebert-Bauer anerkenne, ließ er sich nicht bewegen.»[685] Als Grund gab Maercker «Rücksicht auf die Stimmung seiner Offiziere und seiner Truppen»[686] an.

Noske schilderte später als Zeuge im Jagow-Prozess[687]: «Maercker hat ganz unzweifelhaft in dem Augenblick, als er zu mir kam - sagen wir einmal - nicht ganz genau gewußt, auf welche Seite er sich stellen sollte ... Er vertrat in der Unterhaltung mit mir die Auffassung, es stehe nicht ganz fest, ob diejenigen Mitglieder der Reichsregierung in Dresden tatsächlich noch die Vertretung des Volkes, also in erster Linie der rechtmäßigen Regierung seien. Ich glaube, daß meine Darlegungen damals schon einen Eindruck auf ihn gemacht haben; denn als er von mir gegangen war, war schon die Rede davon, daß er umfallen würde ... Bei Auseinandersetzungen, die dann später stattgefunden haben, hat General Maercker die Orientierung zurückgefunden.»[688] Zudem ließ Noske vorsorglich die an Maercker gerichteten Depeschen abfangen.

Maercker besuchte an diesem Tag, dem 13. März, noch mehrmals die Regierungsmitglieder. Besonders irritierte ihn der Aufruf zum Generalstreik: «Es erging ein Aufruf zum Generalstreik, unter den die Namen der sozialistischen Mitglieder der Reichsregierung gesetzt waren, ohne daß sie ihre Einwilligung dazu gegeben hatten, wie sie mir in Dresden ausdrücklich erklärten.»[689]

In der Tat waren die Unterschriften zum Generalstreiksaufruf unter dubiosen Umständen zustande gekommen. Johannes Erger schilderte den Vorgang in seinem Buch «Der Kapp-Lüttwitz-Putsch»: In der nächtlichen Kabinettssitzung unmittelbar vor dem Staatsstreich sei

---

685 Zitiert nach Könnemann/Schulze (Hrsg.): Kapp-Lüttwitz-Ludendorff-Putsch, S. 445.

686 Ebd.

687 Im August 1920 erfolgte eine Amnestie für die Beteiligten des Kapp-Lüttwitz-Putsches. Nur zehn der Urheber sollten noch belangt werden, darunter Kapp, Lüttwitz, Erhardt, Pabst, Bauer und Jagow, nach dem der im Dezember 1921 stattgefundene Prozess benannt wurde. Einige der Angeklagten entzogen sich durch Flucht, andere wurden freigesprochen. Lediglich der politisch besonders reaktionäre Traugott von Jagow erhielt eine fünfjährige Haftstrafe, aus der er vorzeitig nach drei Jahren entlassen wurde. Jagow war von 1909–1916 Polizeipräsident von Berlin und von Kapp-Lüttwitz als Innenminister benannt.

688 Zitiert in Brammer: Verfassungsgrundlagen und Hochverrat, S. 52.

689 Maercker: Kaiserheer, S. 354.

durch den Pressechef der Reichskanzlei, Ulrich Rauscher, im Auftrag der sozialdemokratischen Minister ein entsprechender Aufruf formuliert worden, unter den dieser mit Bleistift die Namen der Minister, des Staatspräsidenten Ebert sowie des Reichskanzlers Bauer geschrieben habe.[690] Es handelte sich also nicht um einen Aufruf der gesamten Regierung, sondern nur ihrer sozialdemokratischen Mitglieder. Demnach wussten die Anwesenden von der Proklamation, kannten teilweise aber nicht den genauen Inhalt und hatten auch nicht eigenhändig unterschrieben. Dass sie in Gegenwart Maerckers ihre Beteiligung generell abstritten, muss als Ausdruck von Unsicherheit und wachsenden Misstrauens gegenüber dem Verhalten des Generalmajors gedeutet werden. Außerdem hatte der Generalstreik bereits eingesetzt. Es war nicht klar, ob die Streikenden mit dem Rücktritt der Kapp-Lüttwitz-Regierung zufrieden sein oder noch einmal den Anlass ergreifen würden, erneut für Sozialisierung und Räteherrschaft zu kämpfen. Unter diesen Umständen konnte es für die sozialdemokratischen Führer nicht opportun erscheinen, den Generalstreik weiterhin offensiv zu unterstützen.

Nun war Maercker zwar bereit, die Regierung zu schützen, erklärte aber zugleich, gegen Lüttwitz nicht tätig werden zu wollen. Am Abend beschlossen die Regierungsmitglieder daher, am nächsten Tag nach Stuttgart zu fahren. Dort schien ihnen die Lage inzwischen sicherer als in Dresden.

Nach den Aufzeichnungen des Regierungsrats Doehle[691] gestaltete sich auch die Abreise nicht einfach. Maercker habe die Automobile erst auf Drängen des Sächsischen Ministerpräsidenten Gradnauer freigegeben. Dann sei er zu einer weiteren Unterredung erschienen, habe erklärt, die Sächsische Landesverfassung schützen zu wollen, könne solchen Schutz aber gegenüber der Reichsverfassung nicht zusagen, da er sonst eventuell die Kontrolle über seine Truppen verlöre, in denen Kapp und Lüttwitz größere Sympathien besäßen. Weiterhin schrieb Doehle: «Bald darauf ließ dieser [Maercker, C.K.] mitteilen, er fahre am selben Tage nach Berlin, um mit Lüttwitz zu verhandeln. Da ihm seitens der Regierung hierzu keinerlei Anregung gegeben worden war, ließ sein Vorhaben seine Haltung noch verdächtiger erscheinen.»[692] Man rechnete eventuell damit, dass er in Berlin komplett auf die Seite

690 Vgl. Erger: Kapp-Lüttwitz-Putsch, S. 193.
691 Vgl. Akten der Reichskanzlei (Kabinett Bauer), S. 679–681.
692 Ebd., S. 681.

der Putschisten geraten und von dort Befehle zur Verhaftung erteilen könnte. Die Entscheidung, Dresden in Richtung Stuttgart zu verlassen, wurde nun schnellstens in die Tat umgesetzt.

Nach eigenem Bekunden fasste Maercker bereits am 13. März, dem Tag der Ankunft der Regierungsmitglieder in Dresden, den Entschluss, selbst zwischen der «alten» und der putschistischen «neuen» Regierung in Berlin als Vermittler aufzutreten.[693] Dies lehnte Noske zunächst ab, erklärte sich aber am nächsten Tag einverstanden. Maercker dürfe dabei keinesfalls als Verhandler oder Vermittler auftreten und lediglich versuchen, die Putschisten auf den verfassungsmäßigen Weg zurückzubringen. Auch Ebert stimmte der Mission schließlich zu, während ein Teil der Minister sich ausdrücklich dagegen aussprach.

Maercker versicherte sich noch fernmündlich der Zustimmung des Generals von Loßberg, des Chefs des Reichswehrgruppenkommandos II aus Kassel. Loßberg, dem alle Truppen im Westen des Reichs unterstanden und der selbst eine Militärdiktatur unter Noske befürwortete, präsentierte ihm als Lösungsvorschläge: Aufnahme von Ministern der Kapp-Regierung in eine neu zu bildende Koalitionsregierung, baldige Neuwahlen zur Nationalversammlung, Wahl des Reichspräsidenten durch das Volk. Diese Vorschläge, mit den Forderungen der Putschisten fast identisch, machte sich auch Maercker zu eigen.

Während Maercker sich auf der Reise nach Berlin befand, richtete sein Stellvertreter General Müller in Dresden ein Massaker an. Er ließ das Post- und Telegrafenamt besetzen. Darauf versammelten sich mehrere zehntausend Arbeiter. Eine kleinere Gruppe eroberte nun ihrerseits die beiden Ämter, worauf Müller den Befehl gab, in die Menschenmenge zu schießen. Erhard Lucas schrieb von mehr als 50 Toten und etwa 150 Verwundeten.[694] Andere Quellen gaben sogar etwa 60 Tote und 200 Verwundete an.[695] Die «Dresdner Volkszeitung» berichtete am 16. März über die Kämpfe des Vortages: «Panzerautos rasten

693 Vgl. Maerckers Aussage im Jagow-Prozess, in Auszügen abgedruckt in Brammer: Verfassungsgrundlagen, S. 48–51 sowie Könnemann/Schulze (Hrsg.): Kapp-Lüttwitz-Ludendorff-Putsch, S. 558–560.

694 Vgl. Lucas: Märzrevolution 1920, Band 2, S. 168.

695 So Regierungsrat Meißner, vgl. Könemann/Schulze: Kapp-Lüttwitz-Ludendorff-Putsch, S. 362. Am Mittwoch, den 17.3., kam es nach einem Bericht des «Anhalter Anzeigers» zu einem weiteren mehrstündigen Gefecht in Jeßnitz bei Dessau zwischen Landesjägern und Einwohnerwehr. Der den Einsatz leitende Oberleutnant erklärte, auf Befehl Maerckers zu handeln. Das Ergebnis waren drei tote Landesjäger und zehn tote Einheimische. Vgl ebd., S. 694.

am Nachmittag durch die Straßen mit der Aufschrift: ‹Straße frei; es wird scharf geschossen!› … Den Aufrührern im Telegraphenamt wurde ein Ultimatum gestellt und um 7 Uhr dasselbe gestürmt. In wenigen Minuten war das Amt in den Händen der Truppen … Amtlich waren bis 1 Uhr nachts 46 Tote gemeldet. Verwundete sind weit über 200 gezählt.»[696]

Maercker erreichte Berlin um Mitternacht und wurde sofort in der Reichskanzlei empfangen. Kapp ergriff zunächst das Wort und erläuterte die Lage, die Maercker als zu optimistisch dargestellt erschien. In seiner Entgegnung auf Kapp antwortete er: «Ich komme im Einvernehmen mit der Reichsregierung, aber nicht in ihrem Auftrag. Ich kann Ihrem Unternehmen kein günstiges Ende prophezeien, solange Sie, Herr Dr. Kapp und Exzellenz von Lüttwitz, an der Spitze stehen. Das gleiche gilt von Herrn Oberst Bauer und Hauptmann Pabst. Sie haben Ihr Unternehmen zu einer denkbar falschen Zeit begonnen ... Dazu kommt, daß ihr Unternehmen völlig unvorbereitet ist. Der größte Teil des Volkes weiß gar nicht, was Sie eigentlich wollen. Ich selbst bin durch das Unternehmen überrascht worden ... Ich kann die sehr optimistische Auffassung von Dr. Kapp nicht teilen ... Ich habe alle diese Dinge heute morgen noch eingehend mit den Mitgliedern des alten Kabinetts besprochen. Noske hat mir gesagt, daß meiner Reise hierher nichts im Wege stünde, aber von Verhandlungen könne keine Rede sein ... Im Einvernehmen mit der alten Reichsregierung fordere ich Sie, Herr Dr. Kapp, und Euere Exzellenz [Lüttwitz, C.K.] auf, zurückzutreten!»[697]

Diese zunächst recht eindeutig wirkende Stellungnahme Maerckers muss in zweierlei Hinsicht näher betrachtet werden. Erstens sympathisierte er mit den Zielen des Putsches, hatte aber gegenüber dessen Führern Lüttwitz und besonders Kapp große Vorbehalte. Insgesamt würde dem Volk die Aktion als eine rein deutschnationale erscheinen, was ihrem Gelingen entgegenstünde. Auch sei der Zeitpunkt ein falscher gewesen. Zweitens ginge es in dieser Situation darum, angesichts der akuten Bedrohung durch den Bolschewismus einen Kampf Reichswehr gegen Reichswehr zu verhindern, was auch der hauptsächliche Grund seiner Reise gewesen sei.

Am nächsten Morgen vormittags sollte Maercker die Antwort der Putschisten erhalten. Auf dem Weg in die Reichskanzlei registrierte er: «Ich hatte den Eindruck, daß die Herren recht selbstbewußt waren, und

696 Zitiert in ebd., S. 636.
697 Zitiert in Brammer: Verfassungsgrundlagen, S. 49.

nachdem ich mir draußen die Posten angesehen hatte, die ich passieren mußte, die einen glänzenden Eindruck auf mich machten, hatte ich das Gefühl, daß die Position der Kappregierung eine recht feste sei.»[698]

Anschließend erhielt er eine Liste mit mehreren Forderungen, unter anderem: Neuwahlen innerhalb der nächsten zwei Monate, Wahl des Reichspräsidenten durch das Volk, Bildung eines Fachkabinetts nach Rücktritt der alten Regierung mit Möglichkeit der Übernahme bisheriger Minister, Amnestie für alle Vergehen seit dem 9. November 1918, Verurteilung des Generalstreiks. Enthalten waren also auch die Forderungen Loßbergs und Maerckers. Dazu kommentierte Maercker: «Mir erschienen die ganzen Punkte außerordentlich sachgemäß und mäßig ... und schließlich ließ der Punkt 6, die Amnestie, bei mir zum ersten Male den Gedanken aufkommen, daß die Kappregierung doch wohl ein klein wenig an den Rückzug dachte.»[699] Am nächsten Tag kam es noch zu einer scharfen verbalen Auseinandersetzung mit Lüttwitz, der einen Brigadekommandeur Maerckers absetzen wollte.

Nun fuhr Maercker nach Stuttgart, um Noske und Ebert Bericht zu erstatten. Die Vorstellung der von Maercker als «außerordentlich sachgemäß und mäßig» empfundenen Forderungen von Kapp-Lüttwitz geriet zum Desaster: »Ich las diese acht Bedingungen vor und sie wurden mit Lachen abgetan.»[700] Später wurden sie zu einem großen Teil vom Kabinett selbst durchgeführt. Dazu gehörten baldige Neuwahlen, die am 6. Juni 1920 stattfanden und mit großen Stimmenverlusten der «Weimarer Koalition» (SPD, Zentrum, Deutsche Demokratische Partei) endeten, wobei vor allem die USPD und die Deutsche Volkspartei hinzugewannen. Vorher schon musste Noske als Reichswehrminister zurücktreten. Sein Ansehen in der Bevölkerung war auf den Tiefpunkt gesunken, außerdem machten die Gewerkschaften sein Ausscheiden aus der Regierung zur Bedingung für das Ende des Generalstreiks. Interessanterweise schien er noch in Stuttgart die vollständige Rehabilitation Maerckers im Blick gehabt zu haben, schenkt man dessen Aussage im Jagow-Prozess Glauben: «Herr Reichswehrminister Noske hat neulich hier gesagt, er hätte mich für schwankend gehalten. Ich glaube, damit steht nicht ganz im Einklang, daß der Wehrminister mir in Stuttgart den Befehl über die Truppen in Berlin angeboten hat.»[701]

---

698 Zitiert in ebd., S. 50.
699 Zitiert in ebd.
700 Zitiert in ebd., S. 51.
701 Zitiert in Könnemann/Schulze (Hrsg.): Kapp-Lüttwitz-Ludendorff-Putsch, S.

Neuer Chef der Heeresleitung wurde ausgerechnet General von Seeckt, der zu Beginn des Putsches als dem Reichswehrminister unterstellter Chef des Truppenamtes den Einsatz der Reichswehr zum Schutz der Regierung verweigert hatte. Der vorherige Truppenamtschef, General Walther Reinhardt, trat aus Solidarität mit Noske zurück. Er war eine Ausnahme unter den ranghohen Militärs, da er die legale Regierung auch mit Waffengewalt verteidigen wollte. Seeckt hingegen lobte bereits am 18. März die «Disziplin» der Brigade Ehrhardt und sicherte Ehrhardt Straffreiheit zu.

Als einer von 172 Offizieren wurde General Maercker aufgrund seiner schwer durchschaubaren Rolle während des Kapp-Lüttwitz-Putsches am 9. April 1920 aus der Reichswehr verabschiedet.

560.

Die letzten Jahre

1. Kolonialrevisionismus

Georg Maercker, im Alter von 54 Jahren aus der Reichswehr entlassen, dachte keineswegs daran, sich in den Ruhestand zu begeben. Sein Herz schlug nun wieder, unbelastet durch Einsätze im eigenen Land, für die Kolonialbewegung. Im Laufe des Jahres 1922 gründete er den Deutschen Kolonialkriegerbund und gemeinsam mit Heinrich Schnee[702] die Koloniale Reichsarbeitsgemeinschaft KORAG.

Die Alliierten hatten im Versailler Vertrag (Artikel 119) dem Deutschen Reich die Berechtigung kolonialen Besitzes aberkannt. Die Deutschen seien durch Misswirtschaft und schlechte Behandlung der einheimischen Bevölkerung auch moralisch disqualifiziert. Als Grundlage diente den Siegermächten ein in Großbritannien publiziertes «Blaubuch», welches die deutsche Regierung mit einem «Weißbuch» konterte. Damit war die «koloniale Schuldlüge» geboren, und mit dieser der «Kolonialrevisionismus» der Weimarer Republik. Ein Wortführer war Heinrich Schnee, der 1924 eine entsprechende Studie - «Die koloniale Schuldlüge» - veröffentlichte. Deutschland habe in den Kolonien nicht mehr Fehler begangen als die anderen Kolonialmächte, aber sehr viel Positives geleistet. Landerwerbungen seien durch rechtmäßige Verträge erfolgt und Kriege nur geführt worden, um Ordnung zu schaffen und gegen die Sklaverei vorzugehen.

In der Weimarer Republik existierte eine große Zahl kolonialer Vereine und ähnlicher Organisationen. Wolfe W. Schmokel nennt in seinem Buch «Der Traum vom Reich»[703]: Reichsbund der Kolonialdeutschen, Bund deutscher Kolonialjugend, Bund deutscher Kolonialpfadfinder, Kolonialbund deutscher Pfadfinder, Kolonialer Volksbund, Bund der Kolonialfreunde, Gesellschaft für koloniale Erneuerung, Deutscher Kolonialkriegerbund, Kolonialkriegerdank, Ostafrikanerverband, Siedlungsgemeinschaft ehemaliger Ostafrikaner, Interessenvertretung

702 Heinrich Schnee, ehemaliger Gouverneur von Deutsch-Ostafrika, war kolonialpolitischer Sprecher der Deutschen Volkspartei, die sich entschieden für die Rückgewinnung der Kolonien einsetzte. Von 1933–1945 war er NSDAP-Reichstagsabgeordneter.

703 Vgl. Schmokel: Traum, S. 15–19.

ehemaliger Südwestafrikaner, Verein der Kameruner, Kameradschaft ehemaliger Kameruner Offiziere, Frauenverein vom Roten Kreuz für Deutsche Übersee, Reichsbund der katholischen Auslandsdeutschen, Evangelische Kolonialhilfe, Akademischer Kolonialbund. Die Aufzählung ist nicht vollständig, laut Winfried Speitkamp gab es 1920 bereits 69 Vereine für koloniale Angelegenheiten.[704] Einige Gruppen hatte sich schon vor dem Krieg gegründet. Der größte Teil war Mitglied in der Kolonialen Reichsarbeitsgemeinschaft KORAG, in dem wiederum der 1882 gegründete Deutsche Kolonialverein die führende Stellung besaß. Daneben bestanden viele rein lokal tätige Vereinigungen.

Die hohe Anzahl kolonialpolitischer Vereine und Gruppierungen darf jedoch nicht über ihre eher geringe Mitgliederbasis hinwegtäuschen. Die Deutsche Kolonialgesellschaft, als größter Verband, hatte vor dem Krieg 45.000 Mitglieder, 1919 noch 34.000 und, nach einem Absinken auf 20.000, Mitte der zwanziger Jahre 25.000 bei ca. 350 Ortsvereinen.[705]

Im Juni 1922 gab Maercker die Gründung des Deutschen Kolonialkrieger-Bundes, ursprünglich «Zusammenschluß ehemaliger Kolonialkämpfer», bekannt: «Am 11. Juni 1922 haben sich die deutschen Kolonialkrieger-Vereine zu einem Deutschen Kolonialkrieger-Bund zusammengeschlossen, der den Zweck verfolgt, die in den Kolonialkriegern vorhandenen Kenntnisse, Fähigkeiten und Energien zur Sicherung unserer kolonialen Zukunft zusammenzufassen. Zum Bundespräsidenten ist Generalmajor a. D. Maercker, Dresden-N. 8, Jägerstr. 14 gewählt. Die Geschäftsstelle des Bundes befindet sich in Leipzig, Grimmaischestr. 21.»[706] Damit war erneuter Kolonialbesitz als oberstes Ziel definiert.

Es handelte sich nicht um eine neue Vereinigung für Kolonialenthusiasten aller Art, sondern um einen speziellen Zusammenschluss von Kämpfern aus den ehemaligen Kolonialgebieten. Maercker sprach für das Präsidium seines Bund gegenüber der Regierung «die Bitte aus, dass ihm nicht nur Verordnungen, die für die ehemaligen Kolonialsoldaten von Belang sind, zur Verbreitung unter diesen übermittelt werden, sondern dass es auch zur Mitberatung zugezogen wird, wenn in kolonialen Angelegenheiten wichtige Beschlüsse gefasst werden.»[707]

---

704 Vgl. Speitkamp: Deutsche Kolonialgeschichte, S. 161,
705 Zahlen nach Graichen/Gründer: Deutsche Kolonien, S. 380.
706 BArch R 1001/6752, Bl. 3.
707 Ebd.

Adressat der Mitteilung war das Ministerium für Wiederaufbau. Die Funktion des Reichskolonialamtes hatte 1919 das neu geschaffene Reichskolonialministerium übernommen, welches bereits im folgenden Jahr wieder aufgelöst wurde. Die Zuständigkeit für Kolonialfragen erhielt darauf das Wiederaufbauministerium und später das Auswärtige Amt unter Gustav Stresemann.

1922 - im Jahr der Gründung des Kolonialkrieger-Bundes - sanken nicht nur die Mitgliederzahlen der kolonialen Vereinigungen. Es machte sich auch eine finanzielle Krise bemerkbar, die herrschende Hyperinflation forderte auch hier ihren Tribut. Um dem gegenzusteuern, ergriffen Maercker und Heinrich Schnee die Initiative, indem sie im September als Dachverband möglichst aller Gruppierungen die Koloniale Reichsarbeitsgemeinschaft KORAG ins Leben riefen. Die dominierende Stellung der Deutschen Kolonialgesellschaft manifestierte sich darin, dass deren Präsidenten Theodor Seitz und Heinrich Schnee - ehemalige Gouverneure in Deutsch-Südwest und Deutsch-Ostafrika - auch als Präsidenten der KORAG fungierten. Schmokel weist darauf hin, dass sich in der KORAG nicht nur reine Kolonialenthusiasten organisierten, sondern «auch Unternehmen der Wirtschaft (vor allem Schiffahrtsgesellschaften) mit kolonialen und überseeischen Interessen, ferner die Kolonialabteilung der deutschen Landwirtschaftsgesellschaft und das Kolonialwirtschaftliche Komitee. Die Unterstützung durch solche Unternehmen trug ohne Zweifel wesentlich dazu bei, den Kolonialgedanken in der Weimarer Zeit am Leben zu halten.»[708]

Maercker hingegen betrachtete die von ihm selbst angestrebte gemeinsame Tätigkeit der verschiedenen Verbände mit einiger Skepsis. In einem zehnseitigen «Bericht über die Verhandlungen der 2. Hauptversammlung des Dt. Kolonialkriegerbundes am 21. Juni 1924», die in Bremen stattfand, kritisierte er die Dominanz der Deutschen Kolonialgesellschaft: «Wenig zufrieden ist das Präsidium mit der Entwicklung der von uns begründeten Kol. Reichsarbeitsgemeinschaft. In der von der Korag herausgegebenen Denkschrift: 40 Jahre dt. Kolonialarbeit findet sich die Behauptung, die Korag sei aus der Initiative der Kol. Gesellschaft entsprungen. Ich habe gegen diese Behauptung Verwahrung einlegen und darauf hinweisen müssen, dass die Initiative beim Kol. Kriegerbunde gelegen habe und daß sich die Kol. Gesellschaft ursprünglich sogar gegen diese Gründung gesträubt hat ... Von den

708 Schmokel: Traum, S. 19.

Erwartungen, die wir Gründer, bes. Hauptm. Lowe [Maerckers Stellvertreter, C.K.] und ich bei der Begründung in Halle gehegt haben, hat sich herzlich wenig erfüllt ... Dazu kommt, dass die Korag sich immer mehr zu einem Anhängsel der Kol. Gesellschaft entwickelt ... Tatsächlich ist die Korag vom Ausschuss für kol. Einheit und Zukunft - dem Vorläufer des Dt. Kol. Krieger-Bundes - und zwar gegen den ursprünglichen Widerstand der DKG [Deutsche Kolonialgesellschaft, C.K.] ins Leben gerufen.»[709] Missfallen äußerte Maercker hauptsächlich an der Nichtwürdigung des militärischen Aspektes in der Arbeit diverser Verbände. Auch sonst mangele es an Vorbereitungen für den Fall erneuten Kolonialbesitzes. Es sei bisher nicht einmal möglich, alle der KORAG angeschlossenen Gruppierungen zu einem gemeinsamen jährlichen Treffen zu versammeln. Damit werde ein Ziel verfehlt, für das die KORAG eigentlich gegründet worden sei.

Der Kolonialkriegerbund selbst entwickele sich positiv. Ein Jahr zuvor habe er aus 63 Vereinen und Ortsgruppen bestanden, nun seien es 79 Vereine mit ca. 6000 Mitgliedern. Den Unterschied zu den anderen Verbänden hob Maercker nachdrücklich hervor: «Der Kol.Kriegerbund ist neben dem Reichsverband der Kolonialdeutschen die einzige größere Vereinigung, die sich ausschliesslich aus Leuten zusammensetzt, die draussen - in Übersee - tätig gewesen sind und zwar an vornehmster Stelle, nämlich mit der Waffe in der Hand. Dadurch hat jedes einzelne unserer Mitglieder eine große Bedeutung erlangt. Denn auch das unscheinbarste Menschenleben bekommt einen hohen Wert, wenn es sich auf vorgeschobenem Posten für die ideellen und materiellen Interessen seines Volkes mit seinem Herzblute einsetzt. Das ist ein ungeheures Plus, das wir da haben gegenüber all den anderen Verbänden, die die deutschen Kol.Interessen vertreten aus wirtschaftlichen, kulturellen, philantropischen oder sonstigen Gesichtspunkten, deren Mitgliedern aber die rein persönliche Anteilnahme an den Kolonien fehlt.»[710]

Diese besondere Position innerhalb der kolonialrevisionistischen Bewegung verband Maercker mit einer die Diplomatie betreffenden Aufforderung an die übrigen Gruppierungen: «Bei dieser Gelegenheit richte ich aber auch einen Appell an die anderen Vereinigungen, den nämlich, sie möchten es den alten Kolonialsoldaten nicht verargen, wenn diese bei gemeinsamen Verhandlungen nicht die diplomatische Form gerissener Umschreibungen wählen oder den Ton wohlabgewogener

709 BArch R 8023/306, Bl. 183.
710 Ebd., Bl. 182.

Darlegungen finden, sondern frank und frei in ungekünstelten Worten das sagen, was sie denken. Wir Kolonialkrieger sind stolz darauf, Männer der Tat zu sein, nicht Männer des Wortes.»[711]

Energisch verteidigte Maercker die Verleihung kolonialer Auszeichnungen: «Und wenn man mir mal in einer Sitzung des Kol. Kriegerdank vorgehalten hat, dass die Verleihung solcher Auszeichnungen doch nur Sache von Potentaten sei, dann meine ich, dass ich eine von einer Vereinigung von dt. Soldaten verliehene Auszeichnung mit größerem Stolz trage, als irgend einen Frühstücksorden, den mir der Häuptling v. Tahiti oder der Sultan von Marocco verleiht.»[712]

Welchen Wert er auf solche Auszeichnungen legte, hob er durch die Drohung hervor, «Kameraden» das Handwerk zu legen, die eine solche Würdigung nicht zu schätzen wüssten. Die für ihn enorme Bedeutung von Statussymbolen betonte er auch durch die Forderung, ehemaligen Schutztruppenangehörigen das Recht zuzugestehen, die Schutztruppenuniform zu tragen. Dieses Recht war durch Verordnungen der Reichsregierung und der Alliierten stark eingeschränkt.

Durchgängig beklagte Maercker in seinem Tagungsbericht die finanzielle Situation der Verbände und speziell des Kolonialkriegerbundes. Die Inflation habe die Vermögen der Vereine vernichtet: «Fast dürfen wir, der Kol. Krieger-Bund, uns glücklich schätzen, dass wir noch kein nennenswertes Vermögen besassen.»[713] Die Einführung der Rentenmark habe die Lage verbessert, dennoch herrsche weiterhin Geldmangel. Er selbst fahre auf eigene Kosten alle drei Wochen nach Berlin, um Kontakt mit Regierungsstellen und anderen Verbänden zu halten. Dazu sei er zukünftig nicht mehr in der Lage und benötige nunmehr einen Geschäftsführer. Daher könne die Mitgliedschaft im Kolonialkriegerbund nicht mehr beitragsfrei bleiben.

Zum Abschluss der Hauptversammlung verabschiedeten die Versammelten einstimmig eine kritische Entschließung zur Politik der Reichsregierung. Maercker formulierte den Sachverhalt in einem Schreiben an den Reichskanzler. Kernpunkt war die zurückhaltende Einstellung der Regierung gegenüber dem Ausland in der Frage deutscher Kolonialansprüche: «Wer im Streit der Völker nicht den Entschluss findet, seine Stimme zu erheben und sein eigenes Recht zu fordern, wird niemals gehört werden ... Wer zaudernd beiseite steht,

711 Ebd., Bl. 182/183.
712 Ebd., Bl. 182.
713 Ebd., Bl. 181.

während andere unbedenklich zugreifen, wird niemals etwas erreichen. Die verderbliche Politik des ängstlichen Abwartens und Schielens nach dem angeblich guten Willen anderer muss endlich aufhören ... Die alten deutschen Kolonialsoldaten haben Jugend und Gesundheit für Deutsch-Übersee nicht eingesetzt, um jetzt stillschweigend zusehen zu sollen, wie die eigne Regierung die deutsche koloniale Zukunft aufs Spiel setzt.»[714] Außerdem forderte Maercker im Namen des Kolonialkriegerbundes die immer noch nicht erfolgte Lohnauszahlung an die afrikanischen Askaris und Träger, die in der deutschen Schutztruppe gedient hatten. Es handele sich hierbei um eine «Ehrenschuld».[715]

Einen Monat nach der Bremer Tagung wandte er sich an den Präsidenten der KORAG, Theodor Seitz. Er forderte, das Thema des Kolonialbesitzes im Schulunterricht auszuweiten. Dem ständen politische Hindernisse entgegen: «Ich selbst habe vor 1 ½ Jahren versucht, in der grössten und noch nicht ganz links abgerutschten Vereinigung von Volksschullehrern Dresdens einen Aufklärungsvortrag über die kolonialen Fragen zu halten. Ich war mit dem Verein ziemlich ins Reine gekommen, als das Volksbildungsministerium davon Wind bekam und den Vortrag inhibierte.»[716] Die KORAG solle auf die Landesregierungen einwirken, um die Schulverwaltungen und Schulbuchverlage entsprechend zu beeinflussen.

Maercker intervenierte in der Frage der Pensionen für in Süd- und Südwestafrika verbliebene ehemalige deutsche Militärangehörige ebenso wie in der Aufwertungsproblematik deutscher Staatsanleihen, zu der er vorschlug, bestehende Schutzgebietsanleihen stillschweigend zu übergehen. Die emsige Tätigkeit in seiner kolonialpolitischen Funktion verfolgte hauptsächlich zwei Ziele: die Wiedererlangung deutschen Kolonialbesitzes und die Förderung der früheren Schutztruppenangehörigen.

---

714 Ebd., Bl. 199/200/201.

715 Bereits 1916 hatte die deutsche Administration in Ostafrika nicht das notwendige Geld, um die Askaris, die afrikanischen Söldner der Deutschen, zu entlohnen. Die Auszahlung geschah dann erst zwischen 1926 und 1927. Die Angelegenheit war heikel, denn die Deutschen befürchteten, dass England die Löhne zahlen und Deutschland damit im Misskredit bringen könnte. Abgesehen davon sollten die Askaris nicht verstimmt werden, da man sie in Zukunft eventuell wieder benötigen würde. Die komplizierte Prozedur der Auszahlung schildert Maß: Weiße Helden, S. 65–67.

716 BArch R 8023/306, Bl. 192.

Auch publizistisch meldete er sich erneut zu Wort. In der vom Präsidium des Kolonialkriegerbundes 1924 herausgegebenen Aufsatzsammlung «Unvergessenes Heldentum - Das Kolonisationswerk der deutschen Schutztruppe und Marine» verfasste er - als Präsident - das Vorwort und den Beitrag «Wie die deutschen Kolonien erworben wurden». Dort versuchte er zunächst, die Haltung Bismarcks zur Kolonialpolitik zu erläutern. Die zunächst ablehnende Einstellung des früheren Kanzlers sah er in fehlenden Mitteln, nicht vorhandener Unterstützung des deutschen Volkes und vor allem in der Ermangelung einer Flotte. Der stürmische Aufbruch der deutschen Industrie habe dann aber Kolonialbesitz erfordert, wodurch ein Gesinnungswandel Bismarcks erfolgt sei. Gegenüber dem Erwerb angeblich «herrenloser Gebiete» - Togo und Kamerun - betonte er die Situation in Südwestafrika: «Was im Landinnern durch Offiziere wie Hauptmann v. Francois und Major Leutwein an Schutzverträgen abgeschlossen wurde, das waren nicht Erwerbungen herrenloser Länder, sondern ein Aufpropfen [sic!] unserer Herrschaft auf Stämme, die uns durch ein internationales Abkommen zugesprochen waren.»[717] Zunächst mangelnde Erfahrung sei durch andere Eigenschaften kompensiert worden: «Der junge Offizier, der seinen soldatischen Neigungen und germanischem Wanderdrange folgend, in wilde Länder zog, um sie seinem Vaterlande anzugliedern, brachte wenig Erfahrung für den Überseedienst mit ... Aber dafür brachte er ein frisches Herz, unbekümmertes Draufgängertum und die Sicherheit des Auftretens selbst in üblen Lagen mit, wie sie der militärische Dienst großzieht.»[718]

Nachfolger Maerckers als Präsident des Kolonialkriegerbundes wurde Franz Ritter von Epp, der sich seine Sporen in China und Südwestafrika verdient hatte. Wie Maercker war er Freikorpsführer, besonders hervorgetreten durch die Niederschlagung der Münchner Räterepublik. 1928 saß Epp als wehrpolitischer Sprecher der NSDAP im Reichstag, 1934 avancierte er zum Reichsleiter des Kolonialpolitischen Amtes der NSDAP, zwei Jahre später zum Bundesführer des Reichskolonialbundes. Gegen Ende des Jahres 1936 erhielten die einzelnen kolonialpolitischen Gruppen die Aufforderung, sich aufzulösen - mit Ausnahme des Kolonialkriegerbundes.

---

717 Maercker: Wie die deutschen Kolonien erworben wurden, S. 12.
718 Ebd., S. 13.

2. *Tarzan*

In der Kleinstadt, in der ich aufwuchs, gab es damals noch ein Kino. Meine bevorzugten Filme am Sonntagnachmittag waren Fuzzy-Western oder Tarzan. Fuzzy, ein dümmlicher amerikanischer Cowboy, interessierte mich nur wegen der komischen Figur, die er darbot, und heute habe ich ihn fast vergessen. Tarzan hingegen war ein wirklicher Held. Ein weißer Europäer, den es in den afrikanischen Busch verschlagen hatte. Unbezwingbar, allen afrikanischen «Eingeborenen» überlegen und der Sprache der Tiere mächtig. Wenn ich nach der Filmvorführung heimwärts durch den kleinen Park ging, schwang ich mich in meiner Vorstellung an Lianen durch die Bäume. Irgendwie im Hintergrund existierte auch noch Jane, die an frühpubertierende Instinkte anklopfte. Zu dem, was mein Verhältnis zu Afrika damals stark geprägt hat, zählen mit Sicherheit Tarzan-Filme.

Die Produktion rassistischer und ethnozentristischer Vorstellungswelten bedarf keiner trockenen Vorträge, keiner bürokratischen Vereinstätigkeit und noch nicht einmal «eigener» Kolonien. Sie bedarf in erster Linie dessen, was wir heute «Bewusstseinsindustrie» nennen, einen Strom von Einflüssen, der Wünsche, Ängste und unerfüllte Bedürfnisse mobilisiert. Geschickt gemacht, sinkt dann das bewusst Wahrgenommene in das – individuelle wie kollektive – Unterbewusstsein.

Daher ist es auch falsch, von der politisch eher marginalen Rolle des Weimarer Kolonialrevisionismus mit seinen zahlreichen, aber insgesamt numerisch nicht sehr viele Mitglieder repräsentierenden Verbänden auf das (Unter-) Bewusstsein der Bevölkerung zu schließen. Dieses wurde in weiten Teilen geprägt durch Romane wie «Peter Moors Fahrt nach Südwest», 1906 erschienen und als Schullektüre benutzt. Verfasser war der rassistisch-antisemitische Schriftsteller Gustav Frenssen, der sogar für den Literaturnobelpreis gehandelt wurde. «Volk ohne Raum» von Hans Grimm – der die Politik des «Lebensraums» in Südwestafrika ansiedelte – kam 1926 auf den Markt und gab den Nationalsozialisten zumindest eine terminologische Vorgabe. Neben vielen anderen veröffentlichte auch Lettow-Vorbeck seine Afrika-Erinnerungen, die 1920 unter dem Titel «Heia Safari!» erschienen, allerdings größtenteils aus der Feder seines Adjutanten Walter von Ruckteschell stammten. Auch der triumphale Einzug Lettow-Vorbecks – des «im Felde unbesiegten Löwen von Afrika» – durch das Brandenburger Tor im März 1919 wurde zum verklärten Ereignis. Was Film und Fernsehen, letzteres mangels Existenz, noch nicht breitenwirksam schaffen konnten, besorgten Bücher, Illustrationen, Sammelbilder, Denkmäler. In den «Völkerschauen» konnte sich das Publikum einen angenehm gruselnden Eindruck von «fremden Rassen» verschaffen – und in der Regel von der Überlegenheit der «weissen Rasse». Ein weiterer Name, der genannt werden muss, ist Karl May, der die Imagination «fremder» Kulturen und Menschen entscheidend mitprägte und auch heute noch nicht ganz ohne Einfluss bleibt. Bekanntermaßen war Karl May ein Lieblingsschriftsteller Adolf Hitlers.

Auf «wissenschaftlichem» Gebiet flankierten Sozialdarwinismus und «Rassenkunde» das Gefühl der Überlegenheit gegenüber den kolonisierten Völkern. Der Biologe Eugen Fischer personifizierte dabei die Verbindung von Kolonialismus und Nationalsozialismus. Seine 1908 in Südwestafrika durchgeführte Studie «Die Rehobother Bastards und das Bastardisierungsproblem beim Menschen», deren Thema die Nachkommen von weißen Farmern und Nama-Frauen waren, entwickelte sich zum Grundlagenwerk der «Rassenbiologie». In den Nürnberger Gesetzen von 1935 erblickte er die praktische Umsetzung seiner Arbeit.[719]

Der Völkermord in Südwestafrika und der blutige deutsche Feldzug in Ostafrika während des Maji-Maji-Krieges hatten den Schritt von bloßer Vorstellung zu wirklicher Vernichtung vollzogen. Sie reihten sich zwar in Gräueltaten der Kolonialkriege anderer Nationen ein, der Genozid an Herero und Nama wurde aber mit ausdrücklicher staatlicher Legitimation begangen. Vernichtung war damit nicht nur denkbar, sondern real geworden und staatlich autorisiert.

Die untergründige Angst vor Vergeltung könnte seitens der Deutschen durchaus eine Rolle gespielt haben, als Frankreich während der alliierten Rheinlandbesetzung nach dem Ersten Weltkrieg auch afrikanische Kolonialsoldaten stationierte und in Deutschland eine massenpsychotisch anmutende Kampagne gegen die sogenannte «Schwarze Schmach» begann. Diese kaprizierte sich auf einen angeblich gesteigerten Sexualtrieb der Afrikaner, die massenhaft deutsche Frauen vergewaltigen würden. In einem gebrochenen Verhältnis hierzu stand die Wertschätzung der «treuen Askaris», den für die Deutschen kämpfenden afrikanischen Soldaten.

Ute Frevert schreibt: «Die Soldaten und Offiziere der NS-Wehrmacht zogen mit anderen politischen Vorstellungen und Werthaltungen in den Krieg als die der alten Armee. Ihrer ‹rassischen Höherwertigkeit› gewiß, kämpften sie, besonders im Osten und Südosten, gegen ‹Minderwertige›. Ihre Gegner waren keine Menschen mehr, sondern ‹Untermenschen› und entsprechend zu behandeln.»[720] *Frevert blendet die deutschen Kolonien und die dort geführten*

719 Vgl. Roller: Der Rassenbiologe Eugen Fischer.
720 Frevert: Kasernierte Nation, S. 327.

Kriege komplett aus, ebenso die Massaker an der belgischen Bevölkerung zu Beginn des Ersten Weltkriegs, wobei die Belgier häufig als «mindere Rasse» betrachtet wurden. Zu nennen sind auch die kolonialen Ambitionen der Heeresleitung während des Ersten Weltkriegs an der Ostfront im sogenannten Gebiet «Ober Ost», in dem sich bereits eine deutliche Verbindung germanischen Herrenrassentums mit manifestem Antisemitismus zeigte. Auch das Auftreten der Freikorps im Baltikum ist in diesem Zusammenhang eindeutig. Die «Vorstellungen und Werthaltungen» der Wehrmachtsangehörigen hatten durchaus historische Vorläufer. Hierzu Klaus Theweleit: «Die Behauptung, Krieg und Nachkrieg, später dann die Weltwirtschaftskrise hätten den Grund zum deutschen Faschismus gelegt, verstellt den Blick darauf, daß der Typ Mann, der entscheidend zum Sieg des Faschismus beigetragen hat, zu Beginn des Krieges 1914 in seinen wesentlichen Zügen längst vorhanden war.»[721]

Die kolonialrevisionistischen Vereine und Verbände der Weimarer Republik bemühten sich in emsiger Arbeit vor allem um die Wiedererlangung deutscher Kolonien. Die Zeit dazu war noch nicht reif. Das koloniale (Unter-) Bewussein eines Großteils der Deutschen wurde erst später auch wieder praktisch virulent, verbunden mit der Ideologie des Antisemitismus. So lässt sich der Ostfeldzug der Nationalsozialisten durchaus in einem kolonialen Kontext betrachten.

3. Im Stahlhelm

Am 21. Januar 1921 schrieb die linksliberale Berliner Volks-Zeitung unter der Überschrift «Maercker redet endlich offen»: «Die Reichsgründungsfeier in Leipzig war der Deutschen Volkspartei willkommener Anlaß, für die Monarchie zu demonstrieren. In einer ihrer Versammlungen sprach General Maercker ... unter starkem Beifall der Zuhörer folgende Worte, die für den ‹republikanischen› Geist eines großen Teils der deutschen Bevölkerung charakteristisch sind: ‹Ich bin und bleibe Monarchist, nicht nur aus Gefühlsgründen, sondern aus Gründen der ruhigen Vernunft. (!) Die Republik wird die inneren und äußeren Schwierigkeiten nicht überwinden können und für Republiken ist es unmöglich, sich sauber zu halten. (!!) Der monarchische Gedanke schlummert als Kyffhäusertraum in unserem Herzen ...›»[722]

721 Theweleit: Männerphantasien, Band. 2, S. 403.
722 BArch R 8034-III/297, Bl. 15, Reichslandbund - Pressearchiv.

Auf Seiten der politischen Rechten genoss Maercker weiterhin große Reputation. So kommentierte die Hallesche Zeitung am 8. Oktober 1921 seinen Auftritt als Redner anlässlich einer von der Deutschnationalen Volkspartei organisierten Feier zum Hindenburg-Geburtstag: «An der Abendkasse herrschte ein ungeheurer Andrang. Viele, die gehofft hatten, noch Einlaß zu finden, mußten wieder umkehren. Der große ‹Thaliasaal› war bis auf den letzten Platz gefüllt, Kopf an Kopf standen die Teilnehmer, sogar in den Gängen war kaum noch ein Plätzchen zu finden … Arbeiter mit ihren Familien, Studenten, Stahlhelm-Leute, ja sogar alte Mütterchen und Greise hatten es sich nicht nehmen lassen, den Befreier Halles zu begrüßen und Hindenburgs Geburtstag mitzufeiern. Auch viele ehemalige Angehörige des Landesjägerkorps waren erschienen, um ihren alten Führer zu begrüßen.»[723]

Ende März 1923 relativierte Maercker, der immerhin im Auftrag einer republikanischen Regierung gegen die Revolution gekämpft hatte, seine Wertschätzung der Monarchie gegenüber der Rolle des Vaterlandes: «Es kommt heute nicht darauf an, ob ich mein Vaterland als Monarchie oder Republik verteidige, die Not des Landes verlangt von allen Deutschen, daß sie das Vaterland so verteidigen, wie es augenblicklich ist. Die Staatsform kommt erst in zweiter Linie.»[724] Dieser Gesinnungswandel geschah nicht unbedingt freiwillig, denn seit Juli 1922 galt das «Republikschutzgesetz», welches unter anderem das Ziel hatte, republikfeindliche monarchistische Organisationen zu bekämpfen.

Den Anlass für die Ausführung Maerckers bot eine Bismarckfeier des «Stahlhelm», wiederum in Halle. Die Kommunisten hatten aufgerufen, die Feierlichkeiten zu verhindern. Der Polizeipräsident musste sogar auswärtige Kräfte anfordern. Unter dem Titel «Und Maercker sprach doch!» berichtete die Hallesche Zeitung am 3. April 1923: «Den Stahlhelmmitgliedern ist es von vornherein klar gewesen, daß die Feier unter allen Umständen, wie alle anderen Veranstaltungen, stattfinden mußte … Umsonst waren alle Hoffnungen der Kommunisten auf eine blutige Osternacht, der man hätte zu gern die Ausrufung der Räterepublik folgen lassen … Moskau wird mit Halle gar nicht zufrieden sein … Von langanhaltendem Beifall umjubelt, bestieg der Festredner des Abends, <u>General Maercker</u>, im einfachen, schlichten Bürgerrock die Bühne.» [Hervorhebung im Original, C.K.][725]

723 Ebd., Bl. 19.
724 Ebd., Bl. 16.
725 Ebd.

Maercker begann seine Rede mit einem Angriff auf die Allierten, die einen Teil Deutschlands an Rhein und Ruhr besetzt hatten: «Sie mögen uns alles nehmen, Land, Ehr', Gut und Geld, sie mögen die Rosse tränken zu Köln im deutschen Rhein, sie mögen Wort und Verträge uns brechen, aber: So wahr noch die Wogen fließen, zum Meer, im deutschen Rhein, wird auch die Vergeltung kommen, der Tag wird unser sein!»[726] Er beklagte das mangelnde Nationalbewusstsein der Deutschen und eine fehlende wirkungsvolle Armee, die er als «das größte Ausbildungsinstitut des deutschen Volkes»[727] bezeichnete. Er schloss: «‹Ihr Männer vom Stahlhelm, ich glaube an Euch, auf Euch setzen wir unsere Hoffnungen, Ihr seid dazu berufen, deutschen Geist und deutsche Achtung wieder so hoch zu bringen, wie es die Väter taten. Wenn ihr Eure Aufgabe so auffaßt, dann wird einst der Tag kommen, wo Deutschland wieder frei von Sklavenketten sein wird.› (langanhaltender Beifall.)»[728]

Von der im Raum Halle-Merseburg erscheinenden kommunistischen Zeitung «Klassenkampf», die zur Verhinderung der Veranstaltung aufgerufen hatte, forderte der Stahlhelm eine Gegendarstellung, in der es u. a. hieß: «Es ist nicht wahr, daß General Maercker bei reichgedeckter Tafel gespeist hat, wahr ist vielmehr, daß er, wie jeder auf Vortragsreisen Befindliche, ein einfaches Abendbrot eingenommen hat und daß General Maercker schon seit Jahren keinen Alkohol mehr trinkt und nicht raucht ... – Es ist nicht wahr, daß General Maercker ein Hoch auf die Monarchie ausgebracht hat, wahr ist vielmehr, daß die Festteilnehmer ein Hoch auf General Maercker ausgebracht haben.»[729] Maercker selbst erstattete Anzeige gegen den zuständigen Redakteur des «Klassenkampf», von dem er sich als «Proletarierschlächter, Arbeitermetzger, Schweinehund» verleumdet fühlte. Anderthalb Jahre später fand deshalb ein Prozess statt, der mit einer einmonatigen Haftstrafe des Redakteurs endete.[730]

Im März 1924 wurde Maercker zum Vorsitzenden des Stahlhelm-Landesverbandes Sachsen ernannt. Schon 1919 hatten der Stahlhelm und Maerckers Freikorpseinheit eng zusammengearbeitet, besonders bei der Bekämpfung von Unruhen in Magdeburg und Halle.[731] Diese

726 Ebd.
727 Ebd.
728 Ebd.
729 Ebd.
730 Vgl. ebd.
731 Vgl. Berghahn: Stahlhelm, S. 17; Klotzbücher: Weg, S. 7; Diehl: Paramilitary Politics, S. 96.

beiden Städte spielten auch in der Entwicklung des Stahlhelms eine entscheidende Rolle.

Die Gründung des «Stahlhelm - Bund der Frontsoldaten» erfolgte am 25. Dezember 1918 in Magdeburg durch den Fabrikanten Franz Seldte. Die Vereinigung begriff sich als gegenrevolutionär, aber durchaus republikanisch. Das Ziel war neben der Versorgung heimkehrender Soldaten die Wiederherstellung von «Ruhe und Ordnung». Mit Sozialdemokraten und Juden als Mitgliedern gab es zunächst keine Berührungsängste. Auch die Parteizugehörigkeit sollte keine Rolle spielen, von «Spartakisten» natürlich abgesehen.

Eine Radikalisierung trat im Sommer 1919 durch die Unterzeichnung des Versailler Friedensvertrages ein. Die revolutionären Bewegungen waren zwar zunächst unterdrückt, doch «wurde der Kampf gegen den ‹inneren Feind› … belebt durch das Verbleiben eines ‹äußeren Feindes›»[732]. Die große Masse der in militärischen Verbänden Tätigen konnte nicht mehr mit einer Übernahme in die Reichswehr rechnen und sah sich in ihrer materiellen und gesellschaftlichen Existenz bedroht. Der Stahlhelm als eine ursprünglich lokale Magdeburger Vereinigung weitete sich schnell aus. Existierten im März 1920 30 Ortsgruppen, waren es im Juni 1921 63, am Jahresende 300 und im Juni 1922 bereits 500.[733] Die Organisationsstruktur blieb dabei föderalistisch.

Am 2. August 1919 gründete sich die Ortsgruppe Halle, die sich zum zweiten Schwerpunktzentrum des Bundes entwickelte. Hier bestimmte später Theodor Duesterberg das Geschehen, der sich als Gegenspieler Seldtes entpuppen sollte. Die Differenzen innerhalb der Organisation zeigten sich deutlich anlässlich des Kapp-Lüttwitz-Putsches. Während die Magdeburger ihn ablehnten, sprach sich die Ortsgruppe Halle für ihn aus.

Als im Juni 1922 der Reichsaußenminister Walther Rathenau von Mitgliedern der «Organisation Consul» - einer Nachfolgegruppe des Freikorps Ehrhardt - ermordet wurde, schlug die Stimmung gegenüber den rechtsnationalen Vereinigungen um. Am 2. Juli erklärte der Oberpräsident der Provinz Sachsen den Stahlhelm für aufgelöst. Preußen und die meisten deutschen Länder schlossen sich an. Das Verbot schadete dem Bund nicht - nach seiner Wiederzulassung, ein halbes Jahr später, existierten bereits 1200 Ortsgruppen.[734]

---

732 Berghahn: Stahlhelm, S. 18f.

733 Zahlen nach Diehl: Paramilitary Politics, S. 97.

734 Vgl. Klotzbücher: Weg, S. 17.

Höhepunkt der Inflation und Einführung der Rentenmark, Aufstand im Ruhrgebiet, «Hitlerputsch», Verhängung des Ausnahmezustandes durch Reichspräsident Ebert über das gesamte Deutsche Reich, Bildung von SPD/KPD-Koalitionsregierungen in Sachsen und Thüringen und anschließender Einmarsch von Reichswehrtruppen - auch 1923 markierte ein politisch und gesellschaftlich extrem überhitztes Jahr der Weimarer Republik. Vor allem aber gab es ein weiteres prägendes Ereignis, das nicht nur den Stahlhelm beschäftigte. Schon im Januar hatten französische und belgische Truppen mit der Begründung, das Deutsche Reich erfülle seine Reparationszahlungen nicht, das Ruhrgebiet besetzt. Es kam zum «Ruhrkampf», in dem die deutsche Regierung den «passiven Widerstand» ausrief. Der Stahlhelm unterstützte Hilfsmaßnahmen für aus dem Ruhrgebiet vertriebene Deutsche. Besonders der «Wehrgedanke» geriet in den Vordergrund und prägte seitdem die Organisation: «Der Stahlhelm wurde zum Wehrverband, worunter man eine militärisch strukturierte, in erster Linie für außenpolitische Auseinandersetzungen vorgesehene Organisation, eine Art zweites Aufgebot der Reichswehr zu verstehen haben wird.»[735]

Auch 1923 machten wieder einmal Putschpläne und Bürgerkriegsdrohungen die Runde. Besonders Bayern bot einen Hort für Rechtsradikale jeder Schattierung. Der Marsch auf Berlin schien bald bevorzustehen. Der Stahlhelm schlug eine Diktatur unter Reichskanzler Stresemann vor, wurde von diesem aber enttäuscht. Darauf entstanden Pläne eines diktatorischen Direktoriums, zu dessen Propagierung am 2. September eine große Versammlung in Nürnberg stattfand. Auf der Teilnehmerliste des Treffens standen unter anderen Georg Maercker, Erich Ludendorff und Adolf Hitler.[736]

Schon Anfang 1922 erwies sich auf einem Frontsoldatentag die «Judenfrage» als akut. Seldte und die Magdeburger Gruppe bekundeten, zwischen jüdischen und nichtjüdischen Mitgliedern keinen Unterschied machen zu wollen, während sich der Vertreter aus Halle als strammer Antisemit zeigte. Volker R. Berghahn behauptet in seinem grundlegenden Buch «Der Stahlhelm», Georg Maercker habe im Winter 1923/24 einen «Arierparagraphen» vorgeschlagen, der von Duesterberg unterstützt worden sei. Auf einer Versammlung im März 1924 habe sich die Fraktion Seldtes schließlich der Formulierung Maerckers beugen müssen: «Juden können nicht in den Stahlhelm aufgenommen

735 Ebd., S. 19.
736 Vgl. Berghahn: Stahlhelm, S. 45.

werden.»[737] Damit habe der Duesterberg-Flügel mit Hilfe der antisemitischen Stellungnahme Maerckers einen eindeutigen Sieg errungen.[738]

Allerdings ist die Quellenlage nicht ganz eindeutig. Berghahn verweist in zwei Fußnoten[739] auf ein Protokoll der Stahlhelm-Bundesvorstandssitzung vom 20.1.1924 in Magdeburg sowie einen Protokoll-Auszug der Hauptversammlung der Stahlhelm-Gauführer vom 9.3.1924 in Halle. In dem Bericht über die Bundesvorstandssitzung vom Januar wird Maercker selbst namentlich nicht erwähnt. Den Kernpunkt der Sitzung bildete die «völkische Frage». Deren Stellenwert wurde durchaus kontrovers diskutiert. Seldte, in der «Judenfrage» bislang eher moderat, kam nun den Antisemiten entgegen, indem er verkündete: «1.) Niemals hat der Stahlhelm von jüdischer Seite Geld genommen, noch wird er es tun. – 2.) Obwohl nach den Gründungssatzungen Frontsoldaten ohne Rücksicht auf Stand, Partei und Bekenntnis aufgenommen werden, hat sich im Gau Magdeburg die Praxis entwickelt, dass kein Jude aufgenommen wird.»[740] Ein Jude müsse zur Aufnahme in den Stahlhelm nämlich eine Zustimmungsmehrheit im Aufnahme-Ausschuss finden, was bisher noch keinem gelungen sei. Vermutlich war dies eine Konzession Seldtes an den Duesterberg-Flügel wie auch an die aufkommende nationalsozialistische Bewegung. Einstimmig angenommen wurde eine Kompromissformel, in der es hieß: «Das Gefühl, Deutscher zu sein, muss als ein heiliges Vorrecht empfunden und so stark gemacht werden, dass in Zukunft fremdrassige Einflüsse, welcher Art sie auch sein mögen, nicht wie in unseren Tagen eine unheilvolle Rolle spielen können. – Mit irgendwelcher antisemitischen Gruppe oder politischen Partei hat die Stellungnahme des Stahlhelms nichts zu tun.»[741]

Am 8./9. März 1924 erfolgte in Halle eine Bundesvorstandssitzung des Stahlhelm. Den Vorsitz hatte Maercker, Präsident des Landesverbandes Sachsen. Notwendig erschien dem Vorstand eine eindeutige Formulierung der Ziele. In der Satzung wurde verankert: «Der Stahlhelm ist ein Bund, der alle Frontsoldaten, ohne Rücksicht auf Stand, Partei und Bildung erfassen will. Seine Ziele sind: 1. Pflege deutsch-

737 Vgl. Berghahn: Stahlhelm, S. 66.

738 1932 wurde bekannt, dass Duesterberg von jüdischen Vorfahren seitens seines Großvaters abstammte.

739 Berghahn: Stahlhelm, S. 66, Fußnoten 5 und 6.

740 BArch R 72/418, Bl. 172.

741 Ebd., Bl. 173.

vaterländischer Gesinnung, Freiheit des deutschen Volkes; 2. Erhaltung der im Felde begründeten Kameradschaft; 3. Eintreten für die Belange der Frontsoldaten.»[742] Neben Seldte als erstem Vorsitzendem trat nun Duesterberg als zweiter Vorsitzender. Der Machtkampf erreichte damit eine neue Stufe. Seldte repräsentierte die rechtsstehende Deutsche Volkspartei DVP, Duesterberg die noch weiter rechtsstehende Deutschnationale Volkspartei DNVP. Unter Punkt 6 der Tagesordnung («Organisationsfragen») wurde protokolliert: «Die Organisation des Bundes wird noch einmal genau durchgesprochen. Mit Bundes-Richtlinien die Judenfrage satzungsgemäss zu verquicken, wird abgelehnt. Bei der Aussprache über diese Frage wird schließlich die Forderung angenommen: ‹Juden können nicht in den Stahlhelm aufgenommen werden›.»[743]

Hans Langermann schrieb rückblickend: «Auch die Judenfrage wurde notwendigerweise im weiteren Verfolg dieser Bündnisabsichten des Stahlhelm Halle-Merseburg mit den Nationalsozialisten Hitlers in den Stahlhelm hineingetragen, und Franz Seldte ist es gewesen, der sich gegen einen Paragraphen ausgesprochen hat, der die Aufnahme von Juden in den Stahlhelm in Zukunft untersagte. Auf einer stürmischen Führersitzung in Halle, bei der u. a. noch der bekannte und schon verstorbene General Maercker, der Befreier Halles und damalige Stahlhelmbundesverbandsführer von Sachsen, sich ebenfalls energisch für Düsterberg und gegen Seldte aussprach, wurde dann schließlich eine Formel gefunden, die den Judenparagraphen im Stahlhelm etwa folgendermaßen formuliert: ‹Der Stahlhelm, Bund der Frontsoldaten, nimmt keine Juden auf, weil bereits ein jüdischer Frontsoldatenbund besteht›.» [Hervorhebung im Original, C.K.][744]

Am 30. März 1924 fand die Gründung des Dresdner Stahlhelms statt. Wieder führte Maercker den Vorsitz. In einer zehn Jahre später erschienenen Festschrift, in der Maerckers «Führereigenschaften» neben seinem «Kameradschaftssinn» hervorgerufen wurden, hieß es: «In einer kurzen soldatischen Ansprache bezeichnete dann Kamerad Maercker die innere und äußere Befreiung Deutschlands als das Ziel des Stahlhelms, das jedoch nur dann zu erreichen sei, wenn Deutschland wieder wehrhaft werde. In der Erhaltung der Wehrfähigkeit und in der Erziehung zur Wehrhaftigkeit sah Kamerad Maercker den einzig gangbaren

742 Seldte (Hrsg.): Stahlhelm, Bd. 1, S. 47.
743 BArch R 72/4, Bl. 113.
744 Langermann: Kampf und Sieg, S. 296. Die Schrift erschien 1933.

Weg, die deutsche Freiheit und Größe zurückzugewinnen. Opferbereite Vaterlandsliebe und treue Kameradschaft, Ueberbrückung der Standes- und Klassengegensätze durch den Frontsozialismus sowie Kampf gegen Internationale und Pazifismus müßten die Aufgaben dieses Frontsoldatenbundes sein. Scharf wandte sich der Redner gegen alles Unmännliche, gegen Parlamentarismus und politisches Schiebertum.» [Hervorhebung im Original, C.K.][745] Auch wenn die Festschrift - sie erschien 1934 - im nationalsozialistischen Duktus gehalten war, präzisierte sie doch das Hauptziel Maerckers: die Rückgewinnung «deutscher Freiheit und Größe» durch neu zu erlangende Wehrfähigkeit.

Eine weitere Konfrontation linker und rechter Kräfte erfolgte erneut unter Beteiligung Maerckers in Halle. Das war kein Zufall, denn Halle bildete seit längerem einen revolutionären Unruheherd zum einen und zum anderen einen Schwerpunkt rechter Verbände, deren Speerspitze sich in der politisch rechtsaußen stehenden Stahlhelm-Ortsgruppe zeigte. Die Vorgeschichte des Ereignisses bestand in einem am Neujahrsabend 1923 verübten Anschlag auf das Kaiser-Wilhelm-Denkmal, bei dem ein Standbild des früheren Generalstabschefs Moltke zerstört worden war. Dieses sollte, neu errichtet, am 11. Mai 1924 während eines «Deutschen Tages» wieder enthüllt werden. Die Veranstaltung geriet zu einer eindrucksvollen Kundgebung der rechten Wehr- und Kriegerverbände. Es nahmen etwa 100.000 Menschen teil in Anwesenheit besonders herausragender Repräsentanten wie Georg Maercker, Erich Ludendorff, Felix Graf von Luckner und Prinz Oskar von Preußen. Die Festrede hielt Theodor Duesterberg. Während die Feier als solche friedlich verlief, löste die Polizei eine aus etwa 250 Personen bestehende Gegendemonstration innerhalb der Stadt gewaltsam auf. Die eigentlichen Auseinandersetzungen geschahen außerhalb der Stadt. 10.000 Menschen waren, hauptsächlich durch Mobilisierung der KPD, aus dem mitteldeutschen Industriegebiet angereist. Die meisten von ihnen zogen sich wieder zurück, doch 2000 Teilnehmer versuchten, geschlossen die Innenstadt zu erreichen. Dabei kam es zu einem vierzigminütigem Feuergefecht mit Polizeieinheiten, in dessen Verlauf mehrere Demonstranten und Polizisten getötet und 467 Protestierende

745 Nationalsozialistischer deutscher Frontkämpferbund (Hrsg.): Kampf, S. 13. 1934, als die Festschrift erschien, war der Stahlhelm unter dem Namen «Nationalsozialistischer deutscher Frontkämpferbund (Stahlhelm)» bereits gleichgeschaltet und der SA unterstellt, im Jahr darauf erfolgte seine endgültige Auflösung.

festgenommen wurden (Schätzungen gehen von vier bis zehn Toten aus).[746]

Noch im selben Monat unternahm Duesterberg eine direkte Attacke gegen seinen Konkurrenten Seldte. Auf einem Treffen von Stahlhelm-Führern beantragte er, Seldte durch einen «früheren Kommandierenden General» abzulösen. Dies sollte auf einer Mitgliederversammlung am 15. Juni in Dresden geschehen. Die Versammlung sprach sich jedoch mit großer Mehrheit für Seldte aus. In den Bundesnachrichten des Stahlhelm hieß es hierzu: «Kamerad Seldte legte seine völlige parteipolitische Unabhängigkeit dar und lehnte es ab, sein Amt niederzulegen, um es einem General zu übertragen.»[747] Klotzbücher vermutet, der an dieser Stelle nicht namentlich genannte General sei «wahrscheinlich der nach dem Kapp-Putsch aus der Reichswehr entlassene General Maercker»[748]. Berghahn hingegen benennt den General a. D. Sixt von Armin, damals 72-jährig. Diesen Vorschlag, so Berghahn, habe Seldte als «barock» bezeichnet.[749]

Maercker indes betätigte sich auf kulturellem Gebiet. Er stellte das «Stahlhelm- und Vaterlands-Liederbuch» zusammen unter der Widmung: «Deutschland, Deutschland über alles, und im Unglück nun erst recht». In dem Gesangbuch finden sich neben «Stahlhelmtrutzlied», «Frontsoldatenlied», «Wehrwolflied», «Das deutsche Schwert ist scharf und rein» das Lied «Vom deutschen Tag», in dem es heißt: «Einst wird kommen der Tag, / Wo mit donnerndem Schlag / All-Deutschland zersprenget die Ketten, / Wo ein Führer, ein Held / An die Spitze sich stellt, / Die Heimat, die Ehre zu retten … / Allem Deutschtum die Ehr, / Allem Weltlug die Lehr! / Frei, Deutschland! Mußt wieder gelten! Heil, Heil, Heil!»[750]

Der Stahlhelm entwickelte sich zum größten rechten Wehrverband im Reich. 1930 hatte er ca. 500.000 Mitglieder. 1929 initiierte er gemeinsam mit DNVP, NSDAP und dem Alldeutschen Verband einen Volksentscheid gegen den Young-Plan, in dem es um Reparationsfragen ging, scheiterte damit allerdings. Es folgte der Zusammenschluss von Stahlhelm, NSDAP und DNVP in der «Harzburger Front» 1931.[751] Im

746 Vgl. hierzu Schmuhl: Halle, S. 72–74.
747 BArch R 72/392, Bl. 134, Bundesnachrichten des Stahlhelm vom 29.6.1924.
748 Klotzbücher: Weg, S. 29.
749 Vgl. Berghahn: Stahlhelm, S. 80. Berghahn betitelt Armin dabei fälschlich als «Arnim».
750 Maercker: Stahlhelm- und Vaterlands-Liederbuch, Dresden 1924, S. 43.
751 Das Verhältnis zwischen den verschiedenen radikal rechten Organisationen

Januar 1933 wurde Franz Seldte Arbeitsminister im Kabinett Hitler. Ein Jahr später kam es zur Gleichschaltung des Bundes, der sich in «Nationalsozialistischer deutscher Frontkämpferbund (Stahlhelm) NSDFB» umbenannte und eine organisatorische Eingliederung in die SA erfuhr, bevor er 1935 gänzlich aufgelöst wurde. Der alte «Frontbegriff» des Stahlhelm hatte gegenüber dem neuen der Nationalsozialisten ausgespielt: «In seiner statischen Unantastbarkeit stand das vom Stahlhelm vertretene Konzept der ‹Frontgemeinschaft› dem nationalsozialistischen Konzept der ‹Front›-Gemeinschaft als integrativem Bestandteil der ‹Volksgemeinschaft› entgegen ... Die Frontsoldaten waren für die ‹Zustimmungsdiktatur› des Nationalsozialismus so lange integratives Moment, wie sie sich als Scharnier zwischen Tradition und Transformation symbolisch in die nationalsozialistische 'Front' einbeziehen ließen.»[752]

Georg Maercker konnte diese Ereignisse nicht mehr miterleben. Er verstarb am 31. Dezember 1924 in Dresden mit 59 Jahren an den Folgen einer Operation. Johannes Keßler, Hofprediger aus Potsdam, notierte in seinen Erinnerungen: «Mit furchtbarer Plötzlichkeit war ein Leberleiden ausgebrochen, das diesen scheinbar todgefeiten Mann in kurzer Zeit zerbrach.»[753] Vermutlich handelte es sich um die Langzeitfolgen einer Tropenkrankheit. Bis kurz vor seinem Tod bemühte sich Maercker rastlos, als führendes Miglied in Organisationen wie dem Kolonialkriegerbund, der Kolonialen Reichsarbeitsgemeinschaft, den Vereinigten Vaterländischen Verbänden Deutschlands und dem Stahlhelm den «kolonialen Gedanken» zu propagieren.

Hauptmann a. D. Lowe, Vizepräsident des Kolonialkriegerbundes, schrieb über die Beisetzung Maerckers: «Noch nie sah Dresden eine Wallfahrt zum letzten Erdengang eines Mannes wie diese. Ungezählte Tausende strömten am 3. Januar vor der Kapelle auf dem Tolkewitzer Friedhof zusammen. Fahnen über Fahnen und Standarten über Standarten, Reichswehr, Offiziere, Mannschaften, Bürger mit Frauen und Kindern, Greise, Jugend: keiner fehlte ... Aus allen Teilen des Reichs waren die alten Kolonialsoldaten, Tag und Nacht auf der Bahn, herbeigeeilt.»[754]

---

und Parteien gestaltete sich keineswegs reibungslos. Zu den Vorkommnissen während des Treffens in Bad Harzburg vgl. Berghahn: Stahlhelm, S. 184–186.

752 Hoffstadt: Frontgemeinschaft?, S. 203.

753 Keßler: Jugend, S. 341.

754 Der Kolonialdeutsche, Nr 2/1925.

Die Predigt hielt Hofprediger Keßler, der später berichtete: «Es war eine gewaltige Kundgebung für den toten Führer, ein überwältigender Aufmarsch, der Krematorium, Friedhof und anliegende Straßen füllte. Mehr als zweihundert Fahnen umstanden den Sarg, und es war ein erhebender Augenblick, als alle die Fahnen sich senkten: jetzt huldigt der deutsche Geist dem großen, urdeutschen Sohn.»[755]

Auch in der Dresdner Volkszeitung fand sich unter der Überschrift «Der Genosse und der General» ein Kommentar über den Tag der Beisetzung: «Im Krematorium wurde am Sonnabend unser Genosse Oswald Berndt eingeäschert. Die Halle faßte kaum alle Leidtragenden ... Kaum hatte sich der Sarg gesenkt, kaum hatten die Leidtragenden sich entfernt, als die Vorbereitungen für eine andere Einäscherung begannen. Sie galten dem General Maercker ... Aus Dresden, aus Sachsen und aus dem Reiche beteiligten sich alle, die dem Kriegsgedanken auch heute noch huldigen. Kriegsflaggen in großer Zahl, Vereinsfahnen der Stahlhelmler, Werwölfe, Jungdoleute[756] flatterten, Orden und Ehrenzeichen schimmerten, hoch reckten sich die damit behangenen Brüste in allen möglichen Friedens- und Kriegsuniformen, entblößte Degen und Helmspitzen blitzten, ... selbst eine voll ausgerüstete Reichswehrkompanie mit Musikkapelle war abgeordnet ... Aus der Halle tönten mit Stentorstimme [laut dröhnende Stimme, C.K.] vorgetragene starke Worte von Offizieren und die eines Hofpredigers, die den soldatischen Helden feierten, dem Kriegshandwerk huldigten und die Sehnsucht nach einem starken deutschen Heere ausdrückten.»[757]

---

755 Keßler: Jugend, S. 341.

756 Der «Wehrwolf» war ein 1923 unter maßgeblicher Beteiligung des Stahlhelm gegründeter paramilitärischer Wehrverband, der «Jungdeutsche Orden» (Jungdo) eine aus Freikorpskreisen entstandene militaristische Organisation, die sich stark am «Deutschen Orden» («Deutschritterorden») orientierte.

757 Dresdner Volkszeitung vom 5. Januar 1925.

Nachwort

Der Anlass für meine Beschäftigung mit Georg Maercker war ein lokalhistorisches Ereignis – der Einmarch von Freikorpstruppen in Braunschweig im April 1919. Damit trat ich eine zunächst ungeahnte archivalische und literarische Reise an, die mich von Westpreußen nach Ostafrika, Anatolien, China und Südwestafrika bis zu den Schlachtfeldern des Ersten Weltkriegs und den Wirren der frühen Weimarer Republik führte. Wie ein Schlaglicht erhellt der Lebensweg Maerckers sechs Jahrzehnte deutscher Geschichte inklusive der von Deutschland in Besitz genommenen Kolonien. Zusammenhänge werden sichtbar zwischen der preußisch-militaristischen Tradition, Krieg und Völkermord in den kolonisierten Gebieten, Weltmachtstreben des Kaiserreichs, dem Ersten Weltkrieg, der Niederschlagung der Rätebewegung bis zu Entstehungsbedingungen des Faschismus, zudem handelt sich um ein Lehrstück mit Gegenwartsbezug.

In seinem «Grundlegenden Befehl Nr. 1 für das Freiwillige Landesjägerkorps» fordert Maercker zum Thema «Manneszucht»: «Die Leistung einer Truppe kommt nur dann voll zur Geltung, wenn diese bedingungslos in der Hand ihres Führers ist. Das gilt vor allem für die Freiwilligen-Truppen. Dazu ist eiserne Manneszucht nötig, die die Vorbedingung für jeden Erfolg und eine Wohltat für jedermann ist. Die Manneszucht muß auf einem freiwillig und freudig dargebrachten Gehorsam beruhen.»[758]

Entsprechendes verlangt das «Militär-Wochenblatt»: «Nicht die Dressur muß erstrebt werden, eine bloße Mechanisierung der Handlungen, die den Mann, auch im Gefecht, gegebene Kommandos ausführen läßt. Man muß die Disziplin verinnerlichen [...] Auch am Exerzieren muß dem Soldaten die Lust und Freudigkeit erhalten bleiben, dann ist in der halben Zeit das Doppelte zu erreichen.»[759]

Der Duden definiert den von Maercker inflationär benutzten Begriff der «Manneszucht» als «Haltung eines Mannes, der sich in der Gewalt hat». Diese «Haltung» lässt sich am besten realisieren, wenn die Gewalt nicht nur von außen herangetragen, sondern auch verinnerlicht wird. Wie wir am Beispiel der Kadettenanstalt gesehen haben, kann sich

758 Maercker: Kaiserheer, S. 46.

759 Ulrich/Vogel/Ziemann (Hrsg.): Untertan, S. 69. Die Herausgeber zitieren einen 1906 im «Militär-Wochenblatt» erschienenen Artikel.

dabei Schmerz in Lustgefühl verwandeln, als Lebensziel ein heroischer Soldatentod erstrebenswert erscheinen.

Einen Einblick in eine solche Gewaltkultur gewährt Maercker, indem er die Verfassung von Soldaten beklagt, die während des Weltkriegs als Ersatz für gefallene und verwundete deutsche Offiziere rekrutiert wurden: «[S]ie waren den Anforderungen, die an Geistesart und Willen des Offiziers gestellt werden müssen, vielfach nicht gewachsen; manche verstanden es nicht ihren Leuten vorzuleben, so wundervoll auch viele tausend ihre Hauptpflicht zu erfüllen wußten, nämlich ihrer Mannschaft vorzusterben!»[760] Das Leitmotiv der Kadettenanstalt gegenüber den zehnjährigen Schülern - «Sie sind hier, um sterben zu lernen» - hatte tiefen Eindruck auf ihn hinterlassen. So bezeichnete er den Tod seines Bruders Julius zu Beginn des Ersten Weltkriegs als «wundervollen Soldatentod». Selbst zwei aus Deutschland nach Ostafrika importierte Doggen starben für ihn den «Heldentod».

Maerckers Lebensinhalt bestand darin, als Soldat Ruhm und Ehre der deutschen Nation zu bewahren und zu vermehren. Er war ein aus bürgerlichen Verhältnissen stammender Musterschüler des vom Adel geprägten preußischen Militärwesens. Seine Korrektheit und Unbestechlichkeit unterschieden ihn von manchen seiner Mitstreiter, in seinem persönlichen Moralkodex existierte durchaus ein Sinn für Gerechtigkeit. Diese sah er bedroht durch jede Bewegung, welche in seiner Sicht die nationale Einheit in Frage stellte oder, wie in den Kolonien, den Vorrang des deutschen Herrschaftsanspruches bestritt.

Während in den Denkstrukturen adliger Offiziere das Militärische gegenüber dem Allgemeinwissen häufig einen verabsolutierten Stellenwert einnahm, war Maercker naturwissenschaftlichen und technischen Erkenntnissen durchaus zugetan und versuchte, diese in seine militärische Denk- und Handlungsweise zu integrieren. Politisch-gesellschaftliche und ökonomische Veränderungen nahm er zur Kenntnis und reagierte auf sie flexibel, indem er sich als bekennender Monarchist einer republikanischen Regierung zur Verfügung stellte, dem geplanten Staatsstreich des Waldemar Pabst entgegentrat und sowohl Kapp wie Lüttwitz aufgrund ihrer nicht mehr zeitgemäßen Vorstellungswelten kritisierte. Auch eine häufig kritische Sichtweise auf ihm vorgesetzte Stellen war ihm eigen, dennoch verbunden mit einer stetigen Loyalität diesen gegenüber. Es war dann auch der ernsthafte Loyalitätskonflikt

760 Maercker: Kaiserheer, S. 49.

zwischen militärischer und politischer Führung, an dem seine militärische Laufbahn scheiterte.

Seiner Meinung nach habe sich die Armee «unpolitisch» zu verhalten und dürfe nur der jeweils existierenden Staatsform dienen: «Der Soldat hat stets die Staatsform zu beschützen die der Volkswille bestimmt hat.» [Hervorhebung im Original, C.K.][761] Diese demokratisch anmutende, tatsächlich im «völkischen» Sinne zu verstehende Bekundung ließ sich in der Praxis nicht durchhalten und kollidierte ebenso wie der vermeintlich «unpolitische» Charakter der Armee mit der Realität, als ein Großteil der Bevölkerung Sozialismus und Rätedemokratie verlangte. Auch die von ihm erhobene Forderung nach «Diktatur» und dem «starken Mann» im besiegten Deutschen Reich stand seiner Aussage diametral entgegen. Die «unpolitische» Gesinnung der Armee erwies sich im Gegenteil als höchst politisch.

Ein Handeln im Rahmen der kodifizierten militärischen Legalität war Maerckers Leitfaden. Dies führt zu der Frage nach den Gewaltverhältnissen, die in dieser «Legalität» verankert waren. Betrachten wir hierzu die kolonialen Verhältnisse: «Die Brutalität der imperialen Kriegführung … war ganz entscheidend auch vom Verhalten des Gegners sowie situativ bedingt»[762], schreibt die Schweizer Historikerin Tanja Bührer über die deutsche Schutztruppe in Ostafrika. Sie behauptet weiterhin: «Zudem hatten die Normen der afrikanischen Gewaltkultur einen entscheidend prägenden Einfluss auf die Verlaufsformen der Kolonialkriege»[763] und kommt zu dem Schluss: «Insgesamt muss wohl nicht nur von einer Entgrenzung, sondern auch von einer ‹Afrikanisierung der Gewalt› die Rede sein.»[764] Für die «Afrikanisierung der Gewalt» bemüht sie Maercker mit dem Zitat: «Es ist der afrikanische Brauch, dem wir uns fügen müssen.»[765] Maercker bezog sich damit allerdings nicht auf eine angebliche «Gewaltkultur» der Einheimischen, sondern auf die seines Erachtens kriegsnotwendige Vernichtung von Dörfern und Feldern durch die deutschen Truppen. Seine Schlussfolgerung war: «Und das alte Gesetz kommt auch in Afrika zur Geltung, daß das schonungsloseste Vorgehen das gelindeste ist, weil es am schnellsten wirkt.»[766] Wohlgemerkt

761 Ebd., S. 326.
762 Bührer: Kaiserliche Schutztruppe, S. 25.
763 Ebd., S. 274.
764 Ebd., S. 275.
765 Zitiert in ebd., S. 270, vgl. auch Maercker: Unsere Schutztruppe, S. 175.
766 Maercker: Unsere Schutztruppe, S. 175.

schreibt er nicht von einem «afrikanischen», sondern von einem in Afrika angewandten «alten Gesetz».

Einen anderen Ansatz als Bührer verfolgt die US-amerikanische Historikerin Isabel Hull. Sie schildert in ihrem Buch «Absolute Destruction», in dem sie sich mit Miltärkultur und Kriegspraktiken des imperialen Deutschlands beschäftigt, wie sich ihre Meinung im Laufe ihrer Untersuchung veränderte. Zunächst sei auch sie davon ausgegangen, die Deutschen hätten in den Kolonien schlimme Lektionen («evil lessons») gelernt, die sie anschließend im 1. Weltkrieg selbst praktizierten. Dann aber gewann sie die Überzeugung, die Situation in den Kolonien habe lediglich als eine Möglichkeit des Militärs gedient, die als unveränderlich betrachteten Kriegsregeln an Afrikanern und Chinesen zu erproben.[767] Die koloniale Kriegsführung habe sich also keineswegs, wie landläufig angenommen, grundsätzlich von «europäischer» Kriegsführung unterschieden. Hier wäre Maercker tatsächlich ein passender Kronzeuge, denn nach seinem Ostafrika-Aufenthalt bezeichnete er die dortige Schutztruppe als ideale kriegerische Ausbildungsstätte.

Es erscheint mir unglaubwürdig, die Gewaltbereitschaft der kämpfenden Truppe in den Kolonien zu relativieren und eine «afrikanische Gewaltkultur» zu konstruieren, ohne die preußisch-deutsche militaristische Kultur zu berücksichtigen. Dabei entsteht der Eindruck einer Reaktivierung überwunden geglaubter Klischees. Nur ein Beispiel: Schon zu Beginn des Hererokrieges behauptete die deutsche Propaganda, sämtliche Farmer mit ihren Frauen und Kindern seien ermordet worden. In Wirklichkeit hatten die Herero beschlossen, Frauen, Kinder und Missionare zu schonen. Hauptmann Franke gab sogar zur Kenntnis: «Ich bemerke noch ergänzend, daß von den vielen Leichen weißer Soldaten, welche ich im Orlog [Krieg, C.K.] gesehen habe, nicht eine einzige verstümmelt war.»[768] Vereinzelte Leichenschändungen waren in der Tat nicht Regel, sondern Ausnahme, etwa als Reaktion auf Vergewaltigungen von Herero-Frauen.[769] Deutsche Verlautbarungen über von Afrikanern begangene Gräueltaten müssen zunächst unter dem

767 «Rather, Germans approached colonial wars from inside the frames of their military culture as it had developed in Europe. The colonial situation merely provided the opportunity to practice on Africans or Chinese what the military experts took to be the immutable precepts of warfare.» Hull: Absolute Destruction, S. 3.

768 Zitiert nach Krüger: Kriegsbewältigung, S. 105.

769 Vgl. ebd., S. 104–115, Kapitel «Verstümmelungen und Greueltaten».

dringenden Verdacht der Kriegspropaganda betrachtet und überprüft werden.[770]

Die «Hunnenrede» Kaiser Wilhelms II. im Jahre 1900 zur Verabschiedung eines deutschen Truppenkontingents nach China – «Pardon wird nicht gegeben! Gefangene werden nicht gemacht!» – brachte das Gewaltpotential des deutschen Militarismus beispielhaft auf den Punkt. Es folgten dann auch entsprechende Massaker an der einheimischen Bevölkerung. Eine weitere Steigerung erfolgte im Herero-Nama-Krieg, ebenso im ostafrikanischen Maji-Maji-Krieg. Der Vernichtungsbefehl des Generals von Trotha – «Innerhalb der deutschen Grenze wird jeder Herero mit oder ohne Gewehr, mit oder ohne Vieh erschossen» – spricht eine gleichfalls klare Sprache. Der Völkermord an Herero und Nama ist ohne einen ausgeprägten rassistischen Hintergund bis hin zum Vernichtungswillen auf deutscher Seite nicht denkbar. Die Brutalität der deutschen Kriegsführung bewegte sich nicht im außergesetzlichen Rahmen, sondern war legal sanktioniert.[771]

Es waren seine geografischen, speziell topografischen Fähigkeiten, die Maercker zunächst nach Ostafrika, Anatolien und China führten. Dabei erwies er sich als Anhänger einer sozialdarwinistisch durchtränkten Weltsicht. Der überaus populäre Sozialdarwinismus bestand in der Übertragung der Darwinschen Evolutionstheorie auf die Entwicklung menschlicher Gesellschaften. Zunächst als Unterscheidungsmerkmal sozialer Klassen innerhalb einer Nation benutzt (die reichen Schichten der Gesellschaft seien auch die genetisch bevorzugten), wurde die Theorie auf konstruierte «Rassen» übertragen.

So beschrieb Maerker die verschiedenen in Ostafrika ansässigen Bevölkerungsgruppen – Araber, Inder und «Neger» – in den Kategorien der «Rassenlehre», an deren Ende er den «Küstenneger» aufführte, der sich vor allem durch Faulheit und Lügenhaftigkeit auszeichne und der

770 Auch Gewalttaten der in deutschen Diensten stehenden afrikanischen Söldnern wie den Askaris können nicht für eine «afrikanische Gewaltkultur» herhalten. Hierzu Rebekka Habermas: «Dass dies nicht selten mit Gewalt einherging, lag nicht an der besonders gewalthaften und grausamen Natur des ‹Afrikaners› … Diese Gewalt war vielmehr struktureller Natur und lag unter anderem im kolonialen Strafsystem begründet, welches durch eine niedrige Gewaltschwelle gekennzeichnet war.» Habermas: Skandal, S. 335 (Anm. 9).

771 Das galt nicht nur für das Deutsche Kaiserreich, sondern für alle «zivilisierten» Staaten, die sich 1899 und 1907 zu zwei «Haager Friedenskonferenzen» trafen. Die humanitären Regelungen der aus diesen Konferenzen entstandenen «Haager Landkriegsordnung» galten ausdrücklich nicht für die Bevölkerungen der Kolonien.

für jeglichen geistigen Fortschritt verloren sei. Maerckers Messlatte war in jeder Hinsicht sein idealisiertes Deutschtum. Dass andere Kulturen ein anderes Verständnis von «Zeit, Raum und Zahl» haben könnten, war für ihn unverständlich, er hielt sie für minderwertig. Entsprechende rassistische Äußerungen finden sich später gegenüber den «widerwärtigen» Chinesen.

Maerckers zwischenzeitliche Berufung in den Großen Generalstab im ungeliebten Berlin erwies sich für ihn als unbefriedigende bürokratische Tätigkeit, der er schließlich Ende des Jahres 1904 durch die Versetzung nach Südwestafrika entkam. Seine Motivation bildete das Fronterlebnis, welches ihm in Europa zu diesem Zeitpunkt versagt blieb.

Als Mitglied des Generalstabs der Schutztruppe, Zuständiger für Gefangenentransporte in Konzentrationslager, Initiator von Deportationsplänen, Kommandeur und aktiver Teilnehmer an den Kriegshandlungen war Maercker in vorderster Front mitverantwortlich für den Genozid an Herero und Nama. Zwar äußerte er keinen extremen Vernichtungswillen wie von Trotha, zeigte sich aber vollkommen kompromisslos gegenüber den Einheimischen, sobald es um die Eroberung eines afrikanischen «Neu-Deutschland» ging. Durchaus anerkennend äußerte er sich über die Herero als Kriegsgegner, bezeichnete sie als «freiheitsliebend» und im Kampf gegen «Fremdherrschaft» befindlich. Doch das war für ihn keine Legitimation, sich dem Anspruch des Deutschen Kaiserreichs auf ihr Land zu widersetzen, Widerstand galt es mit härtesten Mitteln zu brechen. Dabei bemühte er die mythologische griechische «Göttin des gerechten Zorns»: «Fast schwerer noch als die Hereros hat die Nemesis des Kriegs sie [die Nama, C.K.] getroffen.»[772]

Drei Jahre nach Beendigung seines Afrika-Einsatzes wurde Maercker auf der Insel Borkum als Kommandeur eingesetzt. Die dortige kriegerische Tatenlosigkeit eröffnete ihm die Möglichkeit, seinen autoritären Charakter ausgeprägt zur Geltung kommen zu lassen. So füllte er die Zeit der Passivität mit einer großen Anzahl von Befehlen, Bekanntmachungen und militärischen Übungen, die vor allem die Drangsalierung der Bevölkerung zum Ziel hatten. Maercker entfaltete ein rigoroses Repertoire an Maßnahmen und Drohungen. Besonders im Visier hatte er Jugendliche, das weibliche Geschlecht sowie den Kampf gegen Fremdwörter, Alkoholgenuss und Sexualität. Fraternisierungen zwischen

772 Maercker: Kriegsführung in Deutsch-Südwestafrika, S. 57.

jüngeren Frauen und Soldaten gedachte er mit einem nächtlichen Ausgangsverbot der gesamten einheimischen Bevölkerung und dem Verweis der beteiligten Frauen von Borkum zu bestrafen, das Verbot von Entbindungen auf der Insel bekräftigte er mit der Ankündigung, bei Nichtbeachtung sämtliche Frauen von der Insel zu entfernen.

Frauen tauchen in Maerckers Schilderungen vor allem als Feindbilder auf. «Vertierte Weiber», so seine Schilderungen während der Freikorpszeit, gebärdeten sich für ihn «wie Hyänen» und trampelten gar «in widerlichster Weise» auf einem Leichnam herum. Die Prostituierten der Berliner Friedrichstraße schienen ihm als «besonders wirksame Hetzerinnen» allesamt von «Spartakus» bezahlt. Rosa Luxemburg bezeichnete er als «Teufelsweib». Frauen stellen in der Welt der «Manneszucht» in erster Linie Störfaktoren und Bedrohungen eines rigiden Charakter- und Körperpanzers dar.

Ernst Ottwalt zitiert aus einer Rede Maerckers vor dem «Freikorps Halle»: «Wenn Sie sich beim Einmarsch in eine Stadt einer feindlichen Menschenmenge gegenüber sehen, dann nur nicht rücksichtsvoll sein! Schreckschüsse ... erschrecken niemanden außer den, der sie abgibt. Ich will ihnen ein anderes Mittel sagen, meine Herren ... Es ist ja eine altbekannte Tatsache, daß bei solchen Aufläufen immer die Weiber vorneweg sind. Und wenn ein Führer schießen läßt, und es gehen ein paar olle Weiber dabei drauf, dann schreit gleich die ganze Welt über die blutgierige Soldateska, die unschuldige Frauen und Kinder erschießt. Frauen sind überhaupt immer unschuldig ... Meine Herren, in solchen Fällen hilft nur eins: schießen sie [sic!] den Weibern ein paar Leuchtraketen unter die Röcke, und dann sollen Sie sehen, wie sie davonlaufen. Dabei kann nicht viel passieren, das Magnesium der Raketen wird ihnen die Waden oder den Hintern versengen, und die Stichflamme brennt vielleicht ein paar Röcke an. Das harmloseste Mittel, was man sich denken kann! Also, meine Herren: keine Schreckschüsse! Leuchtraketen zwischen die Beene sind das beste Mittel».[773]

Außerhalb der Männerwelt Maerckers war es seine Mutter, der er sich innerlich besonders zugeneigt fühlte. Dies wird deutlich durch die große Zahl an Briefen, die er an sie schrieb und in denen er sich über die politische wie militärische Lage und über seinen ganz persönlichen Zustand ausließ. Auch seine Frau Elsbeth, genannt Elli, fand in seinen Briefen Erwähnung, vor allem als Reisebegleiterin. Eigene Kontur als

773 Ottwalt: Ruhe und Ordnung, S. 89f.

Person erhielt sie nicht. Lediglich eine aktive Tätigkeit ihrerseits konnte ich in den von mir eingesehenen Dokumenten entdecken. Es handelte sich um die Leitung eines Festungslazaretts auf Borkum. Elli starb im Juni 1922. Knapp anderthalb Jahre später heiratete Maercker in zweiter Ehe Luise Kutscher, die ihn mehr als drei Jahrzehnte überlebte. Beide Ehen blieben kinderlos.

Im Weltkrieg erfuhr Maercker in Flandern den neuen Charakter des «industrialisierten Krieges». Minen, Gas und Distanzwaffen entsprachen nicht seinem Idealbild eines «anständigen Krieges Mann gegen Mann», den er eher im Osten vorfand. Seine persönliche Situation und Unterkunft beschrieb er mehrfach als ausgesprochen komfortabel. Zugleich äußerte er pathetische Lobeshymnen auf die kämpfenden deutschen Frontsoldaten. Dass die Situation selbst einen hartgesottenen Krieger wie ihn nicht jederzeit innerlich unberührt ließ, offenbarte er in zwei Briefen im Oktober und November 1916 an seine Mutter: Tagsüber erteile er kaltblütig Angriffsbefehle, die zur Vernichtung und Verstümmelung vieler Menschen führten, während in der Nacht quälende Gedanken entstünden, da er selbst für solche Massaker verantwortlich sei. Auch Maercker konnte nicht umhin, in den dunklen Stunden der Nacht den Schrecken des Krieges Tribut zu zollen.

Maerckers Tätigkeiten im 1. Weltkrieg bescherten ihm den höchsten preußischen Tapferkeitsorden «Pour le Mérite» («Für das Verdienst») und später dazu das «Eichenlaub», welches das Prestige noch steigerte. Wie die meisten seiner militärischen Zeitgenossen legte er großen Wert auf Orden und Abzeichen. In seinem Freiburger Nachlass entdeckte ich 30 erwähnte Auszeichnungen, darunter den «Kronenorden 2. Klasse mit Schwertern am zweimal schwarz und dreimal weiss gestreiften Bande», das «Ritterkreuz erster Klasse mit den Schwertern», das «Hamburgische Hanseatenkreuz», das «Schwarze Abzeichen für Verwundete», das «Verwundetenabzeichen in mattweiss» usw. Die damalig verbreitete Ordensmanie lässt sich geradezu als Sucht bezeichnen. Diese offizielle Anerkennung diente den militärischen Ordensträgern als nach außen sichtbares Zeichen ihres Vorrangs gegenüber der zivilen Bevölkerung und war ein wichtiger psychischer wie physischer Stabilitätsfaktor, eine Art «zweite Haut». Daher versteht sich die enorme, auch von Maercker geteilte Empörung, als das «gemeine Volk» begann, Offizieren ihre Ehrenzeichen abzunehmen, was andererseits den revoltierenden Arbeitern und Soldaten als befreiende antiautoritäre Aktion erscheinen musste.

Am Ende des 1. Weltkriegs sah sich die Oberste Heeresleitung einem Machtvakuum gegenüber. Es schlug die Stunde der Freikorpsverbände. Dass es sich hierbei um ein aus der Not geborenes Konstrukt handelte, erkannte Maercker sofort. Auf den Sturz der Monarchie reagierte er, selbst überzeugter Monarchist, indem er sich einer von ihm eigentlich verachteten republikanischen Führung unterstellte, da nun der Kampf gegen Räteherrschaft und «Spartakus» oberste Priorität gewann. Die deutsche Nation erschien ihm als ein erkrankter organischer Volkskörper, der «verseucht» sei und vom «Gift» infiziert werde, was zum «Fieber» führe sowie zu «Geschwüren» und «Eiterbeulen», die er auszuräumen gedenke. Das völkische Gedankengut ist nicht zu übersehen. Für Maercker spielte der Staat die Rolle eines strengen Vaters, der mit Hilfe des Militärs die «zuchtlosen» Teile des Volkes zu disziplinieren hatte. So kritisierte er die Entlassung der besonders revolutionsanfälligen Jahrgänge 1898 und 1899 aus der allgemeinen Wehrpflicht: «Aber man hätte wenigstens diesen Teil unseres Volkes im unruhigen Jahre 1919 von der Straße ferngehalten, der bei allen gewalttätigen Kundgebungen dabei ist, der arbeitsscheu ist, älteren Arbeitern seinen Willen aufzwingt und sie am Arbeiten hindert. Man hätte sie auch zur Ordnung und Sauberkeit und vor allen Dingen zur Pflichttreue gegen den Staat erziehen können.»[774] Die Regierung hätte durch das Militär «wenigstens den Versuch machen sollen, sie durch scharfe Kasernen- und Exerzierzucht wieder in Ordnung zu bringen und die ihnen fehlende, väterliche Erziehung nachzuholen».[775] In Maerckers Überzeugung war das Militär die maßgebliche Erziehungsanstalt des Staates und der Nation.

Das Bündnis von republikanischer Staatsführung einerseits und Resten der alten Armee sowie neugebildeten reaktionär-militaristischen Formationen andererseits war nicht zwangsläufig und alternativlos, wie von einem Großteil der Historiker behauptet wird. Durchaus stimme ich Axel Weipert zu: «Es wäre sicher zu deterministisch gedacht, wollte man 1933 allein mit dem Ergebnis der Revolution erklären. Dennoch steht die Frage im Raum, ob das Dritte Reich möglich gewesen wäre, wenn die Umwälzungen der Jahre 1918 bis 1920 anders ausgefallen wären.»[776]

Sehr wohl gab es die Möglichkeit, die Oberste Heeresleitung endgültig zu entmachten. Hierzu Wolfram Wette: «Ebert repräsentierte die

774 Maercker: Kaiserheer, S. 226.
775 Ebd., S. 225.
776 Weipert: Zweite Revolution, S. 10.

neuen Machtverhältnisse, während Groener und die OHL an der Spitze einer geschlagenen und ihrem Fahneneid nicht mehr folgenden Armee standen … Die OHL war in der Stunde der militärischen Niederlage also kein eigenständiger und gleichwertiger Bündnispartner ...»[777] In der Tat befand sich die militärische Führung im November 1918 in einer extremen Defensivposition.[778] Aber der Rat der Volksbeauftragten, darunter auch dessen USPD-Mitglieder, ergriff die Gelegenheit nicht. Bereits im Dezember 1918 scheiterte der Versuch zur Bildung einer «freiwilligen Volkswehr» nicht nur an der Obstruktion der neues Selbstbewusstsein gewinnenden Obersten Heeresleitung und des preußischen Kriegsministeriums, sondern auch an der bewussten Entscheidung der SPD-Führung, im Kampf gegen die Rätebewegung auf die alten Kräfte des Militärs zu setzen. Der Schock des historischen Augenblicks - der möglichen Entmachtung des militärischen Kommandos - hinterließ allerdings tiefe Spuren. Nicht zuletzt daran wird Adolf Hitler gedacht haben, als er äußerte: «Nie wieder darf und wird es in Deutschland einen November 1918 geben.»[779]

Für Maercker waren die Freikorpsverbände eine Übergangserscheinung. Er bemühte sich, sein Landesjägerkorps nach preußischer militärischer Tradition aufzubauen, um es schließlich in die neue Reichswehr einzugliedern. Dabei entwickelte Maercker eine ausgefeilte Strategie und Taktik für den militärischen Straßen- und Häuserkampf. Größten Wert legte er auf diszipliniertes Auftreten seiner Truppe. Diese sollte korrekt, aber aus psychologischen Gründen möglichst martialisch erscheinen, um der Bevölkerung zu signalisieren, dass jeglicher Widerstand zwecklos sei. Ein solches Bedrohungsszenario müsse aufgebaut werden, um den Einsatz von Waffengewalt auf Situationen anhaltenden Widerstands zu beschränken. Dem den Freikorpsverbänden nicht zu Unrecht vorauseilenden Ruf einer landsknechtartigen Soldateska begegnete er mit strikten disziplinarischen Maßnahmen. Der Problematik, nunmehr gegen eigene Landsleute kämpfen zu müssen und nicht gegen mehr oder weniger «minderwertige» andere «Rassen», war er sich bewusst und bemühte sich, seine Truppe darauf einzustellen.

777 Wette: Noske, S. 264.
778 «Der Übertritt der Heeresleitung von der Monarchie in die Republik, der wohl folgenschwerste Vorgang für die neue Ordnung in Deutschland, vollzog sich in der Sphäre tiefer Machtlosigkeit.» Kluge: Soldatenräte, S. 126.
779 Zitiert nach Haffner: Anmerkungen, S. 19.

Folgerichtig war das Freiwillige Landesjägerkorps die erste Wahl zum Schutze der Nationalversammlung in Weimar und für militärische Einsätze in Mitteldeutschland. Nicht zufällig flohen die SPD-Regierungsmitglieder während des Kapp-Lüttwitz-Putsches nach Dresden unter die Obhut des für besonders zuverlässig gehaltenen Maercker, der sich dort allerdings einem ernsthaften Loyalitätskonflikt gegenübersah. Zwischen seiner zivilen und militärischen Führungsebene tat sich ein Abgrund auf, der ihm ein Ende der soldatischen Karriere bereitete.

Besondere Erwähnung verdient die Beziehung zwischen Maercker und Noske, einer Art militärischer Männerfreundschaft. Der Monarchist Maercker bekundete, er lasse sich für das SPD-Mitglied Noske «in Stücke hauen». Über eine Zusammenkunft im Januar 1919, als Noske gerade zum «Oberbefehlshaber in und bei Berlin» ernannt worden war, schrieb er: «Schon in dieser ersten Besprechung gewannen wir von dem neuen Oberbefehlshaber den Eindruck, daß wir es mit einem Manne von gesundem Menschenverstande, von viel Tatsachensinn und von Tatkraft zu tun hatten.»[780] Ihr gemeinsamer Nenner war der kompromisslose Kampf gegen die Rätebewegung mit deren Forderungen nach Sozialisierung und Demilitarisierung. Es verwundert nicht, dass die Bezeichnungen «Maercker-Truppe» und «Noske-Truppe» synonym verwendet wurden. Noske fand in den Schriften zeitgenössischer rechtsradikaler Akteure ein durchgehend positives Echo. Stellvertretend sei aus einem Brief des für den Mord an Luxemburg und Liebknecht verantwortlichen Waldemar Pabst zitiert: «Und dafür sollten diese Idioten Noske und mir auf den Knien danken, uns Denkmäler setzen und nach uns Straßen und Plätze genannt haben! Der Noske war damals vorbildlich, und die Partei (bis auf ihren halbkommunistischen linken Flügel) hat sich in *dieser* Affäre [der Ermordung Luxemburgs und Liebknechts, C.K.] damals tadellos benommen.»[781]

Darauf, dass es nicht nur um Noske ging, weist Wolfram Wette hin: «Von einer Mitverantwortung für die Versäumnisse und Fehlentscheidungen im militärischen Bereich konnte jedoch kaum einer der führenden mehrheitssozialdemokratischen Politiker freigesprochen werden. In besonderem Maße gilt dies für die mit hohen Staatsämtern

780 Ebd, S.65.

781 Zitiert in Gietinger: Konterrevolutionär, S. 135. Der Brief des 1970 verstorbenen Waldemar Pabst ist datiert vom 26.6.1969 (!). Eine Abschrift findet sich in dessen Nachlass.

betrauten MSPD-Politiker, also den Volksbeauftragten und späteren Reichspräsidenten Ebert sowie die beiden Reichsministerpräsidenten Scheidemann und Bauer … Die Weichen für eine Zusammenarbeit mit dem überkommenen militärischen Führungspersonal hatten sie bereits gestellt, bevor Noske in die Regierung der Volksbeauftragten berufen wurde. Seine Freikorpspolitik war nichts anderes als eine Fortsetzung dieser Kooperation.»[782] Es fragt sich nur, ob es sich um «Versäumnisse und Fehlentscheidungen» der SPD-Politiker oder nicht vielmehr um bewusste Entschlüsse handelte.

Der Kapp-Lüttwitz-Putsch beendete die Karriere Noskes als Reichswehrminister ebenso wie die Karriere Maerckers als Reichswehrkommandeur. Maercker wandte sich nun wieder in emsiger Kleinarbeit und öffentlichen Auftritten der kolonialen Frage zu. Unter der Vielzahl seiner Aktivitäten sticht die Gründung des Deutschen Kolonialkriegerbundes und der Kolonialen Reichsarbeitsgemeinschaft KORAG hervor, zweier Organisationen, die an vorderster Front den Weimarer Kolonialrevisionismus betrieben. Dass ihm darüber hinaus die «nationale Frage» weiterhin am Herzen lag, bewies er in seiner Funktion als sächsischer Landesführer des paramilitärischen Stahlhelms, dessen Bundesverband unter seinem Präsidium einen als «Kompromissformel» getarnten «Arierparagraphen» verabschiedete. Die große Popularität Maerckers in der Weimarer politischen Rechten auch nach seinem Ausscheiden aus der Reichswehr wurde sichtbar in seinen ausgesprochen gut besuchten Vorträgen, regelmäßig begleitet von Protesten der politischen Gegner, und dem pompösen Begräbnis des «Städtebezwingers», der bis unmittelbar vor seinem Tod am Ende des Jahres 1924 rastlos für seine Überzeugung arbeitete.

War Maercker anschlussfähig an den Nationalsozialismus? Diese Frage verliert sich im Reiche der Spekulation. Obwohl selbst bis 1920 für die republikanische Regierung tätig, besaß er persönlich keine Berührungsängste gegenüber Vertretern der extremen Rechten, Differenzen waren mehr taktischer als grundsätzlicher Art. Seine monarchistisch-reaktionäre Grundüberzeugung dagegen hätte im NS-Regime nicht unbedingt Anklang gefunden. Als Beispiele für den Weg prominenter Freikorpsführer, die zuvor wie Maercker in den Kolonien kämpften, seien erwähnt: Sein Nachfolger im Kolonialkriegerbund, Franz Ritter von Epp, wurde Reichsleiter des Kolonialpolitischen Amtes der NS-

---

782 Wette: Noske, S. 800.

DAP. Paul von Lettow-Vorbeck, der «Löwe von Afrika», galt im Dritten Reich als eine Art «Mustersoldat» und befürwortete trotz einer ambivalenten Haltung gegenüber Hitler grundsätzlich die Politik der Nationalsozialisten. Hermann Ehrhardt geriet mit der NSDAP in Konflikt, ohne seine rechtsradikale Gesinnung aufzugeben.

Die Freikorpsverbände und ihre Führer boten kein einheitliches Bild. Unter ihnen gab es Monarchisten und Antimonarchisten, nihilistische Desperados und Personen mit klarem politischen Ziel, Republikfeinde und solche, die sich mit der Republik arrangierten. Ihr gemeinsamer Nenner war der Begriff des Nationalen. Daher hatten sie auch einen gemeinsamen Feind: alle Bewegungen, die den «Volkskörper» aufzulösen schienen und im Ruf standen, einen internationalistischen Anspruch zu verfolgen. Die Freikorpsbewegung bildete ein wesentliches personelles wie ideologisches Reservoir der SA, auch wenn Adolf Hitler ihr eher skeptisch gegenüberstand. Hitler kritisierte vor allem ihren «unpolitischen» Söldnercharakter und die Missachtung jeglicher Autorität. Der sogenannte «Röhm-Putsch» im Juni 1934 - in Wirklichkeit die Entmachtung der SA - bewirkte auch eine Relativierung des landsknechtsartigen Freikorpsmythos. Das hinderte Hitler allerdings nicht, am Ende des 2. Weltkriegs im Rahmen des «Volkssturms» nochmals umzudenken und ein «Freikorps Adolf Hitler» anzuordnen.[783]

Waren die «Maerckertruppen» den Historikern wie dem Volksmund der DDR durchaus noch ein Begriff, geriet der Generalmajor in der BRD weitestgehend in Vergessenheit. Lediglich in lokalgeschichtlicher und von einem kleinen Kreis wahrgenommener historischer Fachliteratur fand er ein paar Randerwähnungen. Durchaus zu Unrecht, wie ein Autor der Zeitschrift «Wehrwissenschaftliche Rundschau» im Jahr 1980 feststellte: «Maerckers Verdienste um Deutschland verdienen es, vor der Vergessenheit bewahrt zu werden.»[784] Denn dieser sowie Gustav Noske seien neben Generaloberst von Seeckt als Schöpfer der Reichswehr zu betrachten. Der Autor belobt ausführlich die Leistungen Maerckers als Freikorpsführer und kommt zu einem bemerkenswerten Schluss: «Maercker lebte noch bis 1924. Durch seinen frühen Tod blieb

---

783 Zum Verhältnis von Freikorpsbewegung, SA und NS-Führung vgl. auch Sprenger: Landsknechte, S. 55–61.

784 Fahrenberg: Georg Maercker, S. 120. Herausgeber der «Wehrwissenschaftlichen Rundschau» war der vom Bundesministerium der Verteidigung finanzierte «Arbeitskreis für Wehrforschung».

ihm erspart, was sein Mitkämpfer Noske erleben mußte - den Zerfall Deutschlands 1945.»[785]

Knapp dreieinhalb Jahrzehnte später, im Jahr 2014, findet sich zwar nicht der Name «Maercker», aber dessen Geist im Buch «Armee im Aufbruch». In dieser von Militär-, Politiker- und Professorenkreisen gepriesenen Publikation schildern junge Offiziersschüler der Bundeswehrhochschulen Hamburg und München ihre Gedankenwelt. Man meint, einen zeitgenössischen Maercker sprechen zu hören, wenn es heißt: «Ich würde mir wünschen, dass sich die Bundeswehr ihrer preußischen Wurzeln erinnert, anstatt dieses historische Erbe mehr und mehr zu verdrängen. Wir sollten unser militärisches Erbe hochhalten und würdigen und uns wieder mehr darauf besinnen, was es heißt, Soldat zu sein.»[786] Auch auf Bahnhöfen scheint die Anwesenheit von Uniformträgern an die Rückkehr der Offiziere nach dem 1. Weltkrieg zu erinnern: «Aber sicherlich wäre es nicht zu viel verlangt, auf deutschen Bahnhöfen nicht mehr fürchten zu müssen, beleidigt, angespuckt oder gar in Handgreiflichkeiten verwickelt zu werden.»[787] Auffällig an den Beiträgen ist die Forderung nach Rehabilitation des Militärischen in Gesellschaft und öffentlichem Raum. Diese Forderung bleibt nicht ungehört, wie sich am Beispiel der Wiedererrichtung ehemals feudaler und militaristischer Zwecke dienender Bauten wie des Berliner Schlosses und der Potsdamer Garnisonskirche erweist, die offenbar eine nationale identitätsstiftende Wirkung erzeugen sollen.

Geäußert wird in «Armee im Aufbruch» auch der Wunsch nach Dienst am Gemeinwesen. Er «bezieht sich auf das Gemeinwesen der deutschen Nation, der ich nur dann dienen kann, wenn die Einsätze zur Verwirklichung deutscher Interessen dienen - und das auch im weiteren Sinne».[788] Hier glaubt man Maercker selbst zu hören. Die Darstellung seines Lebensweges und seiner Epoche ist ein Ansatzpunkt für kritische Fragen an die Gegenwart, und das nicht nur im militärischen Bereich.

«Das Vergangene ist nicht tot, es ist nicht einmal vergangen», schrieb der Schriftsteller William Faulkner. In der Tat: Nationalismus, Rassismus und Militarismus sind nicht mit der Zeit in veränderten historischen Konstellationen verschwunden, sondern befinden sich als

785 Ebd., S. 124
786 Bohnert/Reitsteller (Hrsg.): Armee, S. 62.
787 Ebd., S. 144f.
788 Ebd., S. 236.

Ideologien in Schubladen, die übergangsweise zugeklappt und nach Erfordernis wieder aufgezogen werden können. Faulkners Aussage bewahrheitet sich auch am Thema «Kolonialismus». Der «klassische» Kolonialismus, mit Maercker als einem der Akteure, markierte den Beginn eines verhängnisvollen Prozesses. Die kolonisierten Gebiete, durch die Verheerungen der Kolonialzeit und Zerstörungen gesellschaftlicher Strukturen belastet, erlangten zwar staatliche Selbständigkeit, blieben jedoch zu einem Großteil ökonomisch und politisch von den ehemaligen Kolonialmächten abhängig. Der weithin gescheiterte Versuch einer «Modernisierung» und «nachholenden Entwicklung», verbunden mit rigiden «Strukturanpassungsprogrammen» der Weltbank und des Internationalen Währungsfonds, schuf die Grundlage der sogenannten «failed states». Dabei geht es heute weniger um die permanente Inbesitznahme anderer Länder, sondern hauptsächlich um militärische Interventionen zur Erlangung geostrategisch wichtiger Sektoren, Sicherung von Rohstoffquellen und der Aus- bzw. Eingrenzung großer Teile der Weltbevölkerung. Der «klassische» Kolonialismus und seine historische Weiterentwicklung erweisen sich als eine wesentliche Grundlage der gegenwärtigen großen Flüchtlingsbewegungen wie auch fundamentalistisch-terroristischer Gruppierungen, die keineswegs ein Relikt aus grauer Vorzeit, sondern ein Produkt der Moderne sind.

In diesem Koordinatenkreuz agiert auch Deutschland. Das im Jahr 2016 erschienene «Weissbuch – Zur Sicherheitspolitik und zur Zukunft der Bundeswehr» formuliert es so: «Deutschland ist bereit, sich früh, entschieden und substanziell als Impulsgeber in die internationale Debatte einzubringen, Verantwortung zu leben und Führung zu übernehmen.»[789] Ein solcher Satz kann, nicht zuletzt aus historischer Sicht, durchaus bedrohlich klingen.

Sebastian Haffner beendete sein Buch «Von Bismarck zu Hitler» 1987 mit einer Betrachtung zur «Nachgeschichte des Deutschen Reiches», in der er die Wiedervereinigung Deutschlands kategorisch ausschloss. In einem «Nachwort 1990» rechtfertigte er, warum er trotz seiner offensichtlichen Fehleinschätzung das Buch weiterhin unverändert publizieren ließ. Über seine Gründe schrieb er: «Der erste ist, daß gerade die unerwartete Wiederherstellung des deutschen 80-Millionen-Kolosses, wenn sie denn gelingen sollte, Anlaß bietet, seine bisherige Geschichte – die Geschichte seiner Wandlungen von Bismarck zu Hitler – mög-

789 Bundesministerium der Verteidigung: Weissbuch (2016), S. 22.

lichst klar ins Gedächtnis zurückzurufen. Diese Geschichte bleibt, was sie gewesen ist, und ihre Lehre, daß Deutschland der Welt sehr schnell ein ganz verändertes Gesicht zeigen kann, ist aktueller denn je.»[790]

790 Haffner: Von Bismarck zu Hitler, Nachwort 1990 (unpaginiert).

Quellen- und Literaturverzeichnis

Archivmaterial

Bundesarchiv Berlin-Lichterfelde (BArch)
Stahlhelm, Bund der Frontsoldaten, R 72/4, 392, 418
Arbeiter- und Soldatenräte Groß-Berlin, R 201/41
Reichskolonialamt, R 1001/6752, 9544, 9551
Deutsche Kolonialgesellschaft, R 8023/306
Reichslandbund – Pressearchiv – Personalia, R 8034-III/297

Bundesarchiv-Militärarchiv Freiburg im Breisgau (BA-MA)
Nachlass Maercker N 786

Geheimes Staatsarchiv Preußischer Kulturbesitz (GStA)
VII. HA Siegel, Wappen, Genealogie, Slg. Kurt von Priesdorff, Nr 998

Heimatverein Borkum
Badeverwaltung des Nordseebades Borkum. Akten betr. Bekanntmachungen. Kommandanturbefehle 1914–1915
Bekanntmachungen des Gemeindesvorstandes und des Kommandeurs auf Borkum 1914/1915
Kriegszeitung der Festung Borkum, Jahrgang 1915

Zeitungen und Zeitschriften

Braunschweigische Landeszeitung, 18.4.1919
Der Kolonialdeutsche, Nr. 2/1925
Dresdner Volkszeitung, 5.1.1925
Deutsche Kolonialzeitung, 12.5.1888, 25.9.1888, 3.11.1888, 10.11.1888, 18.1.1890, 15.2.1890, 4.5.1895, 21.11.1901, 28.11.1901, 9.1.1902, 16.1.1902, 13.2.1902
Militär-Wochenblatt, 1.1.1914
Volksfreund – Republikanisches Organ für Braunschweig und Hannover, 24.4.1919
Volkszeitung für Sachsen-Weimar-Eisenach, 20.5.1919

Veröffentlichte Quellen und Literatur

Acta Borussica: Neue Folge, Reihe 1, Bd. 4/2: 30. März 1848 bis 27. Oktober 1858, bearbeitet von Bärbel Holtz, Hildesheim (u.a.) 2003.

Akten der Reichskanzlei: Das Kabinett Bauer, 21. Juni 1919 bis 27. März 1920, bearbeitet von Anton Golecki, Boppard 1980.

Altpreußische Biographie Bd. 1 (1974), Bd. 2 (1967), Bd. 4 (1995).

Apfeld, Volker: Borkum - Festung im Meer, 2. erweiterte Auflage, Borkum 2008.

Baer, Martin / Schröter, Olaf: Eine Kopfjagd. Deutsche in Ostafrika, Berlin 2001.

Bajohr, Frank: «Unser Hotel ist judenfrei». Bäder-Antisemitismus im 19. und 20. Jahrhundert, 3. Auflage, Frankfurt/Main 2003.

Barbusse, Henri: Das Feuer. Tagebuch einer Korporalschaft, Frankfurt/Main 1986 (Original: Le feu, Paris 1916).

Barth, Boris: Dolchstoßlegenden und politische Desintegration. Das Trauma der deutschen Niederlage im Ersten Weltkrieg 1914–1933, Düsseldorf 2003.

Bayer, Maximilian: Mit dem Hauptquartier in Südwest, Berlin 1909.

Behr, H. F. von: Kriegsbilder aus dem Araberaufstand in Deutsch-Ostafrika, Leipzig 1891.

Berger, Peter: Brunonia mit rotem Halstuch, Hannover 1979.

Berghahn, Volker R.: Der Stahlhelm. Bund des Frontsoldaten 1918–1935, Düsseldorf 1966.

Bley, Helmut: Kolonialherrschaft und Sozialstruktur in Deutsch-Südwestafrika 1894–1914, Hamburg 1968.

Böhm, Gustav: Adjutant im Preußischen Kriegsministerium Juni 1918 bis Oktober 1919, Stuttgart 1977.

Bohnert, Marcel / Reitstetter, Lukas J.: Armee im Aufbruch. Zur Gedankenwelt junger Offiziere in den Kampftruppen der Bundeswehr, Berlin 2014.

Borawska, Teresa: Maercker, Hans: Geschichte der ländlichen Ortschaften und der drei kleineren Städte des Kreises Thorn in seiner früheren Ausdehnung vor der Abzweigung des Kreises Briesen i. J. 1888, in: Jahrbuch für die Geschichte Mittel- und Ostdeutschlands Band 56 (2010), Berlin – New York 2011, S. 303–306.

Botzenhart, Manfred: Deutscher Parlamentarismus in der Revolutionszeit 1848–1850, Düsseldorf 1977.

Bramke, Werner / Reisinger, Silvio: Leipzig in der Revolution von 1918/1919, Leipzig 2009.

Brammer, Karl: Verfassungsgrundlagen und Hochverrat. Beiträge zur Geschichte des neuen Deutschlands, Berlin 1922.

Brand, Karl-Hermann Freiherr von / Eckert, Helmut: Kadetten. Aus 300 Jahren deutscher Kadettenkorps. Geschichte des Königlich Preußischen Kadettenkorps Band 1, München 1981.

Brandt, Peter (Hrsg.): 1918–19. Ein Lesebuch, Berlin 1979.
Buchsbaum, Ewald: Halle während der Novemberrevolution, in den Jahren der Weimarer Republik und der faschistischen Diktatur (1917–1945), in: Könnemann, Erwin (Hrsg.): Halle – Geschichte der Stadt in Wort und Bild, Berlin (Ost) 1979, S. 78–94.
Buckreis, Adam: Der Weltkrieg und die Zeit nach dem Kriege, 2. erweiterte Auflage, Nürnberg 1931.
Bührer, Tanja: Die Kaiserliche Schutztruppe für Deutsch-Ostafrika. Koloniale Sicherheitspolitik und transkulturelle Kriegführung 1885 bis 1918, München 2011.
Bundesministerium der Verteidigung (Hrsg.): Weissbuch. Zur Sicherheitspolitik und zur Zukunft der Bundeswehr, Berlin 2016.
Clark, Christopher: Preußen. Aufstieg und Niedergang 1600–1947, München 2007.
Crasemann, Ferdinand: Freikorps Maercker. Erlebnisse und Erfahrungen eines Freikorpsoffiziers seit der Revolution, Hamburg/Berlin/Leipzig 1920.
Demeter, Karl: Das Deutsche Offizierkorps in Gesellschaft und Staat 1650–1945, 4. überarbeitete und erweiterte Auflage, Frankfurt/Main 1965.
Der Kreuzzug eines Freikorps 1918/19. Auszug aus dem Kriegstagebuch des Freiwilligen Landesjägerkorps «General Maercker», in: Salomon, Ernst von (Hrsg.): Das Buch vom deutschen Freikorpskämpfer, Struckum 1988 (Nachdruck der Ausgabe Berlin 1938), S. 54–61.
Die Kämpfe der deutschen Truppen in Südwestafrika. Auf Grund amtlichen Materials bearbeitet von der Kriegsgeschichtlichen Abteilung I des Großen Generalstabes. Erster Band: Der Feldzug gegen die Hereros, Berlin 1906. Zweiter Band: Der Hottentottenkrieg, Berlin 1907.
Diehl, James M.: Paramilitary Politics in Weimar Germany, Bloomington/London 1977.
Dincklage-Campe, Friedrich von: Deutsche Reiter in Südwest. Selbsterlebnisse aus den Kämpfen in Deutsch-Südwestafrika, Berlin/Leipzig/Wien/Stuttgart 1908.
Drechsler, Horst: Südwestafrika unter deutscher Kolonialherrschaft, 2. durchgesehene Auflage, Berlin (Ost) 1984 (Erstauflage: Berlin [Ost] 1966).
Erfurth, Waldemar: Die Geschichte des deutschen Generalstabes von 1918 bis 1945, Göttingen 1957.
Erger, Johannes: Der Kapp-Lüttwitz-Putsch. Ein Beitrag zur deutschen Innenpolitik 1919/20, Düsseldorf 1967.
Fabri, Friedrich: Bedarf Deutschland der Colonien?, Gotha 1879.
Fahrenberg, Heinrich: Georg Maercker 1865–1924, in: Wehrwissenschaftliche Rundschau Nr. 29, Herford/Bonn 1980, S. 120–124.
Fischer, Fritz: Griff nach der Weltmacht. Die Kriegszielpolitik des kaiserlichen Deutschland 1914/18, Düsseldorf 2000 (Nachdruck der vollständig neu bearbeiteten Sonderausgabe Düsseldorf 1967, Erstauflage: Düsseldorf 1961).
Foucault, Michel: Überwachen und Strafen. Die Geburt des Gefängnisses, 2.

Auflage, Frankfurt/Main 1977 (Original: Surveiller et punier - la naissance de la prison, Paris 1975).
Freksa, Friedrich: Kapitän Ehrhardt. Abenteuer und Schicksale, Berlin 1924.
Frenssen, Gustav: Peter Moors Fahrt nach Südwest, Berlin 1907.
Frevert, Ute: Die kasernierte Nation. Militärdienst und Zivilgesellschaft in Deutschland, München 2001.
Füllner, Gustav: Das Ende der Spartakisten-Herrschaft in Braunschweig. Einsatz der Regierungstruppen unter General Maercker vor 50 Jahren, in: Braunschweigisches Jahrbuch Nr. 50, Wolfenbüttel 1969, S. 199–216.
Gewald, Jan-Bart: Herero Heroes. A Socio-Political History of the Herero of Namibia 1890–1923, Oxford 1999.
Gietinger, Klaus: Der Konterrevolutionär. Waldemar Pabst - eine deutsche Karriere, Hamburg 2008.
Gietinger, Klaus: Eine Leiche im Landwehrkanal. Die Ermordung Rosa Luxemburgs, Hamburg 2009.
Görlitz, Walter: Der deutsche Generalstab. Geschichte und Gestalt 1657–1945, Frankfurt/Main 1950.
Graichen, Gisela / Gründer, Horst: Deutsche Kolonien. Traum und Trauma, Berlin 2007.
Grebing, Helga: Geschichte der deutschen Arbeiterbewegung. Von der Revolution 1848 bis ins 21. Jahrhundert, Berlin 2007.
Grebing, Helga (Hrsg.): Die deutsche Revolution 1918/19, Berlin 2008.
Grimm, Hans: Volk ohne Raum, München 1926.
Groener, Wilhelm: Lebenserinnerungen. Jugend - Generalstab - Weltkrieg, Göttingen 1957.
Gutsche, Willibald / Klein, Fritz / Petzold, Joachim: Der Erste Weltkrieg. Ursachen und Verlauf, Köln 1985 (Lizenzausgabe, Originaltitel: Von Sarajewo nach Versailles, Berlin [Ost] 1974).
Habermas, Rebekka: Skandal in Togo. Ein Kapitel deutscher Kolonialherrschaft, Frankfurt/Main 2016.
Haffner, Sebastian: Anmerkungen zu Hitler, 22. Auflage, München 1978.
Haffner, Sebastian: Preußen ohne Legende, 2. Auflage, München 1981.
Haffner, Sebastian: Der Verrat. Deutschland 1918/19, 4. Auflage, Berlin 2000 (Erstausgabe unter dem Titel: Die deutsche Revolution 1918/19. Wie war es wirklich?, München 1979).
Haffner, Sebastian: Von Bismarck zu Hitler. Ein Rückblick, Neuausgabe München 2015
Hartmann, Stefan: Untersuchungen zur Sozial- und Verwaltungsgeschichte der Stadt Kulm in der Mitte des 19. Jahrhunderts, in: Jähnig, Bernhart / Letkemann, Peter (Hrsg.): 750 Jahre Kulm und Marienwerder. Beiträge zur Geschichte Westpreußens Nr. 8, Münster/Westf. 1983, S. 69–106.
Helbig, Helga / Helbig, Ludwig: Mythos Deutsch-Südwest. Namibia und die Deutschen, Weinheim und Basel 1983.
Hesselbarth, Mario: Zur Novemberrevolution 1918/19 in Thüringen, in:

Plener, Ulla (Hrsg.): Die Novemberrevolution 1918/1919 in Deutschland, Berlin 2009, S. 147–162.
Hillard, Gustav: Herren und Narren der Welt, Hamburg 1985 (Nachdruck der Erstausgabe München 1954).
Hobsbawm, Eric J.: Die Blütezeit des Kapitals. Eine Kulturgeschichte der Jahre 1848–1875, Frankfurt/Main 1980.
Hobsbawm, Eric J.: Das imperiale Zeitalter 1875–1914, Frankfurt/Main 2004.
Hoffrogge, Ralf: Richard Müller. Der Mann hinter der Novemberrevolution, Berlin 2008.
Hoffstadt, Anke: Frontgemeinschaft? Der «Stahlhelm. Bund der Frontsoldaten» und der Nationalsozialismus, in: Krumeich, Gerd (Hrsg.): Nationalsozialismus und Erster Weltkrieg, Essen 2010, S. 191–206.
Horne, John / Kramer, Alan: Deutsche Kriegsgreuel 1914. Die umstrittene Wahrheit, Hamburg 2004 (Original: German atrocities 1914: a history of denial, New Haven / London 2001).
Hull, Isabel: Absolute Destruction. Military Culture and the Practices of War in Imperial Germany, Ithaca/London 2005.
Illustrierte Geschichte der deutschen Revolution. Frankfurt/Main 1970 (Nachdruck der Ausgabe Berlin 1929)
Institut für Marxismus-Leninismus beim ZK der SED: Illustrierte Geschichte der deutschen Novemberrevolution 1918/19, Berlin (Ost) 1978.
Jacobsen: Aufzeichnung des Ersten Generalstabsoffiziers im Freiwilligen Landesjägerkorps, Hauptmann Jacobsen, über Erfahrungen beim Einsatz in mitteldeutschen Städten, in: Hürten, Heinz (Hrsg.): Zwischen Revolution und Kapp-Putsch. Militär und Innenpolitik 1918–1920, Düsseldorf 1977, S. 71–78.
Jones, Nigel: A Brief History of the Birth of the Nazis. How the Freikorps blazed a Trail for Hitler, London 2004 (Neuauflage von: Hitler's Heralds: the Story of the Freikorps 1918–1923, London 1987).
Kaelble, Hartmut: Wie feudal waren die deutschen Unternehmer im Kaiserreich? Ein Zwischenbericht, in: Tilly, Richard (Hrsg.): Beiträge zur quantitativen vergleichenden Unternehmensgeschichte, Stuttgart 1985, S. 148–171.
Karuscheit, Heiner: Deutschland 1914. Vom Klassenkompromiss zum Krieg, Hamburg 2014.
Keßler, Johannes: Ich schwöre mir ewige Jugend, 26.–28. Auflage, Leipzig 1935.
Klotzbücher, Alois: Der politische Weg des Stahlhelm, Bund der Frontsoldaten, in der Weimarer Republik. Ein Beitrag zur Geschichte der «Nationalen Opposition» 1918-1933, Dissertation Erlangen/Nürnberg 1964.
Kluge, Urich: Soldatenräte und Revolution. Studien zur Militärpolitik in Deutschland 1918/19, Göttingen 1975.
Koch, Hannsjoachim W.: Der deutsche Bürgerkrieg. Eine Geschichte der deutschen und österreichischen Freikorps 1918–1923, Berlin 1978.

Kocka, Jürgen: Das europäische Muster und der deutsche Fall, in: Kocka, Jürgen (Hrsg.): Bürgertum im 19. Jahrhundert, Band I: Einheit und Vielfalt Europas, Göttingen 1995, S. 9–75.

Könnemann, Erwin: Einwohnerwehren und Zeitfreiwilligenverbände. Ihre Funktion beim Aufbau eines neuen imperialistischen Militärsystems (November 1918 bis 1920), Berlin (Ost) 1971.

Könnemann, Erwin / Schulze, Gerhard: Der Kapp-Lüttwitz-Ludendorff-Putsch. Dokumente, München 2002.

Kolb, Eberhard: Die Arbeiterräte in der deutschen Innenpolitik 1918–1919, erweiterte Ausgabe, Frankfurt/Main / Berlin / Wien 1978.

Kreienbaum, Jonas: «Ein trauriges Fiasko». Koloniale Konzentrationslager im südlichen Afrika, 1900–1908, Hamburg 2015.

Kroll, Frank-Lothar: Geburt der Moderne. Politik, Gesellschaft und Kultur vor dem Ersten Weltkrieg, Berlin-Brandenburg 2013.

Krüger, Gesine: Kriegsbewältigung und Geschichtsbewußtsein. Realität, Deutung und Verarbeitung des deutschen Kolonialkriegs in Namibia 1904 bis 1907, Göttingen 1999.

Kuckuk, Peter (Hrsg.): Revolution und Räterepublik in Bremen, Frankfurt/Main 1969.

Külz, Wilhelm: Deutsch-Südafrika im 25. Jahre Deutscher Schutzherrschaft, Berlin 1909.

Kuessner, Dietrich: Braunschweiger Novemberrevolution – Mythos und Wirklichkeit, in: Kuessner, Dietrich / Ohnezeit, Maik / Otte, Wulf: Von der Monarchie zur Demokratie. Anmerkungen zur Novemberrevolution 1918/19 in Braunschweig und im Reich, Wendeburg 2008, S. 11–76.

Kundrus, Birthe: Das Reichskolonialamt zwischen nationalem Geltungsbewusstsein und Weltbürgertum. Die Staatssekretäre Friedrich von Lindequist und Wilhelm Solf, in: Heyden, Ulrich van der / Zeller, Joachim (Hrsg.): «... Macht und Anteil an der Weltherrschaft». Berlin und der deutsche Kolonialismus, Münster 2005, S. 14–21.

Kuß, Susanne: Deutsches Militär auf kolonialen Kriegsschauplätzen. Eskalation von Gewalt zu Beginn des 20. Jahrhunderts, Berlin 2010.

Langermann, Hans: Kampf und Sieg des Stahlhelm in Mitteldeutschland, in: Grote, Hans Henning / Schley, Arnold (Hrsg.): Deutschlands Erwachen. Das Buch vom Niedergang und Aufstieg des deutschen Volkes 1918–1933, Essen 1933, S. 287–310.

Leutwein, Theodor: Elf Jahre Gouverneur in Deutsch-Südwestafrika, Berlin 1907.

Liek, Gustav: Die Stadt Löbau in Westpreußen mit Berücksichtigung des Landes Löbau, Marienwerder 1892.

Luban, Ottokar: Die Novemberrevolution 1918 in Berlin – Eine notwendige Revision des bisherigen Geschichtsbildes, in: JahrBuch für Forschungen zur Geschichte der Arbeiterbewegung 2009/I, Berlin 2009, S. 55–78.

Lü, Yixu: Tsingtau, in: Zimmerer, Jürgen (Hrsg.): Kein Platz an der Sonne. Erinnerungsorte der deutschen Kolonialgeschichte, Frankfurt/Main / New York 2013, S. 208–227

Lucas, Erhard: Märzrevolution 1920, Band 1, 2. Auflage, Frankfurt/Main 1974. Band 2, 2. Auflage, Frankfurt/Main 1983. Band 3, Frankfurt/Main 1978.

Lüttwitz, Walther Freiherr von: Im Kampf gegen die November-Revolution, Berlin 1934.

Maercker, Georg: Der Aufstand in Deutsch-Ostafrika und die Wissmann'sche Schutztruppe. Vortrag, gehalten zu Karlsruhe den 13. December 1889, Karlsruhe 1890.

Maercker, Georg: Unsere Schutztruppe in Ostafrika, Berlin 1893.

Maercker, Georg: Kriegsführung in Ostafrika. Vortrag, gehalten in der Militärischen Gesellschaft zu Berlin am 15. November 1893, in: Beiheft zum Militär-Wochenblatt (1894, 6), Berlin 1894, S.150–177.

Maercker, Georg: Landesaufnahme von Deutsch-Ostafrika, in: Meinecke, Gustav (Hrsg.): Koloniales Jahrbuch, Berlin 1897, S. 40–62.

Maercker, Georg: Die Entwicklung des Kiautschougebietes. Teil 1, Berlin 1902. Teil 2, Berlin 1903.

Maercker, Georg: Unsere Kriegsführung in Deutsch-Südwestafrika, Berlin 1908.

Maercker, Georg: Am Naukluft-Gebirge, in: Deutsches Kolonialblatt Nr. 15, Berlin 1910, S. 657–661.

Maercker, Georg: Vorschrift für die Unterdrückung innerer Unruhen, 2. verbesserte Auflage, o. O. 1919.

Maercker, Georg: Vom Kaiserheer zur Reichswehr. Ein Beitrag zur Geschichte der deutschen Revolution, Leipzig 1921.

Maercker, Georg: Wie die deutschen Kolonien erworben wurden, in: Präsidium des Deutschen Kolonialkrieger-Bundes (Hrsg.): Unvergessenes Heldentum. Das Kolonisationswerk der deutschen Schutztruppe und Marine, Berlin 1924, S. 7–13.

Maercker, Georg: Das Stahlhelm- und Vaterlands-Liederbuch, Dresden 1924.

Mann, Heinrich: Der Untertan, 3. Auflage, München 1966 (Erstauflage: Leipzig 1918).

Maß, Sandra: Weiße Helden, schwarze Krieger. Zur Geschichte kolonialer Männlichkeit in Deutschland 1918–1964, Köln 2006.

Matthiesen, Helge: Bürgertum und Nationalsozialismus in Thüringen. Das bürgerliche Gotha von 1918 bis 1930, Jena/Stuttgart 1994.

Messerschmidt, Manfred: Die politische Geschichte der preußisch-deutschen Armee, in: Militärgeschichtliches Forschungsamt (Hrsg.): Deutsche Militärgeschichte, Band 2, Abschnitt IV / Erster Teil, Herrsching 1983.

Messerschmidt, Manfred: Die preußische Armee, in: Militärgeschichtliches Forschungsamt (Hrsg.): Deutsche Militärgeschichte, Band 2, Abschnitt IV / Zweiter Teil, Herrsching 1983, S. 10–225.

Michels, Eckard: «Der Held von Deutsch-Ostafrika»: Paul von Lettow-Vorbeck. Ein preußischer Kolonialoffizier, Paderborn 2008.

Miller, Ignaz: Mit vollem Risiko in den Krieg, Zürich 2014.

Möller, Hanns: Geschichte der Ritter des Ordens «pour le mérite» im Weltkrieg. Band II, Berlin 1935.

Mottek, Hans: Wirtschaftsgeschichte Deutschlands. Ein Grundriss. Band II: Von der Zeit der Französischen Revolution bis zur Zeit der Bismarckschen Reichsgründung, 2. Auflage, Berlin (Ost) 1972.

Müller, Richard: Eine Geschichte der Novemberrevolution, Berlin 2011 (Nachdruck der Ausgabe Berlin 1924/1925).

Müller, Sven Oliver / Torp, Cornelius: Das Bild des Deutschen Kaiserreichs im Wandel, in: Müller, Sven Oliver / Torp, Cornelius (Hrsg.): Das Deutsche Kaiserreich in der Kontroverse, Göttingen 2009, S. 9–27.

Nationalsozialistischer deutscher Frontkämpferbund, Stahlhelm, Stadtgau Dresden (Hrsg.): Von Kampf und Treue: 10 Jahre Dresdner Stahlhelm 1924–1934. Festschrift, Dresden 1934.

Neue Deutsche Biographie Bd. 15, Berlin 1987. Bd. 20, Berlin 2001.

Nigmann, Ernst: Geschichte der Kaiserlichen Schutztruppe für Deutsch-Ostafrika, Berlin 1911.

Noske, Gustav: Von Kiel bis Kapp. Zur Geschichte der deutschen Revolution, Berlin 1920.

Nuhn, Walter: Sturm über Südwest. Der Hereroaufstand von 1904 - Ein düsteres Kapitel der deutschen kolonialen Vergangenheit Namibias, Koblenz 1989.

Nuhn, Walter: Feind überall. Der Große Nama-Aufstand (Hottentottenaufstand) 1904–1908 in Deutsch-Südwestafrika (Namibia). Der erste Partisanenkrieg in der Geschichte der deutschen Armee, Bonn 2000.

Oertzen, Friedrich Wilhelm von: Die deutschen Freikorps 1918–1923, München 1936.

Oertzen, Peter von: Betriebsräte in der Novemberrevolution, 2. erweiterte Auflage, Bonn - Bad Godesberg 1976 (Erstauflage: Düsseldorf 1963).

Ottwalt, Ernst: Ruhe und Ordnung, Berlin 1977 (Reprint nach der Erstausgabe Berlin 1929).

Paulus, Günter: Die soziale Struktur der Freikorps in den ersten Monaten nach der Novemberrevolution, in: Zeitschrift für Geschichtswissenschaft 3, Nr. 5, Berlin (Ost) 1955, S. 685–704.

Plehn, Chlodwig: Geschichte der Familie Plehn, Cottbus 1936.

Prinz Max von Baden: Erinnerungen und Dokumente, Stuttgart 1927.

Putlitz, Wolfgang Gans Edler Herr zu: Unterwegs nach Deutschland. Erinnerungen eines ehemaligen Diplomaten, 8. Auflage, Berlin (Ost) 1960 (Erstauflage: Berlin [Ost] 1956).

Pynchon, Thomas: V., 9. Auflage, Reinbek bei Hamburg 2002 (Original: V., Philadelphia 1963).

Raßloff, Steffen: Flucht in die nationale Volksgemeinschaft. Das Erfurter Bürgertum zwischen Kaiserreich und NS-Diktatur, Köln 2003.

Rathmann, Lothar: Zur Legende vom «antikolonialen» Charakter der Bagdadbahnpolitik in der wilhelminischen Ära des deutschen Monopolkapitalismus, in: Zur Geschichte des Kolonialismus und der nationalen Befreiung, Sonderheft der Zeitschrift für Geschichtswissenschaft, 9. Jahrgang, Berlin (Ost) 1961, S. 246–270.

Reisinger, Silvio: Die Novemberrevolution 1918/1919 in Leipzig, in: Plener, Ulla (Hrsg.): Die Novemberrevolution 1918/1919 in Deutschland, Berlin 2009, S. 163–180.

Reitzle, Frank R. (Hrsg.): Philipp Scheidemann: Das historische Versagen der SPD. Schriften aus dem Exil, Lüneburg 2002.

Remarque, Erich Maria: Im Westen nichts Neues, Köln 2014 (Erstauflage: Berlin 1929).

Retzlaw, Karl: Spartacus. Aufstieg und Niedergang. Erinnerungen eines Parteiarbeiters, 4. neugefasste Auflage, Frankfurt/Main 1967.

Röhr, Werner: Hundert Jahre deutsche Kriegsschulddebatte. Vom Weißbuch 1914 zum heutigen Geschichtsrevisionismus, Hamburg 2015.

Roller, Kathrin: Der Rassenbiologe Eugen Fischer, in: Heyden, Ulrich van der / Zeller, Joachim (Hrsg.): Kolonialmetropole Berlin. Eine Spurensuche, Berlin 2002, S. 130–133.

Roloff, Ernst-August: Braunschweig und der Staat von Weimar, Braunschweig 1964.

Rosenberg, Arthur: Geschichte der Weimarer Republik, in: Rosenberg, Arthur: Entstehung und Geschichte der Weimarer Republik, 2. Auflage, Frankfurt/Main 1984, S. 1–226.

Roth, Karl Heinz: Zwangsarbeit und Kolonialismus – Das Beispiel Deutschland, in: Höfer, Bruni u.a. (Hrsg.): Das Fünfhundertjährige Reich – Emanzipation und lateinamerikanische Identität: 1492–1992, Frankfurt/Main 1990, S. 249–265.

Rother, Bernd: Die Sozialdemokratie im Land Braunschweig 1918–1933, Bonn 1990.

Rudolph, Karsten: Die sächsische Sozialdemokratie vom Kaiserreich zur Republik (1871–1923), Weimar/Köln/Wien 1995.

Safranski, Hans / Verband der Polizeibeamten für die deutschen Kolonien e.V.: Vom Niemandsland zum Ordnungsstaat. Geschichte der ehemaligen kaiserlichen Landespolizei für Deutsch-Südwestafrika, Berlin 1930.

Salomon, Ernst von: Die Geächteten, Berlin 1930.

Salomon, Ernst von: Die Kadetten, Hamburg 1957 (Erstauflage: Berlin 1933).

Scheer, Maximilian: Schwarz und Weiß am Waterberg, Schwerin 1952.

Schmidt, Rochus: Geschichte des Araberaufstandes in Ost-Afrika. Seine Entstehung, seine Niederwerfung und seine Folgen, Frankfurt/Oder 1892.

Schmidt, Rochus: Die Mpapua-Expedition – Wissmann, Emin und Stanley, in: Becker, Alexander: Hermann von Wissmann – Deutschlands größter Afrikaner, 2. Auflage, Berlin 1907, S. 252–291.

Schmitz, Hans Jacob: Die Stadt Baldenburg und ihre Geschichte, Schneidemühl 1932.

Schmokel, Wolfe W.: Der Traum vom Reich. Der deutsche Kolonialismus zwischen 1919 und 1945, Gütersloh 1967 (Original: Dream of empire: German colonialism, 1919-1945, New Haven / London 1964).

Schmuhl, Hans-Walter: Halle in der Weimarer Republik und im Nationalsozialismus, Halle (Saale) 2007.

Schulte-Varendorff, Uwe: Kolonialheld für Kaiser und Führer. General Lettow-Vorbeck, Berlin 2006.

Schulze, Gerhard: Die Novemberrevolution 1918 in Thüringen, Dissertation (Deutsche Akademie der Wissenschaften zu Berlin, Zentralinstitut für Geschichte), Berlin (Ost) 1972.

Schulze, Hagen: Freikorps und Republik 1918–1920, Boppard am Rhein 1969.

Schultzendorff, Walther von: Proletarier und Prätorianer. Bürgerkriegssituationen aus der Frühzeit der Weimarer Republik, Köln 1966.

Schumann, Dirk: Politische Gewalt in der Weimarer Republik 1918–1933. Kampf um die Straße und Furcht vor dem Bürgerkrieg, Essen 2001.

Schwabe, Kurd: Der Krieg in Deutsch-Südwestafrika 1904–1906, Berlin 1907.

Seldte, Franz (Hrsg.): Der Stahlhelm, Band 1, Erinnerungen und Bilder aus den Jahren 1918–1933, Berlin 1933.

Siemsen, Anna (Hrsg.): Preußen. Die Gefahr Europas, Berlin 1981 (nachgelassenes Manuskript von August Siemsen, Paris 1937).

Speitkamp, Winfried: Deutsche Kolonialgeschichte, Stuttgart 2005.

Sprenger, Matthias: Landsknechte auf dem Weg ins Dritte Reich? Paderborn 2008.

Stoecker, Helmuth: Preußisch-deutsche Chinapolitik in den 1860/70er Jahren, in: Wehler, Hans-Ulrich (Hrsg.): Imperialismus, Köln/Berlin 1970, S. 243–258.

Theweleit, Klaus: Männerphantasien. Band 1: Frauen, Fluten, Körper, Geschichte. Band 2: Männerkörper - zur Psychoanalyse des weißen Terrors, Basel / Frankfurt/Main 1986 (Erstauflage: Bd. 1: Basel / Frankfurt/Main 1977, Bd. 2: Basel / Frankfurt/Main 1978).

Theweleit, Klaus: Die neuen Seiten (Nachwort zur Taschenbuchausgabe der «Männerphantasien»), München/Zürich 2000, S. 481–495.

Timm, Uwe: Morenga, München 1978.

Ullrich, Volker: Die nervöse Großmacht, erweiterte Neuauflage, Frankfurt/Main 2013.

Ulrich, Bernd / Vogel, Jakob / Ziemann, Benjamin (Hrsg.): Untertan in Uniform. Militär und Militarismus im Kaiserreich 1871–1914. Quellen und Dokumente, Frankfurt/Main 2001.

Valentin, Veit: Geschichte der deutschen Revolution von 1848–49, II. Band, Aalen 1968 (Nachdruck der Ausgabe Berlin 1931).

Venner, Dominique: Söldner ohne Sold. Die deutschen Freikorps 1918–1923, Lizenzausgabe Bergisch Gladbach 1978.

Verhey, Jeffrey: Der «Geist von 1914» und die Erfindung der Volksgemeinschaft, Hamburg 2000.

Vogel, Jesko: Der sozialdemokratische Parteibezirk Leipzig in der Weimarer Republik: Sachsens demokratische Tradition. Teil 1, Hamburg 2006.

Vogt, Adolf: Oberst Max Bauer. Generalstabsoffizier im Zwielicht (1869–1929), Osnabrück 1974.

Volkmann, Erich Otto: Revolution über Deutschland, Oldenburg 1930.

Weber, Max: Der Nationalstaat und die Volkswirtschaftspolitik. Akademische Antrittsrede, in: Mommsen, Wolfgang J. / Aldenhoff, Rita (Hrsg.): Max Weber Gesamtausgabe, Abteilung 1: Schriften und Reden, Band 4, 2. Halbband, S. 543–574, Tübingen 1993.

Wehler, Hans-Ulrich: Das Deutsche Kaiserreich 1871–1918, Göttingen 1973.

Wehler, Hans-Ulrich: Deutsche Gesellschaftsgeschichte, Dritter Band: Von der «Deutschen Doppelrevolution» bis zum Beginn des Ersten Weltkrieges 1849–1914, München 1995.

Wehler, Hans-Ulrich: Deutsche Gesellschaftsgeschichte, Vierter Band: Vom Beginn des Ersten Weltkriegs bis zur Gründung der beiden deutschen Staaten 1914–1949, München 2003.

Weidmann, Conrad: Deutsche Männer in Afrika, Lübeck 1894.

Weipert, Axel: Die Zweite Revolution. Rätebewegung in Berlin 1919/1920, Berlin 2015.

Weißbuch. Vorgelegt dem Reichstage in der 3. Session der 9. Legislatur-Periode. Vierzehnter Theil, Berlin 1895.

Wette, Wolfram: Gustav Noske. Eine politische Biographie, 2. Auflage, Düsseldorf 1988.

Wette, Wolfram: Militarismus und Pazifismus. Auseinandersetzung mit den deutschen Kriegen, Bremen 1991.

Wette, Wolfram: Militarismus in Deutschland. Geschichte einer kriegerischen Kultur, Frankfurt/Main 2011.

Wiese, Leopold von: Kadettenjahre. 2. Auflage, Ebenhausen bei München 1981.

Winkler, Heinrich August: Der lange Weg nach Westen. Erster Band: Deutsche Geschichte vom Ende des Alten Reiches bis zum Untergang der Weimarer Republik, München 2000.

Wohlfeil, Rainer: Heer und Republik, in: Militärgeschichtliches Forschungsamt (Hrsg.): Deutsche Militärgeschichte, Band 3, Abschnitt VI, S. 11–303.

Yang, Laiqing: Die Ereignisse von Gaomi und der Widerstand der Bevölkerung gegen den deutschen Eisenbahnbau, in: Leutner, Mechthild / Mühlhahn, Klaus (Hrsg.): Kolonialkrieg in China. Die Niederschlagung der Boxerbewegung 1900–1901, Berlin 2007, S. 49–58.

Yilmazata, Mehmet: Die Bagdadbahn. Schienen zur Weltmacht, Marburg 2013.

Zabel, Jürgen-K.: Das preußische Kadettenkorps. Militärische Jugenderziehung als Herrschaftsmittel im preußischen Militärsystem (Studien zur Politikdidaktik Band 5), Frankfurt/Main 1978.

Zimmerer, Jürgen: Deutsche Herrschaft über Afrikaner. Staatlicher Machtanspruch und Wirklichkeit im kolonialen Namibia, Hamburg 2001.

Zimmerer, Jürgen: Krieg, KZ und Völkermord in Südwestafrika. Der erste deutsche Genozid, in: Zimmerer, Jürgen / Zeller, Joachim (Hrsg.): Völkermord in Deutsch-Südwestafrika. Der Kolonialkrieg (1904–1908) in Namibia und seine Folgen, Berlin 2003, S. 45–64.

Zimmerer, Jürgen: Von Windhuk nach Warschau, in: Zimmerer, Jürgen: Von Windhuk nach Auschwitz?, Münster 2011, S. 222–253.
Zirkel, Kirsten: Vom Militaristen zum Pazifisten: General Berthold von Deimling – eine politische Biographie, Essen 2008.

Internetquellen

Gohlke, Martin: Die Räte in der Revolution von 1918/19 in Magdeburg, Dissertation Oldenburg 1999, oops.uni-oldenburg.de/382/13/gohrae99.pdf (PDF-Datei, abgerufen am 6.3.2017).
Hesselbarth, Mario: Zur Novemberrevolution 1918/19 in Thüringen (Vortragsskript vom 18.1.2015), https://falken-erfurt.de/wp-content/uploads/2015/01/Novemberrevolution-Mario-Hesselbarth.pdf (PDF-Datei, abgerufen am 6.3.2017).